Russian Area Reader

ANTHONY VASYS
CONSTANTINE G. KRYPTON
HELEN ISWOLSKY
GEORGE A. TASKIN

National Textbook Company
a division of NTC *Publishing Group* • Lincolnwood, Illinois USA

NTC RUSSIAN TEXTS AND MATERIAL

Manual and Audiocassette
How to Pronounce Russian Correctly

Graded Readers
Basic Russian, Book 1
Basic Russian, Book 2
Beginner's Russian Reader
Russian Intermediate Reader
Modern Russian Reader for Intermediate Classes

Civilization & Culture
Russian Composition and Conversation
Business Russian
Russian Area Reader
Songs for the Russian Class

Literary Adaptations
Trio: Intermediate-Level Adaptations of Pushkin, Lermontov,
   and Gogol
Quartet: Intermediate-Level Adaptations of Turgenyev, Tolstoy,
   Dostoyevsky, and Chekhov

Annotated Russian Literature
Six Soviet One-Act Plays
The Inspector General
The Queen of Spades
Asya

Grammar and Reference
Simplified Russian Grammar
Reading and Translating Contemporary Russian
Roots of the Russian Language
Essentials of Russian Grammar
Pattern Drills in Russian

Language Learning Material
NTC Language Learning Flash Cards
NTC Language Posters
NTC Language Puppets
Language Visuals

Duplicating Masters
Basic Vocabulary Builder
Practical Vocabulary Builder

For further information or a current catalog, write:
National Textbook Company
a division of NTC Publishing Group
4255 West Touhy Avenue
Lincolnwood, Illinois 60646-1975 U.S.A.

1990 Printing

Published by National Textbook Company, a division of NTC Publishing Group.
© 1982, 1977 by NTC Publishing Group, 4255 West Touhy Avenue,
Lincolnwood (Chicago), Illinois 60646-1975 U.S.A.

0 1 2 3 4 5 6 7 8 9 VP 9 8 7 6

INTRODUCTION

The idea of a Russian area reader is not a new one. For this reason the authors went through much soul searching to determine in what manner this particular area reader would add something to the others already available. And it was thus with a certain degree of diffidence that they first began presenting the drafts of these texts to their students.

It would be easy to say that the early pages were greeted with enthusiasm. Unfortunately, such was not always the case. Those who persevered saw that their reach often exceeded their grasp, and that there was more to be gleaned from the pages offered them. During those experimental days, the texts were rewritten each semester; they were discussed and argued with much heat but also with much light. With the problem of the moment resolved, the revised text was brought to a new group of eager minds.

It was, however, the response of the students who had completed the course and who later returned to report their success "in the field" which convinced us that we were on the right track. "This is meat!" they told us. It was not the ordinary pabulum of selected and edited short stories or little articles. Nor was it the uncertain glory of having read Tolstoy or Dostoyevsky in the original as opposed to a good translation. With this encouragement, both the editor and his colleagues went back to work with a will.

This, then, is the history of the present *Russian Area Reader*. It is more than just a series of essays on various aspects of Russian culture, and it has been prepared by those more than ordinarily qualified in the disciplines it presents. Also, the Russian language is native to these specialists. But the writing has been done with an eye to those students who are learning not a basic Russian, but the language of the educated Russian. For this reason, little or no thought has been given to a "controlled" vocabulary.

The student who has completed at least two years in regular courses and who has already met the challenge of semi-difficult texts is the target. Here he or she is presented with what is neither a "Pushkin language" nor "Pasternak prose," nor a simplified version of either. This is the language in which Russians express themselves, sometimes smooth and uninvolved, and at others stilted and complex, or even staccato when much has to

be said in a short space. But these points, too, are useful for classroom discussion, provided that such discussion is in Russian.

This is a text which is meant to be read intelligently, digested, assimilated and re-presented by the student. The information presented and the vocabulary with which it is presented will provide a wealth of material for both stimulating and informed classroom discussion and challenging and profitable writing assignments. And, not the least, their experience with this text should inspire a number of students to pursue their Russian studies further and in greater depth.

View of St. Basil and the Red Square from Sophysk Quay.

PREFACE

This Russian *Reader* is intended to challenge the proficient and to instruct the learner. It has been designed to meet the needs of the broadest possible group of readers, from the intermediate student to the practiced and habitual user of the language. We have kept especially in mind those students of Russian to whom area courses are either unavailable or impractical, and those individuals for whom Russian is a second or third language: students who might not otherwise find a broad, but integrated, presentation of Russian culture, without which the study of the language loses much of its life and significance.

As its audience will be varied, its purpose is manifold. For the proficient reader, this ample collection holds the challenge of a wide variety of literary styles and vocabularies. To the learner it proffers a supervised course which will help him develop proficiency in reading the humanities in Russian, while providing a commentary for his guidance and a vocabulary for his convenience.

The primary purpose of this book is linguistic, and its secondary purpose is cultural; i.e., to introduce the language student—or the curious layman—to the patrimony of Russian civilization: literature, history, art, music, geography, as well as Soviet politics, economy and education. Here, too, the material has been carefully selected and prepared so as not to force upon the reader more particular information than he can assimilate with ease and efficiency—and with some expectation of success. The facts which are presented have been organized and unified into a comprehensive picture of cultural and historical development.

The *Reader* is intended as a thesaurus for the student; we hope that it may provide a guide for the teacher. In some classes it will do for readings and for translations; among advanced students, it may give way to analysis

and discussion. In order to stimulate this analysis and discussion—both at home and in class—a set of questions has been included at the end of each chapter.

The chapters on Russian literature have been divided into two parts: the first part consists of literary history; the second contains excerpts from various authors. No questions have been supplied for the latter part. This has been left to the individual teacher's initiative.

To his discretion also is left the teaching of accentuation. Only four chapters have been accented. Since Russian books do not ordinarily indicate stress or accent, intermediate and advanced students of the language should begin reading unaccented texts with the help of a teacher.

For what vocabulary there is, students should be held strictly accountable. Besides the small accented vocabulary appended to each chapter, a good Russian-English dictionary should be employed to augment the student's work with the *Reader*. There are two approaches which must be maintained simultaneously. The teacher must encourage his students to grasp the meanings of whole selections after several readings and, at the same time, he must prevail upon them to use their dictionaries constantly.

Statements of fact made in the book are all based on competent authorities and, of course, are subject to verification. It is more difficult to fix responsibility for questions of interpretation. Since this book is designed primarily for practice in reading, we have not thought it convenient to complicate the typography and confuse the eye with a superfluous critical apparatus. Some chapters are the result of original research; others are only summaries from various secondary sources. For example, among the chapters on history, some parts are original, others lean heavily on Platonov, Kliuchevsky, Pushkarev, Florinsky, Pankratova, and others. Interpretations of historical facts usually follow Platonov.

The section on geography was prepared by Professor George A. Taskin; that on literature, art, theatre, and music was done by Professor Helen Iswolsky. Professor Constantine G. Krypton is responsible for the Soviet period, and worked jointly with Professor Casimir G. Gecys on Chapter Sixteen, "The Church in the U.S.S.R."

I myself have prepared the section on history and compiled the reading selection for the history and literature sections. I cooperated as well in the writing of Chapter Seventeen.

Responsibility for matters of taste—and any failures therein—I must claim as my own.

Others who deserve my sincere thanks—which I take this opportunity to express—are my colleagues Oleh Zujewskyj, James S. Cully, Mrs. Nina Lindsay, and my former graduate student Gerald Krisinski. My special thanks must go to the late Reverend Nikolai Bock, S.J., and to Mrs. Maria Kreve for the invaluable help they have given.

Finally, I must thank Professor Walter C. Jaskievicz, S.J., Director of the Institute of Contemporary Russian Studies at Fordham University, for without his assistance and support this book would not exist.

Anthony Vasys
Editor

ABBREVIATIONS

1   —first conjugation
2   —second conjugation
adj.   —adjective
adv.   —adverb
f.   —feminine
gen.   —genitive case
instr. —instrumental case
Imprf. —imperfective aspect
m.   —masculine
pl.   —plural
Prf.   —perfective aspect

CONTENTS

CHAPTER

HISTORY OF RUSSIA

I

II

RUSSIAN LITERATURE

XVIII

FIRST HALF OF THE NINETEENTH CENTURY 225

PART I

1. "The Golden Age";   **2.** General Characteristics of the Beginning of the Nineteenth Century: Transition to Romanticism; Awakening of National Feeling, Political Ferment;   **3.** Pushkin's Youth;   **4.** At Mikhailovskoye Pushkin Discovers a Treasury of Russian Folk Language;   **5.** Return to Petersburg; His Duel and Death;   **6.** Pushkin's Works;   **7.** *Eugene Onegin:* Its Contents and Theme;   **8.** Historical Works and Prose of Pushkin: *Boris Godunov* and *The Bronze Horseman;* Pushkin in Russian Music; **9.** M. Yu. Lermontov: Characteristics of his Personality and Works; Major Works;   **10.** Lermontov—Forerunner of Twentieth-Century Russian Poetry;   **11.** N. V. Gogol: Major Stages in his Life and Work;   **12.** *Dead Souls;*   **13.** Gogol's Religious Crisis;   **14.** "Laughter through Tears".

PART II

Readings:

RUSSIAN THEATRE, MUSIC, ART

GEOGRAPHY

CONTENTS

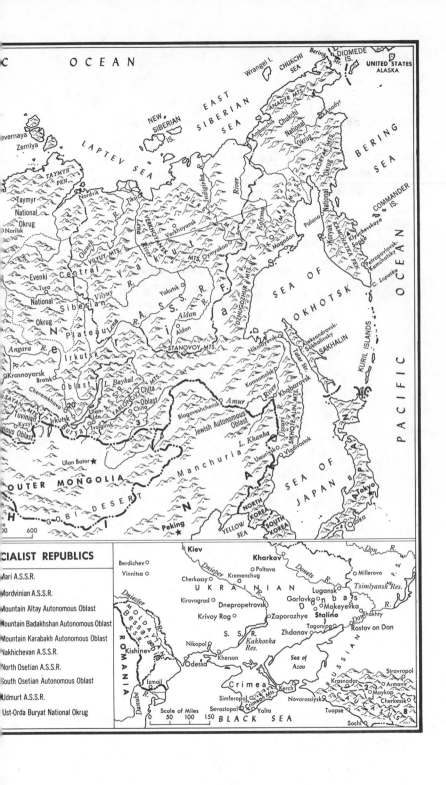

"At all times, but in these critical hours particularly, we Americans should strive to keep and to extend the free world that is our heritage. To achieve this free world for free men everywhere, it is not enough for us simply to be against Communism. We must come to know and love the peoples upon whom tyranny has lowered its yoke. We must even speak to them in their own tongue and must attempt to understand them when they speak to us."

From the First Announcement of the Institute of Contemporary Russian Studies, Fordham University.

ИСТОРИЯ

РОССИИ

The statue of Peter the Great towers above the Neva waters, opposite the University Quay.

(Photo Courtesy *Sabena Revue*)

ГЛАВА I | КИЕВСКОЕ ГОСУДА́РСТВО

1. Лето́писное преда́ние

Нача́ло Ки́евского госуда́рства свя́зывалось с преда́нием о призва́нии варя́жских князе́й. По слова́м ле́тописи, ме́жду славя́нами начали́сь раздо́ры и "встал го́род на го́род и не ста́ло в них пра́вды". Они́ реши́ли найти́ себе́ кня́зя и отпра́вили посло́в в 862 году́ за мо́ре, к варя́жскому норма́нскому пле́мени Русь, сказа́ть: "земля́ на́ша велика́ и оби́льна, а поря́дка в ней нет; приходи́те кня́жить и владе́ть на́ми". И пришли́ три бра́та: Рю́рик, Сине́ус и Тру́вор. Рю́рик основа́лся в Но́вгороде, Сине́ус на Белоо́зере и Тру́вор в Избо́рске. По́сле сме́рти Сине́уса и Тру́вора Рю́рик стал единовла́стным прави́телем на се́вере, а по́сле его́ сме́рти князь Оле́г уже́ пра́вил в Ки́еве и Но́вгороде. Э́то лето́писное преда́ние послужи́ло осно́вой для возникнове́ния так называ́емой норма́нской тео́рии.

2. Норма́нская и славя́нская тео́рии

Сторо́нники норма́нской тео́рии допуска́ют, что те́рмин "Русь", положи́вший нача́ло назва́нию "наро́д ру́сский", "земля́ ру́сская", норма́нского происхожде́ния и что варя́жские князья́ бы́ли основа́телями Ру́сского госуда́рства. Э́той тео́рии противопоставля́ется славя́нская тео́рия, кото́рая счита́ет назва́ние "Русь" славя́нским.

Сторо́нники славя́нской тео́рии утвержда́ют, что основа́телями Ру́сского госуда́рства бы́ли не варя́ги, а са́ми славя́не, и нача́ло ру́сской госуда́рственности отно́сится не к девя́тому ве́ку, а к бо́лее ра́ннему пери́оду. Одна́ко бо́лее ра́нний пери́од нам о́чень ма́ло изве́стен.

1

Поэтому многие авторы начинают русскую историю с девятого века, т.е. с того времени, когда на Руси появились норманские князья. Упомянутые в летописи IX века князья были норманы. Об этом свидетельствуют их норманские имена: Рюрик (Hroerek), Игорь (Ingvar), Олег, Ольга (Helgi, Helga) и др.

3. Деятельность норманских князей

О деятельности полулегендарного норманского князя Рюрика в Новгороде очень мало известно. После смерти Рюрика (879) правил Русью Олег. Олег не остался в Новгороде, а двинулся на юг, по великому пути ''из варяг в греки'', покорил Смоленск и Киев и перенёс столицу своего княжества в Киев. О Киеве Олег говорил, что он будет ''матерью городов русских''. Из Киева Олег продолжал свою объединительную деятельность. Он разгромил враждебное племя хозар, освободил славянские племена от хозарского ига и присоединил их к Киевскому княжеству.

В 911 году Олег совершил победоносный поход на Константинополь и осадил город. Греки вынуждены были заключить мир, по которому устанавливались постоянные взаимоотношения Руси и Греции.

Успех Олега произвёл глубокое впечатление на Руси. Олега воспевали в песнях, о его подвигах создавали легенды. Олегу дали прозвище ''Вещего'' (мудрого). По преданию Олег умер от укуса змеи, которая скрывалась в черепе его мёртвого любимого коня. Смерть ''от коня'' ему предсказал кудесник. Этот легендарный эпизод изображён Пушкиным в стихртворении ''Песнь о вещем Олеге''.

4. Игорь

После смерти Олега княжил Игорь. Само родство Игоря с Рюриком не может считаться вполне установленным. Теория происхождения династии киевских князей от Рюрика является

недока́занной. И́горь соверши́л два похо́да: на Ма́лую Áзию и Константино́поль. Гре́ки бы́ли принуждены́ заключи́ть с ним но́вый догово́р (945). И́горь та́кже продолжа́л объединя́ть славя́нские племена́, но это объедине́ние подде́рживалось то́лько си́лой кня́жеской дружи́ны, кото́рая содержа́лась за счёт да́ни, собира́емой с покорённых племён. Ежего́дно, в нача́ле зимы́, князь с дружи́ной выходи́л из го́рода ''на полю́дье'', как называ́ли сбор да́ни, объезжа́л подвла́стные ему́ зе́мли и собира́л с жи́телей меха́, мёд, воск и пр. Весно́й со́бранную добы́чу грузи́ли на суда́ и отправля́ли по Днепру́ в Чёрное мо́ре на ю́жные и восто́чные ры́нки.

Сбор да́ни с подвла́стных племён сопровожда́лся наси́лиями и притесне́ниями. На э́той по́чве при И́горе произошло́ восста́ние древля́н (славя́нское пле́мя). И́горь, говори́т ле́топись, втори́чно заду́мал собира́ть дань с древля́н. Древля́не, услыха́в о наме́рении И́горя, по́дняли восста́ние. Они говори́ли: ''Пова́дился волк к о́вцам, всё ста́до перетаска́ет, е́сли его́ не уби́ть''. Они́ переби́ли дружи́ну и уби́ли и самого́ И́горя.

5. Óльга

Вдова́ И́горя О́льга пра́вила вме́сто своего́ малоле́тнего сы́на Святосла́ва о́коло 20 лет. Ле́топись счита́ет О́льгу му́дрой и о́пытной прави́тельницей. Она́ постоя́нно объезжа́ла свои́ владе́ния и соблюда́ла в них стро́гий поря́док. Гла́вным же её де́лом было приня́тие христиа́нской ве́ры и путеше́ствие в Ца́рьгра́д (957). Она́ была́ при́нята во дворце́ импера́тора с почётом. Преда́ние говори́т, что импера́тор был поражён красото́ю и умо́м О́льги. Он да́же хоте́л жени́ться на ней, но она́ уклони́лась от э́той че́сти.

6. Святосла́в

Ещё при жи́зни О́льги Ру́сью стал пра́вить её сын Святосла́в. Он носи́л уже́ славя́нское и́мя. Несмотря́ на все настоя́ния

ма́тери, Святосла́в отказа́лся крести́ться. "Как мне одному́ перемени́ть ве́ру?"—говори́л он. "Дружи́на начнёт смея́ться надо мно́ю". С дружи́ной он сжи́лся кре́пко и всю свою́ жизнь провёл с не́ю в похо́дах.

Святосла́в просла́вился свои́ми похо́дами. Он подчини́л себе́ снача́ла славя́нские племена́, жи́вшие к восто́ку от Днепра́. Зате́м он разгроми́л приво́лжские держа́вы—Хоза́рскую и Болга́рскую. Таки́м о́бразом Святосла́в победи́л всех восто́чных сосе́дей Руси́.

Возврати́вшись с восто́ка, Святосла́в получи́л приглаше́ние Византи́и помо́чь ей в борьбе́ с дуна́йскими болга́рами. Болга́рия в VIII–IX вв. была́ могу́щественным госуда́рством с развито́й культу́рой. Византи́йский импера́тор, стреми́вшийся утверди́ться на Дуна́е, реши́л нанести́ уда́р Болга́рии с по́мощью кня́зя Святосла́ва, кото́рый просла́вился как блестя́щий полково́дец. Святосла́в победи́л Болга́рию, но сам оста́лся жить в Переясла́вле на Дуна́е. Одна́ко Византи́я не жела́ла допусти́ть госпо́дства Руси́ на Дуна́е и потре́бовала, чтобы Святосла́в поки́нул берега́ Дуна́я. Святосла́в отказа́лся. Вспы́хнула но́вая война́ ме́жду Византи́ей и Святосла́вом, кото́рая ко́нчилась для Святосла́ва неуда́чей (971). Святосла́в принуждён был заключи́ть мир с гре́ками и оста́вить Болга́рию. На обра́тном пути́ в Ки́ев, у днепро́вских поро́гов, на ру́ссов напа́ли печене́ги и переби́ли их. Сам Святосла́в был то́же уби́т.

7. Влади́мир Святосла́вович   По́сле сме́рти Святосла́ва произошли́ крова́вые междоусо́бия ме́жду его́ сыновья́ми, но Влади́миру удало́сь объедини́ть под свое́й вла́стью зе́мли восто́чных славя́н. Гла́вная его́ забо́та заключа́лась в защи́те ю́жных грани́ц от нападе́ний печене́гов. При Влади́мире грани́ца со сте́пью была́ укреплена́ ва́лом и частоко́лом, бы́ли постро́ены кре́пости и начало́сь засе-

ле́ние пограни́чной полосы́ поселе́нцами. Они́ обя́заны бы́ли защища́ть грани́цы от враго́в.

8. Креще́ние Руси́ Важне́йшим собы́тием в княже́ние Влади́мира бы́ло приня́тие на Руси́ христиа́нства. С христиа́нской ве́рой славя́не познако́мились благодаря́ постоя́нным торго́вым сноше́ниям с Византи́ей. Э́та те́сная связь Руси́ с Византи́ей привела́ к приня́тию Ру́сью христиа́нства по правосла́вному (гре́ческому) обря́ду. Христиа́нство проника́ло на Русь ещё при пе́рвых варя́жских князья́х. В дружи́не кня́зя И́горя бы́ло мно́го христиа́н, и в Ки́еве была́ христиа́нская це́рковь. Княги́ня О́льга, как мы зна́ем, была́ уже́ христиа́нкой. Несмотря́ на си́льное влия́ние христиа́нства, наро́д до Влади́мира остава́лся при язы́ческой ве́ре. Одна́ко язы́ческая ве́ра уже́ не могла́ удовлетвори́ть госуда́рство, свя́занное полити́ческими и торго́выми сноше́ниями с други́ми, бо́лее культу́рными стра́нами, испове́довавшими исла́м и́ли христиа́нство. Ле́топись говори́т о колеба́ниях Влади́мира при вы́боре но́вой ве́ры—ме́жду христиа́нством и исла́мом. Князь Влади́мир склони́лся к христиа́нству, сам крести́лся (988), и вслед за ним крести́лись все жи́тели Ки́ева и други́х городо́в. Влади́мир причи́слен к ли́ку святы́х.

9. После́дствия приня́тия христиа́нства Приня́тие христиа́нства име́ло большо́е значе́ние в жи́зни Ки́евской Руси́. Оно́ соде́йствовало разви́тию культу́ры на Руси́. С христиа́нством на Русь пришла́ пи́сьменность, а с не́ю и кни́жное просвеще́ние. Пе́рвые кни́ги, принесённые на Русь, бы́ли болга́рские перево́ды церко́вных книг. Э́ти свяще́нные кни́ги бы́ли напи́саны на поня́тном славя́нам языке́, на кото́ром изложи́ли их впервы́е свв. Кири́лл и Мефо́дий и их ученики́.

Под влия́нием э́той болга́рской пи́сьменности создала́сь

и со́бственная ру́сская пи́сьменность, в кото́рой гла́вное ме́сто занима́ли ле́тописи, жития́ святы́х и моли́твы. При церква́х и монастыря́х создава́лись библиоте́ки, процвета́ла гра́мотность и перепи́сывались кни́ги. Бы́ли со́зданы пе́рвые шко́лы, в кото́рых дете́й учи́ли гра́моте и письму́, в те времена́ иску́сству ре́дкому и тру́дному.

Но́вая рели́гия соверши́ла переворо́т и в о́бласти иску́сства. Язы́ческая Русь не зна́ла хра́мов. Христиа́нство привело́ к созда́нию ка́менных церкве́й и монастыре́й по византи́йским образца́м. Прие́зжие архите́кторы и живопи́сцы стро́или на Руси́ ка́менные зда́ния и украша́ли их ро́списью, передава́я своё иску́сство ру́сским мастера́м. Русь ста́ла одно́й из христиа́нских стран средневеко́вой Евро́пы.

10. Яросла́в Му́дрый 1015—1054

По́сле сме́рти Влади́мира Свято́го сно́ва возни́кли кня́жеские междо-усо́бия, но Яросла́ву Влади́мировичу удало́сь восстанови́ть единовла́стие. Гла́вной забо́той Яросла́ва бы́ло обеспе́чить защи́ту грани́ц госуда́рства от вне́шних враго́в. Ему́ удало́сь разби́ть печене́гов и навсегда́ отогна́ть их от Ки́ева. При нём Ки́евское госуда́рство окре́пло и процвета́ло. Яросла́в облада́л больши́ми сре́дствами, позволя́вшими ему́ предпринима́ть дороги́е постро́йки. В Ки́еве он вы́строил храм Св. Софи́и, кото́рый был са́мым замеча́тельным сооруже́нием той эпо́хи. Внутри́ э́того собо́ра до настоя́щего вре́мени сохрани́лись прекра́сные моза́ики и фре́ски. Иностра́нцы поража́лись великоле́пием Ки́ева. Таки́ми же роско́шными зда́ниями обстра́ивались и други́е города́.

11. "Ру́сская Пра́вда"

При Яросла́ве был соста́влен сбо́рник кня́жеских постановле́ний о суде́, изве́стный под назва́нием "Ру́сская Пра́вда". При сыновья́х и вну́ках

Яросла́ва э́тот сбо́рник переде́лывался и дополня́лся но́выми постановле́ниями. В ''Пра́вде'' Яросла́ва име́лись ещё пережи́тки ста́рых родовы́х поря́дков. Допуска́лась ещё кро́вная месть: ''Éсли убьёт челове́к челове́ка, то мсти́ть бра́ту за бра́та, сы́ну за отца́, отцу́ за сы́на''. По́зже родова́я месть была́ отменена́, и вме́сто неё введён вы́куп: за уби́йство боя́рина 60 гри́вен, а за уби́йство холо́пов и́ли рабо́в упла́чивалось их хозя́ину то́лько 5 гри́вен. За преступле́ния ''Ру́сская Пра́вда'' устана́вливала штраф в по́льзу кня́зя и возмеще́ние убы́тков потерпе́вшему.

12. Упа́док Ки́евской Руси́

По́сле сме́рти Яросла́ва Му́дрого начали́сь кня́жеские междоусо́бия и Ки́евское госуда́рство на́чало распада́ться. Причи́ной э́тому послужи́ла не то́лько вражда́ князе́й, но и наше́ствие кочево́го тю́ркского наро́да—по́ловцев. По́ловцы в середи́не XI ве́ка из А́зии вто́рглись в черномо́рские сте́пи и за́няли их, ча́стью оттесни́в печене́гов на за́пад, ча́стью смеша́вшись с ни́ми. Но́вые коче́вники производи́ли опустоши́тельные набе́ги на Русь, забира́я пле́нников и угоня́я скот. Раздро́бленная Русь не могла́ собра́ть доста́точно сил для борьбы́ с коче́вниками.

13. Влади́мир Монома́х 1113–1125

Влади́миру Монома́ху удало́сь положи́ть коне́ц кня́жеским междоусо́биям и задержа́ть нача́вшийся распа́д Ки́евского госуда́рства. Он заста́вил други́х князе́й повинова́ться себе́ и суро́во расправля́лся с непоко́рными. Он та́кже уме́л быть гро́зным и для по́ловцев, кото́рые при нем не сме́ли трево́жить Русь.

Влади́мир Монома́х не то́лько созда́л поря́док на Руси́, но и игра́л кру́пную роль в междунаро́дной поли́тике. Он

был в родстве́ с обо́ими импера́торскими дома́ми и сам был жена́т на до́чери англи́йского короля́. Он вме́шивался в полити́ческую жизнь Византи́и, его войска́ ходи́ли на Дуна́й. Влади́мир Монома́х был образо́ванным кня́зем. Он мно́го чита́л и сам написа́л "Поуче́ние" свои́м де́тям, в кото́ром он призыва́л их не лени́ться, держа́ть кля́тву, ми́рно жить, защища́ть сла́бых, соблюда́ть христиа́нские при́нципы, творя́ до́брые дела́.

Прее́мники Влади́мира Монома́ха не после́довали его поуче́нию. Вско́ре по́сле его́ сме́рти они на́чали вражд́ова́ть ме́жду собо́й, переста́ли повинова́ться ки́евскому кня́зю, ста́ли незави́симыми. Таки́м о́бра́зом, уже́ в XII ве́ке Ки́евская Русь разби́лась на ряд ме́лких отде́льных самостоя́тельных кня́жеств, вражду́ющих ме́жду собо́й. Э́тим по́льзовались по́ловцы, постоя́нно напада́я на Русь.

14. Борьба́ с по́ловцами

Опустоши́тельные набе́ги по́ловцев разори́ли всю стра́ну́. Спасти́ Русь могло́ то́лько объедине́ние ру́сских князе́й. Необходи́мость еди́нства изображена́ в одно́м из гениа́льных произведе́ний ру́сского наро́да, в "Сло́ве о полку́ И́гореве", напи́санном неизве́стным а́втором в конце́ XII ве́ка. Сюже́том для э́того произведе́ния послужи́л похо́д се́верских князе́й И́горя и Все́волода Святосла́вовичей про́тив по́ловцев в 1185 году́. Други́е князья́ отказа́лись помога́ть им. В результа́те И́горь и Все́волод потерпе́ли стра́шное пораже́ние. Князь И́горь был ра́нен и попа́л в плен. А́втор обраща́ется ко всем князья́м с горя́чим призы́вом объедини́ться для защи́ты Ру́сской земли́: "Ступи́те, господа́, в златы́е стремена́ за оби́ду ны́нешнюю, за зе́млю Ру́сскую, за ра́ны И́горя". Но э́то не помогло́; князья́ продолжа́ли вражд́ова́ть, а по́ловцы опустоша́ли Русь. Ки́ев бедне́л и слабе́л. Населе́ние, спаса́ясь от по́ловцев, переселя́лось на се́вер и́ли на за́пад. Так соверша́лось паде́ние Ки́евского госуда́рства. В нача́ле XIII ве́ка на Русь надви́нулось

но́вое вели́кое бе́дствие. С ю́го-восто́ка на сме́ну по́ловцам пришли́ но́вые коче́вники—монго́лы.

15. Тата́рская власть на Руси́

Тата́рское госуда́рство осно́ванное на ю́ге Росси́и получи́ло назва́ние ''Золота́я Орда́'', т. е. золото́е пле́мя. Постепе́нно тата́ры (монголы) слили́сь с по́ловцами, переня́ли от них тю́ркский язы́к и образова́ли с ни́ми о́бщую орду́, говори́вшую на тю́ркском языке́. С образова́нием Золото́й Орды́ начала́сь постоя́нная полити́ческая зави́симость Руси́ от тата́р. Тата́рские чино́вники переписа́ли всё населе́ние и наложи́ли на него́ дань. От побо́ров освобожда́лись то́лько духове́нство и князья́. Дань была́ тяжёлая и унизи́тельная. Во мно́гих города́х наро́д не выде́рживал, поднима́лся про́тив тата́р и избива́л сбо́рщиков. Тру́дно бы́ло князья́м охраня́ть свои́х люде́й от тата́рского гне́ва. Ле́гче ста́ло то́лько тогда́, когда́ князья́м удало́сь доби́ться у тата́р позволе́ния сами́м собира́ть дань для орды́. Э́тот поря́док изба́вил населе́ние от прямы́х сноше́ний с тата́рами, а ста́ло быть, и от ча́стых наси́лий и оби́д тата́рских.

В пе́рвое вре́мя тата́рского и́га церко́вные и полити́ческие поря́дки на Руси́ оста́лись в пре́жнем ви́де. Тата́ры называ́ли Русь свои́м ''улу́сом'', то-есть свое́й во́лостью и́ли владе́нием; но они́ оста́вили в э́том улу́се его́ ста́рое устро́йство. К ру́сской ве́ре и духове́нству они́ относи́лись с терпи́мостью и уваже́нием, как относи́лись терпи́мо вообще́ ко всем ины́м рели́гиям с их духове́нством. Ру́сская це́рковь получа́ла от ха́нов осо́бые льго́тные гра́моты (''ярлыки́''), кото́рыми обеспе́чивались права́ духове́нства. Таки́е же ярлыки́ получа́ли от ха́нов и русские князья́ на их княже́ния. За ярлыка́ми князья́ должны́ бы́ли е́здить в орду́. Прие́зд князе́й в орду́ сопровожда́лся унизи́тельными обря́дами. Пе́ред вхо́дом в ха́нский шатёр князья́ должны́ бы́ли проходи́ть ме́жду двумя́ костра́ми. Тата́ры счита́ли, что ого́нь очища́ет

идущих к хану от всяких злых замыслов на него. Если кто-нибудь из князей отказывался исполнять этот обряд, его убивали как злоумышленника (так был убит князь Михаил Черниговский). Войдя в ханский шатёр, князь должен был кланяться в землю хану и оставаться на коленях, пока шёл приём.

Татарское иго тяжело отражалось на всех сторонах русской жизни. Поборы в пользу ханов, грабежи и набеги татарских отрядов разоряли русский народ и нарушали ход экономического развития страны. Освобождение от татарского владычества стало очередной задачей русского народа. (По Пл.).

Вопросы

1. Какое летописное предание существует о начале Киевского государства?
2. Какие теории существуют о названии "Русь"?
3. Где княжил Рюрик?
4. Какие завоевания сделал Олег и куда перенёс столицу из Новгорода?
5. Какие подвиги, совершённые Олегом, послужили созданию легенд и песен о нём?
6. Кто княжил в Киеве после смерти Олега?
7. Что было причиной восстания древлян, гибели Игоря и его дружины?
8. Чем было замечательно правление Ольги и что говорит о ней летопись?
9. Какой князь первым принял славянское имя?
10. Чем прославился Святослав?
11. Что произошло между сыновьями Святослава?
12. Как Владимир (сын Святослава) защищал южные границы от печенегов?
13. Когда и при ком произошло крещение Руси?
14. Какое значение имело принятие христианства в Киевской Руси?
15. Что способствовало укреплению Киевской Руси при Ярославе Мудром?
16. Какой замечательный храм был построен в Киеве при Ярославе Мудром?
17. Какой сборник постановлений был составлен при Ярославе Мудром?
18. Каковы были причины упадка Киевской Руси?

19. Что удало́сь сде́лать Влади́миру Монома́ху для Ки́евской Руси́?
20. Каку́ю роль игра́л Влади́мир Монома́х в междунаро́дной поли́тике?
21. Кто написа́л "Поуче́ние" свои́м де́тям и каково́ его́ содержа́ние?
22. Сле́довали ли прее́мники Влади́мира Монома́ха при́нципам его́ "Поуче́ния"?
23. Каковы́ бы́ли после́дствия кня́жеских междоусо́бий?
24. Что могло́ спасти́ Русь от набе́гов по́ловцев?
25. Како́й сюже́т послужи́л для созда́ния произведе́ния "Сло́во о полку́ И́гореве"?
26. С каки́м призы́вом обраща́ется к князья́м а́втор "Сло́ва о полку́ И́гореве"?
27. Как соверши́лось паде́ние Ки́евской Руси́?
28. Како́е вели́кое бе́дствие надви́нулось на Русь в нача́ле XIII ве́ка?

Словарь

§ 1

раздо́р dissension
оби́льно abundant, rich

§ 2

допуска́ть 1, -сти́ть 2 to consider probable, to admit
противопоставля́ть 1, -ста́вить 2 to oppose, to contrast
упомя́нутый mentioned

§ 3

покоря́ть 1, -и́ть 2 to subjugate, to subdue
разгромля́ть 1, -ми́ть 2 to devastate, to rout
победоно́сный victorious
вы́нужден compelled, forced
устана́вливать 1, -нови́ть 2 to establish
взаимоотноше́ние inter-relation, mutual relation
воспева́ть 1, -пе́ть 1 to sing, to glorify
по́двиг exploit, feat
про́звище nickname
ве́щий prophetic

че́реп skull
куде́сник sorcerer

§ 4

подде́рживать 1, -держа́ть 2 to support, to keep up
дружи́на a detachment of guards
содержа́ться 2 (*Imprf.*) to maintain (to contain)
за счёт on the account
дань (*f.*) tribute
сбор collection, assemblage
подвла́стный dependent on, subject to
мех fur
мёд honey
воск wax
добы́ча booty, spoil, gain
грузи́ть 2, по- to load
су́дно (*Pl.:* **суда́**) boat
наси́лие violence, coercion
притесне́ние oppression
пова́диться 1 (*Prf.*) to fall into the habit
перебива́ть 1, -би́ть 1 to annihilate

§ 5

му́дрый wise

соблюда́ть 1, соблюсти́ 1 (соблюду́, -дёшь) to maintain, to observe

поража́ть 1, -зи́ть 2 to amaze, to astonish

уклоня́ться 1, -ни́ться 2 to shun, to evade

§ 6

настоя́ние insistence

сжива́ться 1, сжи́ться 1 to get used to

прославля́ться 1, -виться 2 to become famous

допуска́ть 1, -сти́ть 2 to permit

госпо́дство domination

вспы́хивать 1, -хнуть 1 to break out, to burst into flames

неуда́ча failure

поро́ги rapids, waterfalls

§ 7

междоусо́бие internecine war

удава́ться 1, уда́ться 1 (*Impers.*) **(мне удаётся, мне уда́стся)** to succeed

заключа́ться 1, -чи́ться 2 to consist

вал bank, rampart

частоко́л palisade, fence

заселе́ние colonization, settlement

§ 8

постоя́нный constant

те́сный tight, close

проника́ть 1, -кнуть 1 to penetrate

язы́ческий (*Adj.*) pagan

сноше́ние relation, dealing

испове́довать 1, -дать 1 to profess, to confess

колеба́ние hesitation

склоня́ться 1, -ни́ться 2 to yield, to give in, to bow

причисля́ть к ли́ку святы́х to canonize

§ 9

соде́йствовать 1 (*Imprf. & Prf.*) to help, to further

излага́ть 1, изложи́ть 2 (here) to write, to expound

свв. (**святы́е**) saints

процвета́ть 1, процвести́ 1 to flourish

гра́мотность (*f.*) literacy

переворо́т revolution, change

образе́ц model, sample

прие́зжий visitor

живопи́сец artist, painter

ро́спись (*f.*) wall-painting, fresco

§ 10

восстана́вливать 1, -нови́ть 2 to reestablish

обеспе́чивать 1, -чить 2 to secure

предпринима́ть 1, -ня́ть 1 to undertake

сооруже́ние structure

великоле́пие magnificence, splendor

роско́шный luxurious

§ 11

постановле́ние decree, enactment

дополня́ть 1, -нить 2 to add, to complement

пережи́ток survival

родово́й ancestral, tribal

кро́вная месть blood feud

возмеще́ние compensation

убы́ток loss

§ 12

распада́ться 1, -па́сться 1 to fall apart, to disintegrate

нашествие invasion

вторгаться 1, **-гнуться** 1 to invade

оттеснять 1, **-снить** 2 to drive back

опустошительный devastating

угонять 1, **-гнать** 2 to draw away, to chase

раздробленный shattered

§ 13

повиноваться 1 (*Imprf.*) (*Past t. Imprf. & Prf.*) to obey, to comply

расправляться 1, **-виться** 2 to take the law into one's own hands

непокорный recalcitrant

тревожить 2, **по-** to disturb, alarm

вмешиваться 1, **вмешаться** 1 to interfere, to meddle

клятва oath, vow

изображать 1, **-зить** 2 to describe, to depict

§ 14

поражение defeat

стремя stirrup

обида insult

возникать 1, **возникнуть** 1 to arise, spring up

складываться 1, **сложиться** 2 to be formed

надвигаться 1, **-нуться** 1 to approach, to impend

бедствие disaster

§ 15

сливаться 1, **слиться** 1 to merge

налагать 1, **наложить** 2 to impose

поборы extortion, requisitions

выдерживать 1, **выдержать** 2 to bear, to stand, to hold on

избивать 1, **избить** 2 to massacre, to slaughter

унижение humiliation

волость (*f.*) an administrative division (county)

льготный privileged

грамота charter

замысел scheme, intention

злоумышленник malefactor

отражаться 1, **отразиться** 2 to reflect

грабёж robbery, plunder

нарушать 1, **-шить** 2 to break up, to disturb

очередной next, recurrent

ПРИЗВАНИЕ ВАРЯГОВ
Из "Повести временных лет"

Оригинал

Изгнаша варяги за море и не даша имъ дани и почаша сами въ собѣ володѣти. И не бѣ въ нихъ правды, и въста родъ на родъ, и быша въ нихъ усобицѣ, и воевати почаша сами на ся.

И рѣша сами въ себѣ:

Перевод
В год 6370 (862)

Изгнали варяг за море и не дали им дани, и начали сами собой владеть. И не было среди них правды, и встал род на род, и была у них усобица, и стали воевать сами с собой.

"Поищем собѣ князя, иже бы володѣлъ нами и судилъ по праву!"

И идоша за море къ варягомъ, къ Руси.

Сице бо ся звахуть ти варязи, яко се друзии зовутся Свее, друзии же Нурмане (и) Анъгл-.яне, друзии Гъте, тако и си.

Рѣша Руси Чудь и Словѣни и Кривичи:

"Вся земля наша велика и обилна, а наряда въ неи нѣтъ. Да поидѣте княжитъ и володѣти нами".

И изъбраша 3 братья с роды своими и пояша по собѣ всю Русь и придоша: старѣишии, Рюрик, сѣде Новѣгородѣ, а другии, Синеусъ, на Бѣлѣозерѣ, а третии Изборьстѣ, Труворъ.

И отъ тѣхъ варягъ прозвася Руская Земля, ти суть людье Ноугородци отъ рода варяжьска, преже бо бѣша Словѣни.

По дву же лѣту Синеусъ умре и братъ его Труворъ, и прия власть Рюрикъ и раздая мужемъ своимъ грады: овому Полотескъ, овому Ростовъ, другому—Бѣлоозеро.

И сказа́ли себе́:

"Пои́щем себе́ кня́зя, кото́рый бы владе́л на́ми и суди́л по пра́ву".

И пошли́ за мо́ре, к варя́гам, к Ру́си.

Те варя́ги называ́лись Ру́сью подо́бно тому́, как други́е называ́ются шве́ды, а ины́е норма́нны и а́нглы, а ещё ины́е голла́ндцы—вот так и э́ти прозыва́лись.

Сказа́ли Руси чудь, славя́не, кривичи́ и весь:

"Земля́ на́ша велика́ и оби́льна, а поря́дка в ней нет. Приходи́те кня́жить и владе́ть на́ми".

И избра́лись тро́е бра́тьев со свои́ми ро́дами, и взя́ли с собо́й всю Русь и пришли́ к славя́нам, и сел ста́рший, Рюрик, в Но́вгороде, а друго́й, Синеус,— на Белоо́зере, а тре́тий, Тру́вор, в Избо́рске.

И от тех варя́гов прозва́лась Ру́сская земля́. Новгоро́дцы же те лю́ди от варя́жского ро́да, а пре́жде бы́ли славя́не.

Че́рез два го́да у́мерли Синеус и брат его Тру́вор. И овладе́л все́ю вла́стью оди́н Рю́рик и стал раздава́ть му́жам свои́м города́—тому́ По́лоцк, э́тому Росто́в, друго́му Белоо́зеро.

ПОУЧЕ́НИЕ ВЛАДИ́МИРА МОНОМА́ХА
Перево́д
Отры́вки из "Лавре́нтьевской ле́тописи"

Де́ти мои́ или ино́й кто, слу́шая э́ту гра́моту, не посме́йтесь, но кому́ из дете́й мои́х она́ бу́дет лю́ба, пусть при́мет её в се́рдце своё. . . .

Де́ти мои́. . . . В дому́ своём не лени́тесь, но за всем са́ми наблюда́йте; не полага́йтесь на тиу́на или на о́трока, чтобы не посмея́лись приходя́щие к вам, ни над до́мом ва́шим, ни над обе́дом ва́шим. На войну́ вы́йдя, не лени́тесь, не полага́йтесь на воево́д; ни питью́, ни еде́ не предава́йтесь, ни спанью́; сторожей са́ми наря́живайте, и но́чью расста́вив охра́ну со всех сторо́н, о́коло во́инов ложи́тесь, а встава́йте ра́но; а ору́жья не снима́йте с себя́ второпя́х, не оглядевшись по ле́ности, внеза́пно ведь челове́к погиба́ет. Лжи остерега́йтесь, и пья́нства, и блу́да, от того́ ведь душа́ погиба́ет и те́ло. Куда́ бы вы ни держа́ли путь по свои́м зе́млям, не дава́йте о́трокам причиня́ть вред ни свои́м, ни чужи́м, ни сёлам, ни посе́вам, чтобы не ста́ли проклина́ть вас. Куда́ же пойдёте и где остано́витесь, напо́йте и накорми́те ни́щего, бо́лее же всего́ чти́те го́стя, отку́да бы к вам ни пришёл, простолю́дин ли, и́ли зна́тный, и́ли посо́л; е́сли не мо́жете почти́ть его́ пода́рком,—то пи́щей и питьём: и́бо они́, проходя́, просла́вят челове́ка по всем зе́млям, или до́брым, и́ли злы́м. Больно́го навести́те, поко́йника проводи́те, и́бо все мы сме́ртны. Не пропусти́те челове́ка, не поприве́тствовав его́, и до́брое сло́во ему́ мо́лвите. Жену́ свою любите, но не дава́йте ей вла́сти над собо́й. А вот вам и осно́ва всему́: страх Бо́жий име́йте превы́ше всего́. . . .

Что уме́ете хоро́шего, то не забыва́йте, а чего́ не уме́ете, тому́ учи́тесь—как оте́ц мой до́ма си́дя, знал пять языко́в, оттого́ и честь от други́х стран. Ле́ность ведь всему́ мать: что кто уме́ет, то забу́дет, а чего́ не уме́ет, тому́ не нау́чится. Добро́ же творя́, не лени́тесь ни на что хоро́шее, пре́жде всего́ к це́ркви: пусть не заста́нет вас со́лнце в посте́ли.

Словарь

полага́ться 1, положи́ться 2 (на) to rely (on)

предава́ться 1, -да́ться 1 go over

воево́да commander

тиу́н princely official

сторожей наря́живать to post guards

второпя́х hastily

остерега́ться 1, остере́чься 1 (остерегу́сь, -жёшься) to beware

блуд fornication

посе́в crops

проклина́ть 1, прокля́сть 1 (прокляну́, -нёшь) to curse

почти́ть пода́рком to give a present

прославля́ть 1, -вить 2 to glorify (to talk about)

мо́лвить 2 (мо́лвлю, -вишь) (Prf.) to say

твори́ть 2, со- to create, to do

о́трок servant (princely servant)

СМЕРТЬ ОЛЕ́ГА
Из "Повести временны́х лет"
Перево́д

И жил Оле́г, кня́жа в Ки́еве, мир име́я со все́ми стра́нами. И
пришла́ о́сень, и помяну́л Оле́г коня́ своего́, кото́рого когда́-то
поста́вил корми́ть, реши́в никогда́ на него́ не сади́ться. И́бо когда́-то
спра́шивал он волхво́в и куде́сников: "От чего́ я умру́?" И сказа́л
ему́ оди́н куде́сник: "Князь! От коня́ твоего́ люби́мого, на кото́ром
ты е́здишь,—от него́ тебе́ и умере́ть!" Запа́ли слова́ э́ти в ду́шу
Оле́га, и сказа́л он: "Никогда́ не ся́ду на него́ и не уви́жу его́
бо́льше". И повеле́л корми́ть его́ и не води́ть его́ к нему́, и про́жил
не́сколько лет, не ви́дя его́, пока́ не пошёл на гре́ков. А когда́
верну́лся в Ки́ев и прошло́ четы́ре го́да,—на пя́тый год помяну́л он
своего́ коня́, от кото́рого когда́-то волхвы́ предсказа́ли ему́ смерть.
И призва́л он старе́йшину ко́нюхов и сказа́л: "Где конь мой,
кото́рого приказа́л я корми́ть и бере́чь?" Тот же отве́тил: "У́мер".
Оле́г же посмея́лся и укори́л того́ куде́сника, сказа́в: "Не пра́во
говоря́т волхвы́, но всё то ложь: конь у́мер, а я жив". И приказа́л
оседла́ть себе́ коня́: "Да уви́жу ко́сти его́". И прие́хал на то ме́сто,
где лежа́ли его́ го́лые ко́сти и че́реп го́лый, слез с коня́, посмея́лся
и сказа́л: "От этого ли че́репа смерть мне приня́ть?" И ступи́л он
ного́ю на че́реп, и вы́ползла из че́репа змея́ и ужа́лила его́ в но́гу.
И от того́ разболе́лся и у́мер он. Опла́кивали его́ все лю́ди пла́чем
вели́ким, и понесли́ его́, и похорони́ли на горе́, называ́емой Щекови́-
ца. Есть же моги́ла его́ и доны́не, слывёт моги́лой Оле́говой. И
бы́ло всех лет княже́ния его́ три́дцать и три.

ГЛАВА II | ОБРАЗОВАНИЕ МОСКОВСКОГО ГОСУДАРСТВА

1. Опасность с запада

В то время, когда на Русь с востока наступали монголы, с запада началось движение шведов, датчан и немцев. Они постепенно колонизировали восточные берега Балтийского моря. Шведы овладели Финляндией, датчане Эстляндией, а немцы колонизировали устья Западной Двины и Немана. В середине XIII века началась вражда с русскими в целях распространения власти и на русские земли. Опасность грозила Новгороду и Пскову.

2. Александр Невский. Победа над Шведами 1240

Шведы уже давно стремились завладеть речным путем из Финского залива в Новгородскую землю. Это отдало бы в их руки торговлю с Восточной Европой. В 1240 году шведы высадились близ устья Невы. Новгородцы спешно собрали ополчение, которым руководил князь Александр Ярославович. Под его начальством произошло сражение со шведами на реке Неве. Шведы потерпели полное поражение. За эту победу Александр был прозван Невским.

3. Ледовое побоище 1242

Александр понимал, что в военное время необходима сильная власть. Между тем новгородские бояре стремились ограничить его права. Вскоре после Невской победы Александр поссорился с боярами и уехал из

Новгорода в Переяславль. В то время немцы захватили Псков и вторглись в пределы Новгородской земли. Тогда новгородцы послали за Александром. По прибытии в Новгород Александр собрал ополчение и выступил в поход. На льду Чудского озера произошла решительная битва, известная под названием ''Ледовое побоище''. ''Сеча была злая'', по выражению летописца, ''лед был залит кровью''. Немцы были разбиты на голову и бросились в бегство. Весенний лед не выдержал и многие рыцари утонули в озере.

4. Образование новых политических центров

После татарского нашествия увеличилась политическая раздробленность Северо-Восточной Руси. Только титул владимирского князя еще напоминал о единстве Руси. В то же самое время наметилось перемещение политических центров Северо-Восточной Руси. Открытые пространства вокруг Суздаля, Ростова и Владимира часто подвергались татарским нападениям. Население стало переходить в более глухие, трудно проходимые для конных татарских отрядов, места, под защиту лесов и болот. Во второй половине XIII века начали расти новые политические центры—Рязанское, Тверское и Московское княжества.

Тверь стояла на Волге и владела торговым путем, шедшим из западно-европейских стран на восток. Такое положение Тверского княжества способствовало его росту. В выгодных условиях находилось и Рязанское княжество. Леса, речные долины и овраги прикрывали Рязань от татарских набегов. В особенно благоприятных условиях оказалась Москва, на реке Москва. Судоходная Москва-река соединяла город с Окой и Волгой. С Оки можно было пройти на верховья Дона, а по Дону спуститься в Азовское и Черное моря и проплыть в Крым для торговли с основавшимися там колониями. Московские

князья получали большие доходы в виде пошлин с купцов. Такое географическое положение города Москвы способствовало усилению Московского княжества. Полоса лесов и множество речек, впадающих в Москву-реку, служили Московскому княжеству защитой с востока и юга. Переселенцы из южных областей, передвигаясь к северу, селились вокруг города Москвы. Московское княжество быстро росло и крепло.

5. Усиление Московского княжества

Москва стала столицей отдельного княжества только в конце XIII века. Первоначально Москва была крепостью, поставленной на южной границе Суздальской земли, чтобы охранять ее с юга. В то время Москва принадлежала владимирским князьям. Князь Александр Невский оставил в Москве своего сына Даниила, и только с тех пор Москва стала особым уделом Даниилова потомства. Даниил по наследству приобрел соседнее Переяславское княжество, и это очень усилило Москву. Но все-таки Тверь была вначале сильнее. Тверской князь Михаил Ярославович в начале XIV века получил от татар ярлык на великое княжение Владимирское. Ярлыка на великое княжение добивались и московские князья. Только Ивану Данииловичу, прозванному Калитой, удалось в начале XIV века получить ярлык на великое княжение. С этого времени великое княжение, за незначительными перерывами, оставалось в роде московских князей.

6. Иван Даниилович Калита 1325–1340

Иван Калита расширял владения Московского княжества, покупая земли у обедневших князей или захватывая их силой. Он стал самым богатым из русских князей и поэтому получил народное прозвище ''Калита'', т.е. денежная сумка.

В отличие от тверских князей, решавшихся на открытую борьбу с татарами, Калита вел осторожную политику по отношению к Золотой Орде. Он не только не поддержал тверичей, восставших против татар (1327), но по ханскому требованию даже заставил их смириться. Такая покорность Калиты татарам помогла ему обеспечить безопасность Московского княжества. Он выхлопотал себе право в орде самому собирать татарскую дань и отвозить ее в орду. Часть дани Иван Калита оставлял себе, и таким образом Московское княжество обогащалось и крепло.

Большим политическим успехом Калиты было перенесение в Москву резиденции ''всея Руси'' митрополита. Незадолго до этого митрополит покинул Киев и переселился во Владимир. Более безопасное и центральное положение Москвы и усиление Московского княжества привели к тому, что резиденция митрополита была перенесена из Владимира в Москву. Митрополит все еще называл себя ''митрополитом Киевским и всея Руси'', но жил уже в Москве.

Новое значение Москвы как столицы великих князей и митрополитов подчеркивалось ростом территории Москвы и заботами об ее украшении. Калита расширил Москву и окружил ее дубовыми стенами. Он построил много каменных зданий в Кремле. Вокруг Кремля вырос посад, населенный ремесленниками и купцами.

7. Димитрий Донской 1359–1389

Сыновья Ивана Калиты умирали в молодых годах и княжили недолго. Семья московских князей не умножалась и Московское княжество не дробилось, как то бывало в других уделах. Поэтому сила Московского княжества не слабела, и московские князья один за другим получали в орде ярлыки на великое княжение. В 1359 году умер сын Ивана Калиты Иван II, и московский престол перешел к сыну последнего,

Димитрию Ивановичу. Княжение Димитрия было временем большого подьема Московского княжества. Он боролся за независимость против татар и Литвы.

8. Великое Литовское Княжество

Великое Литовское княжество объединялось и крепло в XIII веке, но особенно оно усилилось в XIV веке. Литовские великие князья, объединив Литву, стали распространять свою власть на соседние славянские территории; они выступали не только как завоеватели славянских земель, но и как защитники этих земель от татарского ига. Раздробленные русские княжества не в силах были защищать свою самостоятельность. Поэтому Великое Литовское княжество смогло расширить свои границы от Балтийского до Чёрного моря.

Литовское государство достигло такого могущества, что даже смогло начать войну против татар, которые считались непобедимыми. В 1362 году великий князь Альгирдас победил татар на Синих Водах и освободил Подольскую землю от татарского ига. Альгирдас претендовал на обладание всеми русскими землями и осаждал Москву, но города взять не смог. После чего Димитрий и Альгирдас заключили перемирие.

9. Куликовская битва

В то время как Москва усиливалась, в Золотой Орде шло раздробление, происходили постоянные междоусобные войны. В отдельных частях появились самостоятельные ханы, которые оспаривали друг у друга власть. Эти междоусобицы были выгодны для русских. Князь Димитрий решил воспользоваться раздроблением орды и освободиться от татарского ига.

Весь русский народ, а также и Православная церковь, ожидали освобождения. Димитрий часто посещал

представителя русского монашества, Сергия Радонеж-
ского и советовался с ним. Сергий Радонежский, основа-
тель монастыря Троицко—Сергиевской Лавры, способствовал Димитрию всеми силами и благословил его на
борьбу с татарами. Он признан святым и Православной и
Католической церквами.

Князь Димитрий собрал большое войско. Ему пришли
на помощь и другие русские князья. Решительная битва
произошла на Куликовом поле, там где в Дон впадает
его приток Непрядва. Изгиб этих рек прикрывал русские
полки с севера и обеспечивал их тыл. В лесу тайно
расположился русский засадный полк. Сначала татары
стали теснить русских, но исход битвы решил засадный
полк, ударивший в тыл татарам. Не ожидавшие такого
удара, татары бросились бежать. Сам хан Мамай убежал
с поля с малою свитою. Русские преследовали татар и
взяли богатую добычу. Димитрия за победу прозвали
Донским.

Куликовская победа еще не привела к свержению
татарского ига. Татары были еще настолько сильны, что
через два года после Куликовской битвы напали на
Москву, разграбили и сожгли город. Димитрий снова
должен был признать себя данником татар. Тем не
менее, Куликовская битва имела огромное значение, так
как она уничтожила прежнее убеждение в непобедимости
орды и показала растущую мощь Руси для открытой
борьбы за объединение и освобождение родины.

10. Иван III
1462–1505

Преемники Димитрия Донского
продолжали объединять русские
земли. Самым знаменитым соби-
рателем русских земель был великий князь Иван III
Васильевич. Одаренный большим умом и волей, он
блестяще вел государственные дела и присоединял
русские земли к Московскому княжеству или силой, или
путем мирных соглашений.

11. Присоединение Великого Новгорода, Твери

Из земель, сохранивших до тех пор свою независимость, самой обширной была Новгородская земля. В Новгороде, как и в Пскове, на базе вечевых учреждений образовалась городская республика. Высшая власть принадлежала вечу—собранию свободных людей. Вече созывалось колоколом, который считался символом независимости и свободы. Формально Новгород управлялся князем, но князь избирался вечем. Вече также выбирало должностных лиц и даже архиепископа. Оно устанавливало и новые законы, утверждало договоры с иноземцами и руководило политикой.

В XV веке самостоятельная жизнь Новгорода сильно поколебалась. В новгородские дела начали вмешиваться Москва и Литва; они хотели завладеть Новгородом. Новгородцы отлично видели, что их вольностям приходит конец, что они сами не могут охранить свою независимость и что только союз с одним из соседей может продлить существование Новгородского государства. В Новгороде образовались две партии: одна тяготела к Москве, другая к Литве. За Москву стояло простонародье, с которой его соединяли общий язык и общая религия. Группа бояр, мечтая сохранить старый новгородский строй, тяготела к Литве. Эта внутренняя вражда только ослабляла Новгородское государство. Москва не раз нападала на Новгород, подчиняла его себе и принуждала платить дань. Новгородцы тогда искали союза и защиты у литовских великих князей, но и те тоже старались подчинить себе новгородцев и брать с них дань, как и Москва.

На переход Новгорода к Литве Москва смотрела как на измену и нападала на Новгород. Окончательный удар новгородской самостоятельности Иван III нанес в 1478 году. Новгород был окружен со всех сторон и сдался на условиях полного уничтожения самостоятельности. Вече было уничтожено, вместо выбираемых посадников стали

управлять московские великокняжеские наместники. Новгородская республика перестала существовать. Колокол—символ новгородской вольности—был отвезен в Москву. Много новгородских бояр было казнено, еще больше было переселено на восток, в московские земли. Такая участь постигла и Тверское княжество. Оно было присоединено к Москве в 1485 г.

12. Свержение татарского ига

Во время Ивана III существовали уже три самостоятельные татарские орды: Золотая Орда, Крымская Орда и Казанская Орда. Они враждовали между собой. Иван III подчинил казанского хана своему влиянию, а с крымским ханом он вошел в тесный союз. С Золотой Ордой Иван III прекратил всякие отношения и перестал платить дань. Желая принудить Москву платить дань, хан Золотой Орды Ахмат выступил в поход против Москвы. Этот поход окончился для татар неудачей. Вскоре Золотая Орда распалась. Так окончилось для Москвы татарское иго, но не окончились татарские набеги на Русь. Мелкие кочевые татарские орды продолжали нападать на Русь.

13. Великокняжеская власть

Положение Московского великого княжества изменилось при Иване III. Раньше оно было одним из многих княжеств. Теперь оно превратилось в национальное Русское государство. Для обозначения страны в это время термин ''Россия'' постепенно заменял древнее название ''Русь''. Изменился и характер великокняжеской власти. Раньше великий князь московский был одним из многих удельных князей, хотя и самым могущественным; теперь, уничтожив удельных князей, он превратился в единого

государя всей северо-восточной Руси. При Иване III заложено было начало самодержавия, т.е. неограниченной власти великого князя.

После смерти своей первой жены Иван III женился на Софии Палеолог, племяннице последнего византийского императора. Брак Ивана III и Софии носил политический характер. Считали, что царевна павшего византийского дома перенесла его права в Москву. Иван III стал считать себя преемником греческих императоров. Иногда он даже называл себя ''царем''. Он присвоил византийский императорский герб—двуглавого орла. В торжественных случаях Иван III сидел на троне, украшенном драгоценными камнями, в короне, или, как ее называли русские, —в ''шапке Мономаха''. Владимир Мономах, по преданию, получил эту ''шапку'' от византийского импертора, Константина Мономаха.

Иван III стал во многом подражать византийским обычаям и порядкам. Он приглашал с запада архитекторов и мастеров и свою столицу отстраивал с большим великолепием. При нем был построен Благовещенский собор, Кремлевские стены с их башнями, роскошный каменный дворец, от которого до сих пор сохранилась великолепная ''Грановитая палата'' и др.

14. ''Судебник'' 1497 г. При Иване III в 1497 году был составлен сборник законов общий для всего государства, известный под названием ''Судебника''. Он служил руководством для судей и наместников. Крестьяне были стеснены в праве перехода от одного владельца к другому. Крестьянину разрешалось уходить от владельца земли только по окончании всех сельских работ. Для всего государства был установлен один срок крестьянского выхода— ''Юрьев день''—26 ноября.

МОСКОВСКОЕ ЦАРСТВО

15. Иван IV   Василий III, сын Ивана III умер в
1533–1584   1533 году и оставил престол сыну
Ивану, которому в то время было
только три года. За малолетнего сына правила его мать
княгиня Елена. После ее неожиданной смерти бояре
захватили власть в свои руки. Между ними началась
жестокая вражда. Власть переходила от одного к другому. Они не уделяли внимания ни государственным
делам, ни воспитанию будущего царя, преследуя только
собственные интересы. Юноша видел хищничество
бояр, ненавидел их и мечтал о мести им. Он часто был
свидетелем безобразных и отвратительных сцен. Условия
воспитания и окружающая его дикость развили в молодом
Иване неуравновешенность, жестокость, подозрительность и вспыльчивость, которые проявлялись в течение
всей его жизни.

Уже в возрасте 13 лет Иван успел отомстить одному из
бояр. Однажды он приказал своим псарям схватить
князя Андрея Шуйского и убить его. Только одного
доброго друга имел молодой Иван. Это был митрополит
Макарий, который имел хорошее влияние на мальчика.
Он приучил его к чтению и дал ему образование. Несмотря на это, Иван остался жестоким и морально искале-
ченным человеком. Юноша был умный и начитанный, но
всегда способный на дурные забавы.

16. Венчание на   В 1547 году 17-летний Иван решил
царство   освободиться от бояр и самостоя-
тельно править государством. Он
торжественно принял царский титул и стал ''царем всей
Руси''. С этого времени началась его самостоятельная
деятельность.

После венчания на царство царь женился на Анастасии
Романовой. Венчанием на царство подчеркивалось
значение Русского государства среди других государств

Европы и неограниченность власти русского царя. Титул ''царь'' происходит от названия римских императоров—''цезарь''.

17. Правление и реформы Ивана IV

Годы боярского правления расшатали авторитет центральной власти и требовали проведения ряда реформ. В первый период своего царствования Иван IV провел ряд реформ при помощи ближайших советников, без которых молодой царь ничего не решал. Таковыми были митрополит Макарий, священник Сильвестр и Алексей Адашев. В течение нескольких лет правительство Ивана IV провело в жизнь целый ряд реформ. Коренная реформа была проведена в области ''земского'' (местного) управления. Раньше управление волостями и городами производилось наместниками и волостными старшинами. Они производили суд над населением и получали ''кормы'' в виде даров и пошлин от судебных дел. Наместников и старшин называли ''кормленщиками''. Такой порядок был тяжел для населения и вызывал недовольство. Правительство Ивана IV отменило кормления и передало их обязанности выборным людям. В городах и волостях из посадских людей и крестьян выбирались земские старосты. Они вели раскладку податéй и повинностей, производили суд, но только над свободным населением.

В 1550 году был созван собор светских и духовных сановников для обсуждения необходимых мероприятий. Собор исправил и дополнил ''Судебник'' 1497 года. Новый исправленный ''Судебник'' устанавливал порядок судопроизводства и наказаний за взя́точничество, сохранил власть наместников и усилил власть царя.

В 1551 году был созван в Москве церковный собор, который, желая обновить и улучшить церковно-общественную жизнь, а также искоренить злоупотребления в церковном управлении, составил сборник церковного порядка. Собор получил название Стоглавого.

18. Опричнина   До 1553 г. согласие царя с советниками не нарушалось. Но с этого года начались недоразумения. Подозрительному царю стало казаться, что советники сами хотят управлять царством и ограничить его власть. Это вызывало в нем недовольство. Но внешние хорошие отношения продолжались до 1560 г., когда умерла его жена. Со смертью жены царь сильно изменился; он окружил себя новыми приближенными, с которыми вел жизнь, недостойную царя. Своих старых советников он удалил. Между царем и боярами шла борьба и превратилась в гонение на бояр, особенно после того, как командовавший войсками в Ливонии князь Курбский бежал в Литву. Бегство Курбского привело к новым преследованиям бояр. Из Литвы князь прислал царю письмо, в котором он обвинял царя в жестоком и несправедливом отношении к нему и к боярам. В ответном письме к Курбскому царь оправдывался тем, что для блага государства необходима твердая централизованная власть.

Измена бояр и неудачи в Ливонии сильно подействовали на царя. Не доверяя окружающему его боярству, царь неожиданно для всех выехал из Москвы в Александровскую слободу под охраной специального отряда. Оттуда он прислал грамоту с извещением, что отказывается от престола из-за боярской измены. К царю отправилось посольство с духовенством во главе, просить царя не отказываться от престола. Иван согласился с условием, что ему не будут мешать в расправе с изменниками. На это посольство ответило согласием. Царь окружил себя новым штатом придворных и учредил личную охрану, которую он назвал ''опричниной''. Люди вошедшие в опричнину получили название ''опричников''. При помощи опричнины Иван IV стремился уничтожить князей и бояр, претендовавших на право управления государством вместе с царем. Опричники вербовались из мелких дворян, которые поддерживали царя в его борьбе с боярством. Все

государство было разделено на две части: земщину, управление которой оставалось в руках Боярской думы, и опричнину—личное владение царя. Во владение опричнины были отданы лучшие области государства. С территории опричнины были удалены все князья и бояре и земли их розданы мелким дворянам, из которых был образован особый корпус "опричников".

Начались гонения и разорение старой знати. Их насильно переселяли с места на место, отнимали вотчины и хозяйства. Действия опричнины сопровождались страшными зверствами. Царь лишал бояр их вотчин, казня неугодных ему людей.

19. Нравственная неуравновешенность

Иван IV сделал много хорошего, но на ряду с этим совершил еще больше поступков, которые вызывали ужас и отвращение. Он был лишен нравственного равновесия и при малейшем затруднении склонялся в дурную сторону. В припадке ярости он убил собственного сына—царевича Ивана. В Алескандровской слободе Иван IV устроил что-то вроде монастыря, где его опричники были "братьею" и носили черные рясы поверх цветного платья. Они пъянствовали и вели распутный образ жизни.

Московский митрополит Филипп, потрясенный поведением царя и опричников, стал обличать их. За это он был удален в Тверь, в монастырь, где был задушен. За свои казни и зверства Иван IV получил имя Грозного.

20. Завоевание Казани и Астрахани

Иван IV уделял много внимания вопросам внешней политики. Главной его заботой было обеспечение границ Русского государства от татарских набегов.

При Василии III казанские татары при поддержке

крымского хана освободились от зависимости Москвы и
производили набеги на русские земли. Иван IV приступил
к завоеванию Казанского ханства. В 1552 году русским
удалось взять Казань и присоединить ее к Москве.
Завоевание Казани предопределило участь более слабого
Астраханского ханства. Оно было присоединено к
Русскому государству в 1556 году. Покорение этих
татарских ханств открыло прямой путь за Урал.

После присоединения Казани и Астрахани оставалось
незавоеванным Крымское ханство. Крымские татары
продолжали совершать опустошительные набеги на
пограничные русские области. Москва перешла к
наступлению на Крым, но начавшаяся в 1558 году война
за Прибалтику помешала использовать эти успехи.

21. Война за Расширяя свои владения на юге и
Ливонию и за на востоке, на западе Русское
Западную государство стремилось овладеть
Сибирь побережьем Балтийского моря. В
то время Русскому государству
принадлежала только незначительная территория на
берегу Финского залива с устьем Невы. Между Балтийским морем и русскими землями находилась Ливония.
Господство над Ливонией означало господство над Балтийским морем, которым была заинтересована не только
Россия, но и Польша, Литва, Швеция и Дания. Поэтому
между этими государствами назревало столкновение.
В 1558 году началась Ливонская война, длившаяся
25 лет. Эта война кончилась для России полной неудачей.
Иван IV отказался от всех завоеваний в Ливонии.

В после́дние годы царствования Ивана IV отряд
казаков под начальством Ермака, находившегося на
службе у богатых землевладельцев Строгановых, начал
покорение Западной Сибири—Сибирского ханства.
Окончательно Западная Сибирь была присоединена уже
после смерти Ивана IV.

Вопросы

1. Какая опасность грозила Руси в XIII веке с запада?
2. Почему шведы стремились завладеть речным путем из Финского залива в Новгородскую землю?
3. Кто победил шведов на реке Неве?
4. Почему между Александром и новгородскими боярами произошла ссора?
5. Расскажите о битве на Чудском озере.
6. Какие новые политические центры образовались во второй половине XIII века?
7. Что способствовало усилению Московского княжества?
8. Какую политику вел Иван Данилович Калита по отношению к Золотой Орде? Почему его прозвали Калитой?
9. Чем подчеркивалось значение Москвы и почему Московское княжество не ослабело?
10. Чем отличалось княжение Димитрия Донского?
11. Расскажите про Великое Литовское княжество.
12. Какое значение имела Куликовская битва?
13. Чем прославился князь Иван III Васильевич?
14. Как управлялся Новгород?
15. Какие княжества вмешивались в новгородские дела в XV веке?
17. Какие татарские орды существовали при Иване III?
18. Расскажите о свержении татарского ига.
19. Какие перемены произошли при Иване III в управлении и положении Московского Великого княжества?
20. Как повлиял на Русь брак Ивана III с Софией Палеолог?
21. Кому Иван III стал подражать в обычаях и порядках и какие замечательные здания были построены при нем?
22. Какой сборник законов для всего государства был составлен при Иване III?
23. Кому оставил Василий III престол и кто правил за малолетнего сына?
24. Кто захватил власть после смерти княгини Елены и что происходило в среде бояр?
25. При каких условиях воспитывался и рос молодой царь Иван IV и как на нем отразились условия воспитания и окружающая его дикость?
26. Кто был единственным другом Ивана и какое влияние он оказал на молодого царя?
27. Какой титул принял Иван IV, вступив на престол?
28. Какие реформы провел Иван IV в начале своего царствования?
29. Какую цель имел церковный собор в 1551 году и что было им составлено?

30. Кто помогал Ивану IV проводить реформы?
31. Как отразилась смерть жены Ивана IV в 1560 году на его характере и на отношении к советникам и приближенным?
32. Какое влияние на царя имело бегство Андрея Курбского?
33. Почему царь неожиданно выехал в Александровскую слободу и какое извещение он прислал в Москву?
34. На каких условиях Иван IV согласился остаться на престоле по просьбе посольства из Москвы?
35. Что такое опричнина и в чем состояла ее цель и деятельность?
36. На какие две части было разделено все государство?
37. Почему Иван IV получил имя Грозного?
38. Как погиб Московский митрополит Филипп?
39. Какие ханства были присоединены к Москве?
40. Какой путь был открыт вследствие этих завоеваний?
41. Какие были причины Ливонской войны и как она окончилась?
42. При помощи кого началось покорение Западной Сибири и когда она была окончательно присоединена?

Словарь

§ 1

овладева́ть 1, **овладе́ть** 1 to seize
у́стье mouth (of a river)

§ 2

отдава́ть 1, **отда́ть** to deliver
выса́живаться 1, **вы́садиться** 2 to land, to disembark
ополче́ние popular militia, levy of troops

§ 3

ссо́риться 2, **по-** to quarrel
вторга́ться 1, **вто́ргнуться** 1 to encroach upon
преде́л boundary
прибы́тие arrival
се́ча (obsolete) carnage, slaughter
залива́ть 1, **зали́ть** 2 to flood, to spill
бы́ли разби́ты на́голову were thoroughly beaten

§ 4

намеча́ться 1, **наме́титься** 1 to be marked, noted
перемеще́ние transference, displacement
подверга́ться 1, **подве́ргнуться** 1 to be subjected to
отря́д detachment
спосо́бствовать 1 (*Imprf.*) to promote, to further, to favor
вы́годный advantageous
овра́г ravine
спуска́ться 1, **спусти́ться** 2 to sail down a river
извлека́ть 1, **извле́чь** (1) **дохо́д** to derive benefit, profit
по́шлина duty, customs
полоса́ zone, region

§ 5

уде́л an appanage (in Medieval Russia)

приобрета́ть 1, приобрести́ 1, to acquire

ярлы́к a Tatar word denoting a document. In this case a charter granted by the Tatar khan to Russian princes, entitling them to be called ''Grand Princes''

добива́ться 1, доби́ться (1) to obtain

§ 6

смиря́ться 1, смири́ться 2 to submit

поко́рность (f.) obedience, submissiveness

обеспе́чивать 1, обеспе́чить 2 to secure

выхлопа́тывать 1, вы́хлопотать 1 to obtain with much trouble

подчёркивать 1, подчеркну́ть 1 to underline, accentuate

забо́та anxiety, pains

усыпа́льница burial-vault

хорони́ть 2, по- to bury

поса́д (obsolete) settlement around a fortified city

§ 7

умножа́ть 1, умно́жить 2 to increase

дроби́ться 2, раз- (only 3rd pers.) to be parcelled out, divided into parts

§ 9

междоусо́бный internecine

оспа́ривать 1, оспо́рить 2 to dispute

прито́к tributary (of a river)

изги́б bend, winding (of a river)

располага́ться 1, расположи́ться 2 to be encamped, stationed

заса́да ambush

заса́дный полк regiment of troops placed in ambush

тесни́ть 2, с- to press, squeeze

добы́ча booty

убежде́ние belief, persuasion

§ 11

обши́рный extensive, vast

направля́ть 1, напра́вить 2 to direct

колеба́ться 1, по- to vacillate, waver, hesitate

продли́ть 2 (Perf.) to prolong

строй regime

тяготе́ть 1 (Imprf.) to gravitate towards

принужда́ть 1, прину́дить 2 to compel, force

поса́дник an official in the local government of large cities esp. Novgorod.

наме́стник deputy

у́часть (f.) lot, fate

постига́ть 1, пости́гнуть 1 (то́же: пости́чь) to overtake, befall

§ 12

те́сный close, intimate

набе́г raid

§ 13

уде́льный князь in medieval Russia, an appanage prince

племя́нница niece

прее́мник successor

усва́ивать 1, усво́ить 2 to adopt, make one's own

подража́ть 1 (Imprf.) to imitate

великоле́пие splendor, magnificence

§ 14

стеснённый restrained, hindered

§ 15

преслéдовать 1 (*Imprf.*) to pursue

хи́щничество rapaciousness

безобрáзный ugly, deformed

отврати́тельный disgusting

ди́кость (*f.*) wildness, savagery

неуравновéшенность (*f.*) unbalanced state of mind

вспы́льчивость (*f.*) quick temper

мстить 2 ото- to revenge oneself

§ 16

венчáние на цáрство coronation

§ 17

расшáтывать 1, **расшатáть** 1 to shake loose

расклáдка apportionment

пóдать (*f.*) (obsolete) tax assessment

пови́нность (*f.*) duty, obligation

санóвник dignitary, high official

мероприя́тие measure, legislative enactment

судопроизвóдство legal procedure

взя́точничество bribery

искореня́ть 1, **искорени́ть** 2 to eradicate

злоупотреблéние abuse, misuse

§ 18

недоразумéние misunderstanding

опри́чнина an entailed domain created by Ivan IV. A special household, whose members were called ''oprichniks'', was created to administer this domain

недостóйный unworthy

слободá (obsolete) a large village or settlement, usually on the outskirts of a city

грáмота here used in the sense of an ''official document''

извещéние notice, notification

вербовáть 1, за- to recruit

удаля́ть 1, **удали́ть** 2 to move off (away)

разорéние destruction, ravage

звéрство brutality, atrocity

§ 19

я́рость (*f.*) fury, rage

кощу́нство blasphemy

ря́са cassock

обличáть 1, -чи́ть 2 to censure, expose

§ 20

опустоши́тельный devastating

§ 21

столкновéние collision, clash

ГЛАВА III | СМУТНОЕ ВРЕМЯ

1. Царь Федор 1584–1598

После смерти Ивана IV московский трон унаследовал его сын—Федор, болезненный, неспособный правитель. Сам он править государством не мог, и власть фактически перешла к шурину царя, Борису Годунову, который в 1598 году, после смерти бездетного Федора, был избран царем на Земском соборе. Со смертью Федора прекратилась династия русских царей, которая вела свое начало от Рюрика.

2. Царевич Димитрий

У царя Федора не было прямых наследников, а его младший брат, Димитрий, погиб в раннем детстве при таинственных обстоятельствах в городе Угличе, где он жил со своей матерью. Согласно официальной версии девятилетний Димитрий со своими сверстниками играл ножом. Во время игры с Димитрием случился припадок падучей болезни, и при падении на землю он наткнулся на нож и умер. В народе, однако, ходил слух, что царевич был убит по распоряжению Бориса Годунова, желавшего захватить трон. Мать царевича Димитрия была сослана в монастырь.

3. Борис Годунов 1584–1598 (регент) и 1598–1605 (царь)

Борис Годунов еще при жизни царя Федора и позже, будучи царем, продолжал политику Ивана IV, укрепляя государственный порядок. Он также преследовал княжеские и боярские семьи, как и Иван IV. Борис Годунов был умным и опытным прави-

телем. Будучи гонителем знати, он одновременно хотел быть добрым государем для простых людей. И действительно, он сделал много добра для народа. Однако во время его царствования Россию постигли многие несчастия, что вызвало недовольство и волнения в народе.

Начиная с 1601 года, три года подряд были неурожаи. Настал страшный голод, а вместе с голодом появились эпидемии. Особенно страдало городское население. Люди умирали на улицах и дорогах. Борис Годунов устроил раздачу хлеба из казенных запасов, но он был не в силах помочь всем нуждающимся. Из голодных и недовольных образовались разбойничьи шайки, которые добывали себе пропитание, грабя бояр и купцов. Волновались и бояре. Они пытались вернуть свое привилегированное положение, утраченное во время опричнины. Борьба боярства приняла характер дворцовых интриг и заговоров.

4. Учреждение патриаршества в Москве   Православной церковью в России управлял живший в Москве митрополит. Высшей церковной властью в русской церкви считался константинопольский патриарх. Понятно, что московские государи, приняв царский титул и считая себя заместителями византийских императоров, желали, чтобы глава русской церкви получил сан патриарха.

Борис Годунов воспользовался приездом константинопольского патриарха Иеремии в Москву и добился от него согласия на установление Московского патриаршества. В 1589 году, т.е. еще во время регентства Годунова, первым русским патриархом стал Иов.

5. Лжедимитрий I   В 1603 году распространился слух, что царевич Димитрий Иванович не был убит в Угличе, а спасся и живет в Польше. Узнав

о появлении самозванца в Польше, Московское правительство объявило, что самозванец, взявший имя Димитрия, является бывшим монахом Григорием Отрепьевым, убежавшим в Польшу. Но на самом деле вопрос о личности самозванца Лжедимитрия не решен окончательно и теперь. Одни историки склонны думать, что это был действительно царевич Димитрий, укрытый от убийц. Другие думают, что это был самозванец, но не Отрепьев, а другое лицо. Все поступки самозванца указывают на то, что он считал себя действительно царевичем и не боялся никаких обличений в самозванстве.

Польша оказала самозванцу помощь. Собрав войско, он в 1604 году вторгся в Московское государство. Города сдавались Димитрию. К нему переходили казаки, беглые крестьяне и даже некоторые бояре. Во время этой авантюры, в 1605 году неожиданно умер царь Борис. На престоле оказался его сын, юноша Федор. Он сам не мог править государством, и влияние на дела оказывала его мать, царица Марья. Таким положением дел многие были недовольны. Соперники Годуновых возмутились, свергли молодого царя и убили его и его мать. На Руси началась смута. Самозванец, воспользовавшись смутой, при помощи польских войск, занял Москву и венчался на царство. Он вернул из ссылки мать царевича Димитрия инокиню Марфу и встретил ее как родную мать. Сама Марфа, при всем народе, отнеслась к нему, как к своему сыну. Новый царь управлял с помощью немногих любимцев, отстранив знатнейших бояр от влияния на дела. Он окружил себя наемной стражей из иностранцев. Окончательно же восстановила народ против него его женитьба на польке Марине Мнишек. На свадьбу приехало много гостей поляков. Они вели себя надменно и грубо и этим раздражали москвичей. На рассвете 17 Мая 1606 года произошло восстание. Толпа ворвалась во дворец. Лжедимитрий пытался бежать. Он выпрыгнул из окна и при падении сильно разбился. Его схватили и убили.

6. Царь Василий Шуйский 1606–1610

После смерти Лжедимитрия царем был провозглашен князь Василий Шуйский, главный руководитель заговора против самозванца. Положение нового государя было чрезвычайно трудно. Почти половина государства перестала повиноваться Москве. Этой смуте содействовали: 1) движение Болотникова, 2) движение второго самозванца и 3) вмешательство Польши и Швеции в московские дела.

1) В царствование Василия Шуйского начались крестьянские восстания. Самым крупным было восстание крестьян и казаков под предводительством Ивана Болотникова. Он поднимал крестьян против их господ, желая низвержения крепостных порядков и уничтожения богатых людей. Попытка восстания крепостных против своих господ окончилась неудачей. Восстание было подавлено.

2) Во время крестьянского восстания появился новый самозванец, который также называл себя Димитрием Ивановичем. Он говорил о себе, что спасся от боярского покушения и ушел в Литву, откуда теперь идет снова добывать Москву. Многие ему поверили, что он Димитрий Иванович, а кто он был на самом деле, никто не знал.

Под его начальством оказалась большая воинская сила. Он подступил к самой Москве и осадил ее в 1608 году, но взять ее не смог. Тогда недалеко от столицы, на берегу Москвы-реки, около села Тушино он устроил свой лагерь. Лжедимитрия II стали называть "тушинским царем", или "тушинским вором". Его армия состояла главным образом из польских и казачьих отрядов. Положение Москвы стало очень трудным. Царь Василий обратился за помощью к шведскому королю Карлу IX, который помог ему нанести удар Лжедимитрию II. За оказанную помощь Швеция получила часть территории у Балтийского побережья.

3) При Василии Шуйском Польша и Швеция находились в состоянии войны. Так как шведские войска появились в России как союзники царя, Польша начала открытую войну и против России.

В 1609 году польская армия вторглась в пределы России. Русское войско не в силах было защищать родину от внутренних и внешних врагов. Москва снова оказалась в осаде. В 1610 году москвичи подняли восстание, свергли Шуйского с престола, и власть захватила группа бояр. Она заключила договор с Польшей о признании русским царем польского королевича Владислава. В сентябре 1610 года польские войска вступили в Москву. Шведы заняли не только уступленные им города, но овладели также и Новгородом.

Вопросы

1. Какой период в Русской истории называют Смутным временем и почему?
2. Как погиб царевич Димитрий и какие слухи ходили в народе?
3. Какую политику вел Борис Годунов и что вызвало недовольствие в народе?
4. Чем были недовольны бояре?
5. Какое важное событие произошло в православной церкви при Борисе Годунове?
6. Расскажите о Лжедимитрии I.
7. Чем воспользовался самозванец, чтобы занять Москву и венчаться на царство?
8. Что вызвало в народе сильное возмущение против самозванца и как он погиб?
9. Каково было отношение в государстве к царю Василию Шуйскому?
10. Какие главные три эпизода были во время смуты при Василии Шуйском?
11. Кто руководил восстанием крепостных и как оно окончилось?
12. Когда появился Лжедимитрий II и каковы были его цели?
13. Какое прозвище получил Лжедимитрий II и кто помог Василию Шуйскому нанести самозванцу удар?
14. Что дало повод Польше вторгнуться в пределы России?
15. Каков был конец царствования Василия Шуйского?

Словарь

§ 1

шу́рин brother-in-law
све́рстник a person of the same age
паду́чая боле́знь epilepsy
натыка́ться 1, наткну́ться 1 to stumble on

§ 2

пото́мок descendant
зна́тный noble (referring to old Russian nobility)

§ 3

льго́та advantage, privilege
разда́ча distribution
оби́льный abundant
утра́чивать 1, утра́тить 2 to lose, to forfeit

§ 5

самозва́нец pretender
скло́нный inclined to
вторга́ться 1, вто́ргнуться 2 to invade
сопе́ринк rival
и́нокиня nun
нае́мный hired
стра́жа guard
надме́нный haughty

§ 6

предводи́тельство leadership
низверже́ние overthrow
подавля́ть 1, подави́ть 2 to suppress
покуше́ние attempt (on someone's life)
по́вод occasion, cause
короле́вич prince

ГЛАВА IV | ПЕРВЫЕ РОМАНОВЫ

1. Избрание царем Михаила Федоровича В 1611 году положение Московского государства стало отчаянным. Вся западная часть государства была в руках поляков и шведов, и Московское государство оказалось без правительства. Повсюду царствовала анархия. Этим воспользовались казаки и крестьяне, ненавидевшие крепостной порядок; они грабили и своевольничали. В эти ужасные дни раздавались голоса, призывающие русский народ объединиться для борьбы за родину. С призывом объединиться выступил и глава русской церкви—патриарх Гермоген. Во главе нового ополчения стали князь Димитрий Михайлович Пожарский и староста Нижнего Новгорода —Кузьма Минин. В конце 1612 года им удалось освободить Москву от поляков, после чего можно было приступить к избранию нового царя. В Москве был созван Земский собор, который в 1613 году избрал царем Михаила Федоровича Романова, 17-летнего юношу, сына митрополита Филарета. Сам Филарет в то время был в польском плену.

2. Царствование Михаила Федоровича 1613–1645 С царем Михаилом началась династия Романовых, царствовавших 300 лет. Царь Михаил по своей молодости, болезненности и душевной мягкости нуждался в помощи. В первые годы царствования Михаила большую роль играли его родственники, злоупотреблявшие своим влиянием. По возвращении государева отца Филарета из польского плена в 1619 году положение изменилось. Филарет стал патриархом, получил титул ''великого

41

государя'' и занял первое место в правительстве. В его лице соединена была светская и духовная власть—царя и патриарха. Благодаря этому центральная власть России очень усилилась. Царствование Михаила Романова было трудное. Нужно было восстановить порядок в государстве, усмирить казаков, очистить страну от разбойничьих отрядов, продолжавших грабить население, и в то же самое время вести войну с Польшей и Швецией.

3. Царь Алексей Михайлович 1645–1676

После смерти царя Михаила на престол вступил его сын Алексей Михайлович. Царь Алексей отличался душевной мягкостью и глубокой религиозностью. Он мало интересовался государственными делами, и управление государством было в руках боярина Морозова. Морозов был человеком корыстным. На важнейшие места он назначал близких ему людей, еще более корыстных, чем он сам. Они сильно угнетали народ.

4. Восстания 1648 года

Для повышения доходов были введены новые пошлины (на соль) и налоги, которые всей своей тяжестью падали на обедневшие слои населения. В Москве произошло восстание. Толпа потребовала казни Морозова и других бояр. Перепуганный царь выдал толпе наиболее ненавистных народу бояр. Они были убиты, а их дома разграблены. Морозова царь спас, отправив его ночью в один из отдленных монастырей. Московские волнения отразились и в других городах.

5. ''Уложение'' 1649 года

Народные волнения открыли царю глаза на истинное положение в государстве. Он понял, что народ недоволен не только чиновниками, но и порядками. Не

было свода законов и народу было трудно разобраться в своих обязанностях и правах. Этим пользовались недобросовестные чиновники, которые своевольничали: одни законы они утаивали, а другие толковали по—своему. Это положение характеризовалось старой поговоркой: "Закон, что дышло—куда повернешь, туда и вышло". Необходимо было водворить порядок и правосудие в государстве, и поэтому в 1648 году был созван Земский собор, который с согласия царя, в 1649 году, принял новое "Уложение", т.е. сборник законов. В нем точно были установлены обязанности и права отдельных сословий.

Новые законы были изданы в пользу служилых людей (дворян) и посадских людей (горожан). Дворяне закрепили за собой земли и крестьян. Разысканные крестьяне возвращались старым владельцам с женами и детьми и со всем их имуществом в полное закрепощение. Посадские (городские) общины получили право возвратить всех ушедших от них закладчиков и замкнуть посады от посторонних людей, которые отбивали у них торговлю и промыслы. Купцы добились того, что иноземцам было запрещено торговать внутри Московского государства, кроме Архангельска. В результате дворяне и горожане были довольны новыми законами. Но положение низших слоев населения не улучшилось.

6. Экономическое положение страны в середине XVII века

Тяжелое экономическое положение России во время войн с Польшей, принуждало правительство искать новых средств для покрытия военных расходов. В то же самое время в Московском государстве развилась эпидемия чумы, которая совершенно расстроила жизнь страны и осложнила деятельность правительства. В разгар эпидемии трудно было собирать деньги для содержания войска. Приток иностранного серебра вследствие общего упадка

торговли уменьшился. В 1654 году правительство выпустило деньги из меди и приравняло их к серебряным. Это привело к резкому вздорожанию всех товаров, особенно продуктов питания. Началась дороговизна, а с нею и голод для бедных людей.

7. Восстание Стеньки Разина Ряд потрясений и волнений, а особенно тяжелое экономическое положение бедноты, усилило бегство народа на Дон. Крестьяне, скрывавшиеся от прикрепления, уходили в казачьи городки на Дону с надеждой стать там свободными казаками и найти более обеспеченную жизнь. Но старые донские казаки, ''домовитые'', не считали беглецов равными себе казаками и называли их ''голытьбой''. Голытьбе приходилось работать батраками на казачьих промыслах. Пахать землю на Дону запрещали, боясь, что земледелие превратит казаков в крестьян и приведет к закрепощению их Москвой. Поэтому хлеба на Дону не хватало. От голода особенно страдали бедные казаки. Таким образом, новые пришельцы не нашли ни свободы, ни обеспеченной жизни. Все это привело к волнениям.

В это время на Дону появился атаман—Стенька Разин. Он легко собрал большое казачье войско. К нему примкнула голытьба. Города и крепости ему сдавались. Стрельцы, составлявшие царские гарнизоны городов, переходили к Разину. Восстание распространилось по селам. Крестьяне поднимались на своих помещиков, грабили и убивали их. Восстание охватило огромное пространство среднего и нижнего Поволжья; Разин призывал всех угнетенных людей подняться. Он говорил, что идет за государя против изменников—бояр и дворян. В народе распространился слух, что вместе с Разиным находится сын царя Алексей Алексеевич. В действительности же царевич умер еще до начала восстания.

Успехи Разина вызвали тревогу в Москве. Огромная

армия была послана на подавление восстания. В 1671 году основные очаги восстания были заняты царскими войсками. Домовитые казаки захватили Разина и сами привезли его в Москву, где он был казнен. Войско же его распалось, разделилось на многочисленные шайки, которые продолжали разбойничать в Поволжье еще не один год. В народе долго не хотели верить, что Разин погиб. Память о Стеньке Разине сохранилась в народных песнях, которые разнеслись по всей России.

Вопросы

1. Расскажите, в каком положении было Московское государство в 1611 году и как вели себя в это время казаки и крестьяне.

2. К чему призывал глава русской церкви, патриарх Гермоген и кто стоял во главе нового ополчения?

3. Какое событие произошло в 1613 году?

4. Расскажите про царя Михаила Фёдоровича и почему царствование его было трудное?

5. В чьих руках находилось управление государством при царе Алексее Михайловиче?

6. Главные причины восстания в Москве?

7. Как подействовали народные восстания на царя и что было последствием этого?

8. Расскажите про новое ''Уложение''—сборник законов, который был принят в 1649 году.

9. Кто был доволен в государстве новыми законами и какая часть населения почувствовала свое порабощение?

10. Почему экономическое положение страны в середине XVII века было очень трудное?

11. Что вызвало усиленное бегство бедноты на Дон и каково было отношение к ним ''домовитых'' казаков?

12. Почему не хватало хлеба на Дону и кто особенно страдал от этого?

13. К чему призывал Стенька Разин и что он обещал народу?

14. Как окончилось восстание и какова была участь Стеньки Разина?

Словарь

§ 1

отча́янный desperate

призыва́ть 1, **призва́ть** 1 to summon

§ 2

уси́ливать 1, **уси́лить** 2 to strengthen

усмиря́ть 1, **усмири́ть** 2 to suppress

§ 3

коры́стный self-seeking

угнета́ть 1 (*Imprf.*) to oppress

§ 4

обедне́вший impoverished

слой stratum, layer

ло́паться 1, **ло́пнуть** 1 to be exhausted

вельмо́жа noble, important person

§ 5

уложе́ние law, code

недобросо́вестный unconscientious

своево́льничать 1 (*Imprf.*) to be self-willed, wilful

ута́ивать 1, **утаи́ть** 2 to conceal

толкова́ть 1 (*Imprf.*) to interpret, to explain

водворя́ть 1, **водвори́ть** 2 to install

разы́скивать 1, **разыска́ть** 1 to search for

закла́дчик mortgagor

замыка́ть 1, **замкну́ть** 1 to lock, to close

посторо́нний strange, foreign

про́мысел trade, business, industry

§ 6

чума́ plague, black death

подрыва́ть 1, **подорва́ть** 1 to undermine

прито́к influx

изгота́вливать 1, **изгото́вить** 2 to manufacture

вздорожа́ние rise in price

дороговизна high price, expensiveness

§ 7

домови́тый thrifty

голытьба́ (*collective noun. obs.*) the poor, the ragged

батра́к farm laborer

оча́г center, breeding ground

ГЛАВА V | ЭПОХА ПЕТРА ВЕЛИКОГО

1. Правление София

Царь Алексей Михайлович умер в 1676 году, оставив трех сыновей: Федора, Ивана и Петра. На престол вступил его старший сын, 14-летний царевич Федор Алексеевич (1676–1682). Царь Федор умер 20 лет от роду, не оставив сыновей. Царская власть должна была перейти к старшему, но слабоумному Ивану, или к младшему Петру. Царем был превозглашен младший брат, царевич Петр, которому было только десять лет. Так как он сам еще не мог править страной, начались придворные интриги за власть. В то же самое время и стрельцы, воспользовавшись слабостью власти, подняли бунт. Во время этого мятежа Петр лично видел гибель своих родных и близких. Пережитые им ужасы он не мог забыть всю свою жизнь, и они сильно повлияли на юного Петра и ожесточили его.

По требованию стрельцов царями были провозглашены оба брата—Иван и Петр, а их сестра София была объявлена правительницей при малолетних братьях. Царевна София правила 7 лет (1682–1689). Главную роль при ней играл князь В. Голицын. Сторонники правительницы вели среди стрельцов агитацию в пользу провозглашения ее царицей. Но это ей не удалось. Когда Петру исполнилось 17 лет, София была лишена власти и заключена в монастырь, и Петр стал управлять государством. Его брат Иван вскоре умер.

2. Юность Петра

В годы правления Софии Петр с матерью жили в селе. Преображенском. Об образовании Петра мало заботились. Петр рос,

как простой дворянин. Он играл не только с боярскими детьми, но и с крестьянскими. Эти игры приобрели особый характер. Они играли в войну: сооружали небольшие укрепления из земли и учились брать их штурмом. Через несколько лет из этих ''потешных'' солдат Петр образовал Преображенский и Семеновский ''потешные'' полки, которые в будущем сыграли важную роль в настоящей войне и были его верной опорой. Особенная была его страсть к лодкам и кораблям. В селе Измайлове он нашел заброшенный мореходный ботик—''дедушку русского флота'' и научился плавать на нем. Он весь ушел в это новое дело и начал строить себе суда. С детских лет Петр был под влиянием немцев, которые тогда были инструкторами в регулярных московских полках или техническими мастерами.

Петр посещал так называемую Немецкую слободу (московский пригород для иностранцев), беседовал с иностранцами, бывал у них в гостях, принимал участие в их увеселениях. Особенно он сблизился с шотландцем Гордоном, генералом русской службы, ученым и серьезным человеком, и со швейцарцем Лефортом, полковником, человеком очень способным и веселым. Под влиянием Лефорта Петр, по мнению многих, отстал от русских обычаев и привык к шумным кутежам и пирушкам.

3. Азовские походы и флот Турецкая крепость Азов была важным военным и торговым пунктом и ключом к морю для всей России. Понимая значение Азова, Петр хотел присоединить его к России. Весною 1695 года Петр I с большим войском направился к Азову и осадил его. Осада Азова затянулась до осени того же года и не имела успеха. Без военного флота русские не могли блокировать крепость с моря. Турки морем получали новые подкрепления и продовольствие. Наступившая осень заставила Петра снять осаду Азова.

Неудачный поход на Азов показал Петру, как необходим России военный флот. Вернувшись в Москву, Петр начал строить флот. Весной 1696 года, к изумлению турок, под Азовом появился русский флот. Петр осадил Азов с моря и с суши, и крепость сдалась.

4. Поездка Петра за границу 1697–1698

Взятие Азова не привело к окончанию войны. Турки располагали сильным флотом и продолжали господствовать на Черном море. Поэтому Петр решил готовиться к войне и искать союзников. В Западную Европу отправилось русское посольство. Оно должно было установить более близкие связи со странами Западной Европы и заключить союз европейских государств против Турции. Посольству было также поручено нанимать иностранных специалистов для русской армии и познакомиться с европейской жизнью, с ее культурой и техникой. Сам Петр находился в составе посольства, скрываясь под именем урядника Петра Михайлова.

Посольство остановилось в Голландии в городе Саардаме, славившемся хорошей корабельной верфью. Петр поступил на верфь в качестве простого плотника. Оттуда он переехал в Амстердам и там тоже поступил учеником на верфь. На ней он работал свыше четырех месяцев, пока не был окончен заложенный при нем большой корабль. В свободные часы Петр посещал мастерские, музеи, ученых и художников.

Из Голландии Петр поехал в Англию. В Лондоне он ознакомился с государственным устройством страны и тоже изучал кораблестроение. Из Англии он направился в Вену для переговоров с австрийским императором о союзе против Турции.

Во время пребывания так называемого ''великого посольства'' за границей выяснилось, что план создания союза против Турции не мог осуществиться. Большинство

европейских государств было занято вопросом о испанском наследстве. За границей Петр ближе познакомился с политическим положением Прибалтики. За ъалтийские побережья соперничали Дания, Швеция, Польша, Литва и Россия. Петр считал Прибалтику необходимой для России, поэтому он решил присоединиться к союзу против Швеции, который организовали Польша и Дания.

5. Стрелецкий бунт 1698

Возвращение Петра в Россию было ускорено известием о стрелецком бунте. Стрельцы привыкли нести в Москве легкие караулы, а все остальное время торговали или занимались промыслами. Петр требовал от стрельцов постоянной военной службы. После взятия Азова Петр оставил часть стрелецких полков на юге, а часть переместил поближе к западной границе. Это распоряжение вызвало большое раздражение среди стрельцов, у которых в Москве остались семьи и хозяйства. Стрельцы подняли бунт. Генерал Гордон разбил стрельцов. Их переловили и наказали.

Вернувшись в Москву, Петр решил, что дело о стрельцах недостаточно расследовано. Началось новое следствие, и последовали пытки. Петр с большой суровостью расправился со стрельцами, участвовавшими в бунте. Всего было казнено свыше 2000 стрельцов. Стрелецкое войско было уничтожено.

6. Великая Северная война 1700–1721

Для войны против Швеции за Балтийское побережье Петр заключил союз с Данией и Польшей. Союзники убеждали Петра, что наступило удобное время для действий против Швеции, так как на шведский престол вступил молодой неопытный, по их мнению, король Карл XII.

Готовясь к войне, Петр приступил к формированию новых войск. В течение трех месяцев было обучено 32 тысячи солдат. Карл XII неожиданно высадился на берегу Дании и заставил датского короля заключить с ним мир.

Русские войска двинулись против шведской крепости Нарвы. Король Карл XII поспешил на выручку крепости и нанес полное поражение русским под Нарвой. Шведы взяли много пленных и всю русскую артиллерию. После этой победы Карл XII двинулся против Польши, считая, что русская армия не будет в состоянии продолжать войну. Иначе оценивал обстоятельства Петр. Он с огромной энергией принялся за восстановление и переустройство армии. Петр велел с каждой третьей церкви снять колокола и перелить их на пушки. Через год он имел уже 300 новых орудий, вдвое больше того, что было потеряно под Нарвой. Пополнение армии производилось путем рекрутских наборов. Военные преобразования были сделаны с такой быстротой, что уже в 1701 году русская армия могла перейти в наступление. Уже в 1702–1703 годах Петр, двигаясь по течению реки Невы, овладел несколькими крепостями и укрепился на реке Неве, которая открывала выход в Балтийское море. На Ладожском озере была построена корабельная верфь, с которой в 1703 году был спущен на воду первый корабль. Петр вел усиленную подготовку к морской войне против Швеции. Русская армия, получив боевой опыт под Нарвой, была быстро реорганизована и стала сильной.

В 1706 году Карлу XII удалось разбить польскую армию и принудить польского короля Августа II заключить мир. После победы над Польшей шведские войска двинулись на юг, на Украину. Там Карл XII думал дать отдых армии, пополнить запасы продовольствия и подождать новых подкреплений из Швеции. Русским войскам удалось разбить шведский корпус, направлявшийся к Карлу XII с большим обозом боевых припасов. Это ухудшило положение шведов.

7. Победа под Полтавой

В 1709 году Карл подошел к небольшой крепости Полтава и начал ее осаду. Петр с главными силами армии поспешил на выручку Полтавы. В ее окрестностях, на берегу реки Ворсклы, произошло решительное сражение. Перед началом боя Петр обратился к своим войскам с приказом: ''Воины! Вот пришел час, который решит судьбу отечества. Итак, не должны вы помышлять, что сражаетесь за Петра, но за государство. . . . Не должна вас также смущать слава неприятеля, будто бы непобедимого, которой ложь вы сами своими победами над ним неоднократно доказали''. . .

Сражение начали шведы стремительной атакой. Между рядами шведов на носилках носили раненого Карла XII, старавшегося воодушевить своих солдат. Однако все усилия шведов были напрасны. Два часа шел рукопашный бой. Петр руководил боем и появлялся в самых опасных местах. Его шляпа и седло были прострелены пулями. У шведов была слабая артиллерия, по недостатку пороха они могли ввести в дело только четыре пушки. Шведы были разбиты. Карл XII утратил свою славу. Только небольшой отряд шведской кавалерии во главе с Карлом скрылся за турецкой границей. Остальные шведские войска сдались. Блестящая победа русских войск под Полтавой имела большое значение. В Европе считали шведские войска лучшими, а Карла—непобедимым полководцем. Теперь военное могущество Швеции на суше было уничтожено. Поэтому Польша и Дания опять заключили союз с Россией для продолжения борьбы со Швецией. К этому союзу примкнула и Пруссия. После победы Петр перевел свои войска к Балтийскому морю и занял побережья Рижского и Финского заливов. Война продолжалась на море. И здесь русские одержали несколько побед над шведским флотом. Война, длившаяся 21 год, была окончена в 1721 году. В Ништадте, в Финляндии, был

заключен мир. Россия получила побережье Финского и Рижского заливов.

После заключения мира сенат преподнес Петру титул императора, а Россия стала официально именоваться ''Российской Империей''. Сенат наименовал Петра ''Великим'' и ''Отцом отечества''.

8. Реформы Петра Великого Петр не доверял старой Боярской думе, в которой сидели представители старых княжеских и боярских семей. Поэтому он учредил сенат, члены которого назначались царем. Сенат, состоявший из небольшого числа лиц, был высшим государственным учреждением, разрабатывал проекты новых законов, которые утверждались царем, следил за деятельностью других учреждений и заменял царя во время его отсутствия.

9. Генерал-Прокурор При сенате Петр учредил особую прокуратуру для надзора за законностью действий администрации. Ее начальник, генерал-прокурор, имел контроль над самим сенатом. Петр называл его ''оком государевым''.

Коллегии

Вместо старых приказов было образовано 9 коллегий, число которых впоследствии было увеличено до 12. Каждая из коллегий ведала какой-нибудь одной отраслью управления: коллегия иностранных дел, военная коллегия и другие.

Губернии

Большое изменение было проведено в устройстве областного управления. Россия была разделена на 8 губерний. Несколько

уездов соединялись в "провинцию", а несколько
провинций в "губернию". Губернией управлял губер-
натор, подчиненный сенату. Этим достигалась большая
централизация в управлении.

10. Церковная Бо́льшая часть высшего духовен-
реформа.   ства неодобрительно относилась к
Синод   преобразованиям Петра. Патриарх
        Иоаким и его преемник Адриан
не сочувствовали Петру и осуждали его. Петр решил
подчинить церковь государству. Он уничтожил патриаршество и во главе церковного управления поставил
Святейший синод, члены которого назначались царем из
духовных лиц. В делах веры синод имел силу и власть
патриарха, но вместе с тем он стоял в ряду прочих
коллегий, подчиняясь надзору генерал-прокурора и
сената.

Петр провел много других преобразований в правительстве, в народном образовании, в экономической жизни
страны, в сельском хозяйстве, армии и т. д.

11. Культурный Для проведения в жизнь новых
подъем   преобразований нужны были
        ученые люди. Для этого Петр
создавал библиотеки, школы, музеи и посылал боярских
сыновей учиться в школы Западной Европы. Он
заботился также о книгопечатании. Вместо старого
церковнославянского шрифта Петр ввел упрощенный и
более легкий для чтения гражданский шрифт. Этот
шрифт, с некоторыми изменениями, употребляется и
теперь. С 1703 года в Москве, а потом и в Петербурге,
стала выходить первая русская газета "Ведомости".

До Петра I летоисчисление велось согласно
церковному календарю—от "сотворения мира", а новый
год начинался 1-го сентября. Петр I ввел Юлианский

календарь (установленный Юлием Цезарем), хотя к этому времени уже существовал более правильный, Грегорианский календарь (новый стиль). Юлианский календарь был введен с января 1700 года. Ко времени Петра относится начало школьного образования. В 1701 году в Москве была открыта морская школа для обучения юношей различных сословий морскому делу. В 1715 году в Петербурге была открыта морская академия, которая выпускала не только образованных моряков, но и геодезистов и картографов. В Москве была и первая медицинская школа.

Для общего образования в городах были открыты школы, в которых обучались дети дворян, чиновников и духовных лиц. Они обучались грамоте, арифметике и геометрии. Система обучения и воспитания была очень суровой. За малейший проступок учеников били розгами. Петр требовал, чтобы все дворяне (от 10–15 лет) учились, и даже запретил жениться тем, кто не окончил школы.

Петр старался перевоспитать общественные нравы. Таким оригинальным средством перевоспитания были так называемые ''ассамблеи''—собрания. На эти собрания, которые, по приказанию царя, устраивались в домах знатных и богатых людей, могли явиться все дворяне и ''знатные'' горожане с семьями без приглашения.

На ассамблеях гости беседовали, танцевали, играли в разные игры и угощались, приучаясь к общественной жизни, похожей на жизнь в Западной Европе.

12. Помощники Петра I

Перемены в культуре и в быту русского общества вызывали оппозицию не только духовенства, но и представителей прежней знати. Часть дворян, понимавшая необходимость преобразований, поддерживала Петра. Петр, подбирая талантливых и преданных помощников, не ограничивался одними дворянами, а

выдвигал способных людей и из низших сословий. Таким образом, не делая различия между знатными и простыми людьми, он говорил, что теперь всех будут ''по годности знатными считать''. Про генерал-прокурора Ягужинского рассказывали, что в молодости он пас свиней. Заведовавший иностранными делами Шафиров, еврей по национальности, был продавцом в лавке. Ближайшим помощником Петра I был А. Д. Меншиков. Про него говорили, что он в детстве торговал пирогами на московских улицах. Меншиков получил от Петра титул князя. Он ездил с царем за границу и вместе с ним работал на корабельной верфи. Петр I полюбил Меншикова за сметливость, распорядительность и храбрость. Меншиков ведал военными делами. Петр знал и слабость Меншикова и не раз наедине ''поучал'' его палкой за наживу за счет казны. Из иностранцев ближайшими помощниками Петра стали швейцарец Лефорт, шотландец Гордон, голландец Брандт и другие.

13. Петербург

В 1703 году Петр овладел шведской крепостью Ниеншанц на берегу реки Невы, недалеко от моря. В том же году Петр заложил около этого места Петропавловскую крепость. Около крепости было построено несколько домов, положивших начало городу Петербургу. Недалеко от Петропавловской крепости Петр построил для себя домик. Рядом с ним стали строить дома приближенные царя, дворяне и купцы. Город строился на островах. После Полтавской победы Петр решил сделать новый город столицей государства. Десятки тысяч крестьян были пригнаны на постройку города. Они работали в болоте, по колено в воде. В таких тяжелых условиях гибли тысячи людей, но на их место присылались новые. Некоторые авторы говорят, что Петербург построен не на островах, а на костях рабочих. Петербург строился совершенно иначе, чем Москва. На месте лесов и болот

проложены были широкие прямые улицы. Для украшения города Петр вызвал лучших иностранных архитекторов и художников. На берегу Невы были выстроены большие каменные здания. Появились парки с дорожками и прекрасными фонтанами. Против Петропавловской крепости была построена большая корабельная верфь. От нее шла широкая улица—Невский проспект. Столицей Российского государства с 1713 года стал Санкт-Петербург. Во время Первой мировой войны он был переименован в Петроград. Советское правительство перенесло столицу в Москву, а Петроград был назван Ленинградом.

14. Семейные дела Петра I

Семейная жизнь Петра I была неудачна. Он развелся со своей первой женой Евдокией Федоровной и отправил ее в монастырь. Сын Петра, Алексей, остался в Москве на попечении своих теток. Петру некогда было заниматься им, и Алексей попал под враждебное царю влияние. Алексей жалел свою мать, не любил отца и не сочувствовал ничему тому, что делал отец. Петр много раз требовал от сына, чтобы тот исправился. ''Ты должен любить все, что служит к благу и чести отечества,—говорил он ему,—если советы мои разнесет ветер, я не признаю тебя своим сыном.'' Разочарованный в Алексее, Петр потребовал от него, чтобы он отрекся от престолонаследия. Алексей отрекся, убежал за границу к императору Карлу VI, и просил защиты.

Петр отправил за сыном ловких послов, которые уговорили его вернуться домой. По возвращении в Москву, Алексей подвергся преследованию и пыткам. Царевич был отдан под суд и приговорен к смертной казни. Не выдержав жестоких пыток, Алексей умер до казни в Петропавловской крепости. (1718)

С 1712 года Петр состоял в негласном браке с простой

женщиной Екатериной Алексеевной, взятою в плен в Лифляндии русскими войсками в начале Северной войны. До конца своей жизни Петр ценил ее отличный характер. В 1724 году он короновал Екатерину императрицей.

В 1724 году, простудившись при спасении солдат, тонувших в бурю на Петербургском взморье, Петр I расстроил свое здоровье и в январе 1725 года скончался.

Вопросы

1. Какие осложнения были в престолонаследии после смерти царя Алексея Михайловича? Как был решен этот вопрос?
2. Что вы можете сказать о юности Петра и в каких условиях он жил?
3. Вступив на престол после царевны Софии, чем он особенно интересовался, и под чьим влиянием он был?
4. Чем объяснить неудачный поход на Азов и какой вывод из этого сделал Петр I?
5. Как окончилась вторая осада Азова?
6. Какая была цель ''великого посольства'' и куда оно отправилось?
7. Был ли Петр в составе посольства и чему он, главным образом, учился?
8. Причины стрелецкого бунта.
9. Как царь Петр расправился со стрельцами?
10. Что думали союзники Петра о Швеции и на что надеялись?
11. Какой вывод сделал Петр после поражения под Нарвой и как он восстановил армию?
12. Где был построен первый корабль и когда был спущен на воду?
13. Ошибся ли Карл XII в оценке боевых качеств русских?
14. Расскажите о победе русских войск под Полтавой.
15. Какое значение в Европе имела победа русских войск?
16. Какие побережья занял Петр, как долго продолжалась война и когда и где был заключен мир?
17. Почему Петр учредил сенат и какова была его деятельность?
18. Каковы были обязанности генерал-прокурора?
19. Расскажите о деятельности коллегий, образованных вместо приказов.
20. Какие реформы были проведены в областном управлении?
21. Почему Петр решил подчинить церковь государству?
22. Кто стоял во главе церковного управления после уничтожения патриаршества?

23. Какие другие реформы провел Петр?
24. Что необходимо было для проведения в жизнь новых реформ?
25. Какие школы были открыты при Петре?
26. Расскажите про ассамблеи и для чего они устраивались?
27. Какие сотрудники были у Петра?
28. Как был построен город Петербург и когда он стал столицей России?

Словарь

§ 1

поневóле against one's will
пережива́ть 1, пережи́ть 1 to experience, to endure
молва́ rumor

§ 2

сооружа́ть 1, сооруди́ть 2 to erect
поте́шный полк regiment of boy-soldiers under Peter I
забро́шенный derelict, abandoned
мастери́ть 2, с- usually, "to make" or "to contrive". Here used in the sense of "to be a foreman" or "to be an expert"
увеселе́ние entertainment
кутёж carouse, drinking-bout
пиру́шка carouse

§ 3

изумле́ние amazement
су́ша dry land

§ 4

уря́дник village policeman
сла́виться 2 (*Imprf.*) to be famous for
сопе́рничать 1 (*Imprf.*) to compete, rival

§ 5

карау́л guard

перелови́ть 2 (*Prf.*) to catch
суро́вость (*f.*) severity
расправля́ться 1, распра́виться 2 to make short work of, deal with

§ 6

вы́ручка rescue
пополня́ть 1, попо́лнить 2 to replenish
набо́р levy, recruitment
подкрепле́ние reinforcement
обо́з military transport unit, string of carts

§ 7

смуща́ть 1, смути́ть 2 to confuse, to disturb
носи́лки stretcher
рукопа́шный hand-to-hand (fighting)
по́рох gunpowder
дли́ться 2 (*Imprf.*) to last

§ 8

учрежда́ть 1, учреди́ть 2 to establish, to found

§ 9

надзо́р supervision
прика́з a government department
заве́довать 1 to manage, head

§ 10

неодобри́тельный disapproving

§ 11

подъём rise, upsurge

шрифт print, type

упрощáть 1, **упростúть** 2 to simplify

вéдомость (*f.*) list

рóзга birch rod

перевоспúтывать 1, **перевоспитáть** 1 to re-educate

угощáть 1, **угостúть** 2 to entertain (guests)

§ 12

помóщник assistant

гóдность (*f.*) fitness, suitability

пастú 1 (*Imprf.*) to tend grazing animals, to shepherd

смéтливость (*f.*) keen-wittedness

распорядúтельность (*f.*) good management, executive ability

наединé in private

поучáть 1, (*Imprf.*) to instruct

§ 13

пригонять 1, **пригнáть** 1 to drive (cattle or other animals)

дорóжка path, walk

ГЛАВА VI | РОССИЯ В ВОСЕМНАДЦАТОМ ВЕКЕ

1. Российская империя при преемниках Петра I 1725–1762

При преемниках Петра I власть дворян усилилась. Они вмешивались в вопросы престолонаследия, устраивали дворцовые перевороты и захватывали власть. После смерти Петра I в течение 37 лет было несколько дворцовых переворотов.

В 1725 году императрицей была провозглашена вторая жена Петра I, Екатерина I (1725–1727). При Екатерине I был образован Верховный тайный совет, который решал все важнейшие государственные дела. Фактически государственными делами руководил любимец Екатерины А. Д. Меншиков, а не Тайный совет. Екатерина вскоре скончалась.

По завещанию Екатерины I, на престол вступил 12-летний царевич Петр Алексеевич (1727–1730), внук Петра I, сын убитого царевича Алексея. Он вскоре умер, и с его смертью прекратилась мужская линия династии Романовых. Во время царствования Екатерины I и Петра II государственный порядок, установленный Петром I, ослабел.

После смерти Петра II Верховный совет пригласил на престол племянницу Петра I, Курляндскую герцогиню Анну Ивановну (1730–1740). Попытка Верховного совета ограничить ее власть кончилась неудачей. Она стала самодержавной правительницей. Анна не доверяла русским дворянам и окружила себя немцами. Она мало занималась делами управления. Вся власть при Анне Ивановне попала в руки ее фаворита, немецкого дворянина Бирона. Немцы занимали руководящие посты

61

в государственном аппарате, наживали огромные богатства и разоряли страну. Бирон не любил ни России, ни ее культуры, ни русского народа. Стараясь предупредить всякое сопротивление и боясь бунтов, он создал систему доносов. Засилие немцев вызывало большое возмущение среди русских дворян, чувствовавших себя обиженными и отстраненными от управления страной. Десять лет в России продолжалось господство немцев (''бироновщ-ина'').

2. Елизавета Петровна 1741-1761

У Анны Ивановны не было детей. Своим наследником она назначила Ивана VI —сына своей племянницы. Регентом при нем остался Бирон. Среди недовольных гвардейских офицеров росло движение против немецкого правления. Заговор 1741 года, после которого дочь Петра Великого, Елизавета, была провозглашена императрицей, положил конец господству немцев. При расправе с немцами никто не был казнен, так как Елизавета, как говорят, дала обещание никого не казнить. Гуманность новой правительницы и переход правления в руки русских, были всеми замечены, и Елизавета заслужила общую любовь. Она мало была знакома с государственными делами и еще меньше интересовалась ими. Правление государством перешло к сенату. При ней был основан Московский университет (1755 г.) с тремя факультетами—философским, юридическим и медицинским.

3. Семилетняя война

Агрессивная политика прусского короля Фридриха II вызывала серьезные опасения со стороны его соседей. Стремление Фридриха II расширить границы своего государства на востоке беспокоило Россию.

Поэтому Россия примкнула к союзу, заключенному Францией, Австрией и Саксонией против Пруссии. На стороне Пруссии была Англия. Самоуверенный прусский король, считавший свою армию непобедимой, смотрел на войну с Россией, как на легкую военную прогулку. Первые же сражения заставили его изменить свое мнение. Русская армия одержала ряд блестящих побед.

В 1760 году русские войска заняли Берлин. Однако смерть Елизаветы Петровны и вступление на престол горячего поклонника Пруссии, Петра III, привели к тому, что Россия немедленно заключила мир с Пруссией и возвратила ей все ее владения.

РОССИЯ ВТОРОЙ ПОЛОВИНЫ ВОСЕМНАДЦАТОГО ВЕКА

**4. Петр III
1761–1762**

Императрица Елизавета полагала, что ее наследником будет внук Петра I Петр Ульрих, родителями которого были Анна Петровна и Голштинский принц Карл. По приезде в Россию он был именован Петром Федоровичем. Когда ему исполнилось 17 лет, его женили на Софье Ангальт-Цербстской, дочери незначительного немецкого принца, получившей в России имя Екатерины Алексеевны. В 1754 году у нее родился сын, Павел Петрович, будущий император.

Петр Федорович не имел особенных способностей и, кроме того, был легкомыслен. У него не было ни русского патриотизма, ни любви к русским людям. Выросший при немецком дворе, он преклонялся перед прусской системой правления Фридриха II. В противоположность мужу, Екатерина обладала блестящими способностями, много занималась, читала, изучала русские обычаи и старалась войти в доверие русских дворян.

После смерти Елизаветы, Петр Федорович стал русским императором под именем Петра III. Он окружил себя голштинскими генералами и стал вводить прусские

порядки. Заключив союз с Фридрихом II, Петр III начал готовиться к войне с Данией за интересы голштинской династии—чуждые России. Казалось, что с Петром III возвращалась бироновщина. Все это предвещало взрыв негодования против Петра III. Среди гвардейских офицеров организовался заговор в пользу его жены Екатерины Алексеевны, давно уже стремившейся стать правительницей. Она была провозглашена императрицей, а Петр был убит.

5. Императрица Екатерина II 1762–1796

Царствование Екатерины II было одним из самых замечательных в русской истории. В начале своего царствования, под влиянием просветительной философии, Екатерина II была либеральной правительницей. Она переписывалась с Вольтером, Дидро и другими. Просветители вели борьбу с феодальными порядками. Они провозглашали превосходство человеческого разума, который должен был показать путь к переустройству общественного порядка на основах равенства людей перед законом. Надежду на такое переустройство просветители связывали с деятельностью образованных королей. Они провозглашали ''союз философов и королей''. Такое течение получило название ''просвещенного абсолютизма''; просветители считали, что монарх должен был делать все для народа, не допуская его к управлению государством. Екатерина хотела воспользоваться идеями просветителей, но после Французской революции и восстания в России (пугачевщина) она отказалась от своих прежних идей и даже стала преследовать передовых русских писателей.

6. ''Наказ''

Вступая на престол, Екатерина II поставила себе целью—достижение порядка и законности в государстве. Со времени Петра I

все государи учреждали особые комиссии для составления нового свода законов.

По мнению Екатерины II, дело законодательства должно было быть поставлено иначе. Как все рационалисты-философы того времени, Екатерина думала, что государственная власть может пересоздать государственный и общественный строй, как ей угодно, по велению разума. В основу законодательства должны лечь великие принципы новой философии. А для того, чтобы знать, как их применить, надо изучить истинные нужды и желания народа. Екатерина взяла на себя труд определить те отвлеченные начала, на которых следовало, по ее мнению, строить закон. Она сама написала свой знаменитый ''Наказ'', предназначенный как руководство для составления проекта нового уложения. ''Наказ'' был очень либерален и гуманен. Под влиянием либеральных идей Екатерина в своем ''Наказе'' предлагала равенство граждан перед законом и ''вольность'' их в пределах законности. В управлении она предвидела начало разделения власти. В области судопроизводства она отрицала пытку: ''Употребление пытки,—говорила она,—противно здравому естественному рассуждению''. ''Наказ'' также не допускал смертной казни и был против жестокости наказаний.

Либерализм молодой императрицы пугал придворных, и они старались его ограничить. ''Наказ'' был издан в 1767 году на четырех языках (русском, французском, немецком, латинском) и распространен не только в России, но и за границей, где цензура не всегда пропускала его по причине его крайне либерального характера.

7. Комиссия 1766—1768 Для того, чтобы выяснить народные нужды и составить свод законов, Екатерина созвала комиссию выборных депутатов от всех сословий страны. Только крепостные крестьяне в выборах не участвовали

и своих представителей в комиссии не имели. За полтора
года законодательных работ Екатерина убедилась, что
дело стоит на неверном пути. Неопытные депутаты были
не в состоянии составить свод законов.

8. Внутренние смуты   При Екатерине II Россия вела
военные действия в Польше и
Турции. Тягости военного временн
особенно чувствовали низшие слои населения, которые
служили и платили подати. Они были недовольны. В
то же время продолжали расти злоупотребления крепостным правом. На неплодородных землях северной лесной
полосы крепостной труд был так малопроизводителен,
что помещикам было выгоднее получать с крестьян
денежный оброк, чем заставлять их обрабатывать барскую
пашню. Наоборот, в южных черноземных имениях
барщина стала основной повинностью крестьян. Так
произошло разделение крепостных на барщинных и
оброчных. Денежные оброки при Екатерине II в среднем
возросли больше, чем в два раза. Положение барщинных
крестьян было еще тяжелее. Крестьяне из семи дней
недели три дня были обязаны работать на помещичьей
земле. Но многие помещики еще больше увеличивали
барщину: некоторые оставляли крестьянину для работы
в его хозяйстве одни только праздники.

Во второй половине восемнадцатого века большое
распространение получила торговля крестьянами. Помещики часто продавали своих крестьян отдельно от
земли ''на вывоз''. Часто детей продавали отдельно от
родителей. Цены на крестьян были разнообразны и
зависели от пола, возраста, физической силы и
профессии продаваемого. Объявления о продаже
крепостных открыто печатались в официальных газетах
вместе с объявлениями о продаже скота, собак. Такое
положение крепостных привело их к волнениям. В 60-х
годах восемнадцатого века учащались случаи возмущения

среди крепостных крестьян. В одних только центральных областях страны произошло до 40 бунтов. Волнения охватили также русских казаков, живших по берегам реки Яика (Урала).

9. Пугачев
1773-1775

Вождем восстания казаков стал Емельян Пугачев. В 1773 году он с небольшой группой казаков появился на Яике, выдавая себя за императора Петра III. В народе ходили слухи о том, что Петр III жив и скрывается среди казаков, потому что ранняя смерть Петра III многим казалась сомнительной и странной.

Подняв яицкое казачество, Пугачев овладел несколькими крепостями на Яике, забрал здесь пушки и военные припасы и собрал вокруг себя большое войско. К нему стали стекаться беглые крестьяне с уральских горных заводов и из внутренних областей государства. Как во время Разина, так и теперь, крепостные люди поднимались против помещиков и правительственных органов власти. Пугачев направил свои войска к Волге. От имени Петра III Пугачев выпускал манифесты, в которых обещал отдать народу пахотные земли, леса, покосы, воды, рыбные промыслы, соляные источники и другие угодья. Крестьян он обещал освободить от ''ига рабства'' и возвратить им вольность. Он обещал уничтожить тяжелую подушную подать. Дворян он называл злодеями и приказывал их убивать. Много дворян, чиновников и офицеров было замучено и убито. Горели дворянские усадьбы, заводы, города. Против восставших были направлены крупные силы регулярной армии. Пугачев был разбит. Казачьи старшины выдали его царским властям. Он был привезен в Москву и казнен в 1775 г.

10. Реформы

Окончившиеся волнения потрясли все государство и показали слабость государственного аппарата. Подавив восстание,

Екатерина II в 1775 году предприняла крупную реформу. Вся страна была разделена на 50 губерний с населением приблизительно около 300 тысяч человек. Губернии делились на уезды с населением около 30 тысяч. Во главе губерний были поставлены губернские правления, управляющие губернией под председательством губернатора, подчиненного верховной власти. Уездами управляли капитан-исправник с заседателями, которых выбирали дворяне из своей среды. Благодаря этой реформе дворяне приобрели влияние в местном самоуправлении.

В 1785 году дворяне получили ''жалованную грамоту''. По этой грамоте дворяне каждой губернии составляли общество и имели право собраний. Они избирали из своей среды предводителей дворянства и должностных лиц. По этой грамоте дворяне были освобождены от податей, рекрутской повинности и телесных наказаний. Дворянин мог быть судим только в дворянских судах лицами равными ему по происхождению. В этой грамоте подтверждалось полное право дворян владеть своим недвижимым имуществом и крепостными. Таким образом, при Екатерине II дворянство было обращено в привилегированное сословие с широким сословным самоуправлением и с большими административными полномочиями. Принимая участие в административном управлении, дворяне могли лучше следить за настроением населения и быстрее принимать необходимые меры для прекращения крестьянских волнений.

11. Города   Новое устройство получили в 1785 году и города. Все живущие в городе входили во всесословное ''градское общество'', делившееся на шесть разрядов. Горожане выбирали городского голову и депутатов в городскую думу, ведавшую городским хозяйством. Административной властью в городе являлся городничий, назначаемый правительством. Заботы правительства о городах не

дали заметных результатов. Бедные, мало просвещенные жители городов, не смогли создать собственных органов местного управления.

12. Екатерина II и крестьянский вопрос   Екатерина II, позаботившись об устройстве дворянского и городского сословий, стала думать об улучшении быта крестьян и об освобождении их от крепостного права. В этом деле она ожидала содействия со стороны самих дворян. Такого содействия она не встречала и оставалась без поддержки. Поэтому политика правительства в отношении крепостного права была неопределенной и двойственной. Личные взгляды Екатерины II носили либеральный характер, но когда она встречалась с вождями дворянского сословия, желавшего укрепления помещичьих прав, она уступала им. В результате получались противоречия. С одной стороны, Екатерина II старалась ограничить распространение крепостного права и запрещала свободным людям вновь поступать в крепостную зависимость. В 1764 году она изъяла из владений духовенства около миллиона крестьян и превратила их в особый разряд государственных крестьян (свободных). Она также запрещала продажу крестьян в рекруты во время рекрутских наборов и продажу людей с аукциона, чтобы прекратить спекуляцию живыми людьми. Но, с другой стороны, Екатерина раздавала своим приближенным земли с жившими на них крестьянами. Например, братья Орловы, участвовавшие в дворцовом перевороте в 1762 году, получили в подарок 50 тысяч крестьян.

При Екатерине II на Украине был прекращен свободный переход крестьян, и, таким образом, формально было введено полное закрепощение. Помещики получили бо́льшие права над своими крестьянами, чем имели раньше. Например, помещикам было разрешено без суда ссылать своих крестьян в Сибирь на каторжные работы.

Таким образом, при Екатерине II крепостное право достигло наибольшего расцвета. Это зло вызвало осуждение со стороны наиболее просвещенных и гуманных людей того времени. Но они обсуждали вопрос крестьянского освобождения более или менее отвлеченно. На практике же задача освобождения крестьян была еще непосильною для того времени. Никто тогда не мог себе представить, какой бы вид приняло государственное и землевладельческое хозяйство, если бы в его основе не лежал даровой крестьянский труд. Жестокости во время пугачевского восстания ужасали всех и заставляли бояться даже законного освобождения крестьян. Под влиянием пугачевщины, а позже под впечатлением Французской революции, Екатерина II сама стала осторожнее в крестьянском вопросе.

Когда один из воспитанников просветительной эпохи, молодой дворянин Радищев, получивший образование за границей, выпустил книгу ''Путешествие из Петербурга в Москву'', в которой он изобразил ужасы крепостного права,—Екатерина II отнеслась к нему сурово. Она отдала его под суд, и Радищев был приговорен к смертной казни, замененной десятилетней ссылкой в Сибирь, несмотря на то, что он высказывал в своем произведении те же мысли, с какими раньше выступала сама императрица.

13. Внешняя политика России во второй половине XVIII в.

Во второй половине восемнадцатого века перед внешней политикой России стояло несколько задач. Россия продолжала борьбу за обеспечение торговых путей и выходов к Черному морю и, вместе с тем, стремилась укрепить свои стратегические позиции на западных границах. Здесь особенное значение имела задача подчинить Польско-Литовское государство (Речь Посполита) русскому

влиянию или даже включить его в Российскую империю. Польско-Литовское государство находилось в состоянии полного внутреннего разложения. Центральное правительство имело мало власти. Власть короля была ограничена сеймом, состоящим из высших сословий-шляхты. Если при голосовании на сейме раздавался хотя бы один голос против,—предложение отвергалось. Такое положение называлось правом свободного запрещения (Liberum veto). Такой порядок приводил к большим злоупотреблениям: депутаты сейма открыто торговали своими голосами. Но даже единогласное решение сейма не всегда можно было осуществить, так как недовольные устраивали конфедерации (союзы) и оружием защищали свои права и вольности. Шляхта нередко отказывала и королю в повиновении, составляла против короля и правительства конфедерации и даже бралась за оружие против своего короля, и организовывала восстания. Конфедерации и восстания были легальны. Действующие законы разрешали отказывать королю в повиновении, если король нарушал права шляхты. Принудить шляхту к подчинению можно было только военной силой. Конфедерации иногда искали помощи у соседних государств. Сам король иногда тоже искал опоры у иностранных дворов. Таким образом, политический порядок был расшатан до последней степени, и страна погибала. Ее соседи—Россия, Пруссия и Австрия—вмешивались во внутренние дела Польско-Литовского государства и в 1773, 1792 и 1795 годах разделили его. Россия продвинула свои границы далеко на запад.

Другой задачей внешней политики России было разрешение черноморской проблемы. Екатерина II стремилась обеспечить выход к Черному морю, необходимый для развития торговли, и приобрести плодородные земли на юге страны. Кроме того, Россия стремилась обеспечить безопасность южных границ от опустошительных набегов крымских татар. При разрешении черноморской проблемы Россия столкнулась с Турцией. Две

Русско-турецкие войны 1768–1774 гг. и 1787–1791 гг. ознаменовались блестящими победами русских войск под командованием великих полководцев П. А. Румянцева и А. В. Суворова. В конце 18-го века русский флот одержал ряд крупных побед над турецким флотом. Россия утвердилась в Крыму и на побережье Черного моря. Крымское ханство перестало существовать. С присоединением Крыма и северных берегов Черного и Азовского морей, русский юг освобождался от постоянного страха татарских набегов и грабежей. Кроме того, Россия приобрела громадные свободные пространства плодородной земли.

14. Новороссия

После присоединения южных областей нужно было укрепить и заселить их. Наместником новых земель Екатерина II назначила своего любимца Потемкина. Он вполне оправдал ее доверие. В устьях рек возникли города с верфями для постройки кораблей. Потемкин приглашал русских и иностранных колонистов, чтобы ускорить хозяйственное развитие края. Он выписывал специалистов из Европы и с их помощью разводил виноградники, фруктовые сады, шелководство и т.п.

15. Павел I
1796–1801

После смерти Екатерины II на престол вступил ее сын Павел Петрович. Еще во время царствования Екатерины II между сыном и матерью установились враждебные отношения. Павел считал Екатерину виновницей свержения и смерти его отца, Петра III, и не одобрял ее деятельности. Он резко осуждал всю систему управления государством.

Когда Павел стал императором, он немедленно начал вводить новые порядки. Будучи поклонником короля Пруссии, Фридриха Великого, Павел преобразовал

армию по прусскому образцу и ввел суровую дисциплину. Солдат и офицеров томили учениями и парадами и строго наказывали. Это заставляло дворян бежать от службы и вызывало их недовольство. Знаменитый Суворов не скрывал своего отрицательного отношения к новым порядкам и был за это сослан в свое новгородское имение. Павел хотел организовать по образцу военной казармы не только армию, но и всю государственную жизнь. Столица приняла вид военного лагеря. Боясь революционных идей, Павел ограничил въезд иностранцев в Россию, а русским дворянам запретил учиться в европейских университетах. Запрещен был ввоз из-за границы книг и нот. Для печатания книг была установлена строжайшая цензура. Жестокое гонение постигло всех тех, кого император Павел I подозревал в революционных мыслях. По самым ничтожным поводам он ссылал в Сибирь или отправлял в тюрьму совсем невинных людей. Царствование Павла I получило название "царства страха".

16. Походы Суворова

Годы царствования Павла I были эпохой быстрых французских завоеваний. Французы завоевали Голландию, Бельгию, Швейцарию и почти всю Италию. Агрессивная политика Франции возбудила против себя все европейские государства. Против Франции образовалась коалиция пяти государств: Англии, Австрии, Неаполитанского королевства, Турции и России.

В Средиземное море был отправлен русский флот, а сухопутные войска, под начальством знаменитого полководца А. В. Суворова, были посланы в Австрию и Италию. Суворов одержал несколько побед и очистил Северную Италию от французов. Затем Суворов получил приказ итти в Швейцарию, где уже был один русский корпус генерала Римского-Корсакова. Суворов условился встретиться с ним в Швице и двинулся к Швицу через

Сан-Готард. С величайшими усилиями русские войска совершили переход через эту высокую гору, сквозь ущелья реки Рейсы (''Чертов Мост''). Там Суворов узнал, что корпус генерала Римского-Корсакова разбит, и что французская армия чуть не вчетверо превосходит числом его усталые войска. Суворов отказался от мысли итти к Швицу. Он повернул на восток и, после труднейших переходов по горам без дорог, смог выйти к Боденскому озеру. В пути его войска с необыкновенным мужеством и искусством не раз одерживали победу над французскими отрядами, желавшими преградить им дорогу. Суворов не был побежден и спас свою армию.

17. Смерть Павла　Позже, когда обострились разногласия России с Англией, Павел I вступил в союз с Наполеоном и пошел на разрыв с Англией. Его внутренняя и внешняя политика вызывали в России общее недовольство. Гвардейские офицеры решили удалить Павла I. В результате заговора в 1801 году Павел I был убит, и на престол вступил его сын Александр I.

Вопросы

1. Кто решал все важнейшие государственные дела при Екатерине II?
2. Чем отличалось царствование Анны Ивановны?
3. Какая перемена произошла в управленни государством при Елизавете Петровне и что она сделала в области просвещения?
4. Какие причины вызвали Семилетнюю войну и каков был исход этой войны?
5. Какую линию вел Петр III в управлении государством? Какие были отношения Петра III к Пруссии?
6. Какие причины вызвали дворцовый переворот?
7. Под каким влиянием находилась Екатерина II в начале своего царствования?
8. Что такое ''просвещенный абсолютизм''?
9. Что побудило Екатерину отказаться от своих прежних идей во второй половине ее царствования?

10. Расскажите о главных принципах "Наказа" и каким духом он отличался.
11. Для какой цели была созвана "комиссия"?
12. Что вызвало недовольство народа?
13. Чем отличались барщинные от оброчных крепостных?
14. Расскажите о восстании под предводительством Пугачева.
15. Какая реформа была проведена в местном управлении при Екатерине II?
16. Какие привилегии получили дворяне в 1785 году?
17. Какое новое устройство получили города в 1785 году?
18. Какими противоречиями отличалось отношение Екатерины II к крестьянскому вопросу?
19. Кто был Радищев и за что он был приговорен к смертной казни?
20. Какие главные проблемы были во внешней политике при Екатерине II?
21. Что дало повод России вмешиваться во внутренние дела Польско-Литовского государства?
22. Какие государства участвовали в разделе Польско-Литовского государства?
23. Расскажите о войнах с Турцией и как они окончились. Что случилось с Крымским Ханством?
24. Как устраивал и заселял Новороссию Потемкин?
25. Чем отличалось, главным образом, царствование Павла I?
26. Почему Франция возбудила против себя все европейские державы?
27. Какие походы совершил Суворов при Павле I?

Слова́рь

§ 1

престолонасле́дие succession to the throne

распоряжа́ться 1, распоряди́ться 2 to give orders, be in command

завеща́ние last will and testament

приходи́ть в упа́док to fall into decay

нажива́ть 1, нажи́ть 1 to acquire

разоря́ть 1, разори́ть 2 to ravage

отстраня́ть 1, отстрани́ть 2 to push aside

§ 2

распра́ва reprisal

§ 3

самоуве́ренный self-confident

§ 4

легкомы́сленный frivolous

преклоня́ться 1, преклони́ться 2 to bow before, worship

чу́ждый alien to

предвеща́ть 1 (*Imprf.*) to fore-shadow, presage
за́говор conspiracy
в по́льзу + gen. in favor of . . .

§ 5
просвети́тельная филосо́фия philosophy of the Enlightenment
феода́льный feudal

§ 6
взаме́н in place of
устаре́лый antiquated, outdated
пересоздава́ть 1, пересоз-да́ть (*irr.*) to re-create
отвлечённый abstract
нача́ла here: ''principles''
предназна́ченный intended for
стихи́йный elemental
уголо́вный criminal, penal (law)
пы́тка torture

§ 7
свод code (of laws)
ба́рский referring to the lord of the manor house
па́шня arable land
ба́рщина corvée
безвы́ходный hopeless

§ 8
учаща́ться 1, участи́ться 2 to become more frequent
расслое́ние stratification (of society)
зажи́точный well-to-do
неоднокра́тно repeatedly

§ 9
припа́сы supplies (*Pl.*)
стека́ться 1, сте́чься 1 to flow, gather, throng
иноро́дец in Tsarist Russia, a non-Russian

па́хотный arable
поко́с meadow land
заму́чивать 1, заму́чить 2 to torture

§ 10
потряса́ть 1, потрясти́ 1 to shake
испра́вник district police officer
заседа́тель (*m.*) assessor
жа́лованная гра́мота letters patent, charter
предводи́тель дворя́нства marshal of the nobility
недви́жимое иму́щество im-movable property, real estate
полномо́чие authority, power

§ 11
разря́д category
горожа́нин city-dweller (towns-people)

§ 12
дво́йственный double-faced, two-sided, dual (number)
изыма́ть 1, изъя́ть 1 to with-draw, to remove
закрепоще́ние enslaving, serf-dom
ка́торжные рабо́ты penal servitude, hard labor

§ 13
обеспече́ние securing, guaran-teeing
сейм Sejm (representative assembly in Poland)
шля́хта Polish gentry
отверга́ть 1, отве́ргнуть 1 to reject, vote down
осуществля́ть 1, осуществи́ть 2 realize, carry out
опо́ра support

**ста́лкиваться 1, столкну́ться
1** to clash, conflict
ознаменова́ться 1 (*Prf.*) to be
marked by
простра́нство space

§ 14
ускоря́ть 1, уско́рить 2 to
hasten

§ 15
одобря́ть 1, одо́брить 2 to
approve

томи́ть 2, ис- to weary, tire
каза́рма barrack
неви́нный innocent

§ 16
прегражда́ть 1, прегради́ть 2
to bar, to block

§ 17
обостря́ться 1, обостри́ться 2
(only 3rd pers.) to become
strained, aggravated
разногла́сие disagreement

ГЛАВА VII

АЛЕКСАНДР I
(1801–1825)

1. Юность Александра Первого

Александр, сын Павла, родился в 1777 году. О его воспитании заботилась сама Екатерина II.

Екатерина II любила своего внука, прочила его себе в наследники и стремилась воспитать его в духе либеральных идей. Екатерина назначила для него воспитателем швейцарца Лагарпа. Сам убежденный либерал и республиканец, Лагарп воспитывал в Александре наклонность к политической свободе и равенству и отвращение к деспотизму. Юный Александр вместе с Лагарпом мечтал о возможности водворения в России республиканских форм правления и об уничтожении рабства.

2. Внутренняя политика Александра I

Вступив на престол, Александр объявил, что он будет управлять ''по законам и сердцу бабки своей Екатерины II''. Этим Александр свидетельствовал, что не будет продолжать сурового правления Павла I. Он немедленно отменил все стеснительные распоряжения Павла I, восстановил дворянские привилегии, вернул из ссылки и заключения всех дворян, сосланных и заключенных без суда в царствование Павла. Александр снял запрет с ввоза книг из-за границы, разрешил заграничные поездки и издал указ об отмене пытки.

В первые же годы царствования Александра I приобрел большое влияние кружок его молодых друзей— Строганова, Новосильцева, Кочубея, Чарторыйского.

Они собирались во дворце и вместе с государем обсуждали дела интимно, без всяких формальностей, в живой дружеской беседе. Этот кружок получил название "негласного комитета".

К числу наиболее значительных реформ Александра I относится учреждение министерств и восстановление сената.

Взамен устаревших коллегий в 1802 году были учреждены министерства, во главе которых стояли министры. Сенат был восстановлен как высший судебный и административный аппарат империи. Он должен был быть "хранителем законов и наблюдателем за общим спокойствием и тишиной". Все важные государственные дела передавались на утверждение Государственного совета. Эта система управления в основном сохранялась в течение всего XIX века.

Вернув высшим сословиям отнятые у них Павлом I привилегии, Александр I желал сделать что-нибудь и для освобождения крестьян. Но трудности освобождения представлялись ему столь же неодолимыми, как раньше представлялись они Екатерине II. В 1803 году был издан закон о "вольных хлебопашцах", который разрешал землевладельцам отпускать крестьян на волю и обеспечивать их, на известных условиях, землею за выкуп. Александр надеялся, что таким путем постепенно может быть упразднено крепостное право. Этим законом воспользовались лишь немногие землевладельцы. Таким путем при Александре было освобождено около 50 тысяч крепостных.

Более двух лет существовал негласный комитет. Александр убедился, что комитет не в силах осуществить коренные преобразования государственного и общественного порядка. Комитет перестал существовать. У императора появился новый советник, с которым он управлял и мечтал о преобразованиях.

3. Деятельность Сперанского Сын сельского священника, бывший семинарист М. М. Сперанский стал ближайшим советником и министром. Сперанскому был поручен план государственного преобразования и руководство работою законодательной комиссии, трудившейся над составлением нового кодекса.

План государственного преобразования, составленный Сперанским, предполагал изменение общественного устройства и перемену государственного порядка. Вместо прежних сословий предполагалось новое разделение граждан по правам—на ''дворянство'', на ''людей среднего состояния'' и ''народ рабочий''. Все население по плану Сперанского должно было быть свободным, а крепостное право упраздненным. Дворяне сохраняли право владения населенными землями и освобождались от обязательной государственной службы. ''Среднее состояние'' составлялось из купцов, мещан и поселян, имеющих ненаселенные крестьянами земли. ''Народ рабочий'' состоял из крестьян, мастеров и слуг. В плане переустройства государства предполагалось, что во главе должна была быть власть монарха, опирающаяся на ''Государственный совет''. Под их общим руководством должны были действовать учреждения: законодательные, исполнительные и судебные. Этот проект предусматривал представительные учреждения (Государственной и местных дум) на основе выборов депутатов по принципу имущественного ценза. Император Александр I сочувствовал общему направлению проекта и предполагал начать его осуществление с 1810 года. В этом году был учрежден новый Государственный совет согласно проекту Сперанского. Но далее дело не пошло. Император отказался от своего намерения, и знаменитый проект остался только проектом.

Деятельность Сперанского возбуждала во многих недовольство. Его называли ''злодеем'', ''революционером'', ''Кромвелем''. Одни завидовали ему,

другие видели в нем поклонника французских идей и сторонника союза с Наполеоном. Они считали влияние Франции разрушительным, а союз с Наполеоном постыдным. Поэтому, когда отношения России и Франции обострились и русские ожидали нашествия Наполеона на Россию, Александр I уволил Сперанского и сослал его в Нижний Новгород. Среди сановников Александра I на первое место выдвинулся граф А. А. Аракчеев, человек невежественный и грубый. При нем управление государством стало напоминать эпоху Павла I.

4. Внешняя политика и войны Александра I до 1812 года Александр I отказался от союза с Францией, намечавшегося к концу царствования его отца Павла I, и заключил конвенцию о дружбе с Англией. Россия примкнула к новой антифранцузской коалиции, созданной по инициативе английской дипломатии. Русские войска были посланы на помощь Австрии, а затем Пруссии. В ходе кампании 1805–1807 гг. союзники потерпели поражение при Аустерлице (1805 г.). Это поражение побудило Австрию заключить мир с Францией. Наполеон занял Вену и стал готовить силы для дальнейшей войны в Европе, в первую очередь против Пруссии.

Осенью 1806 года Александр I послал войска на помощь Пруссии. Между тем французы разбили прусскую армию под Иеной. Берлин был сдан французам без боя. Летом 1807 года произошла битва при Фридланде, в которой русская армия потеряла почти четверть своего состава, и это решило исход всей кампании. Наполеон не чувствовал себя еще достаточно сильным для продолжения борьбы с Россией. Он был заинтересован в заключении мира.

Оставшись без союзников и не получая фактической помощи от Англии, Александр I в 1807 году принужден был заключить с Наполеоном Тильзитский мир. Наиболее

тяжелым для России условием этого мира было вступление в союз с Францией и присоединение к континентальной блокаде, объявленной Наполеоном в 1806 году в целях ведения экономической войны против Англии. Союз с Францией нанес серьезный ущерб русской экономике, так как Англия была главным поставщиком товаров и покупателем русского сырья и хлеба. Надеясь компенсировать тильзитскую неудачу, Александр I при поддержке Наполеона в 1808 году начал войну с Швецией, которая отказалась присоединиться к континентальной блокаде и заключила союз с Англией. Русско-шведская война затянулась, потребовала больших усилий, и в 1809 году Швеция была принуждена заключить мир.

5. Отечественная война 1812 года Стремясь к установлению мирового господства, Наполеон, поработивший большинство европейских стран, в 1812 году вторгся в пределы России. Стратегический план Наполеона состоял в том, чтобы в короткое время закончить войну, разгромив русские войска в одном генеральном сражении. Русские войска были расположены двумя армиями вдоль западной границы. Первая русская армия (М. Б. Барклая де Толли) своевременно начала отход, а вторая армия (П. И. Багратиона), искусно маневрируя, сумела выйти из-под удара, что окончательно расстроило замыслы неприятеля. Обе русские армии соединились в Смоленске. В августе Наполеон подошел к Смоленску и дал приказ взять его штурмом. В течение 13 часов Наполеон обстреливал город из пушек и сжег его дотла.

Русские войска сражались под Смоленском с большим мужеством. Но Барклай де Толли видел, что вследствие численного перевеса французов русской армии грозит разгром. Поэтому он решил не давать невыгодного в этих условиях генерального сражения и отступать.

Отступлением Барклая де Толли не были довольны ни

государь, ни армия, ни все русское общество. Александр назначил главнокомандующим Кутузова. Кутузов решил 26 августа дать Наполеону генеральное сражение при селе Бородино в 112 верстах от Москвы. Бородинская битва—одна из самых кровопролитных битв в истории. Каждая армия считала себя победительницей, хотя обе стороны имели огромные потери. На другой день Кутузов решил возобновить бой. Но когда обнаружилось, что половииа русской армии была уничтожена в сражении, он понял,что следует отступать и сохранить оставшиеся силы от окончательного разгрома. Русские отступили к Москве. Следом за ними двинулись французы, надеясь на скорое окончание войны после взятия Москвы. Кутузов решил не давать сражения под Москвой и оставить Москву без боя. ''С потерей Москвы еще не потеряна Россия, с потерей же армии—Россия потеряна'', —говорил Кутузов. Вместе с армией город покинули почти все его жители. Французы вступили в Москву. В городе начались пожары, продолжавшиеся шесть суток. Сгорело около 80% всех жилых домов. Негде было зимовать и нечем было питаться.

Наполеон ожидал, что падение Москвы приведет к миру. Он делал несколько мирных предложений Александру I, призывая его возобновить дружбу. На эти предложения Александр I не отвечал. Наполеон решил покинуть Москву и отступить в Смоленск и Вильно (Вильнюс) с тем, чтобы будущей весной возобновить военные действия. В середине октября французская армия покинула Москву. Наполеон решил пробиться к югу и пойти на Калугу, где находились продовольственные запасы русской армии. Но Кутузов, совершив обходный маневр, отрезал путь Наполеону и заставил его отступать по Смоленской дороге, по разоренным городам и деревням, где уже не было никаких запасов. Голод в армии Наполеона принял катастрофические размеры. Кроме конского мяса, есть было нечего. Вся Смоленская дорога была покрыта людскими и конскими трупами. Вокруг

французской армии разгорелась партизанская война.
Вооружаясь чем попало, жители нападали на отдельные
французские отряды, истребляли их, жгли неприятель-
ские запасы и наносили врагу всяческий вред. Наконец
холода, наступившие в ноябре, также причинили бедствие
французам, не имевшим теплой одежды и обуви. Наполеон с трудом пробирался к реке Березине. Переправа
через реку происходила под обстрелом русских войск.
Не менее 10 тысяч французов погибло у Березины. От
реки шла уже не армия, а ее жалкие остатки. Из 500
тысяч своих солдат Наполеон вывел из России не более
20 тысяч. Так кончился поход Наполеона в Россию.

6. Борьба за освобождение Европы

Русские войска перешли границу и преследовали французов. Началась война за освобождение Европы.
К новой коалиции против Наполеона присоединились: Пруссия, Австрия, Швеция и Англия. К лету 1813 года Наполеон сумел собрать новую армию и встретить своих противников в Германии. Генеральное сражение произошло при Лейпциге. Наполеон был разбит и отступил за Рейн. Союзники вторглись в его империю и заняли Париж. Наполеон отрекся от престола и был сослан на остров Эльбу.

7. Священный союз 1814 г.

Союзники решили созвать в Вене конгресс для того, чтобы восстановить в европейских государствах нормальный порядок, нарушенный завоевательной политикой Франции. Во время Венского конгресса Наполеон высадился на юге Франции и с новой армией двинулся на Париж. Около 100 дней он боролся за власть, но был окончательно разбит при Ватерлоо и сослан на остров св. Елены, где и умер в 1821 году.

Для борьбы против революции в Европе в 1815 году был создан Священный союз, к которому присоединились

все европейские монархи. Руководителем и вдохновителем Священного союза был Александр I.

8. Последние годы царствования Александра I

Великие события 1812–1815 гг. произвели сильнейшее впечатление на Александра. Он разочаровался в идеях и людях и перестал интересоваться внутренним управлением государства. Революционные волнения 1820 г. в Италии и Испании, а также и военные волнения в России окончательно толкнули Александра на путь реакции. Он поручил гражданское и военное управление ген. Аракчееву, человеку грубому и невежественному. Установленный им порядок известен под названием ''аракчеевщины''. Жестокая солдатчина, пренебрежение к просвещению, самоуправство Аракчеева—раздражали и пугали всех. У него были чистые бланки с подписью императора, которыми он пользовался по своему усмотрению. Особенно ненавидели Аракчеева за устройство военных поселений. Так назывались деревни и волости государственных крестьян, переданные военному министру. Крестьяне в этих военных поселениях были превращены в пожизненных и наследственных солдат. Одновременно они выполняли и земледельческие работы. Таким образом армия сама себя содержала. Солдаты были разбиты на роты и батальоны, жили в домах-казармах, все делали по строгому расписанию: утром вставали, шли в поле на работу, затем обедали и ужинали по военному сигналу. Каждый день они получали от военных командиров задание. За невыполнение задания их били палками, прогоняя сквозь строй.

9. Общественное движение

Отечественная война и походы русских войск в Европу имели большое влияние на общественную и умственную жизнь России. Отечественная война

привлекла дворян и крестьян в ряды армии на защиту родины. Все они, будучи долгое время за границей, познакомились с жизнью на Западе. Молодые офицеры—дворяне, принимавшие участие в заграничных походах, изучали просветительные идеи, энциклопедистов, увлекались политическими трудами Монтескье, Руссо и др. Они изучали конституции разных стран, обсуждали их преимущества и возможность применения их в России.

На Западе крепостное право во многих странах было уже отменено: в Англии в половине XVII века, во Франции во время ревоюции (1789–1794 гг.). В начале XIX века на путь отмены крепостного права стала и Пруссия. В России же по прежнему преобладало крепостническое хозяйство. Вернувшись домой после победы над Наполеоном, воины-крестьяне надеялись получить свободу, но их ждало прежнее угнетение со стороны помещиков. ''Мы проливали кровь,—жаловались они,—а нас опять заставляют потеть на барщине. Мы избавили родину от тирана, а нас вновь тиранят господа''. Тяжелое положение закрепощенного народа, героически боровшегося за родину, заставляло его искать выхода.

10. Тайные общества

Просветительные идеи энциклопедистов и подъем антикрепостнического движения оказали большое влияние и на лучших представителей русской дворянской интеллигенции. Особенно молодые офицеры, возвратившись из заграничных походов, глубоко чувствовали резкий контраст между Западной Европой и крепостнической Россией. Эти молодые офицеры создавали политические кружки, к которым примыкали и гражданские лица. Целью всех подобных кружков было 1) гражданское воспитание их членов и 2) подготовка либеральных государственных и общественных реформ в России. Члены таких кружков занимались самообразованием и вносили в свои служебные и общественные

отношения более гуманные нравы и обычаи. Они отказывались от вина и карт, не допускали никакой распущенности, офицеры не били солдат, учили их грамоте и т.д. Самая главная цель этих кружков была общественно-политическая. В общественной жизни они стремились к отмене крепостного права, а в государственном устройстве желали представительной (даже республиканской) формы правления. В кружках они рассуждали о небходимости бороться с реакцией, осуждали ''аракчеевщину'' и доказывали неизбежность переворота. Из многих подобных кружков особое значение приобрел тайный кружок, получивший название ''Союза спасения''.

Внутренние разногласия по идейным и тактическим вопросам привели к гибели первое тайное общество. На смену ему был создан ''Союз благоденствия''. Этот союз скоро распался на два революционные союза: ''Северный'' и ''Южный''.

Во главе Северного союза стали братья Муравьевы, князь Трубецкой, поэт Рылеев и другие. Этот союз обосновался в Петербурге. В нем преобладали сторонники конституционной монархии. Во главе Южного союза был полковник Пестель, командир одного из армейских полков. Члены Южного союза были республиканцами. Оба союза находились в постоянных сношениях друг с другом и имели одну общую цель: свержение самодержавия и уничтожение крепостного права. Несмотря на тайную деятельность союзов, правительство знало о существовании заговора. Александр I снисходительно относился к членам этих кружков, считая их такими же мечтателями, каким он был сам в юности. В 1825 году Аракчеев собрал точные данные о заговоре и послал доклад Александру I в город Таганрог, где император тогда находился. Однако Александр I скончался в Таганроге, не успев сделать никаких распоряжений по этому делу.

Вопросы

1. Какое влияние имел воспитатель Лагарп на юного Александра?
2. Расскажите о кружке ''молодых друзей'' императора.
3. Какие реформы были проведены при Александре I?
4. Что было в основе новой системы управления?
5. Что дал крестьянам в 1803 году закон о ''вольных хлебопашцах''?
6. После упразднения ''комитета'', какой советник появился у государя?
7. В чем заключался план государственного преобразования, составленный Сперанским?
8. Почему проекты Сперанского возбуждали в обществе злобу и недовольство ?
9. Кто выдвинулся на первое место в государстве после Сперанского и что напоминала эта эпоха?
10. Где потерпела поражение антифранцузская коалиция и какие были его последствия?
11. Расскажите о поражении русской армии при Фридланде в 1807 году и об условиях Тильзитского мира.
12. Как окончилась русско-шведская война?
13. Как началась Отечественная война?
14. Почему генерал Барклай де Толли вызвал недовольство государя и общества, и кого назначил главнокомандующим Александр I?
15. Чем отличалась Бородинская битва и на что надеялись французы? Какое решение принял Кутузов?
16. В каком состоянии была Москва, когда французы вступили в город, и почему Наполеон решил покинуть Москву?
17. Почему Наполеон хотел направиться в Калугу?
18. Какой маневр совершил Кутузов и в каком положении очутилась французская армия?
19. Как окончился поход Наполеона на Россию?
20. Задачи новой коалиции и какие государства были ее членами?
21. Какой был исход сражения под Лейпцигом и какова была судьба Наполеона?
22. Конгресс в Вене и создание Священного Союза.
23. Как пытался Наполеон бороться за власть во время Венского конгресса?
24. Как подействовали события 1812–1815 гг. на Александра I и к какой политике он перешел?
25. Почему Аракчеев возбудил всеобщую ненависть к себе?
26. Расскажите о военных поселениях при Аракчееве и какой был в них режим?

27. Какие события имели большое влияние на общественную и умственную жизнь России?
28. Чем интересовались офицеры-дворяне, принимавшие участие в походах?
29. В каком положении находился вопрос о крепостном праве в России и Западной Европе?
30. Что вызвало крестьянские волнения в первой половине XIX века?
31. Как отразились просветительные идеи энциклопедистов на лучших представителях русской дворянской интеллигенции?
32. Кто создавал политические кружки и какая была их цель?
33. Расскажите о ‘‘Союзе спасения’’ в 1816 году.
34. Что привело к ликвидации первого тайного общества и что было создано на смену ему?
35. Как распался ‘‘Союз благоденствия’’?
36. Кто стоял во главе ‘‘Северного союза’’, где он обосновался и к чему стремился?
37. Кто был во главе ‘‘Южного союза’’, какие были его идеи?
38. Какая общая цель была у членов ‘‘Северного’’ и ‘‘Южного’’ союзов?

Словарь

§ 1

наклóнность (*f.*) leaning
отвращéние aversion
водворéние establishment

§ 2

стеснúтельный repressive, hampering
распоряжéние decree
приобретáть 1, **приобрестú** 1 to gain, acquire
начáло principle, beginning
единолúчная власть one-man rule
вéдомство department
подчинённый subordinate
спосóбствовать 1, **по-** to promote, favor
восстановля́ть 1, **восстановúть** 2 to restore
заключéние conclusion

в основнóм on the whole
неодолúмый indomitable, insurmountable
представля́ться 1, **предстáвиться** 2 to seem
обеспéчивать 1, **обеспéчить** 2 to provide, secure
упраздня́ть 1, **упразднúть** 2 to abolish
кореннóй basic, radical
не в сúлах unable

§ 3

руковóдство guidance, leadership
населённые зéмли populated lands
посты́дный shameful
отношéния обострúлись relations became strained
санóвник dignitary, official

§ 4

намеча́ть 1, наме́тить 2 to plan, project, outline

примыка́ть 1, примкну́ть 1 to join

соста́в make-up, composition, corps

исхо́д outcome

ущѐрб damage

поставщи́к supplier

§ 5

стреми́ться 2 (*Imprf*.) to strive, work toward

госпо́дство supremacy, domination

порабоща́ть 1, поработи́ть 2 to enslave

вторга́ться 1, вто́ргнуться 1 to invade

преде́л limit

громи́ть 2, разгроми́ть 2 to raid, sack

своевре́менно timely, in good time

иску́сно skilfully

расстра́ивать 1, расстро́ить 2 to throw into confusion

за́мысел scheme

дотла́ completely

воодушевле́ние fervor, enthusiasm

чи́сленный переве́с numerical superiority

грози́ть 2, по- to threaten

невы́годный unfavorable

кровопроли́тный bloody

обнару́живаться 1, -житься 2 to be discovered

пита́ться 1 (*Imprf*.) to nourish

пробива́ться 1, проби́ться 1 to break through

обхо́дный манѐвр flanking maneuver

запа́с supply

вооружа́ясь чем попа́ло armed with anything at hand

истребля́ть 1, истреби́ть 2 to destroy

вред harm, damage

бѐдствие calamity

пробира́ться 1, пробра́ться 1 to make one's way

перепра́ва crossing

§ 6

отрека́ться 1, отре́чься 1 to abdicate

§ 7

наруша́ть 1, -ить 2 to break, disturb

вдохнови́тель (*m*.) inspirer

§ 8

опаса́ться (*Imprf*.) to apprehend, fear

возмуще́ние revolt

проводни́к exponent

пренебреже́ние defiance

самоупра́вство arbitrariness

раздража́ть 1, -жи́ть 2 to irritate

усмотре́ние discretion

пожи́зненый for life

содержа́ть 2 (*Imprf*.) to maintain, keep

прогоня́ть сквозь строй to make somebody run the gauntlet

§ 9

увлека́ться 1, увле́чься 1 to be carried away

преиму́щество advantage

примене́ние application

преоблада́ть 1 (*Imprf*.) to prevail

угнете́ние oppression

поте́ть 1, вс- to sweat

закрепощённый enslaved

§ 10

подъём rise, lifting

ре́зкий sharp

нра́вы, обы́чаи customs

распу́щенность (*f.*) dissoluteness

боро́ться 1 (*Imprf.*) to fight

осужда́ть 1, осуди́ть 2 to condemn

неизбе́жность (*f.*) inevitability

разногла́сие difference of opinion

благоде́нствие prosperity

обосно́вываться 1, обоснова́ться 1 to be based

снисходи́тельно indulgently

относи́ться 2, отнести́сь 1 to regard

распоряже́ние order

ГЛАВА VIII

ЦАРСТВОВАНИЕ НИКОЛАЯ I

1. Восстание декабристов 1825 г.

В ноябре 1825 года умер Александр I. Детей у него не было. Наследовать должен был его брат Константин, но он еще при жизни Александра I отказался от престола. Престол должен был перейти к младшему брату—Николаю.

В то время, когда не было ясно, кто будет на престоле, в правящих кругах произошло замешательство. Этим воспользовались члены тайного "Северного союза". 14 декабря, в день присяги Николаю, они решили поднять восстание и требовать конституции. Так как это восстание произошло в декабре, его участники вошли в русскую историю под именем "декабристов".

Утром 14 декабря 1825 года на Сенатскую площадь в Петербурге вышли восставшие воинские части. Всего солдат и матросов на площади было свыше трех тысяч. Восстание было плохо организовано. Его руководители не проявили решительности. Восставшие несколько часов отбивали атаки царских войск, но затем были рассеяны артиллерийским огнем. Такая же участь постигла восставших и на юге империи (на Украине), где 3 января 1826 года отряд генерала Гейсмара разгромил восставший Черниговский полк около деревни Ковалевки. Восстание было быстро подавлено. Суд приговорил около сорока человек к смертной казни и большое число к каторжным работам. Однако Николай I изменил этот приговор. Смертной казни было предано только пять человек: Пестель, Рылеев, Каховский, Муравьев-Апостол и Бестужев-Рюмин, а остальные были сосланы в Сибирь. Так кончилось первое открытое восстание против самодержавия.

2. Внутренняя политика Николая I

Воцарение Николая I, как мы видели, произошло при тяжелых обстоятельствах. Сам он писал брату Константину, что получил престол ''ценою крови своих подданных''. Он имел в виду жертвы восстания. Дело декабристов имело для государя и для всего государства большое значение. Лично участвуя в допросах декабристов и следствии, Николай I познакомился с причинами восстания. Большинство декабристов были дворяне. Оппозиционные настроения дворян стали ясны Николаю I.

Править при участии дворян, как это делала Екатерина II, Николай не хотел. Он усилил бюрократический аппарат и правил при помощи послушного чиновничества. Строгий режим наложил свои оковы на всю общественную жизнь страны. Россия представляла собой военную казарму, задавленную страхом и не смевшую протестовать. Однако восстание декабристов убедило Николая I, что правительство само должно было законным путем провести некоторые реформы, которых требовали восставшие. В проведении этих реформ Николай I стремился сохранить незыблемым самодержавный строй. Он устранил от дел Аракчеева и снова пригласил Сперанского. В 1826 году был учрежден ''Особый секретный комитет'', в задание которого входила разработка проектов преобразования центральных и губернских учреждеиий. Эти проекты, правда, не были осуществлены. ''Особый секретный комитет'' приготовил также проект нового закона о сословиях, в котором предполагалось и улучшение быта крепостных. Но и этот закон не был осуществлен, так как революционные движения 1830 года на Западе стали внушать страх перед проведением каких бы то ни было реформ. Комитет просуществовал несколько лет, исписал горы бумаги и никаких преобразованйй не осуществил.

3. Крестьянский вопрос

Со времени Павла I правительство стремилось улучшить быт крепостных крестьян. При Александре I был издан закон о свободных хлебопашцах. Закон этот давал права землевладельцам освобождать своих крепостных и обеспечивать их землею. Однако этим законом помещики не воспользовались. Николай I предполагал улучшить быт крестьян и думал даже об их освобождении. Опасаясь общественных потрясений, он хотел действовать постепенно. Обсуждение мер, касающихся крестьян, производилось секретно. В отношении государственных (''казенных'') крестьян были выработаны более удачные меры, чем в отношении крепостных. Над проектами крестьянских реформ особенно много работал граф Киселев.

Положение государственных крестьян было тяжелым. Их число к 1836 году достигло почти 9 миллионов. Они сидели на казенной земле и, кроме общей для всех крестьян подушной подати, платили еще оброк государству. Денежные повинности были крайне обременительны для них. Чтобы поднять их платежеспособность и остановить волнения, была проведена реформа государственных крестьян. По плану Киселева было образовано отдельное министерство государственных имуществ, которому была поручена забота о государственных крестьянах.

Эти крестьяне были разделены на особые сельские общества. Из нескольких таких сельских обществ составлялась волость. Как сельские общества, так и волости пользовались самоуправлением, имели свои ''сходы'', избирали для управления волостными и сельскими делами—''старшин'', а для суда—особых судей. Так было устроено по плану Киселева самоуправление государственных крестьян. При нем также был проведен ряд других мер для улучшения быта государственных крестьян: их учили лучшим способам ведения хозяйства, обеспечивали зерном в неурожайные

годы, малоземельных наделяли землей, учреждали школы. Деятельность Киселева является одной из светлых страниц царствования Николая I.

В отношении крепостных крестьян, положение которых было гораздо хуже государственных, сделано было очень мало. Николай I не раз образовывал секретные комитеты для обсуждения мер к улучшению быта крепостных. В этих комитетах Сперанский и Киселев много работали над проектами уничтожения крепостного права. Однако дело не пошло далее отдельных мер, направленных на ограничение помещичьего произвола.

В то время крепостной принудительный труд стал уже невыгодным и непроизводительным. Фабрики и заводы, пользовавшиеся вольнонаемным трудом, работали успешнее, чем производства, сохранившие крепостной труд.

Введение машин делало излишним применение большого количества рабочих. В 1842 году был издан закон, разрешающий собственникам промышленных предприятий освобождать крепостных рабочих от крепостной зависимости.

Невыгодность крепостного труда стала заметна и в сельском хозяйстве. На барщине крепостные работали плохо. Барщинная работа крепостных становилась менее производительной, чем работа вольнонаемных людей. Поэтому некоторые помещики переводили своих крепостных на положение рабочих, получающих ежемесячно продовольственный паек. Все эти меры не увеличивали производительности и не улучшали положения рабочих.

4. Реакционная политика Николая I в области просвещения

Политика Николая I в области народного просвещения отличалась некоторой двойственностью. С одной стороны, очевидны были заботы о распространении образования в государстве, с другой стороны, заметен был страх перед просвещением,

могущим стать проводником революционных идей в обществе. В школьном обучении твердо проводился принцип сословности. Было установлено, что приходские школы предназначаются для "самых низких состояний", уездные—для купцов и ремесленников, гимназии и университеты—для дворян и чиновников. Чтобы учебные заведения не стали распространять вредные политические идеи, был принят ряд стеснительных мер. Существующий устав, дававший университетам некоторые права самоуправления и свободу преподавания, был отменен. Русские университеты подверглись полицейскому надзору. Преподавание философии было упразднено; выезд студентов за границу был прекращен; число студентов было ограничено для каждого университета (300 человек), запрещено было в лекциях касаться политических тем и т. п. Последние годы царствования Николая I—это суровая эпоха, в течение которой была подавлена всякая общественная жизнь и угнетена наука и литература. Малейшее подозрение влекло за собой опалу и наказание без суда.

5. **Национальные освободительные движения 30–40 годов** Новый подъем революции в Европе был вызван Июльской революцией 1830 года во Франции. Порабощенные народы стремились освободиться от гнета. В Польше существовали тайные патриотические организации, которые ставили себе целью отделение Польши от России и основание самостоятельного государства. В конце 1830 года в Варшаве началось открытое восстание. Русские войска были принуждены выступить из Польши. Победа над русскими подняла дух польского народа и дала возможность ему организовать свое временное правительство. Оно потребовало от императора Николая I независимости Польши. Русское правительство не шло ни на какие уступки. Тогда польское временное

правительство созвало сейм, который решил провозгласить
независимость Польши. Николай I решил силой подавить
польское национальное движение. Большая русская армия
перешла границы Польши. Польская армия численностью
до 100 тысяч человек, в течение 7 месяцев отбивавшая
натиск русской армии, была разбита и восстание подавлено. Николай I жестоко расправлялся с поляками.
Пять тысяч семей были сосланы, а земли их конфис-
кованы и розданы русским колонистам; тысячи подверглись гонению. Конституция 1815 года была отменена,
отдельное польское войско было расформировано, Варша-
вский университет закрыт. Была введена строгая цензура,
запрещены все произведения польских писателей.
Спасаясь от преследований, польская интеллигенция
эмигрировала за границу. Царство Польское было
разделено на губернии и включено в состав империи.
Все больше усиливалась руссификация. Русский язык
стал официальным языком в деловых сношениях. В
1830–1831 гг. восстание охватило Литву, Белоруссию и
Украину, но везде было подавлено.

6. Общественное движение В русском обществе образовались
два течения. Одно—политическое
—привело к Декабрьскому вос-
станию 1825 года. Другое—философское течение—
создало философские кружки мирного характера. Члены
их занимались изучением европейской, главным образом
германской, философии и желали применить ее к
объяснению русской жизни. Русские мыслители
разделились на последователей двух направлений:
славянофилов и западников.

7. Славянофилы Славянофилы стояли на точке
зрения, что каждый народ живет
своей самостоятельной, ''самобытной'' жизнью. В

основе ее лежит глубокое начало ''народный дух''. Этим ''народным духом'' проникнута вся история народа, все стороны народной жизни. Для того, чтобы познать народ, понять его жизнь, нужно узнать, в чем заключается ''народный дух'', какими идейными началами одухотворен этот народ. По мнению славянофилов, самобытность русского народа выражалась, как в особенностях русского православия, так и в особенностях русского государственного и общественного быта. В отличие от европейского Запада, вся жизнь которого была построена на рассудочности и начале личной свободы, древняя Русь жила началом веры и общинности. На Западе государства и общества строились насилием и завоеваниями, на Руси государство создалось мирным признанием княжеской династии, а общество не знало внутренней вражды и борьбы классов. В этом и заключалось превосходство Руси над Западом.

Обладая внутренней правдой истинного христианства и преимуществами общинного, ''мирского'' устройства, Русь могла бы служить высоким примером для всего Запада и показать ему сокровища своего ''народного духа''. Но этому помешали реформы Петра Великого. Они воспитали образованные классы в чуждом западно-европейском духе и потрясли устои древнего русского быта. Укрепить их и возвратить русскую жизнь в старое, самобытное русло—в этом задача русской современности, говорили славянофилы. Представителями славянофилов были Хомяков, братья Киреевские, Самарин и братья Аксаковы.

8. Западники   Западники верили в единство человеческой цивилизации и полагали, что Россия стала цивилизованным государством благодаря реформам Петра Великого. В допетровской России господствовала одна лишь косность и не было никакого прогресса. ''Наши предки прозябали в покое

азиатсксго невежества и не жили культурной жизнью''—
говорили западники. Поэтому у них не могло быть
никакой ''самобытности'', а была лишь дикость. Привив
своему народу начатки образованности, Петр Великий
создал для него возможность общения с культурным
человечеством и открыл ему путь к культурному
совершенствованию. Задача современного русского
общества, по мнению западников, заключалась в том,
чтобы теснее примкнуть к европейскому Западу и слиться
с ним воедино, образовав одну общечеловеческую
культурную семью. Представителями западничества
были Белинский, Герцен, Тургенев и другие. При
условиях жизни в России того времени ни славянофилы,
ни западники не могли свободно выражать своих
взглядов в печати. Мешала этому строгость цензуры.
Правительство имело свой взгляд на основы русской
народной жизни: этими основами оно считало православие, самодержавие, народность. Хотя западники и
славянофилы спорили по многим вопросам,—они
совершенно сходились в критике современных русских
порядков. И тем и другим не нравился бюрократизм
управления, недоверие власти к обществу и строгость
цензуры. Больше всего возмущались мыслящие люди
обоих направлений крепостным правом и мечтали об его
отмене.

Сравнивая русскую действительность с жизнью
культурного Запада, западники изучали новейшие формы
европейской общественности и увлекались не только
конституционным строем западных стран, но и социали-
стическими утопиями. Оба направления, а особенно
западническое, будучи в оппозиции правительству,
вызывали его подозрение и гонение.

Вопросы

1. Кто наследовал Александру I?
2. Какое восстание было в 1825 году и как оно окончилось?

3. В чем убедило Николая I восстание декабристов?
4. С помощью кого правил страной Николай I?
5. Какой комитет был учрежден и каковы были его задания?
6. Почему не был осуществлен закон об улучшении быта крепостных?
7. Каково было положение государственных крестьян?
8. Какая реформа была проведена в жизни государственных крестьян?
9. Что было сделано в отношении крепостных крестьян?
10. Кто работал над проектами крестьянских реформ?
11. Почему крепостной труд стал невыгодным?
12. Расскажите о политике Николая I в области просвещения.
13. Чем отличаются последние годы царствования Николая I?
14. Какая была цель польского восстания в 1830–1831 гг.?
15. Как окончилось восстание в Польше, Литве и на Украине?
16. Какие общественные движения образовались в России?
17. Кто были славянофилы и какие были их идеи? Их представители?
18. В чем заключалось превосходство Руси над Западом, по мнению славянофилов?
19. Как славянофилы оценивали реформы Петра Великого?
20. Кто были западники и какие были их идеи?
21. Что принесли России реформы Петра Великого и в чем заключалась задача современного русского общества, по мнению западников?
22. В чем оба движения отличались друг от друга и в чем соглашались?
23. Каким государственным строем увлекались западники?

Словарь

§ 1

замеша́тельство confusion
рассе́ивать 1, рассе́ять 1 to disperse
пригово́р sentence, verdict

§ 2

обстоя́тельство circumstance
настрое́ние mood, attitude
чино́вничество officialdom, officials
предполага́ть 1, предположи́ть 2 to suppose, contemplate

§ 3

землевладе́лец landowner
обсужде́ние discussion
казённый belonging to the Government
самоуправле́ние self-government
обеспе́чивать 1, обеспе́чить 2 to provide
зерно́ grain, seed
примене́ние application
невы́годность (*f.*) unprofitableness

§ 4

прихо́дский parochial

распространя́ть 1, **-ни́ть** 2 to spread, diffuse

надзо́р supervision

§ 5

порабоща́ть 1, **поработи́ть** 2 to enslave

провозглаша́ть 1, **провозгласи́ть** 2 to proclaim

подавля́ть 1, **подави́ть** 2 to suppress

уси́ливать 1, **уси́лить** 2 to strengthen

§ 6

применя́ть 1, **примени́ть** 2 to apply

§ 7

самобы́тный original, distinctive

рассу́дочность (*f.*) rationality

облада́ть 1 (*Imprf.*) to possess

§ 8

пре́док ancestor

прозяба́ть 1 (*Imprf.*) to vegetate

совершéнствование perfection

выража́ть 1, **вы́разить** 2 to express

возмуща́ться 1, **возмути́ться** 2 to be indignant at someone

подозре́ние suspicion

ко́сность (*f.*) stagnation

ГЛАВА IX | ЭПОХА ВЕЛИКИХ РЕФОРМ

1. Александр II–Освободитель 1855–1881

Александр II вступил на престол 36 лет от роду, будучи достаточно опытным в государственных делах.

Начало его царствования было очень тяжелое. Трудная и неудачная Восточная война потрясла государство. России потребовались большие усилия, чтобы добиться мира хотя бы и на тяжелых условиях. В 1856 году в Париже был созван конгресс представителей европейских государств для обсуждения условий мира. Россия должна была отказаться от своих владений при устье Дуная и потеряла право иметь флот на Черном море. Черное море было объявлено нейтральным, и проливы Босфор и Дарданеллы были закрыты для военных судов всех государств. Россия также теряла право покровительства над христианскими подданными Турции, что раньше давало ей повод вмешиваться во внутренние дела Турции.

Царствование Александра II—это эпоха великих реформ. Прежде всего, в 1861 году было упразднено крепостное право, затем последовали земская и судебная реформы (1864 г.). Было дано новое городовое положение (1870 г.) и введена всеобщая воинская повинность (1874 г.).

2. Освобождение крестьян

Крепостной строй явно устарел. Нельзя было далее оставлять крестьян в безправном состоянии. С другой стороны, нельзя было ожидать роста и развития государственных сил при господстве в России отживших

форм крепостного хозяйства. Восточная война ясно показала отсталость и слабость России и необходимость внутренних перемен. Все понимали, что эти перемены должны были начаться с улучшения быта крепостных крестьян. Александр II, беседуя с дворянскими депутатами в 1856 году, сказал: ''Лучше отменить крепостное право сверху, нежели дожидаться того времени, когда оно само начнет отменяться снизу''. Алексаидр II имел в виду постоянные волнения крепостных, которые могли привести Россию к катастрофе. В 1858 году было 86 крестьянских волнений. Вопрос освобождения крестьян обсуждался в правительственных сферах, в частных кругах, в печати. Возникли разные частные проекты освобождения. Многие считали необходимым освобождение крестьян с наделением их землей, хотя и с выкупом ее по установленной цене. Сам Александр II тоже желал освободить крестьян с земельными наделами. Большинство помещиков было против такого проекта. Они предлагали освободить крестьян без земельного надела, желая сделать их безземельными батраками, которые принуждены были бы работать на помещиков. Проект закона об освобождении крестьян был составлен специальной комиссией. Этот проект был закончен в начале 1861 года и, по желанию государя, внесен в Государственный совет на обсуждение. Государь лично открыл заседание Государственного совета и в своей речи указал, что уничтожение крепостного права ''есть его прямая воля''. В годовщину своего вступления на престол, 19-го февраля 1861 года, император Александр II подписал манифест об отмене крепостного права и утвердил ''положение о крестьянах, вышедших из крепостной зависимости''.

Крепостное право было отменено навсегда, и крестьяне признаны свободными без всякого выкупа. В своей речи Александр II указывал на то, что крепостное право в России имело государственный характер: ''право это установлено самодержавной властью и только

самодержавная власть может уничтожить его''. Это было сказано помещикам, которые считали крестьян своей собственностью, полагая, что только им принадлежит право освобождения крестьян.

Крестьянин объявлялся лично свободным. Помещик больше не мог ни покупать, ни продавать, ни обменивать крестьян. Помещик не мог запретить крестьянину вступать в брак, не мог вмешиваться в его семейную жизнь. Крестьянин получил право заключать договоры от собственного имени, заниматься торговлей и промыслами, владеть движимым и недвижимым имуществом, выступать в суде от своего имени. Таким образом, из подневольного раба крестьянин стал свободным человеком.

Личная зависимость крестьян от помещиков была уничтожена, но экономическая еще осталась. Земля, на которой жили и работали крестьяне, была признана собственностью помещиков. Крестьяне освобождались с тем, что помещики предоставят им в пользование их крестьянский двор и некоторое количество полевой земли (''полевой надел''). Но крестьяне за крестьянскую усадьбу и полевые наделы должны были отбывать повинности деньгами или работой в пользу помещиков, т.е. платить оброк или нести барщину. Пока крестьяне пользовались наделами, не выкупив их, они находились в зависимости от помещиков и назывались временнообязанными крестьянами. По взаимному соглашению с помещиком крестьяне могли выкупить у землевладельца свою усадьбу и землю (предлагался срок в два года), и тогда они становились крестьянами-собственниками.

Вышедши из крепостной зависимости, крестьяне объединялись в сельские общества, из которых составлялись волости. В селах и волостях крестьянам дано было самоуправление по тому образцу, какой был установлен для государственных крестьян при графе Кисилеве. Размеры крестьянского полевого надела были различны. Выкуп полевых наделов и усадеб для крестьян был бы

невозможен, если бы правительство не пришло им на помощь. В законе 19 февраля было определено, что помещики немедленно могут получать от правительства ''выкупную ссуду''. Крестьяне должны были выплачивать этот долг государству в течение 49 лет. Реформа 19 февраля не удовлетворила крестьян, требовавших перехода к ним земли без выкупа.

3. Земская реформа После отмены крепостного права нужны были реформы и в самоуправлении. В 1864 году был издан новый закон ''о губернских и уездных земских учреждениях'' (земствах). Старое сословное самоуправление было заменено всесословным. Созданные в 1864 году уездные и губернские земства являлись органами местного управления. Они распоряжались местными делами: проведением дорог, устройством больниц, школ и т.д. Уездные и губернские собрания, состоявшие из выборных земских представителей, избирали свои исполнительные органы—уездные и губернские земские управы во главе с председателем из дворянства. Выборы представителей в земства проводились на основе земельного ценза. Ранее, до реформы, всем уездом управляла дворянская корпорация. В новых земствах к участию в ведении земского хозяйства были привлечены и все прочие жители уезда, обладающие имущественным цензом, а также и крестьянские общества. Земства развернули полезную деятельность среди крестьян в области народного образования, здравоохранения, распространения агрономических знаний и т.п. Самоуправление получило такой широкий характер, что многие поняли это как переход к представительному образу правления. Правительство боялось расширения деятельности земств и вскоре начало стремиться к ограничению их деятельности.

4. Городское самоуправление В 1870 году были созданы новые формы городского самоуправления.

По новому закону все горожане, платящие городские налоги со своей земли, торга или промысла, получали право избирать гласных в городскую думу. Дума правила городским хозяйством, как земства правили земским хозяйством.

5. Судебная реформа В 1864 году была также проведена реформа суда. Вместо сословных екатерининских судов был учрежден бессословный суд, равный для всех подданных. Прежний суд, с полным отсутствием гласности, был заменен гласным судом. Судебное следствие велось устно на самом заседании суда. В решении уголовных дел стали принимать участие присяжные заседатели. Они определяли виновность или невиновность подсудимых. Судьи или освобождали подсудимых, или же приговаривали их к соответственному наказанию. Обвиняемых защищали адвокаты, обвинение поддерживала прокуратура. Таким образом, в новом суде дела решались публично. Одновременно была смягчена и система наказаний. Были отменены все виды телесных наказаний (розги, плети, палки и т.п.).

6. Военная реформа В 1874 году правительство провело реформу воинской повинности.

При Петре Великом все сословия привлекались к военной службе. В восемнадцатом веке дворянство постепенно освобождалось от военной службы. Рекрутчина оказалась уделом низших классов общества. Богатые могли откупиться от воинской повинности, нанимая за себя рекрута. В такой форме рекрутская

повинность стала тяжелым бременем для бедного населения. Она разоряла бедные семьи, лишая их кормильцев, которые уходили от своих хозяйств. Срок службы был 25 лет. По новому закону, вместо рекрутчины, была введена всеобщая всесословная воинская повинность. Молодежь, достигшая 21 года, должна была являться на призыв. Срок службы устанавливался шестилетний, после чего солдата зачисляли в запас. Для лиц, получивших образование, срок службы сокращался. Вместе с тем были изменены и военные порядки. Вместо суровой солдатской муштровки, основанной на наказаниях, вводилось гуманное воспитание солдата. Кроме военной выучки, солдат учили грамоте и старались развить в них сознательное отношение к своему долгу.

7. Цензура и печать

Со вступлением на престол императора Александра II был отменен ряд стеснительных мер в отношении цензуры. Цензура сохранилась лишь для брошюр и небольших сочинений. Толстые книги, журналы и газеты могли выходить без цензуры. Новый порядок дал печати небывалую до тех пор свободу. Эпоха великих реформ вызвала в обществе брожение, сильно отразившееся и в печати, в которой обсуждались правительственные реформы и оценивались их последствия. Одни приветствовали новый общественный строй, основанный на демократическом бессословном начале, другие критиковали его. Общественные чаянья шли дальше намерений правительства. Земское самоуправление возбуждало надежды на то, что земство будет призвано и к участию в управлении государством; высказывалась мысль о представительном правлении.

8. Национально-освободительные восстания 1863 года

Польский народ не мог примириться с потерею независнмости. При первой возможности он волновался, проявляя свое недовольство. Благоприятное время для восстания наступило с воцарением императора Александра II. Русский режим в Польше был смягчен, польским эмигрантам было разрешено вернуться в Польшу и дана амнистия сосланным за восстание 1831 года в Сибирь. Эти обстоятельства подняли настроение польского общества в 1861–62 гг. В Польше развернулось широкое национальное движение. Устраивались демонстративные панихиды по вождям польского восстания 1830–1831 гг. На улицах Варшавы происходили патриотические демонстрации. В 1863 году вспыхнуло восстание. В Польше восстанием руководил ''Центральный народный комитет'', который объявил себя революционным правительством и провозгласил борьбу за независимость.

Из Польши восстание перебросилось в Литву и Белоруссию. В условленный день в разных местах Литвы и Белоруссии восставшие напали на оккупационные русские войска. Русское правительство решило подавить восстание крутыми мерами. В Польше это было поручено графу Бергу, а в Литве Михаилу Николаевичу Муравьеву. Безпощадными казнями, ссылками в Сибирь и сжиганием деревень Муравьев усмирил Литву и Белоруссию. В полгода он подавил восстанне, снискав себе жгучую ненависть порабощенного народа. Подавив восстание, Муравьев проводил политику насильственного обрусения. В Литве было запрещено печатать книги латинской азбукой.

В Царстве Польском подавление восстания шло медленнее. Здесь также действовали усмирители, как и в Литве. Восставшие вели партизанскую войну с русскими войсками, которые беспощадно расправлялись с попадавшими в их руки революционерами. Только в конце

апреля 1865 года русские войска уничтожили последний польский отряд. Во время подавления восстания в Польше было казнено более 1500 человек. Много тысяч поляков было сослано в Сибирь, около 30 тысяч погибло в боях. В разгар восстания западные государства вступились за Польшу и потребовали созвания европейской конференции по польскому вопросу. Русский министр иностранных дел, князь Горчаков, ответил отказом. Европейская дипломатия предоставила Польшу, Литву и Белоруссию их собственной участи.

9. Крестьянские реформы в Литве, Польше и Белоруссии — Крепостное право в Литве и Белоруссии было отменено в 1861 году. Для Литвы и Белоруссии было издано особое, местное "Положение 19 февраля". Для привлечения на свою сторону крестьян Литвы и Белоруссии во время восстания 1863 года, русское правительство провело новую земельную реформу. Был введен обязательный выкуп наделов по пониженным ценам. Наделы становились собственностью крестьян. Все повинности крестьян по отношению к помещикам были отменены. Крестьянские наделы в Литве и Белоруссии значительно увеличились за счет земель польских помещиков.

М. Н. Муравьев усиленно работал над уничтожением влияния польской культуры в Литве и Белоруссии. Русский язык стал официальным. Муравьев старался колонизовать Литву и Белоруссию русскими, в администрацию допускал лишь русских, преследовал католическую церковь, а православную поддерживал.

Подавив польское восстание, русское правительство провело в 1864 году крестьянскую реформу и в Польше. Эта реформа значительно отличалась от реформы 1861 года в России. В Польше были отменены все повинности

крестьян по отношению к помещикам. Земля, находив-
шаяся в пользовании крестьян до реформы, переходила
в их собственность. Помещики получили непосредственно
из казны низкое вознаграждение за землю, перешедшую
к крестьянам. Крестьяне получили и самоуправление в
сельских гминах (волостях). Целью такой реформы было
привязать низшие классы польского населения к России
и в них получить опору для русской власти. Высшие
классы польского общества были лишены самоуправления. Русский язык стал обязательным в местном
административном аппарате и в школах.

10. **Турецкая война** Поражение России в Крымской
и Берлинский войне подорвало ее международный
конгресс престиж. Главные усилия России
были направлены на то, чтобы
освободиться от унизительного Парижского договора 1856
года, запрещавшего ей иметь флот на Черном море и
сооружать военно-морские базы. Воспользовавшись
разгромом Франции в 1870 году, русское правительство
отказалось от Парижского договора. Протест Англии
против нарушения Парижского договора не был под-
держан другими государствами. В 1871 году собралась
Лондонская конференция держав, которая оформила
отмену невыгодных для России статей Парижского
договора. Политика России шла дальше. Россия
стремилась укрепить свое влияние на Балканском полу-
острове и создать здесь прочную экономическую и
военную базу. Поэтому Россия сильно поддерживала
национально-освободительные движения балканских
славян против турецкого владычества. В 1875 году в
Боснии и Герцоговине вспыхнуло восстание, а в следу-
ющем году поднялись и болгары. Турки жестоко
подавляли восстания славянских народов. Сербия и
Черногория также включились в освободительную борьбу
балканских народов. Россия потребовала балканским

славянам автономии. В 1877 году в Константинополе была созвана конференция представителей европейских государств, которая также потребовала немедленных реформ для славянских провинций. Турция отказалась. Император Александр II объявил Турции войну. Успешные действия русских войск в 1877–1878 гг. привели к полному военному поражению Турции. В 1878 году в Берлине состоялся конгресс. Румыния, Сербия, Черногория получили независимость, Болгария— автономию. К России отошли Батум, Карс и Ардаган с их округами, а также и южная часть Бессарабии.

11. Революционное движение и убийство Александра II Падение крепостной зависимости, уравнение всех перед судом, создание новых либеральных форм общественной жизни привели к небывалой ранее свободе личности. Рождались мечты об установлении новых форм общественной жизни—таких, которые обеспечивали бы полное равенство людей и безусловную свободу каждой отдельной личности. Мечтавшие о такой свободе отрицали весь современный порядок жизни и ни в чем не признавали себя обязанными; поэтому они получили название ''нигилистов''. Наиболее интересный образ нигилиста представлен в романе И. С. Тургенева ''Отцы и дети''. Основы будущего идеального устройства эти деятели искали в европейском социализме, с которым они усиленно знакомили русское общество. Создались крайние, радикальные политические идеологии. Появилась радикальная литература и журналистика. Представителями ее были журналы ''Современник'' и ''Русское слово'' в России и ''Колокол'' за границей. Развитие радикальной журналистики становилось опасным. Поэтому правительство стало ограничивать свободу печати. Когда же в 1866 г. было совершено покушение на жизнь Александра II, власть усилила цензуру и закрыла

"Современник" и "Русское слово". Эти меры не остановили умственного брожения. В некоторой части образованного общества стало зреть революционное настроение, требовавшее перехода к конституционному правлению. В 70-х годах XIX века в разных городах стали образовываться революционные кружки, которые ставили себе целью распространение в народе социалистических идей и подготовку революции. Деятельность этих кружков вызвала преследование со стороны власти. Ссылка и другие наказания революционных деятелей не могли подавить новое движение. Напротив, борьба принимала все более и более крайний характер. Одна из революционных органцзаций—Земля и воля, а позже Народная воля, поставила себе целью достигнуть революционного переворота путем террора против правящих лиц. В 1881 году народовольцы убили Александра II.

Вопросы

1. Какое было начало царствования Александра II?
2. Какое решение принял Парижский конгресс относительно России?
3. Какие реформы были проведены во время царствования Александра II?
4. Когда и на каких условиях были освобождены крестьяне от крепостного права?
5. Почему крестьянин, получив личную независимость, все же оставался в зависимости от помещика?
6. Что было сделано в области самоуправления и какой новый закон был издан в 1864 году?
7. Какую полезную деятельность развернули земства среди крестьян?
8. Какие права получили горожане по закону 1870 года?
9. Расскажите о реформе суда 1864 года.
10. Какие изменения были произведены в области воинской повинности?
11. Что было сделано в области печати?
12. Как отразилось время великих реформ на общество?
13. С чем не мог примириться польский народ?

14. Что подняло патриотическое настроение польского общества и как развернулось национальное движение?
15. Куда перебросилось восстание из Польши?
16. Как русское правительство подавило восстание в Польше, Литве и Белоруссии?
17. Какую политику проводило русское правительство в Польше, Литве и Белоруссии после восстания 1863 года?
18. Почему русское правительство провело новую земельную реформу в Литве и Белоруссии?
19. Чем отличалась крестьянская реформа в Польше 1864 года от реформы 1861 года в России?
20. Каковы были последствия поражения в Крымской войне для России, и как освободилась она от Парижского договора (1856)?
21. Какая была политика России относительно балканских народов?
22. В чем заключались идеи ''нигилизма''? Какие журналы радикального направления издавались в России и за границей?
23. Как зрело революционное настроение в некоторой части общества?
24. Какую цель поставили себе революционные организации?
25. Какая участь постигла Александра II?

Словарь

§ 1

добива́ться 1, **доби́ться** 1 to strive, to achieve

проли́в strait, sound, gulf

покрови́тельство protection, patronage, auspices

по́вод ground, cause, occasion

упраздне́ние abolition, abolishment

положе́ние regulation, statute

всео́бщая во́инская пови́нность universal military service

§ 2

наделе́ние allotment

выкупа́ть 1, **вы́купить** 2 to redeem, to ransom

вы́куп redemption, ransom

наделя́ть 1, **надели́ть** 2 to allot

годовщи́на anniversary

вступа́ть в брак enter into marriage, to marry

про́мысел business (trade)

выступа́ть от своего́ и́мени to speak in one's name

поднево́льный dependent (forced)

обро́к annual payments made by serfs to their masters (or to the Treasury) for the use of land

ба́рщина *corvée*, unpaid labor due to a landlord on the part of his serf.

временнообя́занный temporarily obliged

взаи́мный mutual

§ 3

се́льское о́бщество rural community

во́лость (*f.*) small rural district

выкупна́я ссу́да redemption loan

удовлетворя́ть 1, удовлетво-ри́ть 2 to satisfy

сосло́вное самоуправле́ние class self-government

уе́зд (уе́здное зе́мство) county (elected county council in pre-revolutionary Russia)

губе́рния a province in pre-revolutionary Russia

исполни́тельные о́рганы (governmental) executive organs

зе́мская упра́ва elective district council

земе́льный ценз real estate property qualification for serfownership

облада́ть 1 (*Imprf.* + *instr.*) to possess

здравоохране́ние care of public health

представи́тельный о́браз правле́ния representative form of government

§ 4

торг trade

гла́сный (городско́й ду́мы) member (of the city duma)

§ 5

сле́дствие вело́сь у́стно the investigation was conducted orally

§ 6

ре́крут (рекру́тчина) recruit (recruiting)

откупа́ться 1, откупи́ться 2 to free oneself by paying

уде́л lot, share, destiny

бре́мя burden

корми́лец bread-winner

· зачисля́ть в запа́с to put in the reserves

муштро́вка drill (military)

созна́тельное отноше́ние к своему́ до́лгу a conscious awareness of one's duty

§ 7

стесни́тельные ме́ры oppressive measures

броже́ние fermentation, discontent, disturbance, agitation

после́дствие consequences

возбужда́ть 1, возбуди́ть 2 to arouse

выска́зывать 1, вы́сказать 2 to express, to declare

§ 8

смягча́ть 1, смягчи́ть 2 to mitigate

развёртываться 1, развер-ну́ться 1 to expand, develop, spread

перебра́сываться 1, пере-бро́ситься 2 to spread (itself)

круто́й drastic

поруча́ть 1, поручи́ть 2 entrust

беспоща́дный ruthless

задави́ть 2 (*Prf.*) to crush

сниска́ть 1 (*Prf.*) to gain

жгу́чая не́нависть (*f.*) burning hatred

наси́льственный forced

расправля́ться 1, распра́-виться 2 to destroy, to make short work of

попада́вшие в их ру́ки those who were captured

у́часть fate

привлече́ние attraction

§ 9

наде́л plot (of land)

допуска́ть 1, **допусти́ть** 2 to admit, to allow
вознагражде́ние remuneration

§ 10

унизи́тельный humiliating
сооружа́ть 1, **сооруди́ть** 2 to establish (to build)

разгро́м defeat
наруше́ние violation
про́чный firm
предоставле́ние concession
обяза́тельный obligatory
зреть 1, **созре́ть** 1 to ripen
покуше́ние attempt

ГЛАВА X

ЭПОХА ПОЛИТИЧЕСКОЙ РЕАКЦИИ

1. Александр III 1881–1894

После смерти Александра II на престол вступил Александр III. Главным его советником стал его бывший учитель, юрист К. П. Победоносцев. Этот ученый юрист был неумолимым врагом всяких либеральных, конституционных реформ. В 1879 году Победоносцев писал своему ученику Александру III, что введение какого бы то ни было парламента послужило бы на "конечную гибель России". "Можно себе представить, —пишет Пушкарев,—в каком душевном состоянии вступал Александр III на окровавленный престол своего отца. . . Перед его взором стояла страшная картина растерзанного бомбой террористов Царя-Освободителя, а за ним неотвязной тенью следовал его ментор, Победоносцев, "черный ворон" всероссийской реакции, и настойчиво каркал ему в уши о погибельности либерального пути и о необходимости твердой власти".

Победоносцев убедил Александра III повернуть вправо, по пути реакции. Новое правительство стремилось усилить самодержавие и подавить всякое либеральное движение. Все либеральные мероприятия Александра II были отменены или ограничены.

Главною целью деятельности Александра III было утверждение самодержавной власти и государственного порядка, поколебленного крамолою. Для этого в неблагонадежных местностях вводилось "положение усиленной охраны". Губернаторы получали полную власть, издавали "постановления", за нарушение которых подвергали виновных аресту или штрафу, запрещали всякие собрания, высылали неблагонадежных лиц из своей области и т.д.

Для обуздания печати был принят ряд стеснительных мер. Цензуру не могла пройти ни малейшая свободная мысль.

Не лучше было и в области просвещения. По плану Победоносцева был усилен надзор над земскими школами и увеличено число церковноприходских школ. В 1887 году министр народного просвещения Делянов ограничил доступ в гимназии детям из простонародья. Университеты были лишены автономии и подверглись строгому надзору. Даже программы университетского преподавания утверждались правительством. Правительство Александра III принимало ряд мер к руссификации присоединенных к России областей.

2. Дворянство Одной из забот правительства Александра III было улучшение положения дворян, которые после крестьянской реформы переживали экономический кризис. Как уже было сказано, с потерею дарового крестьянского труда, после освобождения крестьян, дворянское хозяйство пришло в упадок. Правительство оказало помощь дворянству: был учрежден дворянский земельный банк, который выдавал дворянам ссуды на льготных условиях.

Стремясь поддержать и возвысить этот класс, правительство изменило порядок земских выборов в пользу дворянства, которому было обеспечено первенствующее положение в делах местного управления и суда.

3. Крестьянский вопрос После отмены крепостного права экономическое положение крестьян не улучшалось, а ухудшалось. Дробление земельных наделов на мелкие полосы, принудительный, трехпольный севооборот—задерживали прогресс сельского хозяйства. Поэтому урожайность крестьянских полей была очень низкая, и возрастающее

крестьянское население страдало. Правительство Александра III принимало ряд мер для улучшения экономического положения крестьян. Были понижены выкупные платежи с крестьянских надельных земель, понижены или отменены некоторые подати, а самое главное, был учрежден крестьянский земельный банк, выдававший крестьянам ссуды для покупки земель. Тем не менее, все эти меры не могли поднять общего уровня крестьянского благосостояния.

4. Развитие промышлен- ности и рабочий вопрос Правительство Александра III заботилось и о развитии промышленности. Для этой цели служил покровительственный таможенный тариф 1891 года. Быстро развивалась металлургическая промышленность на юге России, увеличивалась добыча каменного угля в Донецком бассейне, проводилось железнодорожное строительство и т.д.

Вследствие роста промышленности образовался многочисленный рабочий класс, жизнь которого была тоже не легка. Тяжелые условия работы и низкая оплата вызывали общее недовольство рабочего класса. Отношения между фабрикантами и рабочими обострялись и вели к стачкам. Правительству нужно было регулировать эти отношения. Для защиты интересов рабочих правительство издало ряд законов.

5. Николай II 1894–1917 Последним русским царем был Николай II, сын Александра III. Он вступил на престол в 1894 году. Русское общество ожидало от молодого царя поворота на путь либеральной политики, но он с самого начала своего царствования заявил: ''Пусть все знают, что я, посвящая

все свои силы благу народному, буду охранять начала самодержавия так же твердо и неуклонно, как охранял их мой покойный незабвенный родитель''. Эта речь царя, лишила его общественных симпатий и усилила оппозиционные течения.

6. Революционное движение Революционно-либеральное движение не утихло ни при Александре III, ни при Николае II. Отдельные группы продолжали борьбу с самодержавием. Их деятельность велась тайно в стране или за границей. Началось и студенческое движение под лозунгом требования ''академической свободы''. Под воздействием левых групп и студенческое движение принимало все более политический оппозиционный характер. В 1901 году один из исключенных из университета студентов убил министра народного просвещения, профессора Боголепова. В 1902 году был убит министр внутренних дел Сипягин. Новый министр внутренних дел В. К. Плеве продолжал ''твердый курс'' в подавлении революционного и оппозиционного движения, но и он пал жертвой от руки социал-револоционера.

Покушения следовали одно за другим. В деревнях волновались крестьяне, а по городам прокатилась волна рабочих забастовок. В таком состоянии внутреннего брожения и всеобщего недовольства правительством Россия в 1904 году вступила в Японскую войну, которая окончилась полной неудачей для России.

Неудачная Русско-Японская война еще более усилила в России недовольство против правительства и оживила революционное движение. Рабочие забастовки в городах переходили в уличные демонстрации и вооруженные столкновения с войсками и полицией. Революционные партии устраивали собрания, на которых выносились резолюции с требованием введения народного представительства.

Правительство Николая II было вынуждено пойти на уступки. 17-го октября 1905 года Николай II издал манифест, который формально означал конец существования в России неограниченной монархии. Законодательная власть переходила к Государственной думе, выбираемой всеми классами населения. Манифест гарантировал неприкосновенность личности, свободу совести, слова, собраний и союзов.

В годы между революцией 1905-го года и Первой мировой войной царское правительство правило при помощи думы. В думскую эпоху в России быстро развивалась экономическая и культурная жизнь страны. Революция 1917 года повернула русло России по другому пути.

Вопросы

1. Кто был советником Александра III и какие были его политические взгляды?

2. Какие меры были предприняты правительством Александра III для утверждения самодержавия и поддержания порядка в стране?

3. Расскажите о нововведениях в области народного просвещения.

4. Почему ухудшилось экономическое положение дворян после осовобождения крестьян?

5. С какой целью был учрежден дворянский земельный банк?

6. Укажите причины упадка экономического положения крестьян и расскажите о мерах, предпринятых государством для улучшения их участи.

7. Каково было развитие промышленности при Александре III?

8. Расскажите о положенни рабочего класса.

9. Как долго царствовал Николай II?

10. Какова была внутренняя политика Николая II?

11. Расскажите о революционном движении при Александре III и Николае II.

12. Расскажите о событиях в России в 1904–1906 гг.

13. Когда и почему была учреждена Государственная дума?

Словарь

§ 1

неумоли́мый implacable
взор eyes (look)
растерза́ть 1, (*Prf.*) tear (in)to pieces
неотвя́зный importunate, constant
насто́йчиво persistently
ка́ркать 1, **ка́ркнуть** 1 to croak
подавля́ть 1, **подави́ть** 2 to suppress
мероприя́тие measure
колеба́ть 1, (**коле́блю, коле́блешь**) **поколеба́ть** to shake
неблагонадёжный suspect, unreliable
наруше́ние violation
подверга́ть штра́фу to fine
обузда́ние restraining, curbing, controlling
стесни́тельный inconvenient
до́ступ access, admission
лиша́ть 1, **лиши́ть** 2 to deprive

§ 2

поте́ря loss
упа́док decline
учрежда́ть 1, **учреди́ть** 2 to found
на льго́тных усло́виях on favourable terms
стреми́ться 2 (*Imprf.*) to strive
подде́рживать 1, **поддержа́ть** 2 to support
обеспе́чено secured
возвыша́ть 1, **возвы́сить** 2 to raise, elevate
первенству́ющий primary, the most important

§ 3

принуди́тельный compulsory
севооборо́т alternation of crops

заде́рживать 1, **задержа́ть** 2 to detain, to delay
урожа́йность (*f.*) crop capacity
по́дать (*f.*) tax, duty
благосостоя́ние prosperity

§ 4

покрови́тельственный patronizing
тамо́женный тари́ф customs-tariff
добы́ча output
обостря́ться 1, **обостри́ться** 2 to become strained
ста́чка, забасто́вка strike

§ 5

поворо́т turn, change
неукло́нно steady
незабве́нный unforgettable
бла́го good, welfare

§ 6

утиха́ть 1, **ути́хнуть** 1 to cease, to calm
возде́йствие influence
покуше́ние attempt
прокати́ться 2 (*Prf.*) to pass, slide, sweep
броже́ние discontent
уси́ливать 1, **уси́лить** 2 to strengthen
оживля́ть 1, **оживи́ть** 2 to revive, enliven
представи́тельство representation
итти́ на усту́пки to make concessions
законода́тельная власть legislative power
неприкоснове́нность (*f.*) inviolability
со́весть (*f.*) conscience

St. George's room at the Kremlin Palace.

(Photo Courtesy *Sabena Revue*)

СОВЕТСКОЕ

ГОСУДАРСТВО

ГЛАВА XI

ПРИХОД КОММУНИСТИ́ЧЕСКОЙ ПА́РТИИ К ВЛА́СТИ

1. Социа́льно-политические предпосы́лки

Три основны́е причи́ны, со́зданные истори́ческим разви́тием Росси́и, привели́ к госпо́дству коммунисти́ческой па́ртии:

а) полити́ческий строй абсолю́тной мона́рхии,

б) осо́бый хара́ктер социа́льной структу́ры населе́ния,

в) географи́ческое размеще́ние населе́ния.

Полити́ческий строй мона́рхии созна́тельно, а поро́й и бессозна́тельно, препя́тствовал разви́тию культу́рных, обще́ственных и полити́ческих сил страны́. Боя́знь ограниче́ния вла́сти заста́вила прави́тельство быть осторо́жным да́же в вопро́се образова́ния (гра́мотности) широ́ких наро́дных масс.

Социа́льная структу́ра населе́ния отлича́лась отсу́тствием значи́тельного сре́днего сло́я. С одно́й стороны́, бы́ли небольши́е гру́ппы землевладе́льцев и промы́шленных магна́тов; с друго́й стороны́—многомиллио́нные ма́ссы ни́щих и полуни́щих крестья́н. Така́я же бе́дность госпо́дствовала среди́ фабри́чно-заво́дских рабо́чих промы́шленных це́нтров.

Географи́ческое размеще́ние населе́ния характеризова́лось расселе́нием и разбро́санностью его по необъя́тным просто́рам страны́. Число́ кру́пных городски́х це́нтров бы́ло о́чень невелико́. Уже́ одно́ э́то создава́ло больши́е возмо́жности ''тирани́ческого управле́ния''.

2. Народники   Освобождение крестьян в 1861 году от крепостной зависимости явилось началом революционной борьбы против правительства. Среди интеллигенции, считавшей, что народ обижен и его положение не улучшено, возникают организации, ставящие своей задачей изменение политического и социального строя России. М. А. Бакунин стремился добиться этого созданием крестьянских восстаний. П. Лавров надеялся изменить жизнь русского народа путём мирной пропаганды. Революционная городская молодёжь, получившая название **"народников"**, шла в деревню, пытаясь поднять крестьян на борьбу. Успеха они не имели. Прежде всего, они не были поняты народом. Кроме того, значительная часть их была арестована. В 1877–1878 гг. происходит знаменитый "судебный процесс 193-х". В 1876 году в Петербурге возникает народническая организация Земля и воля. Вместо "хождения в народ" эта организация становится на путь террора и убийства наиболее крупных представителей власти. В 1879 году Земля и воля раскалывается на две партии: "Чёрный передел" и Народную волю. Народовольцы продолжают индивидуальный террор. Первого марта 1881 г. они убили царя Александра II, освободившего крестьян от крепостной зависимости. Несмотря на суровые репрессии правительства, террор продолжался до революции 1917 года. Партия социалистов-революционеров, возникшая в 1905 году и продолжавшая дело народников, считала террор одним из наиболее серьёзных методов борьбы с правительством.

3. Большевики и   меньшевики   В конце XIX столетия, наряду с народническими организациями, появились социал-демократические союзы борьбы в наиболее крупных городах России. Руководясь учением Маркса, они считали, что только

рабо́чий класс (пролетариа́т) мо́жет возгла́вить и осуществи́ть револю́цию. В 1898 году́ в Ми́нске была́ со́здана Росси́йская социа́л-демократи́ческая рабо́чая па́ртия. (Пе́рвый съезд). Чле́ны э́той па́ртии получи́ли назва́ние социа́л-демокра́тов. Наибо́лее ви́дными руководи́телями социа́л-демокра́тов бы́ли Плеха́нов и Ле́нин. В 1903 году́ на второ́м съе́зде па́ртии произошёл раско́л социа́л-демокра́тов на две гру́ппы—меньшевико́в и большевико́в. Па́ртия меньшевико́в наде́ялась прийти́ к но́вым фо́рмам социа́льного устро́йства, не разруша́я основны́х нача́л демократи́ческого парламента́рного стро́я.

Одни́м из наибо́лее ви́дных руководи́телей большевико́в, по́зже коммуни́стов, яви́лся Ле́нин. Отличи́тельными черта́ми большевико́в бы́ли: 1) стремле́ние боро́ться не то́лько про́тив абсолю́тной мона́рхии Росси́и, но и проти́в всего́ за́падного демократи́ческого ми́ра; 2) заме́на во́ли наро́да ''диктату́рой пролетариа́та'', что обеща́ло в действи́тельности диктату́ру их па́ртии.

4. Револю́ция 1905 го́да   Вне́шняя поли́тика Росси́и конца́ XIX и нача́ла XX ве́ка характеризова́лась больши́м внима́нием дальнеазиа́тскому вопро́су. Опо́рными ба́зами экономи́ческого и полити́ческого овладе́ния стра́нами Да́льнего Восто́ка, в ча́стности Кита́ем, яви́лись Маньчжу́рия и Коре́я. В своём движе́нии на Да́льний Восто́к Росси́я столкну́лась с Япо́нией. В 1904 году́ начала́сь война́.

К войне́ с Япо́нией Росси́я не была́ гото́ва. Вско́ре же по́сле её нача́ла госпо́дство на мо́ре перешло́ к япо́нцам. Центр вое́нных де́йствий перенёсся на су́шу. Одна́ко и здесь ру́сская а́рмия потерпе́ла ряд пораже́ний. Неуда́чжный ход войны́ уси́лил революцио́нное броже́ние в стране́. Эсе́ры, меньшевики́, большевики́ и други́е па́ртии призыва́ли населе́ние к борьбе́. Прави́тельство

ещё до войны́ со́здало не́что вро́де профессиона́льных объедине́ний и́ли кружко́в для защи́ты экономи́ческих интере́сов рабо́чих. Эти организа́ции руководи́лись поли́цией (так наз. "полице́йский социали́зм"). В Петербу́рге во главе́ подо́бной организа́ции стоя́л свяще́нник Гапо́н. Бу́дучи блестя́щим ора́тором, он созда́л себе́ большу́ю популя́рность. Тяжёлые экономи́ческие усло́вия жи́зни рабо́чих натолкну́ли его́ на мысль пойти́ с ни́ми и ли́чно проси́ть царя́ об улучше́нии их положе́ния. То́лпы рабо́чих, вы́шедшие (9 января́ 1905 го́да) с ико́нами и портре́тами царя́, бы́ли разо́гнаны войска́ми гарнизо́на, кото́рые стреля́ли в них. Этим прави́тельство уху́дшило своё положе́ние, разру́шив ста́рую ве́ру в "царя́—защи́тника наро́да".

Расстре́л рабо́чих яви́лся нача́лом большо́й револю́ции. В дере́вне жгут поме́щичьи уса́дьбы, расхища́я скот и иму́щество. В города́х начина́ются ста́чки, руководи́мые меньшевика́ми, эсе́рами и большевика́ми. Происхо́дит всео́бщая железнодоро́жная забасто́вка. В кру́пных промы́шленных це́нтрах возника́ют сове́ты рабо́чих депута́тов. В декабре́ вспы́хивает вооружённое восста́ние в Москве́. Восстаю́т отде́льные фло́тские ча́сти—броненосец "Потёмкин" и др.

Прави́тельство должно́ бы́ло пойти́ на усту́пки. В октябре́ 1905 го́да был опублико́ван зако́н о созда́нии парла́мента—Госуда́рственной ду́мы. Си́лы револю́ции расколо́лись. То́лько небольша́я часть населе́ния хоте́ла продолжа́ть борьбу́. Этим воспо́льзовалось прави́тельство, овладе́вшее положе́нием в стране́, чему та́кже помогли́:

1) ве́рность прави́тельству сухопу́тной а́рмии,
2) нали́чие в соста́ве прави́тельства двух реши́тельных и у́мных мини́стров—Ви́тте и Столы́пина.

Не́сколько по́зже прави́тельство смогло́ нару́шить зако́н 1905 го́да и си́льно ограни́чить права́ Госуда́рственной

ду́мы, сохрани́в полити́ческий строй абсолю́тной мона́р-
хии.

5. Пе́рвая мирова́я война́ и Февра́льская револю́ция Вторы́м роковы́м собы́тием в исто́рии ца́рского прави́тельства яви́лась война́ с Герма́нией, начав-шаяся в 1914 году́. В пе́рвые же неде́ли войны́ ру́сская а́рмия потерпе́ла пораже́ние в Восто́чной Пру́ссии. Лу́чше обстоя́ло де́ло на австри́йском фро́нте, где ру́сскими войска́ми была́ завоёвана Гали́ция. Одна́ко кампа́ния ле́та 1915 го́да привела́ к поте́ре и Гали́ции и со́бственных за́падных райо́нов. По́сле э́того неме́цкая а́рмия была́ остано́влена, но сама́ война́ приняла́ кра́йне изнури́тельный и тяжёлый хара́ктер. Э́то породи́ло большо́е недово́ль-ство во всех слоя́х ру́сского о́бщества. Говори́ли не то́лько о неспосо́бности прави́тельства, но и его́ изме́не. Больши́е расхо́ды, вы́званные войно́й, покрыва́лись вы́пуском бума́жных де́нег. Курс рубля́ обесце́нивался. Промы́шленные това́ры и продово́льствие на́чали доро-жа́ть и про́сто исчеза́ть. Реа́льный у́ровень за́работной пла́ты ре́зко упа́л. ''Спи́чкой, попа́вшей в порохово́й по́греб'' яви́лся недоста́ток хле́ба в Петербу́рге. Рабо́чие прекрати́ли рабо́ту и вы́шли на у́лицы го́рода. Вспы́хнула револю́ция. Солда́ты отказа́лись стреля́ть в восста́вшее населе́ние. Кома́ндующий гарнизо́ном генера́л Хаба́лов сде́лал большу́ю оши́бку. Он мог с войска́ми, остава́вшимися ещё в подчине́нии, вы́йти из го́рода, окружи́ть его́ и, получи́в подкрепле́ние с фро́нта, задави́ть револю́цию. Вме́сто э́того Хаба́лов бро́сился в центр го́рода и пыта́лся укрепи́ться в зда́нии адмиралте́йства. В результа́те его́ войска́ присоедини́лись к революцио-не́рам, а сам он был аресто́ван.

Госуда́рственная ду́ма взяла́ власть в свои́ ру́ки. Полити́ческая обстано́вка для э́того была́ благоприя́тна. Да́же генера́лы, кома́ндующие фронта́ми, счита́ли

монархию настолько дискредитированной, что императору лучше отречься от власти. Был только один человек, пытавшийся спасти монархию—сам император. Он пытался двинуть на Петербург карательные войска (корпус генерала Иванова, войска царскосельского гарнизона, кавалерию северного фронта), но было уже поздно.

6. Октябрьская революция 1917 г. Верховная власть в стране после Февральской революции оказалась в руках Временного правительства, созданного Государственной думой. Несчастьем Временного правительства явилось то, что, разрушая старый порядок, оно не сумело создать что-либо взамен его. Власть в стране фактически отсутствовала, началась анархия. Временное правительство не нашло в себе сил решить даже два основных вопроса: 1) о прекращении войны, 2) о передаче земли крестьянам.

Для деятельности коммунистов создалась блестящая почва. Германский генеральный штаб, желая подорвать русский фронт, пропустил в Россию в запломбированном вагоне Ленина, находившегося в дни революции в Швейцарии.

В русской армии Февральская революция ознаменовалась полным падением дисциплины. Власть в армии от офицеров перешла в руки солдатских советов, где всё большую роль играли коммунисты. Лозунгами последних были: ''Кончай войну, она ненужна'', ''Борись не с немцами, а со своими буржуями за землю и фабрики''. На фронте, к радости немецкого командования, военные действия прекратились полностью. Вместо них во многих местах происходило так называемое братание— посещение русских солдат немецкими и наоборот. Большое число солдат бежало с фронта домой.

Осенью 1917 года возник заговор генерала Корнилова. Генерал Корнилов—главнокомандующий армией—хотел

установи́ть вое́нную диктату́ру и распра́виться с боль-
шевика́ми. Одна́ко не оказа́лось уже́ во́инских часте́й,
на кото́рые мо́жно бы́ло бы положи́ться. За́говор не
уда́лся. Выступле́ние Корни́лова заста́вило Ле́нина торо-
пи́ться с захва́том вла́сти.

Большевика́ми была́ со́здана из рабо́чих Кра́сная
гва́рдия. Их подде́рживали моряки́ Балти́йского фло́та.
Что каса́ется Вре́менного прави́тельства, то в день
переворо́та (7 ноября́) у него́ не оказа́лось никаки́х сил.
Защища́ть Вре́менное прави́тельство пришло́ небольшо́е
число́ ю́нкеров и же́нский доброво́льческий отря́д.

Вре́менное прави́тельство бы́ло аресто́вано. Победи́в-
шие большевики́ образова́ли сове́тское прави́тельство.

7.		Из воспомина́ний М. М. Но́викова, бы́вшего
			ре́ктора Моско́вского университе́та, по́сле
			его́ пе́рвого аре́ста (Из кни́ги ‘‘От Москвы́
до Нью-Йо́рка’’).

Но жизнь на свобо́де оказа́лась то́же не сла́дкой. В
це́нтре Москвы́, на Лубя́нской пло́щади, возвыша́лась
центра́льная Чрезвыча́йка, бы́вшая гости́ница ‘‘Росси́я’’,
зда́ние пре́жде столь приве́тливое, но при взгля́де на
кото́рое в опи́сываемое вре́мя душа́ москвича́ уходи́ла в
пя́тки. По у́лицам, осо́бенно вече́ром и но́чью, гоня́ли
чёрные во́роны—тюре́мные автомоби́ли, собира́вшие
же́ртвы для Чека́. В райо́не Лубя́нки слы́шался по
ноча́м рёв автомоби́льных мото́ров, заглуша́вших зву́ки
вы́стрелов на тюре́мном дворе́. Тру́пы расстре́лянных
развози́лись по всем направле́ниям. Проф. А. А.
Эйхенвальд, находи́вшийся на излече́нии в Я́узской
больни́це, расска́зывал мне впосле́дствии, как одна́жды
у́тром он уви́дел пе́ред свои́м окно́м, на дворе́ больни́цы,
сва́ленные туда́ но́чью тру́пы Н. Н. Ще́пкина, трёх
Астро́вых и други́х ви́дных обще́ственных де́ятелей,
расстре́лянных по обвине́нию в сноше́ниях с заграни́-
чными белогварде́йцами.

Постоянные разговоры и слухи о массовых арестах и казнях поддерживали в слоях буржуазии и интеллигенции тягостное нервное напряжение. Даже любимцы власти не были от него избавлены. Администратор Московского Художественного театра Шаров описывал мне одно из своих возвращений из театра вместе со Станиславским. Проходя по Лубянской площади и усмотрев на дверях Чрезвычайки свеже вывешенное объявление, великий артист остановился и стал читать его. Выглянувший в это время из двери громадного роста матрос обратился к Станиславскому с грозным окриком: ''Што, ндравится?'' Опешивший артист пробормотал непривычным для него голосом: ''Н-не особенно!'' На что чекист ответил: ''Ну, то-то же''—и захлопнул дверь. Мы поспешно ретировались,—закончил Шаров свой рассказ,—и с той поры Станиславский избегал проходить мимо Чека.

Мне уже в мою бытность ректором университета также удалось однажды избежать столкновения с Чрезвычайной комиссией, но гораздо более серьёзного характера. По Москве распространились слухи, что арестовывают кадетов, и я, в целях предосторожности, стал ночевать в лаборатории. Как-то утром ко мне приходит один из служителей (а они все к тому времени заделались коммунистами) и таинственно сообщает:

—Так что, Ваше Превосходительство, сейчас приходили сказать из вашей квартиры, что у вас там сидят гости.

Я немедленно снёсся с помощником ректора о передаче ему университетских дел, изменил свой внешний вид, сбривши бороду, и отправился на происходившее как раз в то время заседание агрономических организаций. Там меня немедленно назначили на вакантную должность энтомолога на одной из сельскохозяйственных станций, расположенной в нескольких досятках вёрст от Москвы. В тот же день я уже был на своём месте службы, где прожил спокойно 10 дней, пока ко мне не явилась дочь и не сообщила, что засада в нашей квартире снята и что

возбуждённое про́тив меня́ де́ло, по-ви́димому, прекращено́.

Возврати́вшись в Москву́, я пре́жде всего́ напра́вился в Наркомпро́с к Покро́вскому*, кото́рый встре́тил меня́ с усме́шкой, очеви́дно сочу́вствуя, с то́чки зре́ния своего́ неда́внего революцио́нного про́шлого, моему́ о́бразу де́йствий. Он подтверди́л, что прика́з о моём аре́сте оказа́лся оши́бкой, но посове́товал мне из предосторо́жности ещё не́сколько дней не возвраща́ться к себе́ на кварти́ру. Легко́ попа́сть в Чрезвыча́йку, но тру́дно из неё вы́браться.

Моя́ ча́стная кварти́ра приноси́ла мне в то вре́мя и други́е нема́лые огорче́ния. Домо́вый комите́т, коммунисти́чески настро́енный, пресле́довал нас, как домовладе́льцев, всевозмо́жными приди́рками и издева́тельствами. Не исключена́ возмо́жность, что вышеопи́санная попы́тка меня́ арестова́ть яви́лась сле́дствием доно́са со стороны́ жильцо́в.

Вопросы

1. Почему старое русское правительство боялось развития культурных и общественных сил страны?
2. Чем отличалась социальная структура населения?
3. Что представляло географическое размещение населения?
4. Что такое ''хождение в народ'', его цели?
5. Какие партии приняли ''индивидуальный террор'', как метод борьбы с правительством?
6. Как и когда возникла партия социал-демократов?
7. Какая разница между большевиками и меньшевиками?
8. Какое значение в жизни России имела Русско-Японская война?
9. Что такое полицейский социализм?
10. Кто был Гапон?
11. Как началась и происходила революция 1905 г.
12. В чем выразились уступки правительства?

* Михаил Покровский—видный коммунист, историк, один из главных руководителей Народного комиссариата просвещения. Теоретические взгляды Покровского позже оказались в противоречии с ''генеральной линией'' партии. Умер он перед ежовщиной.

13. Каков был общий ход войны с Германией в 1914–18 гг.?
14. Как произошла Февральская революция 1917 г.?
15. Какова была ошибка генерала Хабалова?
16. Кто создал Временное правительство?
17. Ошибки Временного правительства.
18. Деятельность и лозунги большевиков.
19. Заговор генерала Корнилова.
20. Как произошел Октябрьский переворот?
21. Как осуществлялся советским правительством террор населения?
22. Что случилось с знаменитым артистом Станиславским?
23. Как спасся от нового ареста профессор Новиков?

Словарь

§ 1

боязнь (*f.*) fear, dread
слой layer
разбросанность (*f.*) sparseness
необъятный immense, unbounded
простор space, scope, spaciousness

§ 2

раскалываться 1, **расколоться** 1 (**расколется, -лются**) (only 3rd pers.) to split

§ 3

возглавлять 1, **-главить** 2 to head

§ 4

опорный supporting
сталкиваться 1, **столкнуться** 1 come in collision with
нечто в роде something like . . .
надзор supervision
расхищать 1, **расхитить** 2 (**расхищу, -хитишь**) to plunder

скот cattle
стачка strike
забастовка strike
броненосец battleship

§ 5

роковой fatal
терпеть 2, **по-** (**терплю, терпишь**) to endure, suffer
поражение defeat
изнурительный extenuating, exhausting (phys.)
расход expenditure
обесценивать 1, **-ценить** 2 reduce in value
промышленность (*f.*) industry
порох gun-powder
погреб cellar
недостаток shortage
вспыхивать 1, **-хнуть** 1 to spark, explode
пытаться 1, **по-** to make an attempt
благоприятный favor
отрекаться 1, **отречься** (**отрекусь, -чёшься**) to abdicate, to repudiate

§ 6

кара́тель (*m.*) chastiser
по́чва ground, soil
пломбирова́ть I, **за-** to seal
ло́зунг slogan, watch-word
брата́ние fraternization
переворо́т overthrow
доброво́лец volunteer
полага́ться I, **положи́ться** 2
  to rely on

§ 7

Чека́ (**Чрезвыча́йная коми́с-**
  сия) the Soviet police of that
  time
Чрезвыча́йка the Soviet police
  of that time (abr.)
приве́тливый pleasant, amiable,
  affable, friendly
душа́ москвича́ уходи́ла в
  пя́тки the heart of the Mos-
  covite was in his mouth
рёв roar, howl
заглуша́ть I, **-ши́ть** 2 to
  muffle, deaden

излече́ние cure, medical treat-
  ment
тя́гостный painful, distressing
напряже́ние tension
опе́шивший taken aback
ретирова́ться I (*Imprf. & Prf.*)
  to retreat
в мою́ бы́тность ре́ктором
  when I was a rector
предосторо́жность precaution
заде́лываться I, **заде́латься** I
  to become
сноси́ться 2 (**сношу́сь, сноси-**
  шься) **снести́сь** I (**снесу́сь,**
  снесёшься) to communicate
вака́нтный vacant
заса́да ambush
Наркомпро́с (**Наро́дный ко-**
  миссариа́т просвеще́ния)
  Ministry of Education
приди́рка captious objection
издева́тельство mockery, taunt
огорче́ние grief, sorrow

ГЛАВА XII | ГРАЖДАНСКАЯ ВОЙНА

1. Начало борьбы против советского правительства

В дни падения Временного правительства, совершенно дискредитировавшего себя своей нерешительностью и неспособностью разрешить наиболее важные вопросы в жизни страны, поведение основной массы населения характеризовалось бездеятельностью. Это положение меняется в первые же месяцы господства коммунистической партии. Не только офицеры старой армии, бывшие чиновники и другие представители старого общества, но также крестьяне и многие рабочие приходят к конфликту с оветским правительством.

Разгон Учредительного собрания—''русского парламента'', выбранного населением в начале 1918 г.— открывает эпоху длительной и ожесточенной борьбы. Бывшие чиновники и служащие всевозможных учреждений отказались в первые же дни установления советской диктатуры выходить на работу. Позже, и начав работать, они продолжали саботировать. Такой же саботаж проводится значительной частью инженерно-технического персонала многих заводов и предприятий. В деревнях отказываются выполнять обязательные поставки продовольствия, введенные советским правительством. Последнее вынуждено стать на путь реквизиции у крестьян зерна и других видов продовольствия. Для этого создаются специальные продовольственные отряды (продотряды). Первые продовольственные отряды, составленные из матросов и городских рабочих, активно поддерживавших советское правительство, были направлены в деревню в ноябре 1917 года.

Были созданы также продотряды на железных дорогах

и водных путях. Подобная система создала бесчисленные
конфликты с крестьянским населением. В ряде мест уже
в начале 1918 г. дело доходило до восстаний. В условиях
тяжелого продовольственного положения возникает
большая спекуляция, расстраивающая хозяйственные
планы и мероприятия советского правительства.
Большое число офицеров и молодежи бежит к казакам—
в Донскую область и на Кубань. Там формируются армии
для борьбы с большевиками. Такие же армии создаются
в восточных районах страны—за Волгой и в Сибири. Во
всех крупных городах, начиная с Москвы и Петрограда
(Ленинграда), возникают конспиративные организации:
Союз возрождения России, Союз защиты родины и
свободы и др. Их задача—свержение советского
правительства. Стремясь спасти свое положение,
советское правительство становится на путь суровых
политических репрессий. Провозглашается красный
террор.

**2. Создание
   ВЧК**
Карательным органом для осуществления политики красного террора явилась Всероссийская Чрезвычайная Комиссия по борьбе с контрреволюцией, саботажем и спекуляцией,—известная в истории СССР, как ВЧК. ВЧК была создана постановлением Совета Народных Комиссаров от 20 декабря 1917 г. Задачи ВЧК были определены следующим образом:

1. Преследование и ликвидация всех контрреволюционных и саботажнических попыток и действий по всей России, с чьей бы стороны они ни исходили.

2. Предание суду Революционного трибунала всех саботажников и контрреволюционеров и выработка мер борьбы с ними.

3. Борьба с саботажниками, правыми эсерами и стачечниками.

4. Контроль печати.

Отделы ВЧК были созданы при всех местных органах власти. Как центральной ВЧК, так и местным ЧК было дано право создавать вооруженные отряды. Вскоре же после создания ВЧК была введена строгая цензура для печати. Все некоммунистические газеты и журналы были закрыты. Печатание книг допускалось только с разрешения специального цензора. Был установлен контроль над всеми собраниями и публичными выступлениями. Речи или доклады каждого оратора должны были быть утверждены в ближайшей партийной инстанции,—иначе выступление не разрешалось.

В это же время по всей стране происходит ликвидация многих представителей старого общества. ''Репрессируются'' бывшие офицеры, помещики, фабриканты, коммерсанты, наиболее видные представители старой русской интеллигенции. Многие из них расстреливаются. Часть заключается в тюрьмы и лагеря.

Происходит полный разгром всех старых оппозиционных революционных партий—кадетов, эсеров и меньшевиков. Эсеры пытаются некоторое время бороться с советским правительством. В июле 1918 года они сделали попытку восстания в Москве, где находилось в то время переехавшее из Петрограда советское правительство. Летом—осенью 1918 года ими были убиты видные коммунисты: Володарский и Урицкий, а также ранен Ленин. Усиление работы ВЧК сделало, однако, невозможной дальнейшую борьбу. Большая часть эсеров, как и членов других политических партий, была арестована и погибла, некоторая часть бежала за границу.

3. Белые армии

Одним из первых районов, где появились противосоветские силы, была Область войска Донского. В июне 1918 года генерал Деникин, ставший во главе добровольческой армии и казаков, двинулся к Царицыну

(Сталинграду). В это же время создается второй фронт,—
на востоке, в районе Волги. Здесь действуют отряды
находившихся в России пленных чехословаков, восставших против советского правительства.

Положение советского правительства, утратившего
основные продовольственные районы,* было очень
тяжелым. Был выдвинут лозунг: "Всё для фронта.
Всё для обороны республики". Страну превратили, по
собственному признанию советских историков,—в военный лагерь. Ценой большого напряжения было улучшено
положение дел на востоке, где советские войска в сентя-
бре-октябре взяли назад города Казань, Симбирск,
Самару. Чехословацкие части после этого прекратили
свое участие в борьбе. Однако в самой Сибири были
созданы новые местные силы, во главе которых стал
адмирал Колчак. Весной 1919 г. начинается второе
движение белых армий на Москву—с востока и юга.
Советское командование было готово к этому и, сосредо-
точив главные силы на восточном фронте, наносит
сначала решающий удар по войскам Колчака. В это
время войска Деникина начали приближаться к Москве.
Там, однако, их остановили и разбили осенью 1919 г.,
когда, казалось, дни советского правительства были
сочтены. Тогда же был разбит генерал Юденич,
сформировавший в Эстонии белые войсковые части (из
русских) и пытавшийся взять Петроград. К концу марта
1920 г. вся Украина, Область войска Донского, Северный
Кавказ, Урал, почти вся Сибирь, а также Мурманск и
Архангельск, где тоже находились противосоветские
силы, перешли в руки советского правительства. В
Крыму, однако, удержались остатки Деникинской
добровольческой армии, возглавленной бароном Вран-
гелем. Весной 1920 г. началась война с Польшей. Начало
этой войны было неудачно для советского правительства.
Это дало возможность Врангелю развернуть также
военные действия на юге. Только глубокой осенью

* Украина в это время была оккупирована немецкими войсками.

1920 г., после заключения мира с По́льшей, Крым был занят советскими войсками.

4. Крестьянские восстания. Кронштадтское восстание

Разгром и уничтожение армий Колчака, Деникина и Врангеля не принесли окончания борьбы. Конец гражданской войны ознаменовался сильными крестьянскими восстаниями по всей стране. Эти восстания происходили не только в районах недавних сражений между ''красными и белыми'' (Украина, Сибирь), но и в зоне, находившейся непрерывно в руках советского правительства. Одним из сильнейших восстаний явилось восстание тамбовских крестьян, известное под названием Антоновского (Антонов был его военным руководителем). Во главе восстания стоял Союз трудового крестьянства, давший приказ о выступлении осенью 1920 г. как раз в дни, когда советские войска победоносно шли по Польше, приближаясь к Варшаве. Восстание охватило большую территорию— Борисоглебский, Кирсановский, Козловский, Моршанский и Тамбовский уезды. К концу 1920 г. восставшими было создано две армии. Они перерезали Юго-восточную железную дорогу, что подрывало подвоз хлеба в центральные части страны.

Помимо деревни, большое недовольство советским правительством было в городах, при чем даже среди тех, кто раньше поддерживал коммунистическую партию (большевиков).

28 февраля 1921 г. началось восстание в Кронштадте, морской крепости, находящейся недалеко от Петрограда. В этом восстании участвовала значительная часть кронштадтских моряков, бывших основной военной силой большевиков при свержении ими Временного правительства. В Кронштадт немедленно были направлены регулярные части Красной армии. Кроме того, в подавлении восстания участвовало 300 делегатов

происходившего в те дни в Москве X с'езда коммунистической партии. После тяжелого наступления по льду Финского залива, советские войска утром 18 марта ворвались в Кронштадт и овладели городом и крепостью.

Весной 1921 г. началась ликвидация крестьянских восстаний. Для этого были сосредоточены наиболее надежные отряды курсантов военных училищ из разных городов, полки, в которых был большой процент коммунистов, военные отряды ЧК и др. Командующим сил, направленных на подавление восставших крестьян Тамбовской губернии, был назначен Тухачевский,— позже ставший маршалом, а еще позже расстрелянный по приказу Сталина.

Сопротивление крестьян Тамбовской губернии, Поволжья, Украины, Сибири и других районов страны было столь велико, что победить его одними военными силами было невозможно. Советское правительство поняло это и весной того же года объявило переход к новой экономической политике. Реквизиция продовольствия у крестьян была прекращена. ''Продразверстка'' была заменена ''продналогом''. Крестьянин получил право, по выполнении своих обязательств государству, продавать часть своего урожая на частном рынке.

5. Отрывок из книги: "Тамбовская губерния в гражданской войне 1918–1921 гг." К. Криптон

5а. ''Что была Россия? Наверху —господа, ниже—купцы, в середине—мужики, под мужиками— рабочие, а под рабочими—босяки. И хуже всего мужику. Жмут его и сверху, жмут его и снизу. А что теперь получилось?—Наоборот все перевернулось. Босяки наверху оказались, рабочие под ними. Мужик, как был, в середине остался, господа с купцами на низ ушли. Для всех изменение пришло, а мужика жмут по

прежнему—по его среднему положению, но, почитай, что
и сильнее!'' (Из разговора крестьян. Село Сампур.
Постоялый двор. Январь 1919 г.).

Лето 1919 г. в жизни тамбовских крестьян характери-
зуется новой волной повстанческих настроений. Времен-
ный период успокоения, внесенный роспуском комитетов
бедноты, кончился. Раздражение против советского
правительства усиливалось чрезвычайно. Особенное
озлобление вызывала деятельность продовольственных
отрядов. В памяти населения были, разумеется, свежи
недавние события: 1) восстание летом 1918 г. в самом
городе Тамбове, 2) волнения, прокатившиеся осенью
того же года по ряду волостей губернии. Все это кончилось гибелью многих людей. Восстание в Тамбове
крестьяне, правда, считали делом ''городских'', в чем
были не совсем правы—оно началось с бунта новобранцев,
собранных из деревень в Губвоенкомат (Губернский
военный комиссарият).

5b. Что касается эксцессов в волостях, то они убедили
крестьянское население, что ''если чего и можно добиться,
то силой, за дело, конечно, надо браться с умом''. Всякие
иллюзии о демократических началах во взаимоотношениях
с властью, обещанные революциею, были изжиты
полностью. Из среды крестьян выдвигается ряд лиц,
преимущественно недавних солдат-фронтовиков, призван-
ных стать военными руководителями. Сохранившиеся
группы эсеров берут в свои руки подготовку восстания.

После горького опыта Октябрьской революции,
наиболее активная часть крестьянского населения не
хочет выпускать инициативу из своих рук,—''как бы
опять каки босяки городские на нашу шею не наверну-
лись''. Возникает идея о представителях волостей—
''стариках'', в руках которых будет находиться общее
политическое руководство и контроль. Сочетание
этих моментов, при наличии советской полиции, сильно

осложняло подготовку восстания. Тем не менее, уже летом 1919 года было известно, что, кроме волостных коммунистических ячеек, по черноземной землице ходят и другие хозяева.

5с. В эти дни эсеры выносят смертный приговор бывшим членам своей партии,—изменившим, ставшим коммунистами и занявшим, как правило, видные места в аппарате местной власти. Приговор незамедлительно выполняется. В селах стреляют и рубят топорами в ночное время изменников-эсеров. Положение становится вообще напряженным. Тамбовский губернский комитет коммунистической партии вынужден дать указание: в случае каких либо ''осложнений'' партийные работники волисполкомов имеют право скрываться. Одновременно Тамбовский губисполком приказывает: беспартийные члены волисполкомов обеспечивают при всяких условиях круглосуточное дежурство у телефона.

Как это ни странно, но последнее распоряжение помогло позже найти довольно оригинальную форму ''административного управления'' в восставших районах. Во всех селениях создались два совета: один—''советский''—из беспартийных членов, другой—антоновский, из наиболее активных участников восстания. Первый совет выступал при появлении в селе карательных отрядов. Второй—после их ухода. Оба совета отлично уживались между собой, имея, хоть и нелегальный, но прямой обмен мнений по ряду текущих вопросов.

Вопросы

1. Кто начинает бороться против коммунистической партии после захвата ею власти?
2. Какое событие открыло эпоху ожесточенной борьбы?
3. Кто принимает участие в саботаже?
4. Каковы причины недовольства в деревнях?
5. Что такое продовольственные отряды и их задачи?
6. Почему возникла спекуляция?
7. Где формируются армии для борьбы с советским правительством?

8. Какие возникли конспиративные организации?
9. Кто проводил красный террор?
10. Задачи ВЧК?
11. Результаты первых месяцев работы ВЧК?
12. Кто подвергается политическим репрессиям?
13. Какова была роль эсеров?
14. Кто атаковал войска советского правительства летом 1918 г.?
15. Каков был ход военной кампании 1919 г.?
16. Каков был ход военной кампании 1920 г.?
17. Где происходили крестьянские восстания по окончании гражданской войны?
18. Когда и как произошло первое восстание в Тамбовской губернии?
19. Кто стоял во главе восстания Тамбовских крестьян?
20. Каковы были успехи восстания Тамбовских крестьян?
21. Какова была роль эсеров в восстании ?
22. Как было подавлено Антоновское восстание?
23. Кто поднял восстание в Кронштадте?
24. Как оно было подавлено?

Словарь

§ 1

поведе́ние conduct, behavior
разго́н dispersal
Учреди́тельное собра́ние Constituent Assembly
дли́тельный protracted
ожесточённый fierce, violent
установле́ние establishment
продово́льствие foodstuffs, provisions
вы́нужденный forced
зерно́ grain, corn
отря́д detachment
матро́с sailor
направля́ть 1, напра́вить 2 (**напра́влю, напра́вишь**) to direct, turn
загради́тельный отря́д anti-profiteer detachment
расстра́ивать 1, расстро́ить 2 throw into disorder

мероприя́тие measure, arrangement
возрожде́ние revival, rebirth
сверже́ние overthrow
суро́вый severe, rigorous
возглаша́ть 1, возгласи́ть 2 to proclaim

§ 2

кара́тельный punitive
осуществле́ние realization
постановле́ние resolution, decree
попы́тка attempt
преда́ние суду́ bringing to trial
пра́вый эсе́р a right-wing S.R. (S.R. = Socialist-Revolutionary. An agrarian socialist party, popular among the peasants and chief rival of bolsheviks in countryside.)

стáчечник striker

вооружённый armed

допускáть I, **допустúть** (**доп-**
ущý, допýстишь) to permit,
allow

расстрéливать I, **расстреля́ть**
I to shoot down, machine-gun

разгрóм crushing defeat

рáнить 2 to wound (*Prf. &*
Imprf.)

погибáть I, **погúбнуть** I to
die, perish

§ 3

добровóльческий volunteer

утрáчивать I, **утрáтить** 2 to
lose

выдвигáть I, **вы́двинуть** I to
put forward

лóзунг slogan

превращáть I, **превратúть** 2
to convert

напряжéние effort

сосредотóчивать I, **сосредотó-**
чить 2 to concentrate

считáть I, **счесть** I (**сочтý,**
сочтёшь; счёл; счётший;
сочтённый) to number

развёртывать I, **развернýть** I
to deploy, establish, swing
about

§ 4

ознаменовáться to be marked by
(*Prf.*)

непреры́вно uninterruptedly

победонóсный victorious

подрывáть I, **подорвáть** I
to undermine

подвóз transport, supply

помúмо besides (takes *gen. case*)

недовóльство discontent, resent-
ment

подавлéние suppression

врывáться I, **ворвáться** I to
burst into

овладевáть I, **овладéть** I to
take possession of

сопротивлéние resistance

продразвёрстка (**Продовóль-**
ственная развёрстка)
forcible requisition of farm
products

продналóг (**Продовóльствен-**
ный налог) tax in kind

§ 5a

бося́к vagabond

жать I (**жму, жмёшь**) to
squeeze

повстáнческий insurrectionary

успокоéние quieting

рóспуск dismissal, breaking up

раздражéние irritation

усúливать I, **усúлить** 2 strength-
en, intensify

озлоблéние bitterness, animosity

прокатúться 2 (*Prf.*) to run its
course (*lit.*: go for a drive)

новобрáнец recruit

Губвоенкомат (**Губéрнский**
воéнный комиссариáт) Provincial Military Commissariat

§ 5b

добивáться I, **добúться** (**доб-**
ью́сь, добьёшься) to achieve

изживáть I, **изжúть** I get rid of

возникáть I, **вознúкнуть** I to
arise, spring up

налúчие presence

осложня́ть I, **осложнúть** 2 to
complicate

ячéйка cell (*gen. pl.*: **ячеек**)

§ 5c

приговóр verdict, sentence

незамедлúтельно without delay

руби́ть 2 hack, chop, slash

Волисполко́м (**Волостной исполнительный комитет**) Volost Executive Committee

Губисполко́м (**Губернский исполнительный комитет**) Provincial Executive Committee

обеспе́чивать 1, обеспе́чить 2 to secur᾽

круглосу́точный twenty-four-hour, around-the-clock

дежу́рство duty, watch

ужива́ться 1, ужи́ться 1 (**уживу́сь, уживёшься**) to get along with

теку́щий current

ГЛАВА XIII | СОВЕТСКАЯ ПОЛИТИЧЕСКАЯ СИСТЕМА

1. Конституция 1918 г. Конституция 1918 года была известна как конституция РСФСР— Российской Социалистической Федеративной Советской Республики. Потеряв Украину, оккупированную немецкими войсками, Кавказ, отрезанный белыми армиями, а также другие районы страны, коммунистические лидеры предпочли говорить не о союзе республик, а только о Российской Федеративной Республике.

Высшим органом государственной власти РСФСР, согласно конституции 1918 года, являлся Всероссийский съезд советов, состоявший из представителей городских советов и губернских съездов советов. В период между съездами высшим органом власти РСФСР был Всероссийский Центральный Исполнительный Комитет, избиравшийся Всероссийским съездом советов и ответственный перед ним. ВЦИК представлял собой высший законодательный, распорядительный и контролирующий орган РСФСР. Общее управление делами РСФСР принадлежало Совету Народных Комиссаров, который образовывался ВЦИК'ом и был ответственен перед ним и перед Всероссийским съездом советов.

Органами государственной власти в областях, губерниях, уездах, волостях были соответственно областные, губернские, уездные и волостные съезды советов, которые избирали свои исполнительные комитеты (областной, губернский и т.д.). Эти комитеты в период между съездами являлись высшим органом власти в пределах данной территории. Областные, губернские, уездные и волостные съезды советов и их исполнительные

комитеты составляли среднее звено в цепи органов РСФСР. Над ними стояли высшие органы власти— Всероссийский съезд советов, ВЦИК и СНК РСФСР. Под их же руководством находились низовые органы власти—сельские и городские советы, избиравшиеся непосредственно избирателями. Городские советы избирали также свои исполкомы (Горисполкомы).

Избирательная система, установленная конституцией, предоставила всем гражданам, достигшим 18-летнего возраста, право избирать и быть избранными в органы советской власти. Исключением явились следующие категории лиц: 1) прибегающие к наемному труду с целью извлечения прибыли; 2) живущие на нетрудовой доход (процент с капитала, доходы с предприятий и т.п.); 3) частные торговцы, торговые и коммерческие посредники; 4) монахи и духовные служители церквей и религиозных культов; 5) служащие и агенты бывшей полиции, особого корпуса жандармов и охранных отделений.

Лишение избирательных прав т. наз. ''эксплуататоров и их приверженцев'' объяснялось их контрреволюционной деятельностью и борьбой против советекого правительства. Все лица этой группы, положение которых являлось исключительно тяжелым, были известны как ''лишенцы''.

Согласно принятой конституции, все политические партии, кроме коммунистической, ликвидировались. Против этого положения, открывшего эпоху тоталитарного государства, выступили и пытались бороться даже отдельные группы в самой коммунистической партии,—левые коммунисты, представители рабочей опозиции и т.д.

Конституция РСФСР 1918 г. явилась позже образцом для конституции других советских республик. Ее основные положения—о правах коммунистической партии, структуре органов государственной власти, избирательном праве и т.д.—вошли в конституции союзных республик:

Украинской, Белорусской, Азербайджанской, Армянской и Грузинской, образованных в 1919–1921 гг. на территории бывшей России.

2. Конституция СССР 1924 г. 31 января 1924 г. происходит соединение всех республик (Российской, Украинской, Белорусской и др.) в Союз Советских Социалистических Республик (СССР). По конституции СССР 1924 г. органами государственной власти и государственного управления Союза СССР были: 1) Съезд советов СССР—верховный орган государственной власти; 2) Центральный Исполнительный Комитет (ЦИК) СССР—верховный орган государственной власти в период между съездами совета СССР, ответственный перед съездом советов СССР. 3) Президиум ЦИК СССР, являвшийся в период между сессиями ЦИК СССР высшим законодательным, исполнительным и распорядительным органом власти, ответственным перед ЦИК СССР; 4) Совет Народных Комиссаров СССР—исполнительный и распорядительный орган СССР, ответственный во всей своей работе перед ЦИК и его президиумом; 5) Верховный суд СССР, учреждавшийся при ЦИК СССР.

Внешние сношения, руководство военными, внешнеторговыми, железнодорожными и почтово-телеграфными делами находятся в руках только центральных органов союзной власти. К их же компетенции относится выработка руководящих начал политической и хозяйственной жизни всех республик, входящих в союз.

3. Конституция СССР 1936 г. Неограниченное господство Сталина, установившееся в начале 30-х годов, дало ему возможность придать некоторую внешнюю ''демократичность'' советской конституции. Последнее было необходимо по

внутриполитическим, и еще больше, по международным соображениям. В конституции, введенной в 1936 г., можно найти право выдвижения кандидатов в высшие избирательные органы страны и даже закрытое голосование.

Высший орган государственной власти в новой конституции получает название Верховного Совета СССР. В период между его сессиями власть принадлежит Президиуму Верховного Совета. Высшим исполнительным органом остается Совет Народных Комиссаров СССР, переименованный в 1946 г. в Совет Министров СССР.

Конституция 1936 г. за отдельными исключениями, сохраняется по настоящее время, оказавшись удобной для преемников Сталина.

4. Действительные органы власти Чтобы узнать, насколько реальны положения советских конституционных законов,—следует обратиться к статье 126 конституции 1936 г.

В ней можно прочесть: Наиболее активные и сознательные граждане из рядов рабочего класса и других слоев трудящихся, объединяются во Всесоюзную коммунистическую партию (большевиков), являющуюся передовым отрядом трудящихся . . . и представляющую руководящее ядро всех организаций трудящихся, как общественных, так и государственных''. Это указание на ''руководящее ядро всех организаций'' представляет легализацию неограниченного господства коммунистической партии. И не Верховный Совет СССР с его президиумом, а руководители Центрального Комитета Коммунистической партии—являются высшим законодательным, исполнительным и судебным органом власти. Все же органы власти, установленные конституцией, могут играть только подчиненную роль. А раз это так, то ни одно из положений конституции—от суверенитета отдельных республик и неприкосновенности выборных

депутатов,—до прав, предоставленных гражданам, не является реальным. В этом можно убедиться, при самом ближайшем знакомстве с политической жизнью СССР.

Статья 17 конституции 1936 г. говорит, например: ''за каждой союзной республикой сохраняется право свободного выхода из СССР'', а статья 18 дополняет: ''территория союзных республик не может быть изменена без их согласия''. Доказательством того, что данные статьи включены в конституцию только для придания ей ''демократического характера'' может служить недавняя история Карело-Финской советской республики. Карело-Финская республика была образована, как одна из союзных республик, вошедших в СССР в 1940 г. В 1956 г. центральные органы власти решили лишить ее прав союзной республики и включить ее только как автономную республику в состав Российской республики. Решение было принято в Москве. Какая либо процедура, в виде плебесцита, для выяснения настоящих желаний населения этой республики, отсутствовала.

Статья 124 говорит: ''В целях обеспечения за гражданами свободы совести, церковь в СССР отделена от государства и школа от церкви. Свобода отправления религиозных культов и свобода антирелигиозной пропаганды признается за всеми гражданами''. В данном случае конституция 1936 г. находится в известном противоречии с конституцией 1918 г. Согласно последней была установлена свобода не только антирелигиозной, но и религиозной пропаганды. Новое положение, разрешающее верующим только ''свободу отправления религиозных культов'', было введено решением Сталина, также без какой либо попытки узнать действительное желание страны.

Статья 125 говорит: гражданам СССР гарантируется законом:

а) свобода слова,
б) свобода печати,

в) свобода собраний и митингов,

г) свобода уличных шествий и демонстраций.

В настоящее время внутриполитическая жизнь СССР изучена достаточно хорошо, чтобы знать, что советским гражданам не только не обеспечены данные права, но, больше того,—просто запрещены. Приведенные примеры можно было бы умножить.

Даже закрытое голосование при выборах советов (Верховного и др.) введенное конституцией 1936 г., представляет собой только миф, необходимый для доказательства ''демократичности'' советской конституции. Сталин, - бывший инициатором ''закрытого голосования'', знал: общая система террора в стране настолько сильна, что основная масса населения не рискнет выступить против кандидата предложенного центральными партийными органами.

5. Политические репрессии   Создание указанной выше политической системы было возможно только благодаря суровым политическим репрессиям, не прекратившимся по окончании гражданской войны. Советская полиция, известная в годы гражданской войны, как ВЧК,—позже переименованная в ГПУ,—еще позже в НКВД,—и в настоящее время известная как Комитет государственной безопасности,—остается, как и раньше, грозным бичем населения.

История существования советского правительства— это история отправления в лагеря или лишения гражданских прав то большего, то меньшего числа людей.

В годы НЭП'а ''изымались'' остатки ''бывших'' и политически ненадежных людей. К последним относились члены прежних политических партий, крупные чиновники и т.д. Проведение индустриализации и коллективизации создало новые большие армии людей, для которых единственным местом жизни мог быть

лагерь, в лучшем случае—какое нибудь удаленное маленькое местечко (ссылка).

В 1932–33 гг. была проведена паспортизация: выдача жителям городов паспортов. При их выдаче большой процент жителей был выселен из городов за 100 км.

За убийство Кирова последовали новые, еще большие высылки людей из городов, но не за 100 км., а в средне— азиатские и другие удаленные районы. Ежовщина, проведенная при народном комиссаре внутренних дел Ежове, представляла вообще невиданную по размерам чистку советского населения. В течение года ежедневно арестовывались десятки тысяч людей. Не больше 3–4% этих людей вернулось назад. Остальные пошли в лагеря.

Арестовывалось преимущественно мужское население. Жены арестованных некоторое время оставались и ждали "приговора" суда. После вынесения этого "приговора" и отправления мужа в лагерь, жена выселялась вместе с детьми в отдаленные районы.

После войны с Финляндией в 1939–40 гг. все советские солдаты и офицеры, вернувшиеся из плена, были сосланы в лагеря без права переписки с родными. За насильственным присоединением балтийских государств (Эстонии, Литвы, Латвии) и бывших частей Польши (Галиции и др.) последовали высылки и расправы с сотнями тысяч людей,—не было пощады ни детям, ни женщинам.

После окончания Второй мировой войны армии людей—советские военнопленные, бывшие в Германии, жители силой присоединенных государств, жители советских областей, временно занятых немцами—ссылались в сибирские и другие лагеря. Не прекратились политические репрессии и в отношении жителей центральных районов СССР.

После смерти Сталина политические репрессии уменьшились. Однако участь пострадавших людей всё же остается печальной.

6. Из книги "Тюрьмы и ссылки" Р. Иванова Разумника

"В Лефортове, судя по рассказам, применялись и настоящие пытки (железные скребницы, ущемление пальцев и многое иное в этом роде), но только так как я о них знаю не от очевидцев или, вернее, не от страстотерпцев, то и не буду говорить о них. Скажу только, что через год, когда я сидел в камере No. 113, в соседней с нами камере сидел знаменитый конструктор аэропланов—"АНТ"—А. Н. Туполев. Он рассказывал о себе следующее: его арестовали и привезли в Лефортово, подсадив в одиночную камеру к известному военному и партийному киту Муклевичу, который после недельных лефортовых "допросов" уже во всем "сознался".

Муклевич стал убеждать Туполева "сознаться" на первом же допросе и развернул перед ним картину всего того, что его ожидает в случае упорства. Картина была, повидимому, настолько убедительная (Туполев о ней не пожелал рассказывать), что несчастный "АНТ" не решился испытать на личном опыте то, что уже проделали над Муклевичем, и последовал совету последнего: на первом же допросе признался во всем том, что было угодно следователю. Его избавили от пыток и перевели в Бутырку, где он и ожидал решения своей участи."

Вопросы

1. Почему конституция 1918 г. называаалась Российской?
2. Как назывался высший орган власти в конституции 1918 г.?
3. Как назывались органы власти в губерниях, уездах и волостях?
4. Кто был лишен избирательных прав по конституции 1918 г.?
5. По какому образцу были построены конституции других союзных республик?
6. Как назывался высший орган власти в конституции 1924 г.?
7. Каковы права центральных органов власти СССР?
8. Что нового содержит конституция 1936 г.?
9. Как легализовано господствующее положение коммунистической партии?

10. Каковы права отдельных союзных республик, входящих в СССР,—согласно конституции?
11. Как произошло преобразование Карело-Финской республики из союзной в автономную?
12. В состав какой союзной республики была включена Карело-Финская автономная республика?
13. Какая разница в вопросе '' религиозной пропаганды'' между конституциями 1918 г. и 1936 г.?
14. Каковы права советских граждан согласно конституции? Соответствуют ли они действительности?
15. Почему Сталин решил ввести закрытое голосование?
16. Кто подвергся политическим репрессиям в годы НЭП'а?
17. Что такое паспортизация?
18. Что такое ежовщина?
19. Какова участь населения государств, присоединенных силой к СССР?
20. Какова участь советских солдат, вернувшихся из плена?
21. Какого рода пытки применялись в московских тюрьмах?
22. Как убедили признать себя виновным знаменитого конструктора аэропланов Туполева?

Словарь

§ 1

соста́в make-up, structure
исполни́тельный executive
отве́тственный responsible
распоряди́тельный executive, active
уе́зд district (pre-Soviet designation)
во́лость (*f.*) small rural district (pre-Soviet term)
преде́л limit
звено́ link
цепь (*f.*) chain
непосре́дственно directly
нае́мный труд wage labor
при́быль (*f.*) profit
лише́ние deprivation
приве́рженец adherent

§ 2

учрежда́ть 1, учреди́ть 2 учрежу́, -ди́шь to found, establish
сноше́ние affairs, intercourse, dealings
вы́работка elaboration

§ 3

госпо́дство rule, supremacy
вне́шний seeming, apparent, external
соображе́ние consideration
выдвиже́ние advancement
прее́мник successor

§ 4

слой layer
отря́д force, detachment

ядро́ nucleus
суде́бный judicial
подчинённый subordinate
неприкоснове́нность (*f.*) immunity, inviolability
обеспе́чение security, guarantee
признава́ться I, призна́ться I to be recognized, to admit
попы́тка attempt
ше́ствие procession
привести́ приме́р to give an example

§ 5

изыма́ть I, изъя́ть I (изыму́, -ы́мешь) to eliminate, to remove

чрезвыча́йный extraordinary
бич whip
ненадёжный unreliable
выселя́ться I, вы́селиться 2 to be resettled
поща́да mercy

§ 6

пы́тка torture
скребни́ца curry comb
ущемле́ние pinching, jamming
страстоте́рпец martyr, sufferer
сознава́ться I, созна́ться I to confess
развёртывать I, разверну́ть I to unroll
упо́рство stubbornness

ГЛАВА XIV | СОВЕТСКАЯ ЭКОНОМИКА

1. Предреволюц-ионные проекты Пришедшая к власти коммунистическая партия утвердила свое гоподство не только в области политической, но и экономической жизни. Еще перед революцией в трудах более видных руководителей коммунистического движения можно было найти указания на уничтожение всякой частной инициативы в хозяйственной деятельности. Намечалось создание планового хозяйства, т.е. хозяйства, регулируемого центральной властью. Само собой разумеется, предполагалось также уничтожение частной собственности на все средства производства: землю, фабричные здания, машины и сырье. Не являлось исключением даже сельское хозяйство. Там проектировалось создание коллективных хозяйств. Жизнь оказалась, однако, сложнее. Советскому правительству не удалось уничтожить сразу же после революции частную собственность на промышленные средства производства и ввести коллективные формы хозяйства в деревне. В этом отношении историю советского хозяйства следует разделить на 4 периода:

1) рабочий контроль,
2) военный коммунизм,
3) новая экономическая политика (НЭП),
4) построение социализма,

2. Рабочий контроль Немедленно после Октябрьского переворота в 1917 году, была объявлена национализация земли, лесов, вод, транспорта и банков. Что же касается промышленных предприятий (крупных и мелких), то они

156

были оставлены в собственности их старых владельцев. Новым явилось только введение так называемого "рабочего контроля" над деятельностью собственников предприятий. Закон о рабочем контроле был принят 14(27) ноября 1917 г. В силу этого закона рабочие и технический персонал каждого предприятия контролировали деятельность своего хозяина. Контроль должен был осуществляться через фабрично-заводские комитеты, или советы старост, или какие либо другие выборные организации. Был создан Всероссийский совет рабочего контроля, имевший свои отделения во всех районах страны и направлявший деятельность отдельных заводских организаций. Идея введения рабочего контроля принадлежала Ленину. Последний считал необходимым использовать производственный опыт предпринимателей—собственников.

Результаты экономической системы—"рабочего контроля" были, однако, очень плачевны. Хозяйственная жизнь страны, подорванная тяжелой войной с Германией, расстроилась окончательно. Сами хозяева предприятий не хотели подчиняться закону о рабочем контроле. Они рассчитывали на свержение советского правительства. В стране как раз начиналась гражданская война.

3. Военный коммунизм

Все это побудило советское правительство отказаться от "рабочего контроля". 28 июля 1918 г. был издан декрет о полной национализации промышленности. Этот декрет положил начало так наз. военному коммунизму. Задачей последнего явилось приспособление всей системы хозяйства, не считаясь ни с какими экономическими законами, к нуждам гражданской войны. Управление промышленными предприятиями было передано вновь созданному учреждению—Высшему совету народного хозяйства (ВСНХ), который осуществлял это военными методами.

Для обеспечения продовольствием армии и городского населения у крестьян отнимали все возможные излишки продовольствия. Частная торговля была запрещена. Все продукты не продавались, а выдавались по карточкам. Деньги, естественно, потеряли всякую ценность. Наем (набор) и использование рабочей силы осуществлялись путем принуждения. Была введена так наз. трудовая повинность.

Результатом военного коммунизма явился полный упадок хозяйства, в особенности промышленных предприятий. Города голодали. Не было топлива. Отсутствовали самые необходимые предметы потребления, не было даже мыла. Вспыхнула эпидемия сыпного тифа. После победного завершения гражданской войны, Ленин признался, что осталось еще три опасных врага—голод, холод и вошь. Вошь, как известно, разносила сыпной тиф.

4. Новая экономическая политика Весной 1921 г. советское правительство принимает решение о новой экономической политике. Крестьянин получил возможность распоряжаться частью производимых им продуктов. Таким образом, он стал заинтересован в развитии своего хозяйства. Была восстановлена торговля, в которую допущен частный капитал. В ограниченных размерах частный капитал был допущен даже в мелкую промышленность. Все это привело к успешному восстановлению экономики страны, особенно сельского хозяйства.

Но в это же время советское правительство не отказывалось от плана построения новой хозяйственной системы. Все промышленные предприятия, принадлежащие государству, были объявлены предприятиями ''последовательно—социалистического типа''. Их задача—подчинить социалистическим началам разрозненные крестьянские хозяйства. Создается также государственная и кооперативная торговая сеть. Задача последней—

вытеснить из торговли частного предпринимателя (торговца), к услугам которого пришлось прибегнуть, чтобы восстановить хозяйство.

5. Построение социализма
Новая экономическая политика продолжажалась до 1928 г. После нее советское правительство начинает построение социализма. Вводятся так называемые ''пятилетние планы развития народного хозяйства СССР''. Частный предприниматель изгоняется немедленно не только из мелких промышленных предприятий, но и из торговли. В деревне проводится насильственная коллективизация. Из индивидуальных крестьянских хозяйств создаются так наз. колхозы. Каждый колхоз ведет свое хозяйство по плану, указанному правительством. Регламентировано абсолютно всё: планы посева, обработка земли, время производства различных работ. Из полученного урожая каждый колхоз в первую очередь должен выполнить обязательные поставки для государства. Размер последних исключительно высок. Единственной уступкой крестьянину, жестоко сопротивлявшемуся при проведении коллективизации, явилось разрешение иметь небольшой участок земли для огорода и право держать корову. В будущем правительство намеревается отнять и это. В настояшее время корова и приусадебный участок земли являются одним из основных средств существования крестьянина.

Будучи неограниченным распорядителем всех средств и сил в стране, советское правительство добилось изменения самой структуры народного хозяйства страны. Исключительное внимание было уделено развитию предприятий машиностроения и других отраслей тяжелой промышленности. В этом отношении интересны такие данные: в 1928 году машиностроение и металлообработка занимали в хозяйстве СССР третье место, в 1955 г.— первое, черная металлургия (включая добычу руд) была

в 1928 г. на седьмом месте, в 1955 г. на пятом. Химическая промышленность была в 1928 г. на восьмом месте, в 1955 г. на шестом месте. В это же время легкая промышленность, бывшая в 1928 г. на первом месте, в 1955 г. становится на второе место. Пищевкусовая промышленность, бывшая в 1928 г. на втором месте, становится в 1955 г. на третье место.

6. Материальные условия жизни населения Выполнение советских планов хозяйственного строительства осуществляется за счет большого напряжения сил и средств страны. Материальный уровень жизни населения исключительно низок. Большая бедность советского крестьянина общеизвестна. Мало привлекательна и жизнь городского населения. Неквалифицированные рабочие и работницы в СССР зарабатывают 30–32 рубля в месяц. Некоторые даже меньше. Заработок квалифицированного рабочего может достигать 60–70 рублей, а среднего инженера с высшим образованием 100–120 рублей. В это же время приличный костюм стоит 150 рублей и больше, рубаха 10 рублей и больше, пара ботинок 20 рублей и т.д. Кроме того, все эти товары доставляются нерегулярно. Летом часто привозят в магазин то, что нужно зимой, а зимой то, что нужно летом. Выбор одежды, обуви и других товаров крайне ограничен. О всем этом вынуждены часто писать даже советские газеты. Заглавие одной недавней статьи, посвященной вопросу снабжения населения одеждой и напечатанной в ''Правде'', очень показательно: ''Зимой и летом одним цветом''. Несколько лучше положение в Москве, Ленинграде, Киеве и некоторых других больших городах. Планирующие органы советского хозяйства уделяют им больше внимания. Но и здесь далеко до нормального положения.

В новом семилетнем плане (1959–1965) большое

внимание уделяется улучшению жизни населения. Однако нужно помнить, что такие же обещания содержали и старые пятилетние планы. Преимущественное внимание, уделяемое тяжелой промышленности, делает то, что нужды населения остаются забытыми.

7. К. Криптон. Из книги "Осада Ленинграда" . . ." От дождя, предупредившего засуху, разговор перешел к общему положению крестьянского хозяйства, и я увидел перед собой одного из тех мудрых мужиков, блестящих природных ораторов, какими так богата серая и неказистая русская деревня. Большой процент этих мужиков сложили свои кости в Хибинах, в Чибь-ю, в Норильске, на Колыме, на Баме и других концетрационных лагерях необъятной России. От крестьянского хозяйства, дававшего в высшей степени мрачную картину, разговор перешел к положению местных рабочих, представителей ведущего класса советской страны. К ним принадлежал собственно и мой собеседник—стрелочник по своей профессии. Сколько было приведено тут соображений. "Нищенская заработная плата—известно. Государство должно фабрики и заводы строить. Европу "превзойти" хотят. Нет у него таких денег, чтобы нашему брату в сапогах на подошве круглый год ходить. Потерпеть, говорят, надо, ну потерпим. В Соловки никому не охота. Опять же насчет харчей. Хлеб насущный есть, ничего не скажешь; ну а к хлебу, окромя картошки, ничего не полагается? Не хватает для нашего брата. Но вот, между прочим, почему земли приусадебной не дают—никому неизвестно. А сколько этой земли пропадает—ни городским, ни колхозу, ни государству, ни железной дороге. Птицу или, скажем, порося не заведи. Накопление не социалистическое устроишь. Классовое положение потеряешь, в кулаки и частного предпринимателя превратишься. Так и маешься, ни государство тебе, ни сам себе. Интерес пропал. Тяжко"".

Все эти мысли, развитые в ярких и сочных формах русского народного языка, были закончены сильной фразой. ''Большевики отняли аппетит жизни''.

Вопросы

1. Каковы были планы хозяйственного устройства теоретиков коммунизма перед революцией 1917 года?
2. Что такое рабочий контроль?
3. Почему был введен рабочий контроль?
4. Что подверглось национализации сразу же после Октябрьской революции?
5. Что такое военный коммунизм?
6. Как снабжались продовольствием городское население и армия во время военного коммунизма?
7. Каковы были результаты военного коммунизма?
8. Что принесла для крестьянина новая экономическая политика?
9. Были ли допущены частные предприниматели?
10. Когда начинается построение социализма?
11. Что такое коллективизация?
12. Какое личное хозяйство сохранилось у крестьян при коллективизации?
13. Как изменилась структура народного хозяйства СССР?
14. Как были осуществлены преобразования советского правительства?
15. Каков заработок квалифицированного рабочего?
16. Тоже неквалифицированного рабочего?
17. Тоже среднего инженера?
18. Каковы цены на предметы одежды и обуви?
19. Что обещает новый семилетний план?
20. Где погибла часть русских крестьян?
21. Что осуждал стрелочник?

Словарь

§ 1

утвержда́ть 1, утверди́ть 2 to consolidate

само́ собо́й разуме́ется it stands to reason, it goes without saying

сырьё raw materials

сле́довать 1, по- (**сле́дую, сле́дуешь**) to follow, pursue

сле́дует it is necessary (used impersonally)

§ 2

переворо́т upheaval, revolution
каса́ться 1, **косну́ться** 2 to touch, concern
что каса́ется as regards (followed by *gen*).
предприя́тие business enterprise
осуществля́ться 1, **осуществи́ться** 2 to be exercised, to be translated into reality
вы́борный elective
отделе́ние section, branch
необходи́мый indispensable
испо́льзовать 1 (*Prf. & Imprf.*) to utilize, exploit
предпринима́тель-со́бственник enterpriser-owner
плаче́вный deplorable
рассчи́тывать 1, **рассчита́ть** 1 to count on (**на** + *acc.*)
сверже́ние overthrow

§ 3

побужда́ть 1, **побуди́ть** 2 to prompt, induce
приспособле́ние adaptation
учрежде́ние institution
обеспече́ние guarantee
продово́льствие foodstuffs, provisions
изли́шек surplus
вы́дать 1 (**вы́дам, вы́дашь**) **выдава́ть** 1, (**выдаю́, выдаёшь**) to distribute
ка́рточка card, here: ration card
наём рабо́чей си́лы hiring of manpower
принужде́ние coercion
трудова́я пови́нность labor conscription
буква́льно literally
вспы́хивать 1, **вспы́хнуть** 2 to break out, blaze up

сыпно́й тиф typhus
вошь (*f.*) louse

§ 4

распоряжа́ться 1, **распоряди́ться** 2 to dispose of (*instr.*)
восстана́вливать 1, **восстанови́ть** 2 to restore
допуска́ть 1, **допусти́ть** 2 (**допущу́, допу́стишь**) to admit, allow
разрознённый separate, uncoordinated
вытесня́ть 1, **вы́теснить** 2 to force out, exclude
услу́га service, favor

§ 5

изгоня́ть 1, **изгна́ть** 2 (**изгоню́, изго́нишь**) to drive out
наси́льственный forcible
посе́в sowing
обрабо́тка cultivation
урожа́й harvest
поста́вка delivery
усту́пка concession
сопротивля́ться 1 (*Imprf.*) to resist
наме́риваться 1 (*Imprf.*) to intend
отня́ть 1, **отнима́ть** 1 (**отниму́, отни́мешь**) to take away
приуса́дебный уча́сток private plot of a collective farmer
да́нные data (*pl. adj.* used as a noun)
металлообрабо́тка metal-working
чёрная металлу́ргия ferrous metal industry
добы́ча extraction, output, booty
руда́ ore
пищевкусова́я промы́шленность foodstuffs industry

§ 6

напряже́ние effort
привлека́тельный attractive, inviting
за́работок earnings
о́бувь (*f.*) footwear
вынужда́ть 1, **вы́нудить** 2 to compel
загла́вие title, heading, headline
снабже́ние supply, provision
преиму́щественный principal, preferential, main

§ 7

предупрежда́ть 1, **предупреди́ть** 2 forestall, warn
за́суха drought

неказистый homely
скла́дывать 1, **сложи́ть** 2 to pile, to heap
необъя́тный immense, boundless
стре́лочник switchman, pointsman
соображе́ние consideration
подо́шва sole
харчи́ (*Pl.*) grub (conversational usage)
хлеб насу́щный daily bread
накопле́ние accumulation
тя́жкий heavy, terrible
расстава́ться (**расстаю́сь, расстаёшься**) **расста́ться** (**расста́нусь, расста́нешься**) (**с** + *instr.*) to take leave of

ГЛАВА XV | СОВЕТСКАЯ ШКОЛА

1. Общие данные подготовки специалистов перед Второй мировой войной

Руководство народным образованием в СССР принадлежит центральным органам советского правительства. Ломка всех устоев государственной, общественной и даже бытовой жизни побудила его уделять исключительное внимание всем видам учебных заведений. Преследовались и преследуются две задачи: во первых, правительство стремится воспитать нового советского человека; во вторых, готовить кадры специалистов для развивающегося хозяйства, народного образования, здравоохранения, административного аппарата и т.д. В решении последнего вопроса—подготовки специалистов,—советское правительство добилось значительных успехов уже перед Второй мировой войной.

По официальным сведениям переписи 1939 г., количество людей со средним и высшим образованием в СССР превышало 14 миллионов человек. Из них 10 миллионов получило образование при советской власти. Если даже допустить известное преувеличение этих цифр,—чем в СССР зачастую грешат,—можно все же видеть большие размеры сети учебных заведений страны.

2. Недостаток специалистов после войны

Война с Германией привела к тяжелым потерям советских специалистов. Большое количество их, будучи мобилизовано, погибло в первые месяцы войны, когда СССР потерял целые армии. Даже квалифицированные специалисты были мобилизованы и погибли на фронте.

Другой причиной гибели квалифицированных кадров было тяжелое экономическое положение страны в годы войны. Голод, холод и болезни также унесли огромное количество людей интеллигентного труда.

В результате восстановление хозяйства после войны натолкнулось на очень острый недостаток инженерно-технического и другого квалифицированного персонала. Не говоря о производственных предприятиях, недостаток образованных специалистов ощущался повсюду—от средней школы до районных больниц, нуждавшихся в квалифицированном персонале.

В 1950 г., уже через 5 лет после окончания войны, московская ''Правда'' сообщила, например, о тяжелом положении в ''Читлесе'' (тресте, сосредотачивающем в своих руках управление лесным хозяйством всей Читинской области): ''Из пятидесяти руководящих работников треста только 8 человек с высшим образованием и 13 со средним специальным. Штат инженеров укомплектован всего лищь на 20%, а техников на 60%''.

Министр высшего образования С. В. Кафтанов говорил в том же году: ''. . . особенно быстрыми темпами должна развиваться подготовка кадров для машиностроительной и строительной промышленности, подготовка специалистов новых сложных отраслей техники'' . . . Только через 10 лет по окончании войны советскому правительству удается восполнить понесенный урон и даже превысить число лиц с средним и высшим образованием по сравнению с 1939 г. В 1956 г. число советской интеллигенции равнялось 15.460.000 человек.

3. Средняя школа до 1958 Для обучения детей в СССР существуют три типа школ:
1) начальная школа,
2) семилетняя школа,
3) средняя школа.

Начальная школа имеет четыре класса. В ней обучаются

в обязательном порядке дети 7-10-летнего возраста. Каждый день они имеют четыре урока. В IV классе два раза в неделю может быть по 5 уроков в день. Продолжительность урока—45 минут. Между уроками установлены перемены.

Второй тип—семилетняя школа. Уже перед войной основная масса советских детей оканчивала семилетнюю школу. Полная средняя школа в СССР имела до 1958 г. 10 классов. Первые четыре класса соответствуют учебным планам, программе и возрасту учащихся в начальной школе, а первые 7 классов соответствуют семилетней школе. Дети поступают в 1-й класс средней школы в возрасте 7 лет и оканчивают ее к 17 годам.

До осени 1943 г., в школах СССР было совместное обучение мальчиков и девочек. Во время войны с Германией, в 1943 г., вводилось раздельное обучение мальчиков и девочек. Одной из главных причин этого нововведения явилась военная подготовка мальчиков. В 1945 г. происходит возвращение к прежнему совместному обучению.

Учебный год в средней школе, как начальной так и семилетней, начинается с 1-го сентября и делится на 4 учебных четверти. Перевод из класса в класс, в течение первых трех лет, производится без экзаменов, на основании годовых отметок. Учащиеся старших классов должны держать переходные экзамены по основным предметам. Учебный план школы включает русский язык и литературу (с 1-го класса школы), математику (с 1-го класса школы), историю, географию и биологию (с 4-го класса школы) физику (с 6-го класса школы), иностранные языки (с 5-го класса школы), а также и другие предметы. Учебный план всей средней школы имеет 9857 учебных часов. Оканчивающие среднюю школу должны сдать экзамены на аттестат зрелости. Экзамены проводятся по следующим предметам: русскому языку и литературе,—письменный и устный, математике (по алгебре—устный, по геометрии и

тригонометрии—письменный) устные экзамены по физике, химии, истории СССР (за курс VIII–X классов). Лучшим ученикам присуждаются золотые и серебряные медали.

4. Высшие школы (ВУЗ-ы) Высшие учебные заведения СССР делятся на два основных типа: 1) высшие специальные учебные заведения, называемые институтами, академиями, высшими училищами, школами, консерваториями, и 2) университеты. Как правило, высшие специальные учебные заведения и университеты делятся на факультеты, количество которых достигает в наиболее крупных вузах 8–10.

В 1956–57 учебном году общее количество высших специальных учебных заведений равнялось 732. По своему типу они распределялись таким образом: технические, транспортные и связи (230), сельскохозяйственные и ветеринарные (108), экономические и правовые (30), педагогические и библиотечные (225), медицинские (77), искусств (47), физической культуры (15).

До начала 30-х годов советские учебные власти занимались крайне неудачно в высшей школе (а также и в средней школе) поисками новых методов обучения. Эти поиски проводились под флагом борьбы с лекциями, внедрения активных методов преподавания, перестройки самих предметов и т.д. Результаты таких опытов, проводившихся к тому же при отсутствии достаточного материального оборудования и учебных пособий, оказались плачевными. Знания выпускаемых специалистов были крайне низки. В 30-х годах положение меняется. Основным методом занятий становятся по—прежнему —лекции. Методика их проведения является предметом особого внимания. Если раньше указывалось: ''активный характер'' советских студентов требует максимального отказа от лекций, то сейчас этот ''характер'' требует лекций, но только хороших.

Дополнительной формой занятий, включенной в учебные планы, является производственная практика. Первое время эта практика не была органической частью учебного процесса. Как правило, студент во время летних каникул прикреплялся к какому либо предприятию или учреждению в зависимости от специальности. Там он работал без особой связи с учебными программами своего института. Положение изменилось коренным образом еще перед войной. В настоящее время для технических вузов устанавливается как правило, три производственных практики. Первая—общая практика, во время которой студент знакомится с той отраслью производства, в которой он будет работать по окончании вуза; вторая—дает более узкую специальность: студент изучает станки, на третьей, преддипломной практике— студент получает навыки руководства целым цехом, целой системой производства и получает навыки управления технологическими процессами производства.

Производственная практика включается в учебные планы и должна проводиться в связи с теоретическим обучением. Начинаясь в большинстве случаев на третьем курсе, она занимает около 30% учебного времени. Студенты посылаются на практику группами под руководством специально выделенных кафедрой преподавателей. Предприятия в свою очередь выделяют специалистов, ответственных за хорошее проведение производственной практики. Работа студентов на ней проверяется и получает соответствующую оценку.

Кроме лекций и производственной практики нужно указать на практические занятия в лабораториях, кабинетах, мастерских, клиниках и т.д., проводимые студентами под руководством доцентов и ассистентов.

Другим типом высших учебных заведений СССР являются, как говорилось, университеты. В 1956–57 учебном году их число равнялось 35. Университеты имеют, как правило, следующие факультеты: историко-филологический (или исторический и филологический

факультеты), юридический, экономический (или экономо-
юридический) физико-математический (в ряде универ-
ситетов имеются механико-математические и физические
факультеты), химический, географический (или геолого-
географический). В отдельных университетах имеются,
кроме этого, факультеты иностранных языков и литературы, восточных языков, журналистики. При Московском университете создан институт восточных языков.
В Московском и Ленинградском университетах имеются
философские факультеты.

В отдельных университетах (например,—в Ужгород-
ском, в университетах Литовской и Эстонской республик)
сохранились медицинские факультеты. В нескольких
университетах созданы технические факультеты (например, в Латвийском, Петрозаводском, Туркменском). В
Петрозаводском университете есть также сельскохозяй-
ственный факультет.

Курс обучения в университете пятилетний. Студенты,
кончающие университет, направляются для работы в
лабораториях и исследовательских учреждениях, а также
в среднюю школу. Оканчивающим университет присваи-
вается квалификация соответственно полученной специальности,—филолога, историка, биолога, геолога, механика
и т.п. Некоторые факультеты дают также звание учителя
средней школы. Больным местом советских универ-
ситетов в подготовке учителей средней школы является
до настоящего времени—недостаточное педагогическое
образование выпускаемых лиц.

5. Среднее и низшее профессиональное образование Большое развитие в СССР получили техникумы, выпускающие
специалистов средней квалифика-
ции. В 1956-57 учебном году было
3642 техникума. По своей учебной
программе они разделяются, аналогично высшим специальным учебным заведениям, на индустриальные,

транспортные, сельскохозяйственные, медицинские и т.д., кончая музыкальными и художественными. Последние иногда называются не техникумами, а училищами. В техникумы и другие средние специальные учебные заведения принимаются лица в возрасте от 14 до 30 лет— имеющие образование семи классов средней школы. Курс обучения длится обычно 4 года, в отдельных средних профессиональных школах—медицинских, юридических и некоторых других—снижается до 3 лет.

В подготовке квалифицированных рабочих большую роль сыграли открытые в 1920 году школы фабрично-заводского, сельско-хозяйственного и конторско-торгового ученичества (ФЗУ). Туда принимались подростки не моложе 14 лет. Эти школы имели в первые годы своего существования трех-четырехлетний срок обучения, причем значительное место в их учебных планах занимали общеобразовательные предметы.

В 1933 г. приемный возраст для поступления в эти школы повышается до 15–18 лет, а сроки обучения снижаются на половину и даже больше. Преподавание общеобразовательных предметов прекращается. 80% учебного времени отводится на производственное обучение и 20%—на теоретические предметы, связанные со специальностью.

Из других типов школ низшего профессионального образования следует указать ремесленные училища с двухлетним сроком обучения для подготовки металлистов, металлургов, химиков и т.д.

Эти школы были открыты в 1940 году—в связи с принудительной мобилизацией детей-подростков на работу.

В 1954 году были созданы технические училища со средним обучением от шести месяцев до двух лет для лиц, окончивших полную среднюю школу (десятилетку). В 1956 г. было 440 технических училищ более чем в 200 городах и поселках СССР.

6. Закон о реформе советской школы в 1958 г.

В декабре 1958 года советским правительством был издан закон, имеющий целью реорганизацию советской школы в ближайшие годы. Основные задачи указанного закона—"приблизить школу к жизни",—уменьшить "пропасть между физическим и умственным трудом"—создать политехническую школу. Конкретные черты политехнической школы, проектируемой советским правительством, остаются неясными. Проведенные же и проводимые изменения сводятся к следующему.

Прежде всего обязательное обучение детей ограничивается 8-ю классами. До закона 1958 г. говорилось об обязательном прохождении 10 классов. Сама средняя школа перестраивается таким образом, что два старших класса прежней десятилетки (9 и 10) проходятся детьми только при условии их одновременной работы на каком либо предприятии или в колхозе. В связи с этим программа этих двух классов перестраивается на 3 года. Создаются специальные вечерние курсы, в которых лица, окончившие восьмилетнюю школу и работающие в одной из отраслей народного хозяйства, могут закончить в 3 года свое среднее образование.

В высшие учебные заведения, согласно новому закону, принимаются только лица, имеющие стаж работы на каком либо предприятии. Занятия студентов в высших учебных заведениях должны быть перестроены. Все студенты во время пребывания в вузах должны также часть времени проработать как рабочие. Больше того, правительство считает, что наиболее распространенной формой получения высшего образования должно быть—"обучение без отрыва от производства". Уже перед войной и особенно после нее всячески развивалось заочное и вечернее образование. Последний закон уделяет исключительное внимание этим формам обучения. По этому же принципу (обучение с минимальным отрывом от производства), должны быть перестроены занятия в

техникумах и также в школах низшего профессионального образования. Учащиеся этих школ, будучи еще детьми, должны уже что то зарабатывать для оплаты своего учения и содержания.

Из книги ''Просвещение в СССР'',
Е. Н. Медынский, 1955, Москва.

7. Правила для учащихся Второго августа 1945 года были утверждены ''Правила для учащихся, обязательные для выполнения всеми учащимися всех типов школы (начальной, семилетней и средней).

Правила для учащихся состоят из 20 пунктов и точно, в немногих легко запоминающихся словах определяют обязанности учащихся советской школы в отношении занятий и поведения в школе, по отношению к учителям, родителям и старшим. Они устанавливают нормы поведения учащихся вне школы и дома.

Правила эти таковы:

Каждый учащийся обязан:

1. Упорно и настойчиво овладевать знаниями для того, чтобы быть образованным и культурным гражданином и принести как можно больше пользы советской родине.
2. Прилежно учиться, аккуратно посещать уроки, не опаздывать к началу занятий школы.
3. Беспрекословно подчиняться распоряжениям директора школы и учителей.
4. Приходить в школу со всеми необходимыми учебниками и письменными принадлежностями. До прихода учителя приготовить все необходимое для урока.
5. Являться в школу чистыми, причесанными и опрятно одетыми.
6. Содержать в чистоте и порядке свое место в классе.

7. Немедленно после звонка входить в класс и занимать свое место. Входить в класс и выходить из класса во время урока только с разрешения учителя.

8. Во время урока сидеть прямо, не облокачиваясь и не разваливаясь, внимательно слушать объяснения учителя и ответы учащихся; не разговаривать и не заниматься посторонними делами.

9. При входе в класс учителя, директора школы и при выходе их из класса приветствовать их, вставая с места.

10. При ответе учителю вставать, держаться прямо, садиться на место только с разрешения учителя. При желании ответить, или задать вопрос учителю— поднимать руку.

11. Точно записывать в дневник или особую тетрадь то, что задано учителем к следующему уроку, и показывать эту запись родителям. Все домашние уроки выполнять самому.

12. Быть почтительным с директором школы и учителями. При встрече на улице с учителями и директором школы приветствовать их вежливым поклоном, при этом мальчикам снимать головные уборы.

13. Быть вежливым со старшими, вести себя скромно и прилично в школе, на улице и в общественных местах.

14. Не употреблять бранных слов и грубых выражений, не курить. Не играть в карты на деньги и вещи.

15. Беречь школьное имущество. Бережно относиться к своим вещам и к вещам товарищей.

16. Быть внимательным и предупредительным к старикам, маленьким детям, слабым, больным, уступать им дорогу, место, оказывать всяческую помощь.

17. Слушаться родителей, помогать им, заботиться о маленьких сестрах и братьях.

18. Поддерживать чистоту в комнатах, в порядке содержать свою одежду, обувь, постель.

19. Иметь при себе ученический билет, бережно его

хранить, не передавать другим и предъявлять по требованию директора и учителей школы.

20. Дорожить честью своей школы и своего класса, как своей собственной.

За нарушение правил учащийся подлежит наказанию, вплоть до исключения из школы.

Вопросы

1. Кому принадлежит руководство образованием в СССР?
2. Какие преследуются две задачи?
3. Какое число людей получило среднее и высшее образование в годы советской власти перед Второй мировой войной?
4. Почему произошла гибель специалистов в годы войны?
5. Приведите примеры недостатка специалистов после войны.
6. В каком году советскому правительству удалось превысить число специалистов 1939 года?
7. Какие три типа средней школы?
8. Сколько классов в полной средней школе?
9. Как делится учебный год в советской школе?
10. Главные предметы средней школы?
11. Типы высших учебных заведений?
12. Результаты новых методов преподавания в высшей школе?
13. Основной метод занятий?
14. Что такое производственная практика и как она организована?
15. Какие факультеты имеются в университете?
16. Для какой работы готовят университеты?
17. Что такое техникумы?
18. Какие виды школ низшего профессионального образования?
19. В чем заключается реформа, проводимая в средней и высшей школах?
20. Расскажите о правилах поведения учеников в школе, дома и на улице.

Словарь

§ 1

ло́мка breaking

усто́и (*pl.*) foundation, principles

бытово́й domestic, pert. to everyday life

уделя́ть 1, удели́ть 2 to give, (here) pay

пресле́довать 1 (*Imprf.*) to pursue, strive for

развива́ть 1, разви́ть 1 (**разовью́, -вьёшь**) to develop

здравоохране́ние public health
пе́репись (*f.*) census
превыша́ть 1, превы́сить 2
(превы́шу, -вы́сишь) to
exceed
зачасту́ю (*adv.*) frequently
греши́ть 2. со- to sin
сеть (*f.*) network

§ 2

ополче́ние militia
принуди́тельный compulsory
стреми́ться 2 (*Imprf.*) to strive
под ружьём under arms
спу́тывать 1, спу́тать 1 to
confuse, to entangle
свире́пствовать 1 (*Imprf.*) to
rage
сто́йкость (*f.*) steadfastness
ната́лкиваться 1, -кну́ться 1
(-ну́сь, -нёшься) to dash
against
ощуща́ться 1 (*Imprf.*) to make
oneself felt
сосредото́чивать 1, сосредо-
то́чить 2 to concentrate
нести́ уро́н to suffer losses

§ 3

грузи́н a Georgian
уча́щийся student
совме́стный combined
аттеста́т зре́лости certificate of
school graduation

§ 4

ВУЗ -вы́сшее уче́бное заве-
де́ние Higher educat. Institution
распределя́ть 1, распредели́ть
2 to distribute, to allot
правово́й legal, appertaining to
law

по́иски search
внедре́ние,⎫
внедре́ние ⎬ inculcation, intro-
ме́тодов ⎭ duction of methods
обору́дование equipment
уче́бные посо́бия educational
training aids
плаче́вный deplorable, lamen-
table
дополни́тельный supplementary
прикрепля́ть 1, прикрепи́ть 2
to attach
на́вык habit, skill
цех shop, department (this term
applies to divisions of a factory)
выделя́ть 1, вы́делить 2 to
choose
оце́нка estimate, appraisal
доце́нт assistant professor
присва́ивать 1, присво́ить 2
to appropriate, to confer, to
award

§ 5

те́хникум technical school
учени́чество apprenticeship
подро́сток a juvenile
прекраща́ть 1, прекрати́ть 2
(прекращу́, -ти́шь) to dis-
continue
реме́сленное учи́лище trade
school

§ 6

про́пасть (*f.*) abyss
проекти́ровать 1, за- to plan
прохожде́ние passing
стаж length of service (experience)
пребыва́ние stay
отры́в alienation, isolation
без отры́ва от произво́дства
without discontinuing work
зао́чное образова́ние education
through correspondence courses

§ 7

упо́рно persistently, stubbornly

насто́йчиво persistently

овладева́ть 1, овладе́ть 1 to take possession of

приле́жно assiduously

беспрекосло́вно unquestioningly

подчиня́ться 1, подчини́ться 2 to submit to

причёсанный with one's hair properly brushed and combed

облока́чиваться 1, облоко-ти́ться 2 to lean on one's elbows

почти́тельный respectful

головно́й убо́р hat, head-dress

скро́мно modestly

бра́нный abusive

бра́нное сло́во swear-word

предупреди́тельный courteous

о́бувь (*f.*) foot-wear

дорожи́ть 2 to value, to take care of

наруше́ние violation, infringement

вплоть до : up to . . .

ГЛАВА XVI | ЦЕРКОВЬ В СССР

1. Православная церковь перед Октябрьским переворотом

Православная церковь является церковью основной массы населения СССР—русских, украинцев, белоруссов, грузин. Как церковь господствующая, она пользовалась особым покровительством государства.

Петр Великий в 1721 году упразднил патриаршество, заменив его духовной коллегией—Святейшим синодом, поставленным под контроль светской власти. Дореволюционная Россия не знала ни гражданских браков, ни гражданских погребений. Все это находилось в ведении церкви.

После Февральской революции церковь получила возможность созвать собор, который избрал в 1918 году митрополита Тихона патриархом Московским и всея Руси.

Что касается отношения к происходящим политическим событиям, то церковные власти молчали, оставаясь нейтральными. Такую же позицию занимали прихожане. За несколько дней до захвата большевиками власти в Петрограде молчание было нарушено. Больше того, произошел прямой взрыв, свидетельствовавший, как страдает население, видя, что над Православной церковью собрались грозные тучи.

22 октября, в день Казанской Божьей Матери, в Петрограде происходил большой крестный ход. Как всегда, он должен был быть и в 1917 году. В крестном ходе хотели принять участие даже 4 казачьих полка. В последнюю минуту глава Временного правительства Керенский запретил крестный ход. Мотивом запрещения было ''напряженное политическое положение в городе''. Духовенство и казаки подчинились распоряжению

Керенского. Толпы народа, собравшиеся для участия в крестном ходе, не подчинились. Они принудили духовенство участвовать в крестном ходе. Улицы Петрограда были запружены людьми, горячо молившимися о спасении церкви и родины.

2. Первые выпады против церкви Первые месяцы нахождения у власти характеризовались для советского правительства крайне тяжелым финансовым положением. Саботаж банковских чиновников был особенно упорным и последовательным. В поисках средств правительство не могло не обратить внимания на ценности, которыми обладала Православная церковь, и в частности отдельные ленинградские соборы. Попытки получения этих ценностей были начаты с Александро-Невской Лавры. Со стороны ее духовенства, на требование прибывших советских представителей выдать ценности, последовал категорический отказ. Более энергичные попытки советских представителей получить ценности привели к эксцессам, при которых пострадали отдельные духовные лица. Митрополит Вениамин, глава Ленинградской (тогда—Петроградской) епархии, ответил протестом. По его приказу в одно из весенних воскресений 1918 г. все церкви с духовенством и прихожанами вышли на улицы города. Центром сбора явилась площадь Александро-Невской Лавры, где было совершено общее богослужение. Здесь же была повторена анафема советскому правительству, еще ранее объявленная патриархом Тихоном. В день общегородского крестного хода обнаружилось известное бессилие советского правительства. Оно побоялось прийти к прямому конфликту с толпами людей, несущих иконы и церковные хоругви. Единственной принятой им мерой явилось разбрасывание листков с правилами внутригородского порядка. В них запрещалось самовольное устройство общественных процессий.

3. **Закон об отделении церкви от государства**

Закон об отделении церкви от государства, изданный в 1918 году, сопровождался двумя заявлениями советского правительства: 1) о полной свободе совести (вероисповедания) граждан, и 2) о полной свободе существования и развития Православной и других церквей.

Ни первое, ни второе не соответствовало действительности. Анализ самого закона и характер его проведения в жизнь доказывают, что правительство обеспечивало себе наибольшую возможность вмешательства во внутрицерковные дела. Не была обеспечена, как показали дальнейшие события, и свобода совести или свобода вероисповедания граждан страны.

При сохранении общего церковного аппарата, существование каждого отдельного прихода было поставлено в зависимость от наличия 20 советских граждан (двадцатки), принимающих на себя все обязанности и права по ведению его дел. Священник был превращен в приглашаемого или нанимаего ''служителя культа''. Проведя в жизнь данный закон, правительство надеялось, что церковь не найдет материальной основы для своего существования. Эти надежды не оправдались. Толпы прихожан, посещавших богослужения, смогли дать средства, необходимые для сохранения церквей: содержания духовенства, уплаты налогов, ремонта зданий и проч. Несмотря на потерю большого имущества (земли, дома и пр.) сохранилась основная масса церквей и церковно-административный аппарат. Большим несчастием была потеря церковных учебных заведений: духовных семинарий и духовных академий. Общий результат был все же для власти нежелательный. Моральный авторитет церкви возрос. Духовенство стало много крепче. Из его среды выдвинулся ряд смелых руководителей. В церквах усилилась проповедническая деятельность. Более целеустремленной стала и сама паства. При церквах усиленно работали различные объединения, братства и др.

4. Переход Православной церкви на частичную конспирацию   Неуспех советского правительства в сокрушении Православной церкви путем проведения закона об отделении вызывает с его стороны другие мероприятия. Начинаются частые аресты высших представителей духовенства, а также и рядовых священников. Цель арестов—попытка разрушения церковной организации и устрашение наиболее стойких ее приверженцев прихожан. За арестами начинаются высылки руководящих митрополитов, епископов а также священников в отдаленные районы.

Преследование церкви порождает неизбежную реакцию. Появляются тайные церкви и даже монастыри. Организация последних такова: в коммунальных квартирах создаются мужские и женские общины. Внешне—там живут обычные граждане: служащие, рабочие и пр. Фактически—они члены монашеской общины. Во главе нескольких общин стоит игумен или игуменья, поддерживающие отношения с представителями высшей церковной власти. В некоторых общинах были созданы тайные церкви, посещавшиеся регулярно очень ограниченным кругом лиц. Кроме монашеских общин организовались ''группы духовных детей'', собиравшихся вокруг отдельных священников. Были и другие, еще более законспирированные ячейки. Цели данных организаций: 1) сохранение православных очагов в случае полного разгрома церкви, 2) желание абсолютной свободы вероисповедания. Позиция патриарха Алексея (тогда епископа Кингисеппского) в отношении тайных церковных организаций была отрицательной.

5. Насильственное изъятие церковных ценностей   Разруха, вызванная гражданской войной, создала в стране голод. Неурожай в районах Волги в 1921 году еще больше ухудшил положение. Голод захватил не только город, но и деревню.

Под предлогом помощи населению советское правительство потребовало выдачи церковных ценностей. Его попытка получить их ''демократически'' с согласия населения, потерпела неудачу. При голосовании во всех церквах решение было одно: ценностей не давать. Как население, так и церковные власти были убеждены, что ценности пойдут не на покупку продовольствия, а на международную пропаганду. Не получив согласия населения (прихожан), советское правительство начало отнимать ценности силой. По всей стране произошли кровавые столкновения между прихожанами церквей, защищающими ценности, и отрядами милиции. Виновными за оказанное сопротивление объявили духовенство. Повсюду происходили судебные процессы над духовными лицами, а также членами церковных двадцаток (церковных советов). Зачастую они кончались не только заключением в лагерь, но и расстрелом. Был расстрелян Ленинградский митрополит Вениамин с группой священнослужителей. Патриарх Тихон был арестован и ожидал суда.

6. Церковный раскол 1923 года

В дни изъятия церковных ценностей появилась так называемая Живая церковь. Среди духовенства нашлись карьеристы, пошедшие под предлогом ''реформы церкви'' на соглашение и сделку с властью. По их указанию был арестован ряд священников, остававшихся верными патриарху Тихону.

Поддерживая Живую церковь, советское правительство встретило сильнейшее сопротивление народных масс. Большинство церквей, силой захваченных живоцерковниками, были пусты. Церкви же тихонцев были переполнены. Правительству пришлось уступить. Патриарх Тихон был даже освобожден из тюрьмы. Суд над ним был отменен. Первое богослужение, совершенное патриархом после ареста, превратилось в большой

праздник православия. Богослужение происходило в Москве, в Донском монастыре. Даже сообщение самого правительства говорит!

. . . ''Храм, корридоры и паперть и весь монастырский двор были усеяны народом. Так как в церковь попала только незначительная часть верующих, то по окончании обедни, Тихон служил молебствие на монастырском дворе, после чего в течение нескольких часов благословлял верующих'' . . . (Известия, 3.7.23 г. стр. 7)

После освобождения патриарха Тихона происходит не только укрепление церквей, оставшихся ему верными, но и возврат большей части церквей, отошедших к обновленцам. Их священникам назначалось специальное покаяние—пост и признание в церкви перед прихожанами своего заблуждения. Сами церкви, побывавшие в руках обновленцев,—освящались. Эти богослужения привлекали особенно большие толпы людей.

7. Новое наступление на церковь
Период некоторого ''покоя'' церкви после освобождения патриарха Тихона был непродолжительным. Власть, с присущей ей энергией, начала новый поход. Главное внимание было уделено моментам идеологического порядка. Нужно было убедить население, что религия—это опиум для народа. Лучшие силы пропагандистов и агитаторов бросаются на антирелигиозную пропаганду. Создается союз воинствующих безбожников. Он берет в свои руки всю среднюю и высшую школу. Создаются местные ячейки, терроризирующие состав преподавателей и учащихся. Над учителями, заподозренными в хождении в церковь, устраиваются общественные процессы. Ставится целый ряд антирелигиозных спектаклей. Параллельно работе местных ячеек союза безбожников, проводятся по всем

городам большие диспуты, на которые вызываются представители духовенства. Особенной известностью пользовались диспуты Луначарского и Введенского.

Преследование верующих, аресты и всевозможное притеснение духовенства не принесли правительству ожидаемых результатов. В деревне антирелигиозная пропаганда вызвала вражду не к церкви, а к тем, кто ее преследовал. В городе нашелся некоторый процент людей, равнодушных к церкви. Однако даже у значительной части неверующих людей возникло чувство симпатии к гонимой церкви.

В 1925 г. начинаются опять непрерывнне аресты представителей высшего духовенства и отдельных священников. В это время умер патриарх Тихон. Похороны его превратились в большую народную демонстрацию. Зная, что советское правительство не разрешит созвать собор, патриарх оставил завещание, в котором сам указал своего преемника (местоблюстителя). Таковым оказался митрополит Петр, сплотивший еще больше православное духовенство.

8. Ликвидация Православной церкви перед началом Второй мировой войны Местоблюститель Петр смог пробыть во главе церкви только около года. Его фигура была чересчур ненавистна правительству. За это время оно смогло найти в среде Тихоновского высшего духовенства более уступчивых людей. К таким принадлежал митрополит Сергий, занявший место митрополита Петра.* Митрополит Сергий пошел на соглашение с правительством. 29 июля 1927 года он выпустил декларацию, в которой говорил: . . . ''Нам нужно не на словах, а на деле показать, что верными гражданами Советского Союэа, лояльнымн советской власти, могут быть не только равнодушные к православию люди . . . мы хотим

---

* Митрополит Петр был сослан в лагерь, где и умер.

быть православными и в то же время сознавать Советский Союз нашей гражданской родиной, радости и успехи которой—наши радости и успехи, а неудачи—наши неудачи''.

Несколько позже (в 1930 г.) митрополит Сергий дал интервью иностранным корреспондентам, где отрицал самые очевидные факты преследования церкви.

Все это не смягчило политики правительства. В это время началась коллективизация, означавшая победу над многомиллионным русским крестьянством. Расправляясь с большой группой неугодного ему населения, правительство стало на путь прямого искоренения православия. Церкви закрывались массами. Духовенство отправлялось в ссылку. Этой же участи подверглись и многие прихожане. Перед войной в больших городах оставалось по 2–3 церкви. В некоторых городах церквей совсем не было. Большая часть церквей была закрыта и в деревне. Всякое выражение сочувствия церкви рассматривалось как противоправительственное выступление. Для людей интеллигентного труда оно грозило потерей работы. Антирелигиозные соображения правительства сыграли большую роль в переходе, в начале 30-х годов, на новую неделю—сначала пятидневную, позже шестидневную, исключавшую всякие церковные праздники и даже воскресенье. К старой семидневной неделе с воскресеньем —как днем отдыха—правительство вернулось только в 1940 году.

9. Новая церковная политика правительства

Вторая мировая война, союз с демократическими странами и необходимость утверждения собственного ''демократического лица'' побудили правительство смягчить политику в вопросе Православной и других церквей. Этому содействовало также поражение на фронте и необходимость мобилизации в стране всех возможных сил и средств. По окончании

войны новая церковная политика сохраняется—для создания лучших отношений с основной массой населения, сохраняющей веру в Бога. Число церквей увеличивается. Открываются даже церковно-учебные заведения. В это же время правительство берет под свой контроль жизнь церковных организаций. Для Православной церкви учреждается в 1943 году Совет по делам русской Православной церкви при Совете Министров СССР. Для контроля всех других вероисповеданий учреждается в 1944 году, также при Совете Министров СССР—Совет по делам религиозных культов. Данная система сохраняется до настоящего времени.

10. Католическая церковь

Католическая церковь была атакована советским правительством с исключительной силой. Для этого было много оснований. Католическая церковь является международной церковной организацией, Ватикан— мировой религиозный центр—имеет в то же время большое влияние в светском мире. Все это побуждает советское правительство рассматривать Католическую церковь как наиболее опасного противника в осуществлении коммунистической мировой революции. В свою очередь Католическая церковь оказалась перед лицом врага, наиболее опасного со времени средневекового вторжения варваров. Ватикан настойчиво поносится в советской печати как "враг свободы совести, слова, собраний, профессиональных союзов и т.д."

В книге М. М. Шеймана "Идеология и политика Ватикана на службе империализма", вышедшей в Москве в 1950 году, Ватикан и его епископы обвиняются как "реакционеры, поджигатели войны, враги социализма и демократии, клеветники на социализм". В своих речах и докладах, а также всевозможных агитационных выступлениях, пропагандисты доказывают необходимость полного уничтожения Католической церкви. На территории

СССР это уничтоженне было осуществлено уже перед началом Второй мировой войны.

Согласно официальным данным католических высших церковных властей, в границах СССР, по состоянию на 1939 год, нет ни одного католического епископа, родившегося в России, который был бы на свободе. Что касается священников, то оставлено 5–6 человек, при чем все они не родившиеся в России. Имеются всего лишь две католические церкви—в Москве и Ленинграде.

Печальна участь Католической церкви в районах, занятых советским правительством после 1939 года и в годы Второй мировой войны. Первой подверглась разгрому Католическая Униатская церковь в Западной и Прикарпатской Украине. За время с 1939 по 1952 год все униатские церковные иерархии былн разрушены полностью. Все епископы были арестованы, частично высланы, частично расстреляны. Назначение новых епископов не было разрешено. Судьба же 3.470 священников была такова: 50% было заключено в тюрьму, 20% скрылось и 30% вошли в подчинение Московской Патриаршей церкви. Последняя, как известно, была признана советским правительством во время войны. Все 3.040 приходов, с 4.440 церквами и 195 монастырями, были закрыты, или переданы в подчинение Московской Патриархии. Все миряне, пытавшиеся протестовать и защищать свою церковь, были арестованы и подверглись репрессиям советской политической полиции. В результате наиболее верными приверженцами Униатской церкви были созданы нелегальные (подпольные) церковные организации. Такая же участь постигла католическое население Литвы и Восточной Польши. Аресты, высылки, равно как и смерть более престарелых священнослужителей, сократили почти на половину их число. В Литве из 1646 священников, бывших перед войной, осталось около одной трети. Еще хуже положение с высшими церковными руководителями. Из 13 епископов остался только один.

11. Лютеранская церковь Такой же печальной оказалась участь Лютеранской церкви, ликвидированной на территории СССР также к началу Второй мировой войны. Эта же ликвидация проводится в Эстонии и Латвии, захваченных советским правительством в 1940 году. Перед войной в Эстонии было 180 лютеранских общин и 250 пасторов. В настоящее время число общин упало до 30. В Латвии было 280 пасторов, в настоящее время там осталось только 80–85 пасторов.

12. Сектанты Большим преследованиям подверглись также сектантские религиозные организации: баптисты, молокане и другие. После изменения церковной политики в годы войны положение несколько изменилось. Была легализована церковь евангельских христиан—баптистов. Эта церковь объединила три прежде самостоятельных течения—баптистов, евангельских христиан и христиан евангельской веры (пятидесятников). Она возглавляется единым выборным центром, находящимся в Москве,—Всесоюзным советом евангельских христиан баптистов. Сектанты, как и другие не православные церковные организации, находятся под контролем известного нам Совета по делам религиозных культов.

13. Иудейская религия Из числа многих тысяч синагог, существовавших в России до революции 1917 года, осталось небольшое число. В Москве, где живет около 500 тысяч евреев, исповедующих Иудейскую религию, имеется в настоящее время только 3 синагоги. В Киеве, где до 1918 года проживало около 70, или 80 тысяч евреев, было 20 иудейских религиозных общин. В настоящее время только одна. В Тифлисе имеется 2 синагоги. Ленинград, Одесса, Баку, Ростов, Минск, имеют по одной синагоге.

14. Мусульман- Печально также положение мусуль-
ство (Ислам) и ман и буддистов. Население
Буддизм Азербайджана, Казахской, Таджикской и Туркменской республик
является приверженными последователями Магомета
(Мухаммеда) основателя Ислама. Несмотря на это,
большинство мусульманских мечетей разрушено. В
Бухаре, где было больше трехсот мечетей и религиозных
школ, сохранилась только одна мечеть и одна школа.
Последняя обслуживает население всей Средней Азии.
250 тысяч населения Ашхабада—столицы Туркменской
республики и 325.000 населения Сталинабада—столицы
Таджикской республики, не имеют ни одной мечети.
Буддизм в форме ламаизма исповедовался в СССР двумя
народами—калмыками и бурятами. Их церкви были
просто стерты с лица земли. В военные годы и сам
калмыцкий народ подвергся большим репрессиям, будучи
переселен со своей территории.

15. Коммунисти- Знакомство с положением церквей
ческая партия всех вероисповеданий показало нам,
и религия что отношение коммунистических
руководителей ко всякой религии
резко отрицательно. Это положение сохраняется до
настоящего времени. Создание коммунистического
общества, создание нового человека, согласно коммунистической доктрине, может быть осуществлено только при
условии полного изгнания из жизни людей каких либо
верований. В результате история советского правительства является историей непрерывной борьбы против
духовенства и мирян. Правда, в отдельные периоды
времени, эта борьба по международным и другим причинам ведется в более скрытой форме. Однако конечной и
неизменной целью коммунистического правительства
остается полная ликвидация религии. Практические

мероприятия советской антирелигиозной политики определяются четырьмя предпосылками:

1. Церковь отделяется от государства и школы.
2. ''Свобода совести'' дает право антирелигиозной пропаганды для всех граждан, что подтверждается специально советской конституцией.
3. Право ''религиозной пропаганды'' конституцией не признается.
4. Коммунистическая партия требует от своих членов быть не просто атеистами, а воинствующими безбожниками.

Миросозерцание коммунистов, основанное на принципах диалектического и исторического материализма, совершенно непримиримо с какими либо началами религиозной и идеалистической философии. Это требование предъявляется к советской интеллигенции, особенно к профессорам и преподавателям высшей и средней школы. В целях полной ликвидации религии и религиозных учений советское правительство использует все возможные законодательные, административные, экономические и пропагандные средства. Основные методы преследования религии одинаковы для церквей всех вероисповеданий. Однако отдельные практические мероприятия в борьбе с Православной, Католической, Протестантской, Иудейской и другими церквами различны. Это объясняется конкретной политической обстановкой, начиная с международных соображений. Уверения, встречающиеся в литературе о ''нормальных'' отношениях между церковными организациями в СССР и советским правительством, поддерживаются последним в своих интересах. В действительности же советское правительство делает все для полного изгнания религии из жизни людей. В этом отношении интересна характеристика свободы совести, какую мы находим в книге ''О некоторых вопросах коммунистической морали'', изданной в Москве в 1951 г. ''Свобода совести в капиталистическом обществе

—пишет автор—пустые слова. В нашем обществе свобода совести значит добровольное и активное учение в борьбе за искоренение всех остатков прошлого из сознания людей.'' Только упорное сопротивление населения, остающегося в массе религиозным, сделало возможным существование церковных организаций, несмотря на охарактеризованную выше политику советского правительства.

Вопросы

1. Каково было положение Православной церкви до революции?
2. Изменения в жизни Православной церкви, принесенные революцией.
3. Что произошло в Петрограде в день Казанской Божьей Матери за несколько дней до прихода коммунистов к власти?
4. Каковы были первые выпады против Православной церкви?
5. Какова была реакция церковных властей?
6. Что такое церковные двадцатки?
7. Каковы были расчеты власти при издании закона об отделении церкви от государства?
8. Каковы были результаты отделения Православной церкви от государства?
9. Как появились секретные церковные организации?
10. Задачи секретных церковных организаций.
11. Как происходило изъятие церковных ценностей?
12. Как появилась ''Живая Церковь''?
13. Почему был освобожден из под ареста патриарх Тихон?
14. Как происходило возвращение священников-живоцерковников в церковь патриарха Тихона?
15. Что такое Союз воинствующих безбожников?
16. Кто стал во главе Православной церкви после смерти патриарха Тихона?
17. Отношения митрополита Сергия с советским правительством?
18. Как происходила ликвидация Православной церкви перед Второй мировой войной?
19. Причины новой церковной политики советского правительства?
20. Что такое ''Совет по делам русской Православной церкви''?
21. Что такое ''Совет по делам религиозных культов''?
22. Чем объясняется исключительная непримиримость советского правительства к Католической церкви?
23. Какова участь Католической Униатской церкви?

24. Каково положение Католической церкви в Литве и бывших Польских областях, присоединенных к СССР после Второй мировой войны?
25. Каково положение Иудейской религии?
26. Тоже Мусульманства и Буддизма?
27. Тоже Лютеранской церкви?
28. Что вы знаете о сектантах?

Словарь

§ 1

покрови́тельство patronage

све́тский wordly (Here: a layman)

возлага́ть 1, возложи́ть 2 to entrust

упраздня́ть 1, упраздни́ть 2 to abolish

брак marriage

прихожа́нин parishioner

кре́стный ход religious procession (with cross and banners)

напряжённый tense

распоряже́ние order, decree

§ 2

нахожде́ние state of being (in a place)

упо́рный persistent, stubborn

после́довательный consistent

обнару́живать 1, обнару́жить 2 to display, to reveal

попы́тка attempt

сбор assembly

преда́ть ана́феме to anathematize

хору́гвь (*f.*) gonfalon. Loosely any flag which hangs from a crosspiece or frame

листо́к leaflet

§ 3

соотве́тствовать 1 (*Imprf.*) to conform to

обеспе́чивать 1, обеспе́чить 2 to provide

вмеша́тельство interference, meddling

нали́чие presence, availability

расчёт calculation

нало́г tax

пропове́днический preaching

целеустремлённый purposeful

па́ства (ecclesiastical term) flock

§ 4

сокруше́ние destruction, smashing

рядово́й ordinary, rank and file

устраше́ние frightening

сто́йкий steadfast

приве́рженец adherent

неизбе́жный inevitable

о́бщина community

непосре́дственный immediate, first-hand

игу́мен Father-Superior (of a monastery)

нгу́менья Mother-Superior (of a convent)

осо́бо particularly

яче́йка cell (of a party organization)

оча́г center, breeding ground

§ 5

наси́льственный forced

изъя́тие removal

разру́ха devastation, ruin
неурожа́й crop failure
под предло́гом under the pretence of . . .
терпе́ть 2, по- to suffer, sustain
прова́л failure, flop
голосова́ние voting
убеждённый convinced
продово́льствие food-stuffs
ока́зывать 1, оказа́ть 1 to show, render
зачасту́ю often, frequently

§ 6

раско́л schism, split, dissidence
сде́лка deal, bargain
переполня́ть 1, перепо́лнить 2 to overcrowd, overfill
уступа́ть 1, уступи́ть 2 to yield
отменя́ть 1, отмени́ть 2 to abolish, revoke
превраща́ться 1, преврати́ться 2 to turn into
сообще́ние report, news dispatch
храм temple
па́перть (*f.*) church porch
усе́ивать 1, усе́ять 1 to strew, litter
обе́дня Mass (liturgical)
моле́бствие public prayer service
благословля́ть 1, благослови́ть 2 to bless
обновле́ние renewal
покая́ние penance
пост fast(ing)
заблужде́ние error, delusion
освяща́ть 1, освяти́ть 2 to sanctify

§ 7

поко́й peace
непродолжи́тельный of short duration

прису́щий inherent
уделя́ть 1, удели́ть 2 to spare, give
во́инствующий militant
безбо́жник atheist
запода́зривать 1, заподо́зрить 2 to suspect
притесне́ние oppression
вражда́ enemity, hostility
возника́ть 1, возни́кнуть 1 to spring up
гони́мый persecuted
непреры́вный uninterrupted
местоблюсти́тель (*m.*) *locum tenens*(deputy)
спла́чивать 1, сплоти́ть 2 to join, unite

§ 8

чересчу́р too
усту́пчивый compliant
ненави́стный hateful
смягча́ть 1, смягчи́ть 2 to mollify, assuage
расправля́ться 1, распра́виться 2 to deal with, make short work of
неуго́дный disagreeable
неукло́нный steadfast
искорене́ние eradication
соображе́ние consideration

§ 9

побужда́ть 1, побуди́ть 2 to impel, induce

§ 10

насто́йчивый persistent
поджига́тель (*m.*) incendiary, instigator, -monger
клеветни́к slanderer
у́часть (*f.*) lot, fate
части́чный partial
прихо́д a parish
миря́нин (*obs.*) layman

§ 13

исповéдовать (*Imprf.*) to profess

§ 14

мечéть (*f.*) mosque
вéтхость (*f.*) dilapidation
ремóнт repairs
стирáть 1, стерéть 1 to wipe off

§ 15

вероисповéдание religion, de-
nomination

вéрование religion, religious
beliefs
неизмéнный immutable
предпосы́лка prerequisite,
premise
**миросозерцáние—мировоз-
рение** world outlook
непримири́мый irreconcilable
остáток remnant
начáло begining, principle

РУССКИЙ

ТЕАТР

БАЛЕТ

МУЗИКА

ИССКУСТВО

АРХИТЕКТУРА

ЖИВОПИСЬ

The Mayakovsky Memorial.

(Photo Courtesy *Sabena Revue*)

ГЛАВА XVII ┃ РУССКАЯ ЛИТЕРАТУРА

РА́ННИЙ ПЕРИ́ОД РУ́ССКОЙ ЛИТЕРАТУ́РЫ
(До нача́ла XIX ве́ка)

ЧА́СТЬ ПЕ́РВАЯ

1. Церко́вно-славя́нский язы́к на Руси́

Нача́ло ру́сской литерату́ры сле́дует отнести́ ко второ́й полови́не оди́надцатого ве́ка. Вме́сте с введе́нием христиа́нства в Ки́евской Руси́ в конце́ X ве́ка распространи́лась и гра́мотность. Вско́ре появи́лся на Руси́ и интере́с к пи́сьменности и к пи́сьменным труда́м. Первонача́льные па́мятники ру́сской литерату́ры бы́ли напи́саны на так называ́емом церко́вно-славя́нском и́ли старославя́нском языке́. Э́то был язы́к древне́йшей пи́сьменности славя́н, для кото́рых просвети́тели славя́нских наро́дов, св. Кири́лл и Мефо́дий, со́здали алфави́т, что́бы переводи́ть с гре́ческого языка́ свяще́нное писа́ние и богослуже́бные кни́ги. По́сле креще́ния Руси́ славя́нский алфави́т и церко́вные кни́ги бы́ли принесены́ в Ки́ев. Хотя́ э́та пи́сьменность предназнача́лась гла́вным о́бразом для потре́бностей церкве́й и монастыре́й, она́ ста́ла та́кже официа́льным спо́собом слове́сного выраже́ния и для све́тских пра́вящих круго́в, т.е. для кня́зя и его́ двора́.

2. У́стное наро́дное тво́рчество

Ря́дом с официа́льной пи́сьменностью на Руси́ существова́ло задо́лго до э́того наро́дное у́стное тво́рчество; оно́ та́кже сыгра́ло нема́лую роль в созда́нии ру́сской литерату́ры. Э́то—дре́вний ру́сский фолькло́р: пе́сни,

197

сказки, былины, пословицы и загадки, которые русский народ передавал устно от одного поколения к другому в течение многих столетий. Этот фольклор был записан и изучен русскими исследователями лишь в восемнадцатом и девятнадцатом веках. Но нет никакого сомнения в том, что русская литература на протяжении многих веков черпала из его сокровищницы богатый материал для своих жизненных тем и образов.

3. Первые переводы Вначале развития грамотности на Руси распространялась лишь переводная литература. Учёные монахи, или чернецы, как их в то время называли из-за их чёрной одежды, читали переводы с греческих избранных трудов; это были религиозные или исторические сочинения. Как монахи, так и миряне охотно читали жития святых и поучения отцов Церкви, переводы которых были привезены из Византии и быстро вошли в обиход русской религиозной жизни. Но мало по малу, чернецы и просвещённые миряне начали писать оригинальные труды. Хотя в этих ранних сочинениях ещё чувствуется влияние Византии, в них мы уже находим много характерных черт, в которых отражается самобытность её преемников.

4. Летописи. "Повесть временных лет" Первые памятники оригинальной русской письменности—летописи, то есть хроники исторических событий, происходивших на Руси, записанные чернецами. Самая знаменитая летопись известна под названием "Повесть временных лет." Она была написана монахами Киево-Печерской Лавры в одиннадцатом веке и была впоследствии много раз скопирована опытными переписчиками. "Повесть временных лет" содержит в своей первой

части предания далёкого прошлого, сохранившиеся в памяти русского народа. Многое в этих преданиях легендарно, почти сказочно. Но зато в них много живописного, поэтического. Особенно живо описаны путешествия апостола Андрея Первозванного по Руси, крещение великой княгини Ольги и смерть вещего Олега, погибшего, по предсказанию кудесника, от укуса змеи. Этот эпизод вдохновил одну из знаменитых баллад Пушкина: ''Песнь о вещем Олеге.''

Вторая часть ''Повести временных лет'' представляет ряд исторических записей, носящих во многих отношениях реальный характер. Жизнь великих князей, их правление, борьба с внешним врагом—степными кочевниками, и соперничество между князьями—обо всём этом летописец повествует в своей хронике.

''Повесть'' содержит и жития святых, написанные по греческому образцу. Это—жития первых русских святых: братьев-мучеников, князей Бориса и Глеба и преподобного Феодосия, основателя Киево-Печерской Лавры. Научное исследование нашего времени пришло к заключению, что эти два жития принадлежат перу св. Нестора, современника Феодосия Печерского, который погребён рядом с последним в Киевских пещерах.

5. Поучение Владимира Мономаха

Но и миряне, как сказано выше, проявили в то время своё литературное дарование. Необходимо остановиться на знаменитом ''Поучении'' великого князя Владимира Мономаха. В этом произведении, которое является духовным завещанием, Владимир Мономах напоминает своим сыновьям об их долге следовать Божьему закону: исполнение обязанностей правителей, когда они начнут княжить; верность данному слову; защита княжества от внешних врагов; забота о народе и, главным образом, о бедных и несчастных; доброе и великодушное отношение ко всем людям.

Литературным памятником древней Руси принято считать и юридический труд—''Русскую Правду''. Этот сборник русского права, составление которого было предпринято, по преданию, Ярославом Мудрым и закончено его преемниками, отличается прекрасным языком.

6. Слово о полку Игореве   Самым знаменитым памятником древнего периода русской литературы является ''Слово о полку Игореве'' (Игоря)—эпическая поэма, написанная в конце двенадцатого века. Автор ''Слова'' неизвестен. ''Слово о полку Игореве'' рассказывает об историческом эпизоде войны Игоря с половцами, степными кочевниками, о его сражении, взятии в плен и драматическом бегстве из вражеского лагеря. Поэма написана ритмической прозой, и мы в ней находим целый ряд замечательных описаний как событий, так и людей, принимавших в них участие. Живо изображена битва, закончившаяся поражением Игоря. В высшей степени поэтичны строки, посвящённые природе. Героически звучит призыв Игоря к защите русской земли. А после взятия в плен князя его жена, Ярославна, высказывает своё горе в глубоко драматических выражениях. ''Плач Ярославны''—одна из самых замечательных страниц древней русской литературы.

7. Русская литература после XII в.   Двенадцатый век был расцветом древней русской литературы. Завоевание Руси татарами приостановило быстро развивавшуюся русскую культуру и надолго лишило её возможности двигаться вперёд по свободному творческому пути. Но уже до окончания монгольского периода русская письменность мало по малу восстанавливается. С зарождением и ростом Московского государства литературный язык

де́лает но́вый шаг вперёд. Но он всё же лишь ме́дленно развива́ется, остаётся тяжелове́сным и кни́жным и ма́ло отража́ет живу́ю речь. Проце́сс разви́тия ускоря́ется по́сле сверже́ния тата́рского и́га. В таки́х произведе́ниях, как эпи́ческая поэ́ма ''Задо́нщина'' (о би́тве с тата́рами) и́ли в Житии́ свято́го Се́ргия Радоне́жского (знамени́того основа́теля Тро́ицко-Се́ргиевской Ла́вры), напи́санном Епифа́нием Му́дрым, мы уже́ чу́вствуем приближе́ние но́вой эпо́хи.

8. Перепи́ска кня́зя Андре́я Ку́рбского с Ива́ном Гро́зным

При царе́ Ива́не Гро́зном, во второ́й полови́не XVI ве́ка, появля́ется пе́рвый докуме́нт, кото́рый мо́жно назва́ть образцо́м полити́ческой поле́мики. Это— знамени́тая перепи́ска кня́зя Андре́я Ку́рбского с царём Ива́ном. В э́той перепи́ске князь Ку́рбский облича́ет царя́ в жесто́кости и кова́рстве, недосто́йных христиа́нского прави́теля. Отве́т Гро́зного был напи́сан в го́рдом, напы́щенном сти́ле, но не без хи́трости и да́же то́нкой иро́нии. Ку́рбский же написа́л своё обличи́тельное письмо́ в просто́м и и́скренном то́не и суме́л я́рко вы́разить своё возмуще́ние пе́ред бесчелове́чным тира́ном.

9. Житие́ прото- по́па Авваку́ма

При царе́ Алексе́е Миха́йловиче (из дина́стии Рома́новых) появля́- ются интере́сные образцы́ ме́нее кни́жной литерату́ры, кото́рые отража́ют но́вый дух вре́мени. Среди́ них осо́бенно выделя́ется автобиографи́ческий расска́з под назва́нием ''Житие́ протопо́па Авваку́ма''. А́втор э́того расска́за, Авваку́м, протоиере́й-раско́льник, заключённый в тюрьму́, а зате́м со́сланный в Сиби́рь патриа́рхом Ни́коном, был одарённым писа́телем. Его́ автобиогра́фия напи́сана на живо́м, чрезвыча́йно

живопи́сном, ча́сто остроу́мном языке́. Это язы́к образо́-
ванного и о́пытного челове́ка, име́вшего конта́кт с
вы́сшими духо́вными круга́ми и с просты́м наро́дом,
среди́ кото́рых он про́жил свою́ жизнь пропове́дника и
бунтовщика́. Его́ ''Житие́'' вво́дит нас в быт э́того
наро́да, зна́комит нас с его́ ре́чью, с хо́дкими слова́ми и
выраже́ниями. Кни́га протопо́па Авваку́ма явля́ется
одни́м из шеде́вров допетро́вской Руси́.

10. **Рефо́рмы в**   Среди́ мно́жества рефо́рм, прове-
ру́сском языке́   дённых Петро́м Вели́ким, необхо-
при Петре́   ди́мо отме́тить заме́ну древне-
Вели́ком   славя́нского алфави́та но́выми, так
называ́емыми ''гражда́нскими''
бу́квами. Этот алфави́т был бли́же к за́падному, и был
значи́тельно упрощённым, по сравне́нию со ста́рым. При
Петре́ Вели́ком бы́ли та́кже введены́ в ру́сский язы́к
мно́гие за́падные слова́, осо́бенно те, кото́рые относи́лись
к те́хнике, нау́ке, администра́ции и вое́нному иску́сству.
Эта рефо́рма оказа́ла огро́мное влия́ние и на литерату́ру.
Уже́ при Петре́, но осо́бенно при его́ прее́мниках, рож-
да́ется соверше́нно но́вый литерату́рный язы́к, но́вые
литерату́рные фо́рмы и в про́зе и в стиха́х.

11. **Классици́зм**   Это эпо́ха подража́ния тво́рчеству
древнегре́ческих и древнери́мских
писа́телей. Де́ятели литерату́ры и иску́сства э́той эпо́хи
полага́ли, что анти́чное иску́сство явля́ется для них
соверше́нным образцо́м. Для ка́ждого жа́нра литерату́ры
(од, поэ́м, коме́дий) име́лись осо́бые пра́вила. Писа́тели
должны́ бы́ли сле́довать э́тим пра́вилам. Ру́сский
классици́зм, хотя́ и сле́довал о́бщим пра́вилам, но име́л
осо́бые национа́льные черты́ и те́сно был свя́зан с родно́й
исто́рией и совреме́нностью. Писа́тели обсужда́ли
ну́жные для свои́х совреме́нников вопро́сы (защи́та

ро́дины, разви́тие нау́к и др.) по материа́лам родно́й исто́рии и совреме́нности (траге́дии Сумаро́кова, о́ды Ломоно́сова).

Ру́сский классици́зм крити́чески относи́лся к действи́тельности. В своём тво́рчестве писа́тели уделя́ли большо́е внима́ние сати́ре, борьбе́ с недоста́тками и социа́льными поро́ками. Уже́ в пе́рвой полови́не XVIII в. выступа́ет со свои́ми сати́рами А. Д. Кантеми́р (1708–1744). Наибо́лее ви́дным писа́телем того́ вре́мени явля́ется Миха́ил Васи́льевич Ломоно́сов.

12. М. В. Ломоно́сов 1711–1765   Ломоно́сов, сын крестья́нина-рыбака́, роди́лся на се́вере в Арха́нгельской губе́рнии. С ра́нних лет он сопровожда́л отца́ на ры́бную ло́влю в Бе́лом мо́ре и в Се́верном океа́не. Опа́сные пла́вания по бу́рным моря́м и суро́вая се́верная приро́да повлия́ли на его хара́ктер и отрази́лись в его поэ́зии. Получи́в нача́льное образова́ние в свое́й дере́вне, Ломоно́сов отпра́вился в Москву́ и поступи́л в Славя́но-Гре́ко-Лати́нскую акаде́мию при одно́м из моско́вских монастыре́й.

Усло́вия его жи́зни в Москве́ бы́ли о́чень тяжёлыми. Он получа́л ''алты́н'' (три копе́йки) в день и на э́то жил. С жа́дностью набро́сился ю́ноша на уче́ние. В тече́ние одного́ го́да он прошёл програ́мму трёх кла́ссов. Вско́ре он был командиро́ван в числе́ са́мых спосо́бных студе́нтов в Герма́нию для изуче́ния металлу́ргии и го́рного де́ла. Ломоно́сов учи́лся в университе́тах Ма́рбурга и Фре́йбурга. Верну́вшись в Росси́ю в 1741 году́, он был назна́чен профе́ссором Акаде́мии Нау́к в Петербу́рге.

13. Литерату́рная де́ятельность   Нау́чная де́ятельность Ломоно́сова была́ плодотво́рна и разнообра́зна. Он рабо́тал в о́бласти фи́зики, хи́мии, астроно́мии, металлу́ргии и це́лого ря́да

практи́ческих нау́к и иску́сств.　Одна́ко и в литерату́ре труды́ Ломоно́сова не ме́нее велики́, чем в нау́ке.　Писа́л Ломоно́сов в са́мых разнообра́зных жа́нрах: лири́ческие стихотворе́ния, траге́дии и т.д.　Но бо́льше всего́ им напи́сано торже́ственных од.　Основны́е те́мы его́ од— воспева́ние сла́вы и вели́чия Росси́и, её вое́нной мо́щи, её огро́мных бога́тств, воспева́ние нау́ки, те́хники и про- свеще́ния.　Большо́й интере́с представля́ют его́ вое́нные о́ды, наприме́р—‘‘На взя́тие Хоти́на’’, ‘‘На побе́ды над пру́сским королём’’ и други́е, в кото́рых он воспева́ет му́жество ру́сского наро́да.

Из трудо́в Ломоно́сова по тео́рии литерату́ры реша́ющее влия́ние на разви́тие ру́сской поэ́зии име́ло его́ ‘‘Письмо́ о пра́вилах росси́йского стихотворе́ния’’.　До Ломоно́сова ру́сские поэ́ты писа́ли свои́ стихи́ ра́вным коли́чеством слого́в в стро́чке.　Под влия́нием неме́цкой поэ́зии он отказа́лся от силлаби́ческого стихосложе́ния и замени́л его́ силла́бо-тони́ческой систе́мой, осно́ванной на пра́виль- ном чередова́нии уда́рных и неуда́рных слого́в, а та́кже чередова́нии стихо́в с одина́ковым число́м слого́в.　Э́та систе́ма удержа́лась до на́шего вре́мени.

Вели́ки заслу́ги Ломоно́сова и в о́бласти языкове́дения. Он написа́л ру́сскую грамма́тику и счита́лся созда́телем литерату́рного языка́.

14. Г. Держа́вин
1743–1816

Коне́ц XVIII ве́ка был отме́чен расцве́том ру́сской поэ́зии в лице́ Гаврии́ла Рома́новича Держа́вина. Хотя́ Держа́вин был ещё свя́зан с классици́змом, он влил в него́ но́вый дух.　Его́ тво́рчество отлича́ется си́лой и оригина́льностью, кото́рой мы не нахо́дим у други́х совреме́нных ему́ поэ́тов.　Держа́вин написа́л ряд од.　Са́мые знамени́тые из них—‘‘Фели́ца’’, посвящён- ная Екатери́не Вели́кой и ‘‘Бог’’, прони́кнутая воз- вы́шенным и вдохнове́нным религио́зным чу́вством. Несмотря́ на свой ‘‘высо́кий стиль’’, как называ́ли

официа́льный класси́ческий язы́к того́ вре́мени, Держа́вин уме́л выража́ться и на бо́лее просто́м, живо́м языке́, и освободи́л ру́сскую поэ́зию от ста́рой, усло́вной фо́рмы. Иногда́ Держа́вин писа́л и на совреме́нные и да́же обы́денные те́мы. Отме́тим его́ ''Посла́ние вельмо́же'', в кото́ром он сме́ло осужда́ет фавороти́зм и злоупотребле́ние вла́стью, кото́рые он ви́дел при дворе́ Екатери́ны. Несмотря́ на э́то, он по́льзовался её ми́лостью и счита́лся придво́рным поэ́том. Э́то не меша́ло ему́ остава́ться свобо́дным и самостоя́тельным литера́тором. Он ча́сто жил вдали́ от двора́, в своём име́нии Зва́нкино. Жизнь поэ́та на ло́не приро́ды опи́сана в одно́й из его́ поэ́м, в кото́рой он кра́сочно и реалисти́чески изобрази́л быт ру́сской дере́вни. Держа́вин справедли́во счита́ется предве́стником Пу́шкина. Держа́вин пе́рвый оцени́л ю́ношеские стихи́ своего́ прее́мника.

15. Д. И. Фонви́зин 1745–1792

Как мы ви́дели, у не́которых представи́телей ру́сского классици́зма обнару́живаются в конце́ XVIII ве́ка черты́ реали́зма. Осо́бенно я́ркое отступле́ние от традицио́нных форм мы наблюда́ем в тво́рчестве драмату́рга Д. И. Фонви́зина. Он пыта́лся сбли́зить литерату́ру с жи́знью, отрази́ть в ней иде́и и настрое́ния ру́сского о́бщества.

В свое́й коме́дии ''Бригади́р'' Фонви́зин высме́ивает неве́жество и гру́бость ста́рого дворя́нства, а та́кже преувели́ченное стремле́ние молодёжи подража́ть вне́шней культу́ре За́пада, т.е. иностра́нным мо́дам и обы́чаям. Здесь Фонви́зин бо́рется за разви́тие ру́сской культу́ры и за по́длинное просвеще́ние.

Коме́дия ''Не́доросль''—верши́на тво́рчества Фонви́зина. В ней он то́же даёт о́струю сати́ру на то́ ру́сское дворя́нство, кото́рое отлича́лось свои́м неве́жеством. В э́той сати́ре подверга́ются кри́тике наибо́лее отрица́тельные сто́роны жи́зни. Фонви́зин до сих пор поража́ет

си́лой своего́ ю́мора, ме́ткостью свое́й кри́тики. Мно́гие
фра́зы из ''Не́доросля'' сде́лались погово́рками.

16. И. А. Крыло́в Одни́м из са́мых я́рких представи́-
1769–1844 телей поздне́йшей литерату́ры
XVIII—нача́ла XIX ве́ка явля́ется
И. А. Крыло́в, знамени́тый ру́сский баснопи́сец. Его́
сочине́ния не то́лько отлича́ются му́дростью, но и
то́нким ю́мором. Они́ напи́саны просты́м, отча́сти ещё
класси́ческим, но та́кже наро́дным языко́м. В не́которых
свои́х ба́снях Крыло́в ещё сле́довал лати́нским и фран-
цу́зским образца́м. Но он приспособля́ет за́падные сюже́ты
к ру́сским усло́виям и́ли же создаёт свои́ со́бственные,
типи́чно ру́сские сюже́ты.

Де́йствующими ли́цами ча́сто выступа́ют зве́ри и
пти́цы, и́ли же ру́сские крестья́не и торго́вцы. В о́бразах
звере́й высме́иваются те и́ли други́е челове́ческие поро́ки.
Ба́сня, как мы зна́ем, име́ет скры́тый смысл, аллего́рию,
облада́ет нравоучи́тельным значе́нием. Мора́ль в ба́снях
Крыло́ва даётся не в ка́честве отвлечённых рассужде́ний,
а как неизбе́жный вы́вод из опи́санного слу́чая.

Тема́тику его́ ба́сен мо́жно свести́ к трём основны́м
гру́ппам: 1) ба́сни на обще́ственно-полити́ческие те́мы;
2) ба́сни, разоблача́ющие мора́льные поро́ки люде́й и
обще́ственных груп; 3) истори́ческие ба́сни.

Приме́ром пе́рвой гру́ппы мо́жет служи́ть ба́сня ''Волк
и Ягнёнок'', в кото́рой разоблача́ется гнёт и наси́лие
си́льных над сла́быми. Волк обвиня́ет Ягнёнка:

> Как сме́ешь ты, нагле́ц, нечи́стым ры́лом
> Здесь чи́стое мути́ть питьё моё
> С песко́м и с и́лом! . .

Никаки́е до́воды ягнёка в своё оправда́ние не прини-
ма́ются в расчёт. Здесь нам баснопи́сец пока́зывает ди́кое
и на́глое пра́во си́льного, у кото́рого ''всегда́ бесси́льный
винова́т''. ''Ты винова́т уж тем, что хо́чется мне

ку́шать'',—заяви́л волк и . . . ''в тёмный лес ягнёнка поволо́к''.

Это пра́во си́льного, осно́ванное на во́лчьей мора́ли, госпо́дствовало в обще́ственно-полити́ческих отноше́ниях не то́лько во времена́ Крыло́ва, оно́ госпо́дствует и ны́не. Порабоще́ние свободолюби́вых ма́леньких наро́дов и госуда́рств отде́льными больши́ми госуда́рствами служи́т хоро́шим приме́ром во́лчьей мора́ли.

Це́лый ряд ба́сен напи́сан Крыло́вым на истори́ческие те́мы. Э́то ба́сни свя́занные с истори́ческими собы́тиями. Наприме́р, в ба́сне ''Волк на пса́рне'' в о́бразе Во́лка изображён Наполе́он, в о́бразе Ло́вчего—знамени́тый ру́сский полково́дец Куту́зов.

В ба́снях, разоблача́ющих мора́льные поро́ки, Крыло́в облича́ет обма́н, плутовство́, ложь, лень и мно́гие други́е поро́ки.

Вопро́сы

1. К какому времени относится начало русской литературы?
2. На каком языке были написаны первоначальные памятники русской литературы?
3. Кто создал первый славянский алфавит и для чего он был составлен?
4. Существовал ли на Руси наряду с книжным языком более простой язык и кто на нем говорил?
5. Назовите первые оригинальные памятники древней русской литератуы.
6. Какие предания содержит ''Повесть временных лет''?
7. Какие исторические события реального характера описывает летописец?
8. Жития каких святых содержит ''Повесть временных лет''?
9. О чём пишет Владимир Мономах в своём ''Поучении''?
10. Дайте краткое содержание ''Слова о полку Игореве''.
11. Что такое ''Русская Правда''?
12. Каким путём развивалась русская литература после XII века?
13. О чём писал Андрей Курбский царю Ивану Грозному?
14. Кем был протопоп Аввакум и что описал он в своём ''Житии''?
15. Какую реформу провёл Пётр Великий в области русского языка?
16. Каковы общие черты русского классицизма?

17. Каковы особенности русского классицизма?
18. Расскажите биографию Михаила Ломоносова.
19. Какие сочинения написал Ломоносов?
20. Расскажите о Державине. На какие темы он писал, что он осуждает в "Послании вельможе"?
21. Какие произведения написал Фонвизин и что он описывает в них?
22. Что представляет собой басня как литературный жанр?
23. В чём своеобразие басен Крылова?
24. Какова тематика басен Крылова?
25. О чём говорит басня "Волк и Ягнёнок"?
26. Дайте краткое содержание басни "Волк на псарне".

Словарь

§ 1

грáмотность (*f.*) literacy
предназначáть 1, **предназнáчить** 2 to intend

§ 2

ýстная речь (*f.*) spoken language
былúна, -ы epic tale (tales)
загáдка riddle
поколéние generation
сливáть 1, **слить** 1 (**солью́, -льёшь**) to merge, blend

§ 3

мирянин layman
обихóд common practice, use
самобы́тность (*f.*) originality, uniqueness
преéмник successor

§ 4

впослéдствии subsequently
сохранéние preservation
живопúсный picturesque
кудéсник magician, sorcerer
сопéрничество rivalry
мýченик martyr

преподóбный saint
житиé biography
погребáть 1, **погрестú** 1 (**погребý, -ёшь**) to bury
крáсочность (*f.*) colorfulness

§ 5

даровáние talent, gift
завещáние testament, (last will)
великодýшный magnanimous
постановлéние decree, enactment
предпринимáть 1, **-приня́ть** 1 to undertake

§ 6

поражéние defeat
посвящéние dedication

§ 7

расцвéт blossoming, flourishing
твóрчество creative work
свержéние overthrow

§ 8

обличáть 1, **-úть** 2 to reveal, expose
ковáрство perfidy

напы́щенность (*f.*) pomposity
возмуще́ние indignation

§ 9

протопо́п archpriest
протоиере́й archpriest
раско́льник schismatic (belonging to Old Believers' sect.)
пропове́дник preacher
шеде́вр masterpiece, great work, chef d'œuvre

§ 11

подража́ние imitation
недоста́ток defect, failing
уделя́ть внима́ние to pay attention
поро́к vice

§ 12

отража́ться 1, -зи́ться 2 to be reflected
до́ступ access
жа́дность (*f.*) avidity, greed
набра́сываться 1, -бро́ситься 2 to fall upon

§ 13

плодотво́рный fruitful, productive
чередова́ние alternation
языкове́дение philology

§ 14

обы́денный ordinary
злоупотребле́ние abuse
посла́ние message
вельмо́жа noble

на ло́не приро́ды in the open air
предве́стник forerunner

§ 15

обнару́живаться 1, обнару́житься 2 to be revealed
черта́ feature
настрое́ние mood
неве́жество ignorance
гру́бость (*f.*) coarseness
преувели́чивать 1, преувели́чить 2 to exaggerate
подража́ть 1 (*Imprf.*) to imitate
по́длинный authentic, true
бичева́ть 1 (*Imprf.*) to castigate
произво́л arbitrariness
ме́ткость (*f.*) accuracy
презре́ние contempt

§ 16

баснопи́сец fabulist, writer of fables
отвлечённый abstract
неизбе́жный inevitable
разоблача́ть 1, -чи́ть 2 to expose disclose
гнёт oppression
наси́лие violence
нагле́ц (на́глый) impudent
ры́ло snout
мути́ть 2, по- stir up
ил silt
до́вод reason, argument
принима́ть в расчёт to take into consideration
ягнёнок lamb
поволо́чь (*Prf.*) to drag
пса́рня kennel
ло́вчий huntsman

ИВА́Н-ЦАРЕ́ВИЧ И СЕ́РЫЙ ВОЛК

Ру́сская наро́дная ска́зка

1. Жил-был царь Берендей, у него́ бы́ло три
сы́на, мла́дшего зва́ли Ива́ном. И был у
царя́ сад великоле́пный; росла́ в том саду́
я́блоня с золоты́ми я́блоками.

Стал кто́-то ца́рский сад посеща́ть, золоты́е я́блоки
ворова́ть. Царю́ жа́лко ста́ло свой сад. Посыла́ет он
туда́ карау́лы. Никаки́е карау́лы не мо́гут уследи́ть
похити́теля.

Царь переста́л и пить и есть, затоскова́л. Сыновья́ отца́
утеша́ют:

—Дорого́й наш ба́тюшка, не печа́лься, мы са́ми ста́нем
сад карау́лить.

Ста́рший сын говори́т:

—Сего́дня моя́ о́чередь, пойду́ стере́чь сад от похити́-
теля.

Отпра́вился ста́рший сын. Ско́лько ни ходи́л с ве́черу,
никого́ не уследи́л, припа́л на мя́гкую траву́ и усну́л.

У́тром царь его́ спра́шивает:

—Ну-ка́, не обра́дуешь ли меня́: не вида́л ли ты
похити́теля?

—Нет, роди́мый ба́тюшка, всю ночь не спал, глаз не
смыка́л, а никого́ не вида́л.

На другу́ю ночь пошёл сре́дний сын карау́лить и то́же
проспа́л всю ночь, а нау́тро сказа́л, что не вида́л похити́теля.

Наступи́ло время мла́дшего бра́та идти́ стере́чь. Пошёл
Ива́н-царе́вич стере́чь отцо́в сад и да́же присе́сть бойтся,
не то что приле́чь. Как его́ сон задо́лит, он росо́й с травы́
умо́ется, сон и прочь с глаз.

Полови́на но́чи прошла́, ему́ чу́дится: в саду́ свет.
Светле́е и светле́е. Весь сад освети́ло. Он ви́дит—на
я́блоню се́ла Жар-пти́ца и клюёт золоты́е я́блоки.

Ива́н-царе́вич тихо́нько подпо́лз к я́блоне и пойма́л

птицу за хвост. Жар-птица встрепнулась и улетела, осталось у него в руке одно перо от её хвоста.

Наутро приходит Иван-царевич к отцу.

—Ну что, дорогой мой Ваня, не видал ли ты похитителя?

—Дорогой батюшка, поймать не поймал, а проследил, кто наш сад разоряет. Вот от похитительницы память вам принёс. Это, батюшка, Жар-птица.

Царь взял это перо и с той поры стал и пить, и есть, и пачали не знать. Вот в одно прекрасное время ему и раздумалось об этой об Жар-птице.

Позвал он сыновей и говорит им:

—Дорогие мои дети, оседлали бы вы добрых коней, поездили бы по белу свету, места познавали, не напали бы где на Жар-птицу.

Дети отцу поклонились, оседлали добрых коней и отправились в путь-дорогу: старший в одну сторону, средний в другую, а Иван-царевич в третью сторону.

Ехал Иван-царевич долго ли, коротко ли. День был летний. Приустал Иван-царевич, слез с коня, спутал его, а сам свалился спать.

Много ли, мало ли времени прошло, пробудился Иван-царевич, видит—коня нет. Пошёл его искать, ходил, ходил и нашёл своего коня—одни кости обглоданные.

Запечалился Иван-царевич: куда без коня идти в такую даль?

''Ну что же,—думает,—взялся—делать нечего.''

2. И пошёл пеший. Шёл, шёл, устал до смерточки. Сел на мягкую траву и пригорюнился сидит. Откуда ни возьмись, бежит к нему серый волк:

—Что, Иван-царевич, сидишь пригорюнился, голову повесил?

—Как же мне не печалиться, серый волк? Остался я без доброго коня.

—Это я, Иван-царе́вич, твоего́ коня́ съел . . . Жа́лко мне тебя́! Расскажи́, заче́м вдаль пое́хал, куда́ путь де́ржишь?

—Посла́л меня́ ба́тюшка пое́здить по бе́лу све́ту. Найти́ Жар-пти́цу.

—Фу, фу, тебе́ на своём до́бром коне́ в три го́да не дое́хать до Жар-пти́цы. Я оди́н зна́ю, где она́ живёт. Так и быть—коня́ твоего́ съел, бу́ду тебе́ служи́ть ве́рой-пра́вдой. Сади́сь на меня́ да держи́сь кре́пче.

Сел Ива́н-царе́вич на него́ верхо́м, се́рый волк и поскака́л—си́ние леса́ ми́мо глаз пропуска́ет, озёра хвосто́м замета́ет. До́лго ли, ко́ротко ли, добега́ют они́ до высо́кой кре́пости. Се́рый волк и говори́т:

—Слу́шай меня́, Ива́н-царе́вич, запомина́й: полеза́й че́рез сте́ну, не бо́йся: час уда́чный, все сторожа́ спят. Уви́дишь в те́реме око́шко, на око́шке стои́т золота́я кле́тка, а в кле́тке сиди́т Жар-пти́ца. Ты пти́цу возьми́, за па́зуху положи́, да смотри́ кле́тки не тро́гай!

Ива́н-царе́вич че́рез сте́ну переле́з, уви́дел э́тот те́рем—на око́шке стои́т золота́я кле́тка, в кле́тке сиди́т Жар-пти́ца. Он пти́цу взял, за па́зуху положи́л, да засмотре́лся на кле́тку. Се́рдце его́ и разгоре́лось: Ах, кака́я—золота́я, драгоце́нная! Как таку́ю не взять! И забы́л, что волк ему́ нака́зывал. То́лько дотро́нулся до кле́тки, пошёл по кре́пости звук: тру́бы затруби́ли, бараба́ны заби́ли, сторожа́ пробуди́лись, схвати́ли Ива́на-царе́вича и повели́ его́ к царю́ Афро́ну.

Царь Афро́н разгне́вался и спра́шивает:

—Чей ты, отку́да?

—Я царя́ Беренде́я сын, Ива́н-царе́вич.

—Ай, срам како́й! Ца́рский сын да пошёл ворова́ть.

—А что же, когда́ ва́ша пти́ца лета́ла, наш сад разоря́ла?

—А ты бы пришёл ко мне, по со́вести попроси́л, я бы её так о́тдал, из уваже́ния к твоему́ роди́телю, царю́ Беренде́ю. А тепе́рь по всем города́м пущу́ нехоро́шую сла́ву про вас . . . Ну, да ла́дно, сослу́жишь мне слу́жбу, я тебя́ прощу́. В тако́м-то ца́рстве у царя́ Кусма́на есть

конь златогри́вый.   Приведи́ его́ ко мне́, тогда отда́м тебе́ Жар-пти́цу с кле́ткой.

Загорю́нился Ива́н-царе́вич, идёт к се́рому во́лку. А волк ему́:

—Я же тебе́ говори́л, не шевели́ кле́тку! Почему́ не слу́шал мой нака́з?

—Ну, прости́ же ты меня́, прости́, се́рый волк.

—То-то, прости́ . . . Ла́дно, сади́сь на меня́. Взя́лся за гуж, не говори́, что не дюж.

Опя́ть поскака́л се́рый волк с Ива́ном-царе́вичем. До́лго ли, ко́ротко ли, добега́ют они́ до той кре́пости, где стои́т конь златогри́вый.

—Полеза́й, Ива́н-царе́вич, че́рез сте́ну, сторожа́ спят, иди́ на коню́шню, бери́ коня́, да смотри́ узде́чку не тро́гай!

Ива́н-царе́вич переле́з в кре́пость, там все сторожа́ спа́ли, зашёл на коню́шню, пойма́л коня́ златогри́вого, да поза́рился на узде́чку—она́ зо́лотом, дороги́ми камня́ми у́брана; в ней златогри́вому коню́ то́лько и гуля́ть.

Ива́н-царе́вич дотро́нулся до узде́чки, пошёд звук по всей кре́пости: тру́бы затруби́ли, бараба́ны заби́ли, сторожа́ проснýлись, схвати́ли Ива́на-царе́вича и повели́ к царю́ Кусма́ну.

—Чей ты, отку́да?

—Я Ива́н-царе́вич.

3.   —Э́ка, за каки́е глу́пости взя́лся—коня́ ворова́ть! На э́то и просто́й мужи́к не согла-си́тся. Ну, ла́дно, прощу́ тебя́. Ива́н-царе́вич, е́сли сослу́жишь мне́ слу́жбу. У царя́ Далма́та есть дочь Еле́на Прекра́сная. Похи́ть её, привези́ ко мне́, подарю́ тебе́ златогри́вого коня́ с узде́чкой.

Ещё пу́ще пригорю́нился Ива́н-царе́вич, пошёл к се́рому во́лку.

—Говори́л я тебе́, Ива́н-царе́вич, не тро́гай узде́чку! Не послу́шал ты моего́ нака́за.

—Ну, прости́ же меня́, прости́, се́рый волк.

—То-то, прости́ . . . Да уж ла́дно, сади́сь мне на спи́ну.

Опя́ть поскака́л се́рый волк с Ива́ном-царе́вичем. Добега́ют они́ до царя́ Далма́та. У него́ в кре́пости в саду́ гуля́ет Еле́на Прекра́сная с ма́мушками, ня́нюшками. Се́рый волк говори́т:

В э́тот раз я тебя́ не пущу́, сам пойду́. А ты ступа́й обра́тно путём-доро́гой, я тебя́ ско́ро нагоню́.

Ива́н-царе́вич пошёл обра́тно путём-доро́гой, а се́рый волк перемахну́л че́рез сте́ну—да в сад. Засе́л за куст и гляди́т: Еле́на Прекра́сная вы́шла со свои́ми ма́мушками, ня́нюшками. Гуля́ла, гуля́ла и то́лько приотста́ла от ма́мушек и ня́нюшек, се́рый волк ухвати́л Еле́ну Прекра́сную, переки́нул че́рез спи́ну—и наутёк.

Ива́н-царе́вич идёт путём-доро́гой, вдруг настига́ет его́ се́рый волк, на нём сиди́т Еле́на Прекра́сная. Обра́довался Ива́н-царе́вич, а се́рый волк ему́:

—Сади́сь на меня́ скоре́й, как бы за на́ми пого́ни не бы́ло.

Помча́лся се́рый волк с Ива́ном-царе́вичем, с Еле́ной Прекра́сной обра́тной доро́гой—си́ние леса́ ми́мо глаз пропуска́ет, ре́ки, озёра хвосто́м замета́ет. До́лго ли, ко́ротко ли, добега́ют они́ до царя́ Кусма́на. Се́рый волк спра́шивает:

—Что, Ива́н-царе́вич, приумо́лк, пригорю́нился?

—Да как же мне, се́рый волк, не печа́литься? Как расста́нусь с тако́й красото́й? Как Еле́ну Прекра́сную на коня́ бу́ду меня́ть?

Се́рый волк отвеча́ет:

—Не разлучу́ я тебя́ с тако́й красото́й—спря́чем её где-нибу́дь, а я оберну́сь Еле́ной Прекра́сной, ты и ве́ди меня́ к царю́.

Тут они́ Еле́ну Прекра́сную спря́тали в лесно́й избу́шке. Се́рый волк переверну́лся че́рез го́лову и сде́лался точь-в-точь Еле́ной Прекра́сной. Повёл его́ Ива́н-царе́вич к царю́ Кусма́ну. Царь обра́довался, стал его́ благодари́ть:

—Спаси́бо тебе́, Ива́н-царе́вич, что доста́л мне неве́сту. Получа́й златогри́вого коня́ с узде́чкой.

Ива́н-царе́вич сел на э́того коня́ и пое́хал за Еле́ной Прекра́сной. Взял её, посади́л на коня́, и е́дут они́ путём-доро́гой.

4. А царь Кусма́н устро́ил сва́дьбу, пирова́л весь день до ве́чера, а как на́до бы́ло спать ложи́ться, повёл он Еле́ну Прекра́сную в спа́льню, да то́лько лёг с ней на крова́ть, гляди́т—во́лчья мо́рда вме́сто молодо́й жены́! Царь со стра́ху свали́лся с крова́ти, а волк удра́л прочь.

Нагоня́ет се́рый волк Ива́на-царе́вича и спра́шивает:

—О чём заду́мался, Ива́н-царе́вич?

Как же мне не ду́мать? Жа́лко расстава́ться с таки́м сокро́вищем—конём златогри́вым, меня́ть его́ на Жар-пти́цу.

—Не печа́лься, я тебе́ помогу́.

Вот доезжа́ют они́ до царя́ Афро́на. Волк и говори́т:

—Э́того коня́ и Еле́ну Прекра́сную ты спрячь, а я оберну́сь конём златогри́вым, ты меня́ и веди́ к царю́ Афро́ну.

Спря́тали они́ Еле́ну Прекра́сную и златогри́вого коня́ в лесу́. Се́рый волк перекину́лся че́рез спи́ну, оберну́лся златогри́вым конём. Ива́н-царе́вич повёл его́ к царю́ Афро́ну. Царь обра́довался и о́тдал ему́ Жар-пти́цу с золото́й кле́ткой.

Ива́н-царе́вич верну́лся пе́ший в лес, посади́л Еле́ну Прекра́сную на златогри́вого коня́, взял золоту́ю кле́тку с Жар-пти́цей и пое́хал путём-доро́гой в родну́ю сто́рону.

А царь Афро́н веле́л подвести́ к себе́ дарёного коня́ и то́лько хоте́л сесть на него́—конь оберну́лся Се́рым во́лком. Царь со стра́ху, где стоя́л, там и упа́л, а се́рый волк пусти́лся наутёк и ско́ро догна́л Ива́на-царе́вича.

—Тепе́рь проща́й, мне да́льше идти́ нельзя́.

Ива́н-царе́вич слез с коня́ и три ра́за поклони́лся до

земли́, с уваже́нием отблагодари́л се́рого во́лка. А тот говори́т:

—Не наве́к проща́йся со мной, я ещё тебе́ пригожу́сь.

Ива́н-царе́вич ду́мает: «Куда́ же ты ещё пригоди́шься? Все жела́нья мои́ испо́лнены». Сел на златогри́вого коня́, и опя́ть пое́хали они́ с Еле́ной Прекра́сной, с Жар-пти́цей. Дое́хал он до свои́х краёв, взду́малось ему́ попо́лдневать. Бы́ло у него́ с собо́й немно́го хле́бушка. Ну, они́ пое́ли, ключево́й воды́ попи́ли и легли́ отдыха́ть.

То́лько Ива́н-царе́вич засну́л, наезжа́ют на него́ его́ бра́тья. Е́здили они́ по други́м зе́млям, иска́ли Жар-пти́цу, верну́лись с пусты́ми рука́ми.

Нае́хали и ви́дят—у Ива́на-царе́вича всё добы́то. Вот они́ и сговори́лись:

—Дава́й убьём бра́та, добы́ча вся бу́дет на́ша.

Реши́лись и уби́ли Ива́на-царе́вича. Се́ли на злато-гри́вого коня́, взя́ли Жар-пти́цу, посади́ли на коня́ Еле́ну Прекра́сную и устраши́ли её:

—До́ма не ска́зывай ничего́!

Лежи́т Ива́н-царе́вич мёртвый, над ним уж во́роны лета́ют. Отку́да ни возьми́сь, прибежа́л се́рый волк и схвати́л во́рона с воронёнком.

—Ты лети́-ка, во́рон, за живо́й и мёртвой водо́й. Принесёшь мне живо́й и мёртвой воды́, тогда́ отпущу́ твоего́ воронёнка.

Во́рон, де́лать не́чего, полете́л, а волк де́ржит его́ воронёнка. До́лго ли во́рон лета́л, ко́ротко ли, принёс он живо́й и мёртвой воды́. Се́рый волк спры́снул мёртвой водо́й ра́ны Ива́ну-царе́вичу, ра́ны за́жили; спры́снул его́ живо́й водо́й Ива́н-царе́вич о́жил.

—Ох, кре́пко же я спал! . . .

—Кре́пко ты спал,—говори́т се́рый волк.—Кабы́ не я, совсе́м бы не просну́лся. Родны́е бра́тья тебя́ уби́ли и всю добы́чу твою́ увезли́. Сади́сь на меня́ скоре́й.

Поскака́ли они́ в пого́ню и насти́гли обо́их бра́тьев. Тут их се́рый волк растерза́л и клочки́ по по́лю размета́л.

Ива́н-царе́вич поклони́лся се́рому во́лку и прости́лся с ним наве́чно.

Верну́лся Ива́н-царе́вич домо́й на коне́ златогри́вом, привёз отцу́ своему́ Жар-пти́цу, а себе́—неве́сту, Еле́ну Прекра́сную.

Царь Беренде́й обра́довался, стал сы́на спра́шивать. Стал Ива́н-царе́вич расска́зывать, как помо́г ему́ се́рый волк доста́ть добы́чу, да как бра́тья уби́ли его́ со́нного, да как се́рый волк их растерза́л.

Погорева́л царь Беренде́й и ско́ро уте́шился. А Ива́н-царе́вич жени́лся на Еле́не Прекра́сной, и ста́ли они́ жить-пожива́ть да го́ря не знать.

Словарь

§ 1

Жар-пти́ца Firebird (in folklore)
великоле́пный magnificent
карау́л guard
уследи́ть 2 (*Prf.*) to keep an eye on
похити́тель thief
утеша́ть 1, уте́шить 2 to comfort, console
стере́чь 1 (*Imprf.*) to guard, watch over
смыка́ть 1, сомкну́ть 1 (глаза) to close (eyes)
как его́ сон задо́лит when the sleep is beginning to overwhelm him . . .
ему́ чу́дится he seems to see
клева́ть 1, клю́нуть 1 to peck (of birds)
встрепену́ться 1 (*Prf.*) to rouse oneself, to shake its wings (of birds)
разду́мываться 1, разду́маться 1 to start thinking about
седла́ть 1, о- to saddle

по бе́лу све́ту throughout the wide world
сва́ливаться 1, свали́ться 2 to fall down or collapse (for deep sleep)
обгло́данная кость bare/picked bone

§ 2

пе́ший unmounted, on foot
пригорю́ниваться 1, пригорю́ниться 2, to become sad
служи́ть кому́-ли́бо ве́рой и пра́вдой to serve smb. faithfully
кле́тка cage
па́зуха bosom
разгора́ться 1, разгоре́ться 2 (only 3rd pers.) to flame up
гне́ваться 1, раз- to be angry with
срам shame
златогри́вый having a golden mane
шевели́ть 2, шевельну́ть 1 to stir, move

взя́лся за гуж, не говори́, что не дюж (*Proverb*) you can't back out once you have begun
коню́шня stable
узде́чка bridle
за́риться 2, по- covet, have one's eye on

§ 3

похища́ть 1, похи́тить 2 to steal, kidnap
пу́ще more/worse than
нагоня́ть 1, нагна́ть 2 (нагоню́, -нишь) to overtake
перема́хивать 1, перемахну́ть 1 to jump over
приотстава́ть 1, приотста́ть 1 to lag behind
переки́дывать 1, переки́нуть 1 to throw over
пусти́ться науте́к to take to one's heels
настига́ть 1, насти́гнуть 1 (или насти́чь) to overtake
пого́ня pursuit, chase
мча́ться 2, по- to carry off/away
умолка́ть 1, приумо́лкнуть 1 to become silent
расстава́ться 1 (растаю́сь, -ёшься) расста́ться 1 (рас-ста́нусь, -нешься) to part with, leave
разлуча́ть 1, разлучи́ть 2 to separate, part from

§ 4

мо́рда snout
удира́ть 1, удра́ть 1 (удеру́, -ёшь) to run away
сокро́вище treasure
наве́к (или наве́ки) forever
пригоди́ться (пригожу́сь, -оди́шься) come in handy, prove useful
попо́лдневать to lunch, to have a noon snack
добыва́ть 1, добы́ть (добу́ду, -ешь) to obtain, get
добы́ча booty, spoils
устраша́ть 1, устраши́ть 2 to frighten, scare
во́рон raven
спры́скивать 1, спры́снуть 1 to sprinkle
зажива́ть 1, зажи́ть 1 (зажи-вёт) to heal (wounds)
ожива́ть 1, ожи́ть 1 to come to life
растерзывать 1, растерза́ть 1 to tear to pieces
клочо́к scrap
кабы́ if

И. А. Крыло́в

ВОЛК И ЯГНЁНОК

У си́льного всегда́ бесси́льный винова́т.
Тому́ в исто́рии мы тьму приме́ров слы́шим,
Но мы исто́рии не пи́шем;
А вот о том как в ба́снях говоря́т.

Ягнёнок в жа́ркий день зашёл к ручью́ напи́ться;
   И на́добно ж беде́ случи́ться,
Что о́коло тех мест голо́дный ры́скал Волк.
Ягнёнка ви́дит он, на до́бычу стреми́тся;
Но, де́лу дать хотя́ зако́нный вид и толк,
Кричи́т: ''Как сме́ешь ты, нагле́ц, нечи́стым ры́лом
   Здесь чи́стое мути́ть питьё
      Моё
   С песко́м и с и́лом?
   За де́рзость таку́
   Я го́лову с тебя́ сорву́.''—
''Когда́ светле́йший Волк позво́лит,
Осме́люсь я доне́сть, что ни́же по ручью́
От Све́тлости его́ шаго́в я на сто пью;
   И гне́ваться напра́сно он изво́лит:
Питья́ мути́ть ему́ ника́к я не могу́''.—
   ''Поэ́тому я лгу!
Него́дный! слы́хана ль така́я де́рзость в све́те!
Да по́мнится, что ты ещё в запро́шлом ле́те
   Мне здесь же как-то нагруби́л:
   Я э́того, прия́тель, не забы́л!''—
   ''Поми́луй, мне ещё и о́троду нет го́ду'',—
Ягнёнок говори́т. ''Так э́то был твой брат''.—
''Нет бра́тьев у меня́''.—''Так э́то кум иль сват
И, сло́вом, кто́-нибудь из ва́шего же ро́ду.
Вы са́ми, ва́ши псы и ва́ши пастухи́,
   Вы все мне зла хоти́те
И, е́сли мо́жете, то мне всегда́ вреди́те,
Но я с тобо́й за их разве́даюсь грехи́''.—
''Ах, я чем винова́т?''—''Молчи́! уста́л я слу́шать,
Досу́г мне разбира́ть вины́ твои́, щено́к!
Ты винова́т уж тем, что хо́чется мне ку́шать''.—
Сказа́л и в тёмный лес Ягнёнка поволо́к.

Слова́рь

тьма (here) a multitude, darkness

ры́скать 1 (**ры́щу, ры́щешь**) (*Imprf.*) to rove, roam

добы́ча prey

стреми́ться 2 (**стремлю́сь, -ми́шься**) (*Imprf.*) to rush, seek

де́рзость (*f.*) impudence

осме́ливаться 1, **осме́литься** 2 to dare

доноси́ть 2, донести́ 1 to inform
него́дный unfit
груби́ть 2, на- to be rude (to say
  something rude)
кум godfather

сват match-maker
разве́дывать 1, -ве́дать 1 to
  find out, to reconnoiter
досу́г leisure
щено́к puppy

И. А. Крыло́в

ВОЛК НА ПСА́РНЕ

Волк но́чью, ду́мая зале́зть в овча́рню,
    Попа́л на пса́рню.
  Подня́лся вдруг весь пса́рный двор—
Почу́я се́рого так бли́зко забия́ку,
Псы залили́сь в хлева́х и рву́тся вон на дра́ку,
  Псари́ крича́т: "Ахти́, ребя́та, вор"—
    И вмиг воро́та на запо́р;
    В мину́ту пса́рня ста́ла а́дом.
      Бегут: ино́й с дубьём,
      Ино́й с ружьём.
"Огня́!—крича́т,—огня́!" Пришли́ с огнём.
Мой Волк сиди́т, прижа́вшись в у́гол за́дом,
  Зуба́ми щёлкая и ощети́ня шёрсть,
Глаза́ми, ка́жется, хотёл бы всех он суе́сть;
  Но, ви́дя то, что тут не пе́ред ста́дом,
    И что прихо́дит, наконе́ц,
    Ему́ рассче́сться за ове́ц,—
      Пусти́лся мой хитре́ц
      В перегово́ры.
И на́чал так: "Друзья́! К чему́ весь э́тот шум?
    Я, ваш стари́нный сват и кум,
Пришёл мири́ться к вам, совсе́м не ра́ди ссо́ры;
Забу́дем про́шлое, уста́вим о́бщий лад!
А я, не то́лько впредь не тро́ну зде́шних стад,
Но сам за них с други́ми гры́зться рад
    И во́лчьей кля́твой утвержда́ю,
    Что я . . ."—"Послу́шай-ка сосе́д,—
    Тут ло́вчий перерва́л в отве́т,—
    Ты сер, а я, прия́тель, сед,
И во́лчью ва́шу я давно́ нату́ру зна́ю;
    А потому́ обы́чай мой:
  С волка́ми и́наче не де́лать мирово́й,
  Как сня́вши шку́ру с них доло́й."
И тут же вы́пустил на Во́лка го́нчих ста́ю.

Словарь

овча́рня sheep-yard, sheep-fold

псарь (*m.*) kennel keeper

забия́ка bully

псы залили́сь the dogs barked at the top of their voices

дубьё club

прижима́ться 1, прижа́ться 2 (прижму́сь, -ёшься) to press oneself to

щёлкать 1, щёлкнуть 1 to click

ощети́ниваться 1, ощети́нить- ся 2 (only 3rd pers.) to bristle up

рассчи́тываться 1, расче́сться 1 (разочту́сь, -чтёшься) to settle accounts

гры́зться 1, (грызу́сь, -зёшься) (*Imprf.*) to quarrel, fight

кля́тва oath

Д. И. Фонви́зин

Отры́вок из коме́дии "Не́доросль"
(Де́йствие IV, явле́ние VIII)

Де́йствующие ли́ца:

Простако́в

Госпожа́ Простако́ва—жена́ его́

Митрофа́н—сын их, не́доросль

Скоти́нин—брат госпожи́ Простако́вой

Староду́м

Пра́вдин

Г-жа Простако́ва (входя́). Всё ли с тобо́ю, Митро- фа́нушка?

Митрофа́н. Ну, да уж не забо́ться. . . .

Г-жа Простако́ва (Староду́му). Мы пришли́, ба́тюш- ка, потруди́ть вас тепе́рь о́бщею на́шею про́сьбою. (Му́жу и сы́ну.) Кла́няйтесь.

Г-жа Простако́ва. Во-пе́рвых, прошу́ ми́лости всех сади́ться. Вот в чём де́ло, ба́тюшка. За моли́твы роди́- телей на́ших,—нам, гре́шным, где б и умоли́ть,—дарова́л нам Госпо́дь Митрофа́нушку. Мы всё де́лали, чтоб он у нас стал тако́в, как изво́лишь его́ ви́деть. Не уго́дно ль, мой ба́тюшка, взять на себя́ труд и посмотре́ть, как он у нас вы́учен?

Стародýм. О, судáрыня! До моих ушéй ужé дошлó, что он тепéрь тóлько и отучиться извóлил. Я узнáл, кто его и учители. Вижу наперёд, какóму грамотéю емý быть нáдобно, учáся у Кутéйкина, и какóму матемáтику, учáся у Цыфиркина. Любопытен бы я был послýшать, чемý нéмец-то его выучил.

Г-жа Простакóва. Всем наýкам, бáтюшка. ⎫
Простакóв. Всемý, мой отéц. ⎬ Вмéсте
Митрофáн. Всемý, чемý извóлишь. ⎭

Прáвдин (Митрофáну). Чемý ж бы, напримéр?

Митрофáн (подаёт емý книгу). Вот, граммáтике.

Прáвдин (взяв книгу). Вижу. Это граммáтика. Что ж вы в ней знáете?

Митрофáн. Мнóго. Существительна, да прилагáтельна. . . .

Прáвдин. Дверь, напримéр, какóе имя: существительное или прилагáтельное?

Митрофáн. Дверь, котóра дверь?

Прáвдин. Котóра дверь! Вот эта.

Митрофáн. Эта? Прилагáтельна.

Прáвдин. Почемý же?

Митрофáн. Потомý что онá прилóжена к своемý мéсту. Вот у чулáна шестá недéля дверь стоит ещё не навéшена: так та покáмест существительна.

Стародýм. Так поэтому у тебя слóво дурáк прилагáтельное, потомý что онó прилагáется к глýпому человéку?

Митрофáн. И вéдомо.

Г-жа Простакóва. Что, каковó, мой бáтюшка?

Простакóв. Каковó, мой отéц?

Прáвдин. Нельзя лýчше. В граммáтике он силён.

Милóн. Я дýмаю, не мéньше и в истóрии.

Г-жа Простакóва. То, мой бáтюшка, он ещё сызмала к истóриям охóтник.

Скотинин. Митрофáн по мне. Я сам без тогó глаз не сведý, чтоб выборной не рассказывал мне истóрии. Мáстер, собáчий сын, откýда что берётся!

Г-жа Простако́ва. Одна́ко всё-таки не прии́дет про́тив Ада́ма Ада́мыча.

Пра́вдин (Митрофа́ну). А далеко́ ли вы в исто́рии?

Митрофа́н. Далеко́ ль? Какова́ исто́рия. В ино́й залети́шь за три́девять земе́ль, за тридеся́то ца́рство.

Пра́вдин. А! так э́той-то исто́рии у́чит вас Вра́льман?

Староду́м. Вра́льман! И́мя что́-то знако́мое. . . .

Пра́вдин. Да не так же ли вы зна́ете и геогра́фию?

Г-жа Простако́ва (сы́ну). Слы́шишь, друг мой серде́чный. Э́то что за нау́ка?

Митрофа́н (ти́хо ма́тери). А я почём зна́ю.

Г-жа Простако́ва (ти́хо Митрофа́ну). Не упря́мься, ду́шенька. Тепе́рь-то себя́ и показа́ть.

Митрофа́н (ти́хо ма́тери). Да я не возьму́ в толк, о чём спра́шивают.

Г-жа Простако́ва (Пра́вдину). Как, ба́тюшка, назва́л ты нау́ку-то?

Пра́вдин. Геогра́фия.

Г-жа Простако́ва (Митрофа́ну). Слы́шишь, еогра́фия.

Митрофа́н. Да что тако́е! Го́споди Бо́же мой! Приста́ли с ножо́м к го́рлу.

Г-жа Простако́ва (Пра́вдину). И ве́домо, ба́тюшка. Да скажи́ ему́, сде́лай ми́лость, кака́я э́то нау́ка-то, он её и расска́жет.

Пра́вдин. Описа́ние земли́.

Г-жа Простако́ва (Староду́му). А к чему́ бы э́то служи́ло на пе́рвый слу́чай?

Староду́м. На пе́рвый слу́чай сгоди́лось бы и к тому́, что е́жели б случи́лось е́хать, так зна́ешь, куда́ е́дешь.

Г-жа Простако́ва. Ах, мой ба́тюшка! Да изво́зчики-то на что ж? Э́то-таки и нау́ка-то не дворя́нская. Дворяни́н то́лько скажи́: повези́ меня́ туда́, свезу́т, куда́ изво́лишь. Мне пове́рь, ба́тюшка, что, коне́чно, то вздор, чего́ не зна́ет Митрофа́нушка.

Староду́м. О, коне́чно, суда́рыня. В челове́ческом неве́жестве весьма́ утеши́тельно счита́ть всё то за вздор, чего́ не зна́ешь. . . .

Скоти́нин. Что уче́нье вздор, то неоспори́мо доказа́л поко́йный дя́дя Вави́л Фалеле́евич. О гра́моте никто́ от него́ не слы́хивал, ни он ни от кого́ слы́шать не хоте́л. А какова́ была́ голо́вушка!

Словарь

не́доросль (*m.*) ignoramus

забо́титься, 2 по- to trouble oneself

потруди́ть 2 (*Prf.*) to bother

умоля́ть 1, умоли́ть 2 to entreat

дарова́ть 1 (*Prf. & Imprf.*) to grant

уго́дно it is pleasing

выу́чивать 1, вы́учить 2 to learn

отуча́ться 1, отучи́ться 2 to wean, to finish learning

грамоте́й person who can read and write (colloq.)

чула́н store-room

всему́, чему́ изво́лишь anything you want

шеста́ = шеста́я the sixth

наве́шивать 1, наве́сить 2 to hang up

пока́мест = пока́ for the time being

ве́домо it is well known

охо́тник lover (hunter)

упря́миться 2, за- to be obstinate

взять в толк to understand

приста́ть с ножо́м к го́рлу to press, harass, importune

годи́ться (гожу́сь, -ди́шься) to be fit, useful

весьма́ утеши́тельно very consoling, comforting

неоспори́мо indisputable

сы́змала from childhood

ГЛАВА XVIII ┃ РУССКАЯ ЛИТЕРАТУРА

(Первая половина XIX века)

ЧАСТЬ ПЕРВАЯ

1. Золотой век

Мы видели, что в век Ломоносова и Державина русская литература сделала огромный шаг вперед, приобрела новые черты и создала новые течения. Но окончательную, можно сказать, совершенную форму русская литература приобрела в XIX веке. С 1800 года начинается так называемый "Золотой век" русского литературного творчества. И действительно, с самого начала этой эпохи и до первого десятилетия нашего XX века перед нами проходит блестящая вереница знаменитых литературных имен и произведений.

2. Общая характеристика начала XIX века. Переход к романтизму. Пробуждение национального чувства. Политическое брожение

Отличительной чертой русской литературы в начале XIX в. является отказ от ложноклассических форм поэзии и прозы и переход к романтическому стилю. Это новое веяние пришло в Россию главным образом из Англии и Германии: Гете, Шиллер, а также английские писатели и поэты ввели на Западе романтизм и дали ему широкое распространение. Появилось новое, лирическое восприятие человека и его чувств, его индивидуальных радостей и горестей. Появилось также новое красочное изображение природы не только Европы, но и экзотических стран. Среди русских писателей пробудился также интерес к русскому прошлому и к бытовым сценам народной жизни.

225

Все эти элементы начали развиваться в начале царствования Александра I, особенно в результате Отечественной войны, когда весь народ объединился против Наполеона и вытеснил его из пределов России. Но этот период также способствовал ознакомлению русской интеллигенции с Западом. Многие молодые офицеры, вступившие с победоносной армией в Париж, принесли с собой обратно в Россию идеи Французской революции, стремление к свободе, ненависть к крепостному праву, желание политических реформ и даже—переворота. Это политическое брожение выразилось в восстании декабристов в 1825 году, и мы находим его также и среди представителей русской литературы. Именно в это время на русском литературном горизонте взошла звезда Александра Сергеевича Пушкина, великого поэта и основоположника русской литературы Золотого века.

3. Юность и молодость А. С. Пушкина

Пушкин родился в Москве в 1799 году. Он был сыном дворянина, отставного военного, Сергея Львовича Пушкина и Надежды Осиповны, урожденной Ганнибал. Она была внучкой знаменитого абиссинца Абрама Ганнибала, любимца Петра Великого. Пушкин чтил память своего прадеда и сознавал, что в его жилах течет не только русская, но и африканская кровь. Хотя он был белокурым и голубоглазым, но его смуглое лицо, толстые губы, курчавые волосы, а главное, пылкий характер—указывали на его происхождение. Поэт увековечил имя Абрама Ганнибала в своей повести ''Арап Петра Великого''. Он очень интересовался и самим Петром и посвятил ему ряд своих произведений: ''Полтава'', ''Медный всадник'' и др.

Отец Пушкина был очень культурным и начитанным человеком. В его библиотеке маленький ''Саша'' нашел произведения выдающихся французских писателей и увлекся ими, особенно их поэзией. Еще совсем юным он

был отдан в Царскосельский лицей, учебное заведение для дворянских детей, находившееся недалеко от Санкт-Петербурга. Ученики лицея готовились к государственной службе; их старательно обучали не только русскому, но и иностранным языкам. Несмотря на строгость воспитания и трудности наук, в которых Пушкин не всегда преуспевал, он сохранил наилучшие воспоминания о своих лицейских годах. Здесь он познакомился с целым рядом сверстников, с которыми подружился. Эта дружба их связала на в о жизнь. Воспоминания о Царском Селе, запечатленные в стихотворениях Пушкина, горячо и восторженно говорят об этой дружбе.

Пушкин начал писать стихи еще сидя на школьной скамье и напечатал первые из них в литературном журнале, когда ему было лишь пятнадцать лет. После окончания лицея он продолжал писать, и его первая длинная эпическая поэма ''Руслан и Людмила'' имела большой успех. Но самого Пушкина уже не было в Петербурге.

Он был обличен в политической неблагонадежности и сослан, сперва на Кавказ, а затем в Крым, в Бессарабию и наконец в Одессу. За это время Пушкин написал ряд блестящих произведений: ''Кавказский пленник'', ''Бахчисарайский фонтан'', ''Цыганы''. В 1824 году ему было приказано покинуть юг России и поселиться в своем родовом имении—селе Михайловском в Псковской губернии.

4. Пушкин в Михайловском открывает сокровища русского народного языка

Здесь Пушкин провел два года в почти полном одиночестве. Зато он познакомился с русской деревней и крестьянами. Он стал прислушиваться к народной речи и высоко оценил ее. У Пушкина в доме служила его старая няня, Арина Родионовна. Она была искусной рассказчицей и в

долгие зимние вечера развлекала своего барина сказками
и прибаутками. Влияние этой народной стихии сказалось
на творчестве Пушкина. Повлияла на него и русская
деревня, столь непохожая на обстановку шумной городской жизни.

5. Возвращение в В 1826 году Пушкину было
   Петербург. разрешено вернуться в Петербург,
   Дуэль и смерть но творчество его было подвергнуто
цензуре императора Николая I и
шефа жандармов, графа Бенкендорфа. В 1831 году
Пушкин женился на красавице Наталье Гончаровой.
Она была значительно моложе мужа, не умела ценить его
гения и любила светские забавы, которые обходились
очень дорого. Пушкин должен был находить средства к
существованию, поступил на государственную службу.
Но и этих с трудом заработанных денег ему не хватало.
Он прибегал к постоянным займам и закладам драгоценных вещей в ломбарды. С горечью Пушкин писал одному
из своих друзей: ''Женясь я думал издерживать втрое
против прежнего, а вышло вдесятеро''. Но главное—
его стала мучить ревность. За его женой ухаживал Барон
Ж. Дантес, молодой французский офицер, принятый в
русскую гвардию. 27 января 1837 года произошла
дуэль между Дантесом и Пушкиным. Последний был
смертельно ранен и скончался 29 января.

Вся Россия оплакивала Пушкина, смерть которого
глубоко взволновала русское общество. Потрясен был
юный поэт Михаил Юрьевич Лермонтов, посвятивший
этой трагедии одно из первых своих стихотворений ''На
смерть поэта''.

Белинский признал Пушкина не только великим, но и
глубоко национальным, народным поэтом. Сам Пушкин
не ошибался, когда написал незадолго до смерти в своем
стихотворении ''Памятник'', что слух о нем ''пройдет по

всей Руси великой'' и что народ будет его навеки помнить за то, что он будил в нем добрые чувства и воспевал свободу. И действительно, Пушкин навсегда останется олицетворением всего наилучшего в России.

6. Творчество Пушкина

Как мы видели, Пушкин начал писать будучи еще школьником. Он сам рассказал о своей встрече с Державиным, который тогда считался самым знаменитым поэтом России. Державин присутствовал на торжественном собрании молодых питомцев лицея, и Пушкин прочел при нем свои стихи. Старый поэт сразу признал талант юноши и, как впоследствии писал Пушкин, ''в гроб сходя благословил'' его. Несколько лет спустя старший друг и ментор Пушкина, поэт В. А. Жуковский, внимательно следивший за развитием юноши, прислал ему свой портрет с надписью: ''Победившему ученику от побежденного учителя''.

Уже в произведениях двадцатых годов, особенно в своих эпических поэмах, как ''Цыганы'' или ''Бахчисарайский фонтан'', Пушкин доказал свое мастерство. Замечательны также лирические стихотворения Пушкина, относящиеся к этой эпохе. Но самыми выдающимися произведениями Пушкина являются сочинения, написанные в позднейший период: поэмы ''Евгений Онегин'' и ''Медный всадник'', драматическое произведение ''Борис Годунов'', а также сочинения в прозе.

Как видно из этого краткого перечисления, Пушкин испробовал решительно все литературные жанры, многие из которых были едва затронуты его предшественниками. Так, например, ''Евгений Онегин'' является романом в стихах. И, как отмечает современник Пушкина, знаменитый критик В .Г. Белинский, ''Евгений Онегин'' был написан, когда в России не было еще ни одного порядочного романа даже в прозе.

7. "Евгений Онегин." Содержание и тематика

Можно сказать, что в этой поэме Пушкин дошел до высот своего искусства. В ней он сумел соединить классицизм с романтическими приемами творчества. Но главное, он сочетал эти формы, навеянные западной литературой, с русским народным языком. Родная речь впервые вошла, благодаря Пушкину, в русскую литературу. Этим живым, во многих случаях, разговорным языком, он описал русскую жизнь, русскую природу и общество его времени; он представил их то в больших ярких бытовых картинах, то в зарисовках, где все до мельчайших подробностей отмечено. В "Евгении Онегине" мы сопровождаем героя поэмы то на веселые петербургские балы, то в театр, где идет балет, то в комнату Евгения с её туалетными принадлежностями и гардеробом, то на ужин с его угощениями и винами. Затем мы переносимся в деревню и посещаем усадьбу героини—Татьяны, незабвенного женского образа, который стал как бы прототипом русской девушки. Татьяна живет в мире поэтических мечтаний. Встретив Онегина, она страстно в него влюбляется и открывается ему в своих чувствах в знаменитом письме, которое является одним из шедевров пушкинской поэзии. Онегин отвергает любовь Татьяны; его холодность и жестокость проявляются, когда он убивает на дуэли своего лучшего друга. Через несколько лет он опять встречает Татьяну, уже зрелой и замужней красавицей; он в свою очередь подпадает под ее чары и отвержен ею в последней главе романа.

Несмотря на как будто несложную фабулу, "Евгений Онегин" глубоко волнует и в то же время увлекает читателя. Это произведение справедливо считается первым русским романом. Если Татьяна—прототип русской героини в литературе "Золотого века", то и Евгений служит предвестником многих героев русской беллетристики.

8. Исторические произведения и проза Пушкина. "Борис Годунов" и "Медный всадник". Пушкин в русской музыке

Во всех литературных жанрах, от поэм до тончайшей лирической поэзии, Пушкин проявил себя великим мастером. Таким же мастером он является и в прозе, которая до сих пор служит образцом для повестей и рассказов ("Повести Белкина", "Пиковая дама"). Кроме того, Пушкин был и талантливым автором исторических произведений. Это ясно ощутимо в его драме "Борис Годунов", в поэме "Медный всадник", в повести "Капитанская дочка", в его историческом исследовании, посвященном Пугачевскому бунту и, наконец, в незаконченном рассказе "Арап Петра Великого". В этих сочинениях, мы видим насколько у Пушкина было живое историческое чутье, как часто он задумывался над судьбами России. Это яснее всего проявится в его "Медном всаднике", в котором автор противопоставил образы всемогущего Петра Великого и бедного безумца, который противится его власти.

Интересно отметить, что многие произведения Пушкина вдохновили русских композиторов: "Евгений Онегин" и "Пиковая дама" послужили темой для опер Чайковского, "Борис Годунов" был использован для либретто оперы Муссоргского. Многие лирические стихотворения Пушкина также переложены на музыку.

9. М. Ю. Лермонтов. Характеристика его личности и творчества. Главные произведения

Можно сказать, что прямым духовным наследником Пушкина был Михаил Юрьевич Лермонтов (1814–1841), замечательный поэт и прозаик. Он продолжил дело, начатое автором "Евгения Онегина", и одно из его первых стихотворений было посвящено памяти убитого на дуэли поэта. Однако Лермонтов не был

подражателем Пушкина и очень многим от него отличается. Стихи и поэмы Лермонтова, как ''Демон'' и ''Мцыри'', а также его произведения в прозе, далеки от светлого, динамического пушкинского творчества. Мотивы Лермонтова отражают разочарованность. Иногда поэт выражает глубокое религиозное чувство, в котором он находит утешение, забывает о своей тоске и муке. Но мрачные пессимистические мотивы преобладают в его творчестве и с особой силой выражены в его сочинении ''Герой нашего времени''. В этих рассказах, вышедших под общим названием их характеризующим, Лермонтов изобразил циничного и бессердечного молодого человека и его романтические похождения на Кавказе. ''Герой нашего времени'' остается образцом изящной русской прозы. В то же время эти рассказы являются примером тонкого психологического анализа, живописным изображением кавказской природы.

10. Лермонтов— предшественник русской поэзии XX века

Лермонтов, в свою очередь, достиг высот литературного искусства, и его часто сравнивают с его великим предшественником, Пушкиным. Он не был новатором, каким был автор ''Евгения Онегина'', а лишь развивал начатое Пушкиным дело. Но он создал оригинальное глубокое течение в изображении мира и человеческой души, с их раздвоенностью и борьбой добра и зла. Его творчество имело большое влияние на дальнейший ход русской литературы и особенно ярко отразилось в XX веке в произведениях школы русских символистов. Преждевременная смерть Михаила Лермонтова (как и Пушкин, он трагически погиб на дуэли) пресекла творчество этого замечательного поэта.

11. Н. В. Гоголь. Главные этапы его жизни и творчества

Самым знаменитым из современников Пушкина, на много лет его переживших, был Николай Васильевич Гоголь (1809–1852)— писатель драматург и сатирик, который с выше названными двумя авторами считается основателем русской литературы. И действительно, произведения Гоголя отмечают один из важнейших этапов ''Золотого века'' не только в области литературы, но и театра.

Гоголь родился на Украине в селе Большие Сорочинцы и учился в Нежинской гимназии. В юности он близко познакомился с бытовыми чертами украинского народа и ярко изобразил их в своих первых произведениях: ''Вечера на хуторе близ Диканьки'' и ''Миргород''. Во время выхода в свет этих рассказов он был уже в Петербурге и вошел в круг выдающихся литераторов своего времени. ''Вечера на хуторе'' и ''Миргород'' имели большой успех, а в 1836 году была поставлена пьеса Гоголя ''Ревизор''. С этой постановкой, которая могла бы иметь еще больший успех, были связаны для Гоголя жестокие разочарования. Несмотря на неотразимый юмор пьесы и блестящее ее исполнение, она была осуждена и критикой и большинством публики. В ''Ревизоре'' официальные круги и их последователи усмотрели злую сатиру на существовавшие в то время порядки. И действительно, Гоголь высмеял в своей комедии грехи русской бюрократии, особенно взяточничество, невежество и карьеризм. Император Николай I, присутствовавший на первом представлении ''Ревизора'', возмущенно воскликнул: ''Ну, и пьеса! всем досталось, и больше всех мне''.

Гоголь был обличен в вольнодумстве, в осмеянии закона и отечества. Напрасно автор пытался защитить себя, оправдаться и доказать, что он и не думал посягать на существующую власть. Он чувствовал, что теряет почву под ногами, и был настолько ошеломлен всем

случившимся, что не захотел оставаться в России. Итак, Гоголь уехал за границу.

12. Мертвые души   Поселившись в Риме, он был там сравнительно счастлив, попал в дружеское окружение других русских, проживающих в Италии, и снова сел за работу. В Риме Гоголь написал первую часть ''Мертвых душ'', которая вскоре стала печататься в Петербурге. Но, увы, эта книга—одно из величайших произведений русской литературы—имела ту же несчастную участь, что и ''Ревизор''. Это произведение опять-таки являлось сатирой и воистину жестокой сатирой, бичующей нравы России Николая I. И опять-таки, автор навлек на себя не менее жестокий приговор. Критика, разразившаяся над головой Гоголя, привела его в состояние отчаяния. Он хотел доказать, что он далеко не осуждает России, а лишь пытается изобразить насколько чудовищны люди, которые ей плохо служат. Ведь герой ''Мертвых душ''—мошенник, преступление которого уступает лишь прегрешениям тех помещиков, которых он обкрадывает. Но этим самым автор хотел восхвалить красоту и необходимость нравственного начала, которое должно в России восторжествовать. Гоголь снова берется за перо. Он начинает писать вторую часть ''Мертвых душ'', в которой он старается изобразить рядом с Чичиковым—положительных героев: добродетельных, энергичных и честных русских людей. Он бьется и мучается над этой второй частью, два раза сжигает свою рукопись и находится в тяжелом нервном состоянии, которое длится до смерти и, как установлено его биографами, явилось причиной его кончины.

13. Религиозная драма Гоголя   В моральных страданиях Гоголя значительную роль сыграло религиозное чувство, к концу его жизни особенно обострившееся и доведшее его до

фанатизма и душевной болезни. Мистические настроения сменялись у него упадком сил, причиненным угрызениями совести и страхом смерти. Он верил в свою миссию: сказать правду и поучать правде в своих литературных произведениях и постоянно сомневался в своей способности эту миссию выполнить. Свои религиозные взгляды и крайности своих нравственных переживаний Гоголь отразил в ''Переписке с друзьями''. В этом произведении он объясняет и оправдывает все то, что он так остро переживал. Но он не только не был понят, а наоборот, снова подвергся критике. В. Г. Белинский, так искренно почитавший талант Гоголя и встретивший его творчество с пламенным энтузиазмом, теперь резко отошел от него. Белинский, будучи сам атеистом, отрицательно относился к верующим. Он написал Гоголю обличительное письмо, в котором с возмущением упрекал его в фанатизме и слепой вере в мистическое назначение русского народа. Это письмо, написанное с необыкновенной силой, тяжело подействовало на Гоголя, тем более, что в это время он потерял многих своих друзей и почитателей. Письмо Белинского к Гоголю до сих пор считается одной из ярких страниц публицистики первой половины XIX века в России. Оно написано в блестящем стиле, характерном для автора, которого называли ''неистовым''.

14. **''Смех сквозь слезы''** Гоголь навек останется бессмертным автором ''Ревизора'' и ''Мертвых душ'', в которых он сумел изобразить незабываемые типы чудовищных, жутких, уродливых или просто смешных людей. Сатира его бичует не только прегрешения русского общества его времени, но человеческую ложь, жадность и пошлость во всех странах и во всякое время. ''Ревизор'' был поставлен и до сих пор ставится на лучших русских сценах. Он ставится и за границей в переводе на многие языки.

''Мертвые души''—числятся среди шедевров всемирной литературы. Кого не заставит смеяться Гоголь над героями этих произведений, Чичиковым и Хлестаковым?

О Гоголе говорили, что у него ''смех—сквозь слезы''. В Гоголе нас чарует неотразимый юмор, ярко зарисованные сцены и силуэты, метко брошенные слова и выражения, которые не только вызывают смех, но навсегда запоминаются. Чарует нас его живописный язык, усыпанный остротами и в то же время тонкий и поэтический. Но главное, может быть, нас притягивает его проникновение в тайны человеческого ума и сердца, в которых кроется зло, причиняющее мучение другим.

Вот почему на его памятнике в Москве мы читаем надпись, взятую от библейских пророков:

''Горьким словом моим посмеюся''.

Вопросы

1. Почему девятнадцатый век называется Золотым веком русской литературы?
2. Чем отличается Золотой век от восемнадцатого века?
3. Расскажите биографию Пушкина.
4. Назовите самые выдающиеся произведения Пушкина.
5. Когда Пушкин начал писать свои первые стихи и что надписал для него на своем портрете его друг, поэт Жуковский?
6. Какие произведения Пушкина вдохновили русских композиторов?
7. В каких жанрах были написаны эти произведения?
8. Как отзывался Белинский о романе ''Евгений Онегин''?
9. Кто была Татьяна и как относилась она к Евгению Онегину?
10. Как отразилось влияние народного русского языка на поэзию Пушкина?
11. Кто был преемником Пушкина и чем отличается творчество этого молодого поэта?
12. Кто изображен в ''Герое нашего времени'' Лермонтова?
13. Расскажите биографию Гоголя. Назовите его главные произведения.
14. Что описано в пьесе ''Ревизор''? Как встретила публика эту пьесу?
15. Что сделал Гоголь после постановки ''Ревизора''?

16. Кого Гоголь изобразил в первой части "Мертвых душ"?
17. Кого он старался описать во второй части этого произведения?
18. Дайте общую характеристику творчества Гоголя.
19. Что написал критик Белинский в своем письме к Гоголю?
20. В каком душевном состоянии был Гоголь в конце своей жизни?
21. Что написано на его памятнике и какое значение имеет эта надпись?

Словарь

§ 1

приобрета́ть 1, **-сти́** 1 (**прио-брету́, -тёшь**) to acquire
верени́ца line, row

§ 2

отка́з rejection, refusal
ве́яние idea, trend
жанр genre
увлека́ться 1, **увле́чься** 1 to be carried away
восприя́тие perception
го́ресть (*f.*) sorrow
ощуще́ние feeling, sensation
пробужда́ться 1, **-буди́ться** 2 to be awakened
бытово́й describing a way of life
вытесня́ть 1, **вы́теснить** 2 to force out
спосо́бствовать 1 (*Imprf.*) to contribute, to favor
стремле́ние yearning (here) tendency
броже́ние fermentation (intellectual, here)
основополо́жник founder

§ 3

отставно́й retired
чтить 2 (*Imprf.*) to revere
пра́дед great-grandfather
жи́ла vein
белоку́рый blond

сму́глый swarthy
курча́вый curly
пы́лкий ardent, impassioned
увекове́чивать 1, **увекове́чить** 2 to immortalize
начи́танный well read
све́рстник of same age
запечатлённый described, imprinted
на шко́льной скамье́ *Lit.:* on a school bench (still as a boy)
облича́ть 1, **-чи́ть** 2 to accuse
неблагонадёжность (*f.*) unreliability

§ 4

иску́сный skilful
развлека́ть 1, **-вле́чь** 1 to amuse, to entertain
прибау́тка facetious saying

§ 5

подверга́ть 1, **-гнуть** 1 to subject
заба́ва amusement
закла́д pawn
ломба́рд pawn shop
го́речь (*f.*) bitterness
изде́рживать 1, **-жа́ть** 2 to spend
ре́вность (*f.*) jealousy
уха́живать 1 (*Imprf.*) to court, to woo (to take care)

потрясе́ние shock, blow
олицетворе́ние personification

§ 6

торже́ственный solemn, gala
пито́мец charge, pupil
поря́дочный decent, consider-
able

§ 7

сочета́ть 1 (*Imprf. & Prf.*) to
combine
зарисо́вка sketch
подро́бность (*f.*) detail
туале́тные принадле́жности
dressing table accessories
(toilet articles)
угоще́ние refreshments
незабве́нный unforgettable
мечта́ние dream
стра́стно passionately
отверга́ть 1, -гнуть 1 to reject,
to spurn
зре́лый mature
ча́ры (*Pl.*) charm(s)
предве́стник forerunner

§ 8

иссле́дование research, study
чутьё flair, sense
судьба́ fate
безу́мец madman, maniac
вдохновля́ть 1, -ви́ть 2 to
inspire

§ 9

подража́тель (*m.*) imitator
разочаро́ванность (*f.*) dis-
illusion
утеше́ние solace, consolation
тоска́ anguish
му́ка torture, torment
мра́чный gloomy, morose
преоблада́ть 1 (*Imprf.*) to predominate
похожде́ния adventures

§ 10

в свою́ о́чередь for his part
преждевре́менный premature,
untimely
пресека́ть 1, пресе́чь 1 (пресе-
ку́, пресечёшь) to interrupt,
to cut short

§ 11

неотрази́мый irresistible
взя́точничество graft, bribery
возмуще́ние indignation
достава́ться 1 -ста́ться 1 to
get, endure
посяга́ть 1, -гну́ть 1 to infringe
ошеломля́ть 1, -ми́ть 2 to
stupefy, to stun

§ 12

увы́! Alas!
вои́стину truly
бичу́ющий lashing
навлека́ть 1, -вле́чь 1 to incur
пригово́р verdict, sentence
разража́ться 1, разрази́ться 1
(разражу́сь, разрази́шься)
to burst out
отча́яние despair
чудо́вищный monstrous
моше́нник swindler
обкра́дывать 1, обокра́сть 1
to rob
нра́вственный moral
положи́тельный positive
доброде́тельный virtuous
кончи́на death

§ 13

обостря́ть 1, -и́ть 2 to aggravate, to sharpen
доводи́ть 2, -вести́ 1 to reduce
to, to drive to, to lead
упа́док сил weakness, break-
down (nervous)

угрызе́ния со́вести remorse, pangs of conscience
пла́менный ardent, fiery
обличи́тельный accusing
упрека́ть I, -кну́ть I to reproach
почита́тель (*m.*) admirer
неи́стовый. rabid, violent
удешевлённый reduced price
проявле́ние manifestation
неуравнове́шенность (*f.*) unbalance

§ 14

смех сквозь слёзы laughter through tears

жу́ткий frightening
уро́дливый ugly
жа́дность (*f.*) greed
по́шлость (*f.*) vulgarity
чи́слиться 2 (*Imprf.*) to be considered
ме́тко hitting the mark, well aimed
усы́панный strewn
усыпа́ть I, усы́пать I to strew
острота́ witticism
притя́гивать I -тяну́ть I to attract
проникнове́ние penetration
причиня́ть I, -ни́ть 2 to cause
проро́к prophet

ЧАСТЬ ВТОРАЯ—ЧТЕНИЕ

А. С. Пушкин

Из повести "КАПИТАНСКАЯ ДОЧКА", глава VII

ПРИСТУП

1. В эту ночь я не спал и не раздевался. Я намерен был отправиться на заре к крепостным воротам, откуда Марья Ивановна должна была выехать, и там проститься с ней в последний раз. Я чувствовал в себе великую перемену: волнение души моей было мне гораздо менее тягостно, нежели то уныние, в котором еще недавно был я погружен. С грустью разлуки сливались во мне и неясные, но сладостные надежды, и нетерпеливое ожидание опасностей, и чувства благородного честолюбия. Ночь прошла незаметно. Я хотел уже выйти из дому, как дверь моя отворилась, и ко мне явился капрал с донесением, что наши казаки ночью выступили из крепости, взяв насильно с собою Юлая, и что около крепости разъезжают неведомые люди. Мысль, что Марья Ивановна не успеет выехать, ужаснула меня; я поспешно дал капралу несколько наставлений и тотчас бросился к коменданту.

Уже рассветало. Я летел по улице, как услышал, что зовут меня. Я остановился. "Куда вы?—сказал Иван Игнатьич, догоняя меня.—Иван Кузьмич на валу и послал меня за вами. Пугач пришел".—"Уехала ли Марья Ивановна?—спросил я с сердечным трепетом.—"Не успела,—отвечал Иван Игнатьич:—дорога в Оренбург отрезана; крепость окружена. Плохо, Петр Андреич!"

2. Мы пошли на вал, возвышение, образованное природой и укрепленное частоколом. Там уже толпились все жители крепости. Гарнизон стоял в ружье. Пушку туда перетащили накануне. Комендант расхаживал перед своим малочисленным строем. Близость опасности одушевляла старого

240

воина бодростью необыкновенной. По степи, не в
дальнем расстоянии от крепости, разъезжали человек
двадцать верхами. Они, казалося, казаки, но между
ними находились и башкирцы, которых легко можно
было распознать по их рысьим шапкам и по колчанам.
Комендант обошел свое войско, говоря солдатам: ''Ну,
детушки, постоим сегодня за матушку-государыню и
докажем всему свету, что мы люди бравые и присяжные''.
Солдаты громко изъявили усердие. Швабрин стоял
подле меня и пристально глядел на неприятеля. Люди,
разъезжающие в степи, заметя движение в крепости,
съехались в кучку и стали между собою толковать.
Комендант велел Ивану Игнатьичу навести пушку на их
толпу, и сам приставил фитиль. Ядро зажужжало и
пролетело над ними, не сделав никакого вреда. Наезд-
ники, рассеясь, тотчас ускакали из виду, и степь опустела.

3.   Тут явилась на валу Василиса Егоровна и с
нею Маша, не хотевшая отстать от нее.
''Ну, что?—сказала комендантша.—Каково
идет баталья? Где же неприятель?—''Неприятель
недалече,—отвечал Иван Кузьмич.—Бог даст, все будет
ладно. Что, Маша, страшно тебе?—''Нет, папенька,
отвечала Марья Ивановна: дома одной страшнее''. Тут
она взглянула на меня и с усилием улыбнулась. Я
невольно стиснул рукоять моей шпаги, вспомня, что
накануне получил ее из ее рук, как бы на защиту моей
любезной. Сердце мое горело. Я воображал себя ее
рыцарем. Я жаждал доказать, что был достоин ее
доверенности, и с нетерпением стал ожидать решительной
минуты.

В это время из-за высоты, находившейся в полверсте
от крепости, показались новые конные толпы, и вскоре
степь усеялась множеством людей, вооруженных копьями
и сайдаками. Между ими на белом коне ехал человек в
красном кафтане, с обнаженной саблею в руке: это был

сам Пугачев. Он остановился; его окружили и, как видно, по его повелению, четыре человека отделились и во весь опор подскали под самую крепость. Мы в них узнали своих изменников. Один из них держал над шапкою лист бумаги; у другого на копье воткнута была голова Юлая, которую, стряхнув, перекинул он к нам через частокол. Голова бедного калмыка упала к ногам коменданта. Изменники кричали: ''Не стреляйте, выходите вон к государю. Государь здесь!''

4.   ''Вот я вас!—закричал Иван Кузьмич.— Ребята, стреляй!'' Солдаты наши дали залп. Казак, державший письмо, зашатался и свалился с лошади; другие поскакали назад. Я взглянул на Марью Ивановну. Пораженная видом окровавленной головы Юлая, оглушенная залпом, она казалась без памяти. Комендант подозвал капрала и велел ему взять лист из рук убитого казака. Капрал вышел в поле и возвратился, ведя под уздцы лошадь убитого. Он вручил коменданту письмо. Иван Кузьмич прочел его про себя и разорвал потом в клочки. Между тем мятежники видимо приготовлялись к действию. Вскоре пули начали свистать около наших ушей, и несколько стрел воткнулись около нас в землю и в частокол. ''Василиса Егоровна!— сказал комендант.—Здесь не бабье дело; уведи Машу; видишь: девка ни жива, ни мертва''.

Василиса Егоровна, присмиревшая под пулями, взглянула на степь, на которой заметно было большое движение; потом оборотилась к мужу и сказала ему: ''Иван Кузьмич, в животе и смерти Бог волен: благо-слови Машу. Маша, подойди к отцу''.

5.   Маша, бледная и трепещущая, подошла к Ивану Кузьмичу, стала на колени и поклони-лась ему в землю. Старый комендант перекрестил ее трижды; потом поднял и, поцеловав,

сказал ей изменившимся голосом: "Ну, Маша, будь
счастлива. Молись Богу, он тебя не оставит. Коли
найдется добрый человек, дай Бог вам любовь да совет.
Живите, как жили мы с Василисою Егоровной. Ну,
прощай, Маша. Василиса Егоровна, уведи же ее
поскорее". (Маша кинулась ему на шею и зарыдала).—
"Поцелуемся ж и мы,—сказала, заплакав, комендантша.—
Прощай, мой Иван Кузьмич. Отпусти мне, коли в чем я
тебе досадила!"—"Прощай, прощай, матушка!—сказал
комендант, обняв свою старуху.—Ну, довольно! Ступайте, ступайте домой; да коли успеешь, надень на Машу
сарафан." Комендантша с дочерью удалились. Я глядел
вслед Марьи Ивановны; она оглянулась и кивнула мне
головой. Тут Иван Кузьмич оборотился к нам, и все
внимание его устремилось на неприятеля. Мятежники
съезжались около своего предводителя и вдруг начали
слезать с лошадей. "Теперь стойте крепко,—сказал
комендант:—будет приступ. . ." В эту минуту раздался
страшный визг и крики; мятежники бегом бежали к
крепости. Пушка наша заряжена была картечью.
Комендант подпустил их на самое близкое расстояние и
вдруг выпалил опять. Картечь хватила в самую середину
толпы. Мятежники отхлынули в обе стороны и попяти-
лись. Предводитель их остался один впереди. . . Он
махал саблею и, казалось, с жаром их уговаривал. . .
Крик и визг, умолкнувшие на минуту, тотчас снова
возобновились. "Ну, ребята,—сказал комендант,—теперь
отворяй ворота, бей в барабан! Ребята! вперед, на
вылазку, за мною!"

6. Комендант, Иван Игнатьич и я мигом
очутились за крепостным валом; но оробе-
лый гарнизон не тронулся. "Что же вы,
детушки, стоите?—закричал Иван Кузьмич.—Умирать,
так умирать: дело служивое!" В эту минуту мятежники
набежали на нас и ворвались в крепость. Барабан умолк;

гарнизон бросил ружья; меня сшибли было с ног, но я встал и вместе с мятежниками вошел в крепость. Комендант, раненный в голову, стоял в кучке злодеев, которые требовали от него ключей. Я бросился было к нему на помощь; несколько дюжих казаков схватили меня и связали кушаками, приговаривая: "Вот уже вам будет, государевым ослушникам!" Нас потащили по улицам; жители выходили из домов с хлебом и солью. Раздавался колокольный звон. Вдруг закричали в толпе, что государь на площади ожидает пленных и принимает присягу. Народ повалил на площадь; нас погнали туда же.

7.   Пугачев сидел в креслах на крыльце комендантского дома. На нем был красивый казацкий кафтан, обшитый галунами. Высокая соболья шапка с золотыми кистями была надвинута на его сверкающие глаза. Лицо его показалось мне знакомо. Казацкие старшины окружали его. Отец Герасим, бледный и дрожащий, стоял у крыльца с крестом в руках, и, казалось, молча умолял его за предстоящие жертвы. На площади ставили наскоро виселицу. Когда мы приблизились, башкирцы разогнали народ и нас представили Пугачеву. Колокольный звон утих; настала глубокая тишина. "Который комендант?"— спросил самозванец. Наш урядник выступил из толпы и указал на Ивана Кузьмича. Пугачев грозно взглянул на старика и сказал ему: "Как ты смел противиться мне, своему государю?" Комендант, изнемогая от раны, собрал последние силы и отвечал твердым голосом: "Ты мне не государь, ты вор и самозванец, слышь ты!" Пугачев мрачно нахмурился и махнул белым платком. Несколько казаков подхватили старого капитана и потащили к виселице. На ее перекладине очутился верхом изувеченный башкирец, которого допрашивали мы накануне. Он держал в руке веревку, и через минуту

увидал я бедного Ивана Кузьмича, вздернутого на воздух. Тогда привели к Пугачеву Ивана Игнатьича. ''Присягай, —сказал ему Пугачев,—государю Петру Феодоровичу!'' —''Ты нам не государь,—отвечал Иван Игнатьич, повторяя слова своего капитана.—Ты, дядюшка, вор и самозванец!'' Пугачев опять махнул платком, и добрый поручик повис подле своего старого начальника.

8.   Очередь была за мною. Я глядел смело на Пугачева, готовый повторить ответ великодушных моих товарищей. Тогда, к неописанному моему изумлению, увидел я среди мятежных старшин Швабрина, обстриженного в кружок и в казацком кафтане. Он подошел к Пугачеву и сказал ему на ухо несколько слов. ''Вешать его!''—сказал Пугачев, не взглянув уже на меня. Мне накинули на шею петлю. Я стал читать про себя молитву, принося Богу искреннее раскаяние во всех моих прегрешениях и моля его о спасении всех близких моему сердцу. Меня притащили под виселицу. ''Небось, небось'',—повторяли мне губители, может быть и вправду желая меня ободрить. Вдруг услышал я крик: ''Постойте, окаянные! Погодите!..'' Палачи остановились. Гляжу: Савельич лежит в ногах у Пугачева. ''Отец родной!—говорил бедный дядька.—Что тебе в смерти барского дитяти? Отпусти его: за него тебе выкуп дадут, а для примера и страха ради, вели повесить хоть меня, старика!'' Пугачев дал знак, и меня тотчас развязали и оставили. ''Батюшка наш тебя милует,''—говорили мне. В эту минуту не могу сказать, чтобы я обрадовался своему избавлению, не скажу однако ж, чтоб я о нем и сожалел. Чувствования мои были слишком смутны. Меня снова привели к самозванцу и поставили перед ним на колени. Пугачев протянул мне жилистую свою руку. ''Целуй руку, целуй руку'' говорили около меня. Но я предпочел бы самую лютую казнь такому подлому унижению. ''Батюшка,

Петр Андреич!—шептал Савельич, стоя за мной и толкая меня,—Не упрямься! Что тебе стоит? плюнь да поцелуй у злод . . . (тьфу!), поцелуй у него ручку''. Я не шевелился. Пугачев опустил руку, сказав с усмешкою: ''Его благородие, знать, одурел от радости. Подымите его!'' Меня подняли и оставили на свободе. Я стал смотреть на продолжение ужасной комедии.

9. Жители начали присягать. Они подходили один за другим, целуя распятие и потом кланяясь самозванцу. Гарнизонные стояли тут же. Ротный портной, вооруженный тупыми своими ножницами, резал у них косы. Они, отряхиваясь, подходили к руке Пугачева, который объявлял им прощение и принимал в свою шайку. Все это продолжалось около трех часов. Наконец Пугачев встал с кресла и сошел с крыльца в сопровождении своих старшин. Ему подвели белого коня, украшенного богатой сбруей. Два казака взяли его под руки и посадили на седло. Он объявил отцу Герасиму, что будет обедать у него. В эту минуту раздался женский крик. Несколько разбойников вытащили на крыльцо Василису Егоровну, растрепанную и раздетую донага. Один из них успел уже нарядиться в ее душегрейку. Другие таскали перины, сундуки, чайную посуду, белье и всю рухлядь. ''Батюшки мои!—кричала бедная старушка.—Отпустите душу на покаяние. Отцы родные отведите меня к Ивану Кузьмичу''. Вдруг она взглянула на виселицу и узнала своего мужа. ''Злодеи! —закричала она в исступлении.—Что это вы с ним сделали? Свет ты мой, Иван Кузьмич, удалая солдатская головушка! Не тронули тебя ни штыки прусские, ни пули турецкие; не в честном бою положил ты свой живот, а сгинул от беглого каторжника!''—''Унять старую ведьму!''—сказал Пугачев. Тут молодой казак ударил ее саблей по голове, и она упала мертвая на, ступени крыльца. Пугачев уехал; народ бросился за ним.

Словарь

§ 1

тя́гостно (мне) (I am) grieved
уны́ние despondency
погружа́ть 1, **погрузи́ть** 2 to submerge, to plunge
разлу́ка separation
слива́ться 1, **сли́ться** (**солью́сь, сольёшься**) to merge, blend
честолю́бие ambition
наставле́ние directions
вал rampart
тре́пет trembling

§ 2

частоко́л palisade, fence
одушевля́ть 1, **-ви́ть** 2 to animate
бо́дрость cheerfulness
колча́н quiver (for arrows)
прися́жный barrister (pre-Rev.)
изъявля́ть 1, **изъяви́ть** 2 to express
усе́рдие zeal
ку́чка small group
при́стально fixedly
фити́ль (*m.*) wick
ядро́ cannon ball
вред harm
уска́кивать 1, **ускака́ть** 1 (**ускачу́, уска́чешь**) to gallop off

§ 3

сти́скивать 1, **сти́снуть** 1 to squeeze
рукоя́ть (*f.*) handle, grip
шпа́га sword, rapier
ры́царь (*m.*) knight
жа́ждать 1 (*Imprf.*) to thirst for/ after
копьё spear

обнажа́ть 1, **обнажи́ть** 2 to uncover
во весь опо́р at top speed
втыка́ть 1, **воткну́ть** 1 to stick into
залп volley

§ 4

шата́ться 1, **за-** (also **шатну́ться**) to reel, stagger
уздцы́ (*Pl.*) bridle
мяте́жник rebel

§ 5

ко́ли if
кида́ться 1, **ки́нуться** 1 to throw oneself
рыда́ть 1, **за-** to sob
досажда́ть 1, **досади́ть** 2 (**досажу́, досади́шь**) to annoy
кива́ть 1, **кивну́ть** 2 to nod
при́ступ assault
визг screech
карте́чь (*f.*) cannister (of shot)
пя́титься 2 (**пя́чусь, пя́тишься**), **по-** to move backwards
бараба́н drum
вы́лазка attack, sortie

§ 6

ми́гом (*Adv.*) in a flash
злоде́й villain
дю́жий sturdy
ослу́шник disobedient person

§ 7

галу́н lace
ви́селица gallows
уря́дник village policeman
изнемога́ть 1, **изнемо́чь** 1 to be exhausted

перекла́дина cross-beam
вздёргивать 1, вздёрнуть 1 to hang, hitch up
пору́чик lieutenant

§ 8

изумле́ние amazement
пе́тля noose
одобря́ть 1, одо́брить 2 to encourage
окая́нный damned
пала́ч hangman
вы́куп ransom
ба́тюшка "little father"
жи́листый sinewy
лю́тый fierce

§ 9

распя́тие crucifixion
тупо́й blunt
коса́ braid
отря́хиваться 1 отрахну́ться 1 to shake oneself
ша́йка gang
сбру́я harness
седло́ saddle
растрёпывать 1, растрепа́ть 1 (растреплю́, растре́плешь) to disarrange
пери́на feather-bed
ру́хлядь (f.) ramshackle furniture, junk
исступле́ние frenzy
ка́торжник convict

А. С. Пушкин

ЕВГЕНИЙ ОНЕГИН

(Отрывки из главы I)

XX

Театр уж полон; ложи блещут;
Партер и кресла, всё кипит;
В райке нетерпеливо плещут,
И, взвившись, занавес шумит.
Блистательна, полувоздушна,
Смычку волшебному послушна,
Толпою нимф окружена,
Стоит Истомина; она,
Одной ногой касаясь пола,
Другою медленно кружит,
И вдруг прыжок, и вдруг летит,
Летит, как пух от уст Эола;
То стан совьет, то разовьет,
И быстрой ножкой ножку бьет.

XXI

Все хлопает. Онегин входит,
Идет меж кресел по ногам,
Двойной лорнет, скосясь, наводит
На ложи незнакомых дам;
Все ярусы окинул взором,
Все видел: лицами, убором
Ужасно недоволен он;
С мужчинами со всех сторон
Раскланялся, потом на сцену
В большом рассеяньи взглянул,
Отворотился и зевнул,
И молвил: ''Всех пора на смену;
Балеты долго я терпел,
Но и Дидло мне надоел.''

XXII

Еще амуры, черти, змеи
На сцене скачут и шумят—
Еще усталые лакеи
На шубах у подъезда спят;
Еще не перестали топать,
Сморкаться, кашлять, шикать, хлопать;
Еще снаружи и внутри
Везде блистают фонари;
Еще, прозябнув, бьются кони,
Наскуча упряжью своей,
И кучера, вокруг огней,
Бранят господ и бьют в ладони:
А уж Онегин вышел вон;
Домой одеться едет он.

Словарь

партéр orchestra section in theater
раёк gallery
нетерпелѝво impatiently
плескáть I (**плещý, -ешь**), **плеснýть** I to splash
взвивáться I, **взвѝться** to be raised
смычóк violin bow

волшéбный magic, enchanting
прыжóк jump
устá (*Pl.*) mouth, lips
стан waist
хлóпать I, **хлóпнуть** I to bang, slam
косѝться 2, (**кошýсь, косѝшься**) **по-** to look sideways

я́рус circle; tier

убо́р attire, dress

рассе́янье dispersion

зева́ть 1, **зевну́ть** 1 to yawn

надоеда́ть 1, **надое́сть** (**надое́м -е́шь**) to pester, bother

лаке́й lackey, flunkey, footman

то́пать 1, **то́пнуть** 1 to stamp

смрока́ться 1, **вы́сморкаться** 1 to blow one's nose

ши́кать 1, **ши́кнуть** 1 to hiss

снару́жи on the outside

внутри́ inside

прозя́бнуть 1 (*Prf.*) to be chilled

наску́чить 2 (*Prf.*) to bore, be bored

А. С. Пушкин

ЗИМА

(Из романа ''Евгений Онегин'')

Зима!. . . Крестьянин торжествуя
На дровнях обновляет путь;
Его лошадка, снег почуя,
Плетется рысью как-нибудь;
Бразды пушистые взрывая,
Летит кибитка удалая;
Ямщик сидит на облучке,
В тулупе, красном кушаке,
Вот бегает дворовый мальчик,
В салазки Жучку посадив;
Себя в коня преобразив;
Шалун уж заморозил пальчик:
Ему и больно и смешно,
А мать грозит ему в окно . . .

Словарь

у́пряжь (*f.*) harness, gear

ладо́нь (*f.*) palm

дро́вни (*Pl.*) sled

плести́сь ры́сью 2, (**плету́сь, -тёшься**) to trot

бразды́ reins

пуши́стый downy, fluffy

взрыва́ть 1, **взорва́ть** 1 to blow up

киби́тка kibitka (hooded cart)

удало́й daring, bold

облучо́к coachman's seat, the box

тулу́п sheepskin coat

кушáк sash, girdle

салáзки (*Pl.*) hand sledge, toboggan

Жу́чка name of a dog

шалу́н naughty, mischievous boy

А. С. Пушкин

ОСЕНЬ
(Из романа "Евгений Онегин")

Уж небо осенью дышало,
Уж реже солнышко блистало,
Короче становился день,
Лесов таинственная сень
С печальным шумом обнажалась,
Ложился на поля туман,
Гусей крикливых караван
Тянулся к югу: приближалась
Довольно скучная пора—
Стоял ноябрь уж у двора.

Встает заря во мгле холодной;
На нивах шум работ умолк;
С своей волчихою голодной
Выходит на дорогу волк.
Его почуя, конь дорожный
Храпит, —и путник осторожный
Несется в гору во весь дух;
На утренней заре пастух
Не гонит уж коров из хлева,
И в час полуденный в кружок
Их не зовет его рожок;
В избушке, распевая, дева
Прядет, и, зимних друг ночей,
Трещит лучинка перед ней!

Словарь

ре́же (from) **редкий** rarer
сень canopy
обнажа́ть 1, -жи́ть 2 to reveal, display
волчи́ха she-wolf
чу́ять 1, по- to feel
храпе́ть (храплю́, -и́шь) (*Imprf.*) to snore
несётся во весь дух runs at full speed
хлев cowhouse

кружо́к circle
рожо́к horn, bugle
распева́ть 1, (*Imprf.*) to sing
прясть (пряду́, -ёшь), спрясть to spin
треща́ть 2, тре́снуть 1 to crackle (here—to burn)
лучи́на thin sliver of dry wood (used for lighting peasant cottage)

А. С. Пушкин

"МЕДНЫЙ ВСАДНИК"
Петербургская повесть
(Отрывок)

ВСТУПЛЕНИЕ

На берегу пустынных волн
Стоял Он, дум великих полн,
И вдаль глядел. Пред ним широко
Река неслася; бедный челн
По ней стремился одиноко.
По мшистым, топким берегам
Чернели избы здесь и там,
Приют убогого чухонца;
И лес, неведомый лучам
В тумане спрятанного солнца,
Кругом шумел.

    И думал Он:
Отсель грозить мы будем Шведу.
Здесь будет город заложен
На зло надменному соседу.
Природой здесь нам суждено
В Европу прорубить окно;
Ногою твердой стать при море.
Сюда по новым им волнам
Все флаги в гости будут к нам.
И запируем на просторе.

Прошло сто лет, и юный град,
Полнощных стран краса и диво,
Из тьмы лесов, из топи блат
Вознесся пышно, горделиво;
Где прежде финский рыболов,
Печальный пасынок природы,
Один у низких берегов
Бросал в неведомые воды
Свой ветхий невод, ныне там
По оживленным берегам
Громады стройные теснятся
Дворцов и башен; корабли
Толпой со всех концов земли
К богатым пристаням стремятся;
В гранит оделася Нева;

Мосты повисли над водами;
Темно-зелеными садами
Ее покрылись острова,
И перед младшею столицей
Померкла старая Москва,
Как перед новою царицей
Порфироносная вдова.

Словарь

мши́стый mossy, moss grown
то́пкий boggy, swampy
прию́т shelter, refuge
чухо́нец scornful designation of a Finn
отсе́ль hence
на зло́ to spite
надме́нный haughty, supercilious, arrogant
пирова́ть 1, за- to feast
просто́р spaciousness, space
полно́щный northern
тьма darkness
топь swamp, marsh
блат (*Gen. Pl.* from боло́то) swamp
возноси́ться 2 (возношу́сь, возно́сишься) вознести́сь 1
(вознесу́сь, вознесёшься) to rise, tower
пы́шно magnificently, splendidly
гордели́во haughtily, proudly
па́сынок stepson
ве́тхий decrepit, ramshackle; dilapidated
не́вод sweep-net
оживлённый animated, boisterous
грома́да (huge thing) huge bulk of the buildings
стро́йный slender, graceful
тесни́ться 2 (тесню́сь, тесни́шься), с- to crowd
при́стань (*f.*) pier, dock
ме́ркнуть 1, по- to fade
порфироно́сный purple-clad

А. С. Пушкин

"ЦЫГАНЫ"
(Отрывок)

Цыганы шумною толпой
По Бессарабии кочуют.
Они сегодня над рекой
В шатрах изодранных ночуют.
Как вольность, весел их ночлег
И мирный сон под небесами.
Между колесами телег,
Полузавешенных коврами,

Горит огонь; семья кругом
Готовит ужин; в чистом поле
Пасутся кони; за шатром
Ручной медведь лежит на воле.
Всё живо посреди степей:
Заботы мирные семей,
Готовых с утром в путь недальний,
И песни жен, и крик детей
И звон походной наковальни.
Но вот на табор кочевой
Нисходит сонное молчанье,
И слышно в тишине степной
Лишь лай собак, да коней ржанье.
Огни везде погашены,
Спокойно всё, луна сияет
Одна с небесной вышины
И тихий табор озаряет.
В шатре одном старик не спит;
Он перед углями сидит,
Согретый их последним жаром,
И в поле дальное глядит,
Ночным подернутое паром.
Его молоденькая дочь
Пошла гулять в пустынном поле.
Она привыкла к резвой воле,
Она придет; но вот уж ночь,
И скоро месяц уж покинет
Небес далеких облака;
Земфиры нет как нет, и стынет
Убогий ужин старика.

Словарь

кочева́ть 1 (*Imprf.*) to roam from place to place

шатёр tent

изодра́ть 1 (**издеру́, издерёшь**) (*Prf.*) to tear to pieces

ночле́г lodging for the night

пасти́сь 1 (**пасётся**) (*Imprf.*) (only 3rd pers.) to graze, pasture

ручно́й tame

накова́льня anvil

та́бор camp

ржа́ние neigh

погаша́ть 1, **погаси́ть** 2 to extinguish

озаря́ть 1, **озари́ть** 2 illuminate

согрева́ть 1, **согре́ть** 1 to warm, heat

подёрнуть 1 (*Prf.*) (only 3rd pers.) to cover

ре́звый frisky

сты́нуть 1, **о-** to get cold

убо́гий miserable, squalid

"ГЕРОЙ НАШЕГО ВРЕМЕНИ"

М. Ю. Лермонтов

(Из повести "Княжна Мери")

1. Вчера я приехал в Пятигорск, нанял квартиру на краю города, на самом высоком месте, у подошвы Машука: во время грозы облака будут спускаться до моей кровли. Нынче в пять часов утра, когда я открыл окно, моя комната наполнилась запахом цветов, растущих в скромном палисаднике. Ветки цветущих черешен смотрят мне в окна, и ветер иногда усыпает мой письменный стол их белыми лепестками. Вид с трех сторон у меня чудесный. На запад пятиглавый Бешту синеет, как ''последняя туча рассеянной бури''; на север поднимается Машук, как мохнатая персидская шапка, и закрывает всю эту часть небосклона; на восток смотреть веселее: внизу передо мною пестреет чистенький новенький городок, шумят целебные ключи, шумит разноязычная толпа,—а там, дальше, амфитеатром громоздятся горы все синее и туманнее, а на краю горизонта тянется серебряная цепь снеговых вершин, начинаясь Казбеком и оканчиваясь двуглавым Эльборусом. . . Весело жить в такой земле! Какое то отрадное чувство разлито во всех моих жилах. Воздух чист и свеж, как поцелуй ребенка; солнце ярко, небо сине—чего бы, кажется, больше? зачем тут страсти, желания, сожаления? . . . Однако пора. Пойду к Елисаветинскому источнику: там, говорят, утром собирается все водяное общество.

2. Спустясь в середину города, я пошел бульваром, где встретил несколько печальных групп, медленно поднимающихся в гору; то были большей частью семейства степных

помещиков; об этом можно было тотчас догадаться по истертым, старомодным сюртукам мужей и по изысканным нарядам жен и дочерей: видно у них вся ''водяная'' молодежь была уже на перечете, потому что они на меня посмотрели с нежным любопытством: петербургский покрой сюртука ввел их в заблуждение, но, скоро узнав армейские эполеты, они с негодованием отвернулись.

Жены местных властей, так сказать хозяйки вод, были благосклоннее: у них есть лорнеты, они менее обращают внимания на мундир, они привыкли на Кавказе встречать под нумерованной пуговицей пылкое сердце и под белой фуражкой образованный ум. Эти дамы очень милы, и долго милы! Всякий год их обожатели сменяются новыми, и в этом-то, может быть, секрет их неутомимой любезности. Подымаясь по узкой тропинке к Елисаветинскому источнику, я обогнал толпу мужчин, штатских и военных, которые, как я узнал после, составляют особенный класс людей между чающими движения воды. Они пьют—однако не воду, гуляют мало, волочатся только мимоходом; они играют и жалуются на скуку. Они франты: опуская свой оплетенный стакан в колодезь кислосерной воды, они принимают академические позы; штатские носят светло-голубые галстуки, военные выпускают из-под воротника брыжжи. Они исповедуют глубокое презрение к провинциальным домам и вздыхают о столичных аристократических гостиных, куда их не пускают.

3. Наконец вот и колодезь. . . На площадке близ него построен домик с красной кровлею над ванной, а подальше галлерея, где гуляют во время дождя. Несколько раненых офицеров сидели на лавке, подобрав костыли,—бледные, грустные. Несколько дам скорыми шагами ходили взад и вперед по площадке, ожидая действия вод. Между ними были два-три хорошеньких личика. Под виноградными

аллеями, покрывающими скат Машука, мелькала порою пестрая шляпка любительницы уединения вдвоем, потому что всегда возле такой шляпки я замечал или военную фуражку, или безобразную круглую шляпу. На крутой горе, где построен павильон, называемый Эоловой Арфой, торчали любители видов и наводили телескоп на Эльборус; между ними были два гувернера со своими воспитанниками, приехавшими лечиться от золотухи.

Я остановился, запыхавшись, на краю горы, и, прислонясь к углу домика, стал рассматривать живописную окрестность, как вдруг слышу за собой знакомый голос:

—Печорин! Давно ли здесь?

Оборачиваюсь: Грушницкий! Мы обнялись. Я познакомился с ним в действующем отряде. Он был ранен пулей в ногу и поехал на воды с неделю прежде меня.

4. Грушницкий—юнкер. Он только год в службе, носит, по особому роду франтовства, толстую солдатскую шинель. У него Георгиевский солдатский крестик. Он хорошо сложен, смугл и черноволос; ему на вид можно дать 25 лет, хотя ему едва ли 21 год. Он закидывает голову назад, когда говорит, и поминутно крутит усы левой рукой, ибо правою опирается на костыль. Говорит он скоро и вычурно: он из тех людей, которые на все случаи жизни имеют готовые пышные фразы, которых просто прекрасное не трогает и которые важно драпируются в необыкновенные чувства, возвышенные страсти и исключительные страдания. Производить эффект—их наслаждение; они нравятся романтическим провинциалкам до безумия. Под старость они делаются либо мирными помещиками, либо пьяницами,—иногда и тем и другим. В их душе часто много добрых свойств, но ни на грош поэзии. Грушницкого страсть была декламировать: он закидывал вас словами, как скоро разговор выходил

из круга обыкновенных понятий; спорить с ним я никогда не мог. Он не отвечает на ваши возражения, он вас не слушает. Только что вы остановитесь, он начинает длинную тираду, повидимому имеющую какую-то связь с тем, что вы сказали, но которая в самом деле есть только продолжение его собственной речи.

5.　Он довольно остер: эпиграммы его часто забавны, но никогда не бывают метки и злы: он никого не убьет одним словом; он не знает людей и их слабых струн, потому что занимался целую жизнь одним собою. Его цель—сделаться героем романа. Он так часто старался уверить других в том, что он существо, не созданное для мира, обреченное каким-то тайным страданиям, что он сам почти в этом уверился. Оттого-то он так гордо носит свою толстую солдатскую шинель. Я его понял, и он за это меня не любит, хотя мы наружно в самых дружеских отношениях. Грушницкий слывет отличным храбрецом; я его видел в деле: он махает шашкой, кричит и бросается вперед, зажмуря глаза. Это что-то не русская храбрость!..

Я его тоже не люблю: я чувствую, что мы когда-нибудь с ним столкнемся на узкой дороге, и одному из нас не сдобровать.

Словарь

§ 1

подóшва (here) foot of a mountain, sole of a shoe

крóвля roof

нынче now

скрóмный modest

палисáдник a small front garden

черéшня cherry tree

лепестóк petal

рассéянный (here) dispersed, (absent-minded)

мохнáтый shaggy, wooly

небосклóн horizon, firmament

пестрéть 1 (*Imprf.*) (only 3 pers.) to appear variegated

целéбный salutary, healing

ключ (here) spring (key)

громоздиться 2 (*Imprf.*) (only 3rd person) to pile up

цепь chain

отрáдный pleasant

§ 2

истёртый worn out
сюртук dress coat
изысканный refined
наряд attire
перечёт count
покрой cut
заблуждение error
негодование indignation
благосклонный well disposed, benevolent
мундир full dress uniform
пуговица button
пылкий ardent, passionate
обожатель (*m.*) adorer
чаять I (*Imprf.*) to hope (for)
волочиться 2 (*Imprf.*) (here) to court, to run after, to drag
франт dandy
оплетать I, **оплести** I to entwine, wreathe around
колодезь (*m.*) well
брыжжи frills, ruffles
презрение contempt, scorn
вздыхать I, **вздохнуть** I to sigh, pine

§ 3

костыль (*m.*) crutch
скат slope, incline
мелькать I, **мелькнуть** I to appear for a moment, to flash
безобразный hideous, ugly
торчать 2 (*Imprf.*) to protrude, to stick out

золотуха scrofula (sickness)
запыхаться I, to be out of breath
прислоняться I, -ниться to lean (against)
окрестность (*f.*) neighborhood, surroundings

§ 4

Георгиевский крестик St. George's Cross
вычурно ornate, flowery
пышный (here) pompous, sumptuous
наслаждение pleasure, enjoyment
возражение objection, rejoinder, retort

§ 5

забавный amusing
меткий to the point, hitting the mark
обрекать I, **обречь** I (**обреку, -чёшь**) to doom
слыть I (**слыву, -вёшь**), про- to be reputed as (looked upon)
шашка sabre, sword
жмурить 2, за- to close one's eyes
сталкиваться I, **столкнуться** I to encounter, come across
одному из нас не сдобровать one of us can not avoid misfortune

М. Ю. Лермонтов

АНГЕЛ

По небу полуночи ангел летел
И тихую песню он пел;
И месяц, и звезды, и тучи толпой
Внимали той песне святой.

Он пел о блаженстве безгрешных духов
Под кущами райских садов,
О Боге великом он пел—и хвала
Его непритворна была.
Он душу младую в объятиях нес
Для мира печали и слез,
И звук его песни в душе молодой
Остался без слов, но живой.
И долго на свете томилась она,
Желанием чудным полна,
И звуков небес заменить не могли
Ей скучные песни земли.

Словарь

внима́ть 1, **внять** (**внял**) (only past tense) listen
блаже́нство beatitude
ку́ща tent, dwelling

непритво́рный unfeigned
объя́тие embrace
томи́ться 2 (**томлю́сь, -ми́шься**), **ис-** to languish

Н. В. Гоголь

"Чу́ден Днепр при ти́хой пого́де"
(Из по́вести "Стра́шная месть.")

Чу́ден Днепр при ти́хой пого́де, когда́ во́льно и пла́вно мчит сквозь леса́ и го́ры по́лные во́ды свои. Ни зашелохнёт, ни прогреми́т. Гляди́шь, и не зна́ешь, идёт или не идёт его величавая ширина́, и чу́дится, бу́дто весь вы́лит он из стекла́ и бу́дто голуба́я зерка́льная доро́га, без ме́ры в ширину́, без конца́ в длину́, ре́ет и вьётся по зелёному ми́ру. Лю́бо тогда́ и жа́ркому солнцу́ огляде́ться с вышины́ и погрузи́ть лучи́ в хо́лод стекля́нных вод и прибре́жным леса́м я́рко отсвети́ться в во́дах. Зеленоку́дрые! они́ толпя́тся вме́сте с полевы́ми цвета́ми к во́дам и, наклони́вшись, гляди́т в них и не нагляди́тся, и не налюбу́ются све́тлым свои́м зра́ком, и усмеха́ются к нему́, и приве́тствуют его́, кива́я ветвя́ми. В середи́ну же Днепра́ они́ не сме́ют гляну́ть: никто́, кро́ме со́лнца и голубо́го не́ба, не гляди́т в него́. Ре́дкая пти́ца долети́т до середи́ны Днепра́. Пы́шный! ему́ нет ра́вной реки́ в ми́ре. Чу́ден Днепр и при тёплой ле́тней но́чи, когда́ всё засыпа́ет—и челове́к, и

зверь, и пти́ца; а Бог оди́н велича́во озира́ет не́бо и зе́млю и велича́во сотряса́ет ри́зу. От ри́зы сы́плются звёзды. Звёзды горя́т и све́тят над ми́ром и все ра́зом отдаю́тся в Днепре́. Всех их де́ржит Днепр в тёмном ло́не своём. Ни одна́ не убежи́т от него́; ра́зве пога́снет на не́бе. Чёрный лес, уни́занный спя́щими во́ронами, и дре́вле разло́манные го́ры, све́сясь, си́лятся закры́ть его́ хотя́ дли́нною те́нью свое́ю,—напра́сно! Нет ничего́ в ми́ре, что могло́ бы прикры́ть Днепр. Си́ний, си́ний, хо́дит он пла́вным разли́вом и се́редь но́чи, как се́редь дня, ви́ден за сто́лько вдаль, за ско́лько ви́деть мо́жет челове́ческое о́ко. Не́жась и прижима́ясь бли́же к берега́м от ночно́го хо́лода, даёт он по себе́ сере́бряную струю́; и она́ вспы́хивает, бу́дто полоса́ дама́сской са́бли; а он, си́ний, сно́ва засну́л. Чу́ден и тогда́ Днепр, и нет реки́, ра́вной ему́ в ми́ре! Когда́ же пойду́т гора́ми по не́бу си́ние ту́чи, чёрный лес шата́ется до ко́рня, дубы́ треща́т и мо́лния, изла́мываясь ме́жду туч, ра́зом освети́т це́лый мир—стра́шен тогда́ Днепр! Водяны́е холмы́ гремя́т, ударя́ясь о го́ры, и с бле́ском и сто́ном отбега́ют наза́д, и пла́чут, и залива́ются вдали́. Так убива́ется ста́рая мать казака́, выпровожда́я своего́ сы́на в во́йско. Разгу́льный и бо́дрый, е́дет он на вороно́м коне́, подбоче́нившись и молоде́цки залом́ив ша́пку; а она́, рыда́я, бежи́т за ним, хвата́ет его́ за стре́мя, ло́вит удила́, и лома́ет над ним ру́ки, и залива́ется горю́чими слеза́ми.

Словарь

шелохну́ть 1 to stir, move
ре́ять 1 (**ре́ю, ре́ешь**) (*Imprf.*) to soar, hover
ви́ться 1 (*Imprf.*) (**вьюсь, вьёшься**) to meander, weave
зрак look
кива́ть 1, **кивну́ть** 1 to nod, shake
озира́ть 1 (*Imprf.*) to view, gaze
сотряса́ть 1, **сотрясти́** 1 (**сотрясу́, -сёшь**) to set into motion, to shake
ри́за firmament, vestments
ло́но bosom
га́снуть 1, **пога́снуть** 1 (only 3rd pers.) to go out, be out (extinguish)

се́редь in the middle of
струя́ stream
треща́ть 2 (*Imprf.*) (only 3rd pers.) to crack, crackle
изла́мывать 1, **изломáть** 1 to break through
залива́ться 1, **зали́ться** (**зальётся**) to pour, spill, be drowned (in tears)
бо́дрый brisk
вороно́й black
молоде́цки smartly
подбоче́нившись (*Adv.*) with one's arm akimbo
рыда́ть (*Imprf.*) to sob
удила́ (*Pl.*) bit
велича́во solemnly

Н. В. Гоголь

"Мертвые души"
(Отрывок из главы XIII)

И какой же русский не любит быстрой езды? Его ли душе, стремящейся закружиться, загуляться, сказать иногда ''чорт побери все!'' его ли душе не любить ее? Ее ли не любить, когда в ней слышится что-то восторженно-чудное? Кажись, неведомая сила подхватила тебя на крыло к себе, и сам летишь, и все летит: летят версты, летят навстречу купцы на облучках своих кибиток, летит с обеих сторон лес с темными строями елей и сосен, с топорным стуком и вороньим криком, летит вся дорога невесть куда в пропадающую даль, и что-то страшное заключено в сем быстром мельканьи, где не успевает означиться пропадающий предмет, только небо над головою да легкие тучи, да продирающийся месяц одни кажутся недвижны. Эх, тройка, птица-тройка! Кто тебя выдумал? Знать, у бойкого народа ты могла только родиться, в той земле, что не любит шутить, а ровнем-гладнем разметнулась на полсвета, да и ступай считать версты, пока не зарябит тебе в очи. . .

Не так ли и ты, Русь, что бойкая необогонимая тройка, несешься? Дымом дымится под тобою дорога, гремят мосты, все отстает и остается позади. Остановился пораженный Божьим чудом созерцатель: не молния ли это, сброшенная с неба? Что значит это наводящее ужас движение? И что за неведомая сила заключена в сих неведомых светом конях? Эх, кони, кони, что за кони! Вихри ли сидят в ваших гривах? Чуткое ли ухо горит во всякой вашей жилке? Заслышали с вышины знакомую песню (ямщика)— дружно и разом напрягли медные груди и, почти не тронув копытами земли, превратились в одни вытянутые линии, летящие по воздуху, и мчится вся вдохновенная Богом! . . Русь, куда-ж несешься ты, дай ответ? Не дает ответа. Чудным звоном заливается колокольчик; гремит и становится ветром разорванный в куски воздух, летит мимо все, что ни есть на земле, и косясь, постараниваются и дают ей дорогу другие народы и государства.

Словарь

неве́домый unknown
облучёк coachman's seat
киби́тка covered cart
бо́йкий nimble, quick, smart
чу́до miracle

созерца́ть I (*Imprf.*) to contemplate
вихрь (*m.*) whirlwind
ямщи́к coachman
копы́то hoof

ГЛАВА XIX

РУССКАЯ ЛИТЕРАТУРА

(Вторая половина XIX века)

ЧАСТЬ ПЕРВАЯ

1. Пятидесятые годы. Политическая атмосфера и философские течения. Западники и славянофилы

В конце сороковых и в начале пятидесятых годов девятнадцатого века русская литературная обстановка значительно меняется. Реакционная политика Николая I вызвала протест со стороны всего просвещенного общества. Все яснее это общество сознавало необходимость реформ, и в первую очередь—отмены крепостного права. Идеи французского, так называемого утопического социализма, стали проникать в Россию. С другой стороны, немецкие философы— Фихте, Шеллинг, Гегель—глубоко влияли на мировозрение русской интеллигенции. Вожди зародившегося в то время активного русского революционного движения черпали свои идеи на Западе. Они верили в западную культуру и приветствовали реформы Петра Великого, прорубившего окно в Европу. Эта группа, к которой принадлежали Белинский, публицист Герцен, историк Грановский и др., называла себя группой западников. Их заявления о решающей роли иностранной культуры вызвали протест со стороны целого ряда писателей и публицистов, которые стали называть себя славянофилами. Последние отрицали полезность и своевременность петровских реформ, отказывались видеть спасение России на Западе и призывали русских вернуться к древним истокам своей культуры, т.е. к православной вере и к историческим традициям русского народа. Вождями славянофильского движения были братья Иван и Петр

Киреевские, братья Константин и Иван Аксаковы и Алексей Хомяков.

2. Царствование Александра II   В произведениях русской литературы этого периода ясно ощутимы новые веяния. Со смертью Николая I русская интеллигенция вздохнула свободнее. Хотя в России сохранилась цензура, исчезли грубые невежественные цензоры. Вернулся из ссылки молодой Достоевский. Вернулись из сибирских рудников оставшиеся в живых декабристы. Общественные темы, осуждение социальной несправедливости, требование упразднения крепостного права—перестали считаться государственной изменой. Император Александр II, воспитанный в юности либерально и гуманно настроенным поэтом В. Жуковским, всенародно объявил о своем намерении освободить крестьян. И действительно, в 1861 году эта реформа была осуществлена и стала проводиться в жизнь. За ней последовали и другие преобразования, намеченные в либеральном духе.

3. Социализм, нигилизм, "хождение в народ"   Однако изменения русской социальной и экономической структуры не могли сразу разрядить политическую атмосферу. Левые элементы считали, что освобождение крестьян не сопровождалось необходимыми аграрными мероприятиями, способными удовлетворить деревню. Они требовали более радикальных реформ, проповедовали или идеи западного социализма, или русского народничества с его общинным началом. С одной стороны, отрицание патриархального быта шло параллельно с атеистическими теориями, с другой стороны, зарождались идеалы "народа-богоносца" и "хождение в народ" молодой интеллигенции. Появились типы "кающегося

дворянина'', т.е. представителя аристократии, сознающего грехи своего класса, и ''нигилиста'', который этих грехов не хотел простить даже ''кающимся''; он хотел уничтожить их и разрушить их культуру для того, чтобы построить новое, справедливое и счастливое общество. Для этого каждый предлагал свой рецепт, но не мог или не хотел соглашаться с другими.

На фоне идейного брожения этих разнообразных течений с их страстными утверждениями и отрицаниями следует рассматривать произведения русской литературы во второй половине ''Золотого века''. Однако, помимо этой идеологической и общественной напряженности, мы находим в них и совершенно исключительные художественные качества, как и нравственные и религиозные ценности; благодаря им, эти произведения принадлежат к числу лучших образцов мировой литератуы.

4. И. С. Тургенев   Настроения и идеи этого переход-
1818-1883   ного периода русского общества и его отдельных представителей ярко выражены в произведениях Ивана Сергеевича Тургенева. Как бы предвещая эпоху освобождения, Тургенев выпустил свои ''Записки охотника'', в которых он описал тяжелый быт русской деревни. Тургенев был уроженцем Орловской губернии и прожил много лет в своем родовом имении. В детстве он был свидетелем многих несправедливостей и жестокостей по отношению к крестьянству. Мать его обращалась со своими крепостными с отталкивающей бесчеловечностью. Тургенев часто заступался за несчастных, но безуспешно; он возненавидел крепостничество и дал себе слово бороться против него. Живя в деревне, он охотился в лесах своего поместья, которое он часто объезжал или же останавливался, чтобы провести ночь в крестьянской избе. Иной раз он навещал своих соседей и всюду встречал самые отрицательные проявления быта того времени. Такова основная тема

"Записок охотника"; рядом с ней мы находим в этих рассказах живое описание русского народа, его психологии и основных черт его характера.

5. Романы и повести Тургенева. Их главная тематика

В дальнейшем Тургенев написал целый ряд произведений, в которых он изобразил типы русского дворянства или типы чиновного мира. "Отцы и дети", "Рудин", "Дворянское гнездо", "Накануне", "Дым", "Новь"—таковы названия его романов; "Первая любовь", "Вешние воды", "Андрей Колосов", "Три портрета", "Три встречи", "Затишье", "Степной король Лир", "Дневник лишнего человека" и многие другие рассказы также увековечили память этого писателя. Типы "лишнего человека", вечно недовольного и озлобленного и в то же время беспомощного изменить свою судьбу, или Рудина, самовлюбленного говоруна, верующего в идеалы, которых он не может достигнуть, ярко рисуют многих современников Тургенева. Но, быть может, самым интересным из этих типов является Базаров из романа "Отцы и дети". В своем герое Тургенев изобразил русский нигилизм с его материализмом и слепой верой в науку, с его презрением к романтизму и идеализму, а также с его жаждой все разрушить, дабы "расчистить" почву для новых строителей.

6. Тургенев— великий мастер в изображении человека и природы

Можно сказать, что каждый роман Тургенева отражает то или иное течение его времени. Но рядом с этими изображениями мы находим в его творчестве и зарисовки отдельных людей, повествования об их личной жизни, об их любви и горестях, об их мелких

пороках, бурных страстях и великодушных порывах. Наконец, Тургенев также проявил свое мастерство в своих описаниях русской природы; его пейзажи лесов, полей, рек, сельских дорог, оврагов, тропинок и речек живо развертывают перед читателем типичную панораму края, где некогда охотился Тургенев.

7. Федор Михайлович Достоевский 1821–1881

В 1866 году вышел роман Федора Михайловича Достоевского ''Преступление и наказание''. Хотя в то время Достоевский был уже известным писателем, автором целого ряда произведений, ''Преступление и наказание'' можно считать первым из его главных романов. Начало его литературной деятельности относится к царствованию Николая I, и он долго был лишен свободы из-за реакционных мер этого монарха. Можно сказать, что первый период жизни этого великого писателя был исключительно драматическим.

Федор Михайлович Достоевский родился в 1821 году в Москве. Он был сыном доктора при Московской Мариинской больнице для бедных. Мать его была любящей и набожной женщиной и воспитала сына в глубоко религиозном духе. Она водила сына в церковь, а также посещала с ним монастыри. Церковные службы производили глубокое впечатление на мальчика. К сожалению, мать его умерла, когда он был еще подростком, и он остался на попечении отца, сурового и нелюдимого человека. Юноша был послан в Петербург и помещен в инженерное училище. Это было военное учебное заведение со строгой дисциплиной. Инженерное дело и военная служба мало притягивали молодого Федора,—он интересовался литературой, проводил все свободное время за книгами и сам пробовал писать. В это время он был в конфликте с отцом, который продолжал обращаться с ним сурово и отказывал ему в малейшем

баловстве. Федор часто просил его прислать ему деньги на мелкие расходы, но отец и слышать об этом не хотел. Тогда он написал отцу резкое письмо, на которое не получил ответа. Вместо этого до него дошла весть, которая глубоко его потрясла и навсегда врезалась в его память. Отец Достоевского был убит своими крепостными крестьянами в небольшом имении, в котором он в то время проживал. Биографы Достоевского часто отмечают этот эпизод, отразившийся на психическом складе души великого писателя. Зто оказало влияние на его здоровье, и вскоре после того, как он узнал о смерти отца, с ним произошел эпилептический припадок. Убийство старика также нашло свое отражение в творчестве Достоевского, —особенно в ''Братьях Карамазовых''.

По окончании училища Федор Михайлович не захотел поступить в инженерный полк, выбрав вместо этого карьеру литерáтора. Его первая повесть была напечатана в 1846 году в журнале ''Петербургский сборник'' под названием ''Бедные люди''. Это сочинение было восторженно встречено известным критиком Белинским и имело огромный успех. Казалось, перед молодым писателем открывалось блестящее будущее.

8. Арест и каторга Достоевского Но его литературная карьера была внезапно прервана. За свое участие в конспиративном политическом кружке Петрашевского Достоевский был в 1849 году арестован и посажен в крепость. После тяжкого допроса он был приговорен к смерти и отвезен вместе с другими осужденными Петрашевцами на место казни. Только в последнюю минуту смертникам было объявлено, что высшая мера наказания была заменена четырехлетней каторгой в Сибири и двухлетней службой рядовым солдатом в пограничном полку. Тяжело пришлось Достоевскому в остроге, и в полку ему было не легко. Здоровье его пошатнулось, участились припадки

эпилепсии. Наконец ему было разрешено вернуться из ссылки и он поселился в Петербурге с женой, Марией Исаевой, с которой венчался в Сибири.

9. Литературная деятельность после возвращения из Сибири. Последние годы и смерть

Несмотря на улучшение его судьбы, жизнь Достоевского почти до конца была чрезвычайно трагической. Неизлечимый недуг, финансовые затруднения, неудачный контракт с недобросовестным издателем, смерть жены—все это ложилось тяжелым крестом на плечи писателя. Кроме того, у него была страсть к азартным играм, не раз поглощавшим его и так скудные средства. Наконец увлечение холодной и бессердечной красавицей, Аполинарией Сусловой, доставило Достоевскому много страданий. Только со своей второй женой, Анной Григорьевной Сниткиной, нашел он желанный покой и уверенность в завтрашнем дне, но и тогда несчастная любовь к азарту не раз его преследовала. Несмотря на эти падения и испытания, Достоевский не переставал писать. Один за другим выходили его романы, повести и рассказы. От ''Преступления и наказания'' до ''Братьев Карамазовых'', от ''Вечного мужа'' до ''Дневника писателя''—развертывается грандиозная панорама творчества гениального романиста, психолога и религиозного мыслителя. Как пишет его биограф, известный писатель В. Розанов, жизнь Достоевского протекала к началу восьмидесятых годов ''более и более улегаясь от волновавших ее прежде нужд и огорчений. . . Высшим моментом ее, в смысле торжества его гения, яркости выражения его натуры, можно считать дни Пушкинского праздника'' (открытие памятника Пушкину в Москве в июне 1880 г.). На этом празднике Достоевский произнес свою знаменитую речь, посвященную великому поэту и русским культурным и

историческим судьбам. После этой речи Достоевский прожил лишь несколько месяцев. Он скончался 28 января 1881 года.

10. **"Преступление и наказание"** В своем первом большом романе "Преступление и наказание" Достоевский поставил одну из основных проблем, которые его всю жизнь волновали: должен ли человек, одаренный исключительными чертами—умом и силой характера—повиноваться общему нравственному закону, или же он может все, что хочет, потому что такому человеку ''все дозволено''. И вот, герой ''Преступления и наказания'' Раскольников, считая себя ''исключительным сверхчеловеком'', совершает страшное убийство: он убивает богатую и скупую старуху с целью ее ограбить. Добытые таким образом богатства должны послужить полезному делу: обеспечить убийце средства на образование и дать его сестре возможность самостоятельной и достойной ее жизни. Но совершив это убийство, Раскольников шаг за шагом приходит к убеждению, что нравственный закон существует для всех решительно, что нет в этическом плане ''сверхчеловека'', от этого закона освобожденного. Автор с глубочайшим психологическим чутьем описывает мучительный путь, пройденный преступником до момента, когда настает для него решительная минута раскаяния. Пройти этот тяжкий путь ему помогает молодая девушка, Соня Мармеладова. Это несчастное существо, жертва пьяницы отца, разорившего свою семью. Чтобы спасти своих, Соня сделалась проституткой, но сохранила чистое сердце, жалость ко всем несчастным и падшим и глубокую веру в Бога. Без длинных многословных увещаний Соня доказывает Раскольникову, что ''не все дозволено'' в глазах Бога, и убеждает его публично сознаться в преступлении. Когда Раскольников в конце концов

сознается и осужден на каторгу, Соня за ним следует в Сибирь, где они вместе будут дожидаться освобождения.

11. "Братья Карамазовы"

Последний роман Достоевского, ''Братья Карамазовы'', был написан им в 1880 году, т.е. незадолго до его смерти. Как и в предыдущих его произведениях, мы присутствуем при трагических и напряженных сценах, в которых выступает целый ряд героев, так или иначе связанных судьбой, то страстной любовью, то жестокой ненавистью. Сюжет ''Карамазовых'' взят из жизни семьи в глухом провинциальном городке. Эта семья состоит из Федора Павловича Карамазова, алчного и развратного старика, и его сыновей. Старший сын, Дмитрий, или Митя,—благородный, но страстный и необузданный человек. Другой сын, Иван, родившийся от второго брака, отличается холодным, аналитическим умом и гордым характером. Младаший сын, Алексей, —чистый, кроткий, глубоко верующий юноша. Он послушник в соседнем монастыре, под руководством мудрого монаха, старца Зосимы, который является олицетворением русской святости. Наконец, в доме проживает и четвертый, незаконный сын, Смердяков, исполняющий роль слуги.

Все братья ненавидят отца, кроме Алеши, который старается всех примирить, но напрасно. Смердяков не может простить старику своего унизительного положения. Иван презирает своего отца за его грубость и разврат. Дмитрый испытывает к нему чувство ревности, так как отец хочет завлечь к себе при помощи денег возлюбленную Дмитрия—Грушеньку. Хотя Дмитрий знает, что она распущенная и безнравственная женщина, он ее безумно любит и порвал из-за нее со своей невестой, Катериной Ивановной. Дмитрию нужны деньги, но он напрасно просит их у отца. Однажды ночью Федор Павлович убит, но кем, неизвестно. Подозрение падает на Дмитрия,

который накануне убийства грозил отцу смертью. Он
арестован и должен предстать перед судом. Лишь в
конце романа мы узнаем, что убийца Федора Павловича—
Смердяков, но защитнику Дмитрия не удается это
доказать, и Дмитрий приговорен к каторге. Грушенька,
которая отказалась от своей прежней, распущенной
жизни, идет за ним в Сибирь.

12. Достоевский, религиозный мыслитель и психолог, предсказывает большевистскую революцию

Мы находим религиозные мотивы во всех крупных романах Достоевского, особенно в ''Идиоте'' и в ''Братьях Карамазовых'', в которых он близко подошел к центральной теме своего религиозного опыта, т.е. к самому Христу. Но Достоевский проявил себя и проникновенным психологом, сумевшим раскрыть тайники человеческого сердца, а иногда и его бездны. Любовь, ненависть, жалость, ревность, гордость и смирение—все эти движения человеческой души отражены на страницах его романов. Но Достоевский был не только религиозным мыслителем и психологом,—он был также социальным философом. В своем романе ''Бесы'' он описал самые фантастические революционные течения своего времени. Недаром он назвал героев своего романа ''бесами'', так как он пророчески изобразил в их лице их ближайших наследников—коммунистов. В своем анализе этого замечательного романа известный русский философ Н. А. Бердяев указал, что русская коммунистическая революция совершилась именно так, как предсказал Достоевский. Этот пророческий элемент мы можем найти не в одних ''Бесах'', но и во многих других произведениях Достоевского. Вот почему его творчество оказало глубокое влияние не только на русскую религиозную мысль, но и на мировоззрение многих иностранных писателей.

13. "Обломов" И. Гончарова. Образ безвольного барина-ленивца

В шестидесятых и последующих годах девятнадцатого века на литературном горизонте появляются многие другие писатели. Среди них необходимо отметить И. Гончарова (1812–1891) и его роман "Обломов". В этой книге описана жизнь молодого помещика, одаренного многими прекрасными душевными и умственными качествами, но эти качества не могут проявиться из-за одного тяжелого порока, этот порок —лень. Таков герой Гончарова—Обломов, имя которого до того увековечилось в русской литературе, что сделалось нарицательным. "Обломовщина"—это лень, безволие, бесхарактерность, превратившиеся в язву и разъедающие тех, которые не умеют "взять себя в руки" и приняться за дело. Современники Гончарова признали в его книге осуждение многих представителей русского общества, особенно из поместного дворянства, которое было до того избаловано и испорчено, что действительно было заражено "обломовщиной". Но даже в наше время, когда эти "баловни судьбы" давно исчезли, тип Обломова остается живым и убедительным, и его психологический портрет остается литературным шедевром.

14. Театр А. Н. Островского. Быт русского купечества

Вторая половина XIX века также отмечена появлением одаренного русского драматурга — А. Н. Островского (1823–1886). Главной тематикой этого драматурга было изображение на сцене русского, особенно московского, купечества, с которым автор был хорошо знаком.

Островский был сыном московского адвоката, и сам долгое время состоял при московском коммерческом суде. В этом суде рассматривались дела богатых купцов,

которые в то время были экономически и социально могущественным сословием. Молодому Островскому часто приходилось наблюдать представителей этого сословия, и он затем изобразил их в своих пьесах. Быт и нравы русского купечества были еще в эти дни устарелыми и во многих случаях отрицательными. В купеческих домах все еще существовал патриархальный уклад жизни, причем старшие в семье были настоящими тиранами. Ревниво оберегая свои огромные богатства, они требовали от младших слепого повиновения, не говоря о служащих в их конторах и прислуге в их домах, которые, несмотря на отмену крепостного права, все еще вели рабское существование. И несмотря на быстрый рост образования, купцы были невежественными и темными людьми. Однако в делах они понимали толк, бойко торговали дорогими товарами, но часто прибегали к нечестным и сомнительным методам для увеличения своих богатств. Тяжело приходилось детям этих бессердечных тиранов, особенно дочерям, которых насильно выдавали за богатых женихов, мало заботясь об их личных чувствах и переживаниях. Страдали и бедные родственники, ибо на бедных и неудачных в купеческой семье смотрели свысока и мало с ними считались.

15. Пьесы Островского

В пьесах Островского перед нами проходит вереница верно и сатирически зарисованных типов купцов, купчих и их детей и близких, а также представителей других сословий, дворян и чиновников, ведущих с купцами или между собой бесконечные тяжбы. Ярко выделяются на этом темном фоне образы молодых героев и героинь, которые вносят здоровое начало в тяжелые сцены человеческой жестокости и жадности. Необходимо отметить, что именно это молодое поколение русского купечества оправдало себя в дальнейшем. Мало по малу

стушевались образы их невежественных и грубых отцов. В конце девятнадцатого века и до самой революции представители московского купечества оказались в высшей степени просвещенными людьми, либерально и гуманно настроенными. Они сыграли большую роль в развитии общественных организаций, а также в сфере русского искусства.

Островский был исключительно плодовитым драматургом. Он написал около пятидесяти пьес. Многие из этих пьес носят названия, заимствованные из русских поговорок и пословиц: "Не всё коту масляница", "Бедность не порок", "Свои люди—сочтемся" и т.д. Эти названия указывают на их красочный, бытовой характер.

16. Некрасов— поэт русской скорби. 1821-1878

Ко второй половине "Золотого века" относится поэт Николай Алексеевич Некрасов, который, кроме своего поэтического творчества, проявил замечательную деятельность и на других литературных поприщах, и в общественной жизни. Некрасова называют "поэтом русской скорби". И действительно, он воспел в своих стихотворениях горькую судьбу русского народа. Даже после освобождения крестьян,—и отчасти даже как следствие этих реформ—русский мужик страдал от бедности, недостатка земли, скота и сносного жилища. Стихотворения Некрасова на народные темы описывают лучше, чем толстые книги, быт и нужды крестьян. Многие его произведения написаны в простом, народном духе, они близки к крестьянскому говору, полны крестьянских выражений, и даже ритм их часто напоминает народные песни. Особенной известностью пользуются стихотворения Некрасова: "Влас", "Кому на Руси жить хорошо", "Коробейники" и др.

17. Русская политическая и бытовая сатира. Салтыков-Щедрин. 1826–1889

К "Золотому веку" русской литературы относится также писатель-сатирик Михаил Евграфович Салтыков-Щедрин. Детство и юность Салтыкова-Щедрина протекали под гнетом суровой николаевской эпохи и он на всю жизнь сохранил чувство отвращения к самодержавию. Но, как мы видели, даже после смерти Николая I многое в России оставалось ещё отрицательным. В Салтыкове было сильно желание осуждать и обличать эти недостатки. Его произведения—"История одного города" и "Господа Головлевы"—беспощадная сатира, направленная против невежественных и жадных представителей русского общества. Самый знаменитый тип, созданный Салтыковым, это Иудушка Головлев, который является олицетворением фарисейства.

Вопросы

1. Почему в сороковых и пятидесятых годах девятнадцатого века изменилась русская литературная обстановка?
2. Кто влиял в это время на русскую интеллигенцию?
3. Дайте краткую характеристику западников.
4. Кто был во главе этого движения?
5. Кто были славянофилы?
6. Кто основал славянофильскую школу?
7. Назовите главные произведения Тургенева и дайте их общую характеристику.
8. Кого Тургенев изобразил в лице героя своего романа "Отцы и дети"?
9. Назовите имя этого героя и что он проповедовал?
10. Укажите на главные эпизоды из жизни Достоевского.
11. За что был Достоевский осужден на каторгу и куда был сослан?
12. Назовите главные произведения Достоевского.
13. Какая основная тематика его романа "Преступление и наказание"?
14. Дайте краткое содержание его романа "Братья Карамазовы".
15. Почему Достоевский выбрал название "Бесы" для одного из своих романов?

16. Какие проблемы, религиозного и морального характера, обсуждаются в романах Достоевского?
17. Какой порок изображен в романе Гончарова ''Обломов''?
18. На какие темы написаны пьесы Островского?
19. Укажите названия некоторых пьес Островского, которые взяты из русских пословиц.
20. О чем писал Некрасов в своих стихотворениях?
21. Какие произведения написал Салтыков-Щедрин и что он в них осуждает?

Словарь

§ 1

отмéна abolition, abrogation
чéрпать 1, **черпнýть** 1 to draw
привéтствовать 1 (*Imprf.*) to hail, welcome
истóк source, beginning

§ 2

ощутúмый felt, tangible
осуждéние condemnation
упразднéние abolition
измéна treason

§ 3

разряжáть 1, **разрядúть** 2 (**разрядúть атмосфéру**) to discharge, to relieve the tension
óбщинный communal
кáяться 1, **покáяться** 1 to repent
напряжённость (*f.*) tension
сокрóвище treasure

§ 4

перехóдный transitional
предвещáть 1, **предвестúть** 2 to presage
урожéнец native
оттáлкивающий repulsive
заступáться 1, **заступúться** 2 (**заступлюсь, застýпишься**) to intercede, defend

§ 5

навещáть 1, **навестúть** 2 to visit

гнездó nest
новь (*f.*) virgin soil
вéшний spring
лúшний superfluous, unwanted
жáжда thirst
дабы́ in order

§ 6

порóк vice
поры́в impulse
оврáг ravine
тропúнка little pathway

§ 7

нáбожный religious
подрóсток teenager
на попечéнии in the care of
нелюдúмый unsociable
баловствó indulgence
рéзкий sharp, harsh
весть (*f.*) news, message
потрясáть 1, **потрястú** 1 (**потрясý, потрясёшь**) to shock
востóрженно enthusiastically

§ 8

внезáпно suddenly
казнь (*f.*) execution

вы́сшая ме́ра наказа́ния supreme penalty

ка́торга hard labor

остро́г hard labor prison

пошата́ться 1, **пошатну́ться** 1 to deteriorate (here) shake

припа́док fit, attack

венча́ться 1, **обвенча́ться** to get married (in church)

§ 9

неду́г illness

недобросо́вестный unscrupulous, dishonest

ску́дный meagre

уве́ренность в за́втрашнем дне confidence in the future

протека́ть 1, **проте́чь** 1 to occur, flow

§ 10

черта́ trait

скупо́й stingy

добыва́ть 1, **добы́ть** 1 to obtain

обеспе́чивать 1, **обеспе́чить** 2 to secure, provide

па́дший fallen

увеща́ние exhortation

§ 11

развра́тный profligate

необу́зданный unrestrained

послу́шник (в монастыре́) novice, lay brother

олицетворе́ние personification

унизи́тельный humiliating

презира́ть 1, **презре́ть** 2 to despise

ре́вность (*f.*) jealousy

завлека́ть 1, **завле́чь** 1 to entice, seduce

распу́щенный dissolute

безнра́вственный immoral, dissolute

порыва́ть 1, **порва́ть** 1 to break off

представа́ть 1, **предста́ть** 1 to appear

приговори́ть к ка́торге to sentence to hard labor

§ 12

бе́здна abyss

смире́ние humility

проро́ческий prophetic

§ 13

нарица́тельный common

я́зва plague, ulcer

разъеда́ть 1, **разъе́сть (разъе́м, разъе́шь)** to corrode

взять себя́ в ру́ки to pull oneself together

испо́рчено ruined, rotted

заражено́ contaminated, tainted

§ 14

купе́чество merchants (collective)

отрица́тельный negative

укла́д way of life

бо́йко livelily

выдава́ть за (*Acc.*) marry off (a daughter)

§ 15

вести́ тя́жбу bring a suit (law)

стушёвываться 1, **стушева́ться** 1 to be effected, disappear

§ 16

скорбь (*f.*) grief, sorrow

сно́сный bearable, tolerable, fairly good

§ 17

отвраще́ние revulsion, aversion

ЧАСТЬ ВТОРАЯ—ЧТЕНИЕ

И. С. Тургенев

ОТЦЫ И ДЕТИ
(Отрывок из гл. X)

1. —Аристократизм, либерализм, прогресс, принципы,—говорил между тем Базаров—подумаешь, сколько иностранных . . . и бесполезных слов! Русскому человеку они даром не нужны.

—Что же ему нужно, по-вашему? Послушать вас, так мы находимся вне человечества, вне его законов. Помилуйте—логика истории требует. . .

—Да на что нам эта логика? Мы и без нее обходимся.

—Как так?

—Да так же. Вы, я надеюсь, не нуждаетесь в логике для того чтобы положить себе кусок хлеба в рот, когда вы голодны. Куда нам до этих отвлеченностей?

Павел Петрович взмахнул руками.

—Я вас не понимаю после этого. Вы оскорбляете русский народ. Я не понимаю, как можно не признавать принципов, правил? В силу чего же вы действуете?

—Я уже говорил вам, дядюшка, что мы не признаем авторитетов,—вмешался Аркадий.—Мы действуем в силу того, что мы признаем полезным,—промолвил Базаров. — В теперешнее время полезнее всего отрицание,—мы отрицаем.

—Все?

—Все.

—Как? Не только искусство, поэзию . . . но и . . . страшно вымолвить. . .

2. —Все,—с невыразимым спокойствием повторил Базаров.

Павел Петрович уставился на него. Он этого не ожидал, а Аркадий даже покраснел от удовольствия.

—Однако, позвольте,—заговорил Николай Петрович. —Вы все отрицаете, или, выражаясь точнее, вы все разрушаете. . . Да ведь надобно же и строить.

—Это уже не наше дело. . . Сперва нужно место расчистить.

—Современное состояние народа этого требует,—с важностью прибавил Аркадий:—мы должны исполнять эти требования, мы не имеем права предаваться удовлетворению личного эгоизма.

Эта последняя фраза, видимо, не понравилась Базарову; от нее веяло философией, т.е.—романтизмом, ибо Базаров и философию называл романтизмом; но он не почел за нужное опровергать своего молодого ученика.

—Нет! Нет!—воскликнул с внезапным порывом Павел Петрович.—Я не хочу верить, что вы, господа, точно знаете русский народ, что вы представители его потребностей, его стремлений! Нет, русский народ не такой, каким вы его воображаете. Он свято чтит предания, он—патриархальный, он не может жить без веры. . .

—Я не стану против этого спорить,—перебил Базаров,—я даже готов согласиться, что в этом вы правы.

—А если я прав. . .

—И все-таки это ничего не доказывает.

—Именно ничего не доказывает,—повторил Аркадий с уверенностью опытного шахматного игрока, который предвидел опасный, повидимому, ход противника, и потому нисколько не смутился.

—Как ничего не доказывает?—пробормотал изумленный Павел Петрович.

—Стало быть, вы идете против своего народа?

—А хоть бы и так?—воскликнул Базаров.—Народ полагает, что когда гром гремит, это Илья пророк в колеснице по небу разъезжает. Что ж? Мне соглашаться с ним? Да притом—он русский, а разве я сам не русский?

—Нет, вы не русский, после всего, что вы сейчас сказали! Я вас за русского принять не могу.

3. —Мой дед землю пахал,—с надме́нной гордостью отвечал Базаров.—Спросите любого из ваших же мужиков, в ком из нас—в вас или во мне—он скорее признает соотечественника. Вы и говорить-то с ним не умеете.

—А вы говорите с ним и презираете его в то же время.

—Что же, коли он заслуживает презрения! Вы порицаете мое направление, а кто вам сказал, что оно во мне случайно, что оно не вызвано тем самым народным духом, во имя которого вы так ратуете?

—Как же! Очень нужны нигилисты.

—Нужны ли они или нет—не нам решать. Ведь и вы считаете себя не бесполезным.

—Господа, господа, пожалуйста, без личностей!— воскликнул Николай Петрович и приподнялся.

Павел Петрович улыбнулся и, положив руку на плечо брату, заставил его снова сесть.

—Не беспокойся,—промолвил он.—Я не позабудусь, именно вследствие того чувства достоинства, над которым так жестоко трунит господин . . . господин доктор. Позвольте,—продолжал он, обращаясь снова к Базарову,—вы, может быть, думаете, что ваше учение новость? Напрасно вы это воображаете. Материализм, который вы проповедуете, был уже не раз в ходу и всегда оказывался несостоятельным. . .

—Опять иностранное слово!—перебил Базаров. Он начинал злиться, и лицо его приняло какой-то медный и грубый цвет.—Во-первых, мы ничего не проповедуем; это не в наших привычках. . .

—А что же вы делаете?

4. —А вот что мы делаем. Прежде, в недавнее еще время, мы говорили, что чиновники наши берут взятки, что у нас нет ни дорог, ни торговли, ни правильного суда. . .

—Ну да, да, вы обличители,—так, кажется, это

называется. Со многими из ваших обличений и я соглашаюсь, но. . .

—А потом мы догадались, что болтать, все только болтать о наших язвах не стоит труда, что это ведет только к пошлости и доктринерству; мы увидали, что умники наши, так называемые передовые люди и обличители, никуда не годятся, что мы занимаемся вздором, толкуем о каком-то искусстве, бессознательном творчестве, о парламентаризме, об адвокатуре и чорт знает о чем, когда дело идет о насущном хлебе, когда грубейшее суеверие нас душит, когда все наши акционерные общества лопаются единственно оттого, что оказывается недостаток в честных людях, когда самая свобода, о которой хлопочет правительство, едва ли пойдет нам впрок, потому что мужик наш рад самого себя обокрасть, чтобы только напиться дурману в кабаке. . .

—Так,—перебил Павел Петрович,—так: вы во всем убедились и решились сами ни за что серьезно не приниматься?

—И решились ни за что не приниматься,—угрюмо повторил Базаров. Ему вдруг стало досадно на самого себя, зачем он так распространился перед этим барином.

—А только ругаться?

—И ругаться.

—И это называется нигилизмом?

—И это называется нигилизмом,—повторил опять Базаров, на этот раз с особенной дерзостью.

И. С. Тургенев

"Отцы и Дети"
Могила Базарова
(Из гл. XXVIII)

5. Есть небольшое сельское кладбище в одном из отдаленных уголков России. Как почти все наши кладбища, оно являет вид печальный: окружавшие его канавы давно заросли;

серые деревянные кресты поникли и гниют под своими когда-то крашенными крышами; каменные плиты все сдвинуты, словно кто их подталкивает снизу; два-три ощипанных деревца едва дают скудную тень; овцы безвозбранно бродят по могилам. . . Но между ними есть одна, до которой не касается человек, которую не топчет животное; одни птицы садятся на нее и поют на заре. Железная ограда ее окружает; две молодые елки посажены по обоим ее концам: Евгений Базаров похоронен в этой могиле. К ней, из недалекой деревушки, часто приходят два уже дряхлые старичка—муж с женою. Поддерживая друг друга, идут они отяжелевшею походкой; приблизятся к ограде, припадут и станут на колени, и долго и горько плачут, и долго и внимательно смотрят на немой камень, под которым лежит их сын; поменяются коротким словом, пыль смахнут с камня да ветку елки поправят, и снова молятся, и не могут покинуть это место, откуда им как будто ближе до их сына, до воспоминаний о нем. . . Неужели их молитвы, их слезы бесплодны? Неужели любовь, святая, преданная любовь не всесильна? О нет! Какое бы страстное, грешное, бунтующее сердце не скрылось в могиле, цветы, растущие на ней, безмятежно глядят на нас своими невинными глазами; не об одном вечном спокойствии говорят нам они, о том великом спокойствии ''равнодушной'' природы; они говорят также о вечном примирении и о жизни бесконечной. . .

Словарь

§ 1

да́ром gratis, free of charge without pay

обходи́ться 2, **обойти́сь** 1 to manage, to do (without)

нужда́ться 1 (*Imprf.*) to be in need

отвлечённость (*f.*) abstraction

взма́хивать 1, **-хну́ть** 1 to swing, to flap

оскорбля́ть 1, **-би́ть** 2 to insult

§ 2

уставля́ться 1, **уста́виться** 2 to stare, to fix one's (eye)

предава́ться 1, преда́ться 1 to give oneself up, to abandon oneself
ша́хматный (*Adj.*) chess
колесни́ца chariot

§ 3

надме́нный haughty
порица́ть 1 (*Imprf.*) to blame
ра́товать 1 (*Imprf.*) to declaim (for)
досто́инство dignity
труни́ть 2 (*Imprf.*) to make fun
несостоя́тельный insolvent, worthless, bankrupt

§ 4

взя́тка bribe
передово́й progressive, vanguard
вздор nonsense
толкова́ть 1 (*Imprf.*) to interpret, to comment
хлеб насу́щный daily bread
суеве́рие superstition
души́ть 2, за- to choke, to strangle
ло́паться 1, -нуть 1 to burst

хлопота́ть 1, по- (хлопочу́, хлопо́чешь) to plead, solicit
дурма́н narcotic, intoxicant
доса́дно annoying
де́рзость (*f.*) insolence, impertinence

§ 5

кла́дбище cemetery
кана́ва ditch, gutter
поника́ть 1, пони́кнуть 1 to droop
гнить 1, с- to decay, to rot
плита́ gravestone, slab
ощи́панный plucked
ску́дный meager
безвозбра́нно freely
броди́ть 2 (*Imprf.*) to roam
топта́ть 1, по- (топчу́, то́пчешь) to trample
огра́да fence
дря́хлый very old, senile
немо́й silent
беспло́дный in vain, fruitless, sterile
пре́данный devoted
бунту́ющий rebellious
безмяте́жно serenely, quietly
равноду́шный indifferent

И. А. Гончаров

ОБЛОМОВ
(Отры́вок из ч.1, гл. 1)

1.　　В Гороховой улице, в одном из больших домов, народонаселения которого стало бы на целый уездный город, лежал утром в постели, на своей квартире, Илья Ильич Обломов.

Это был человек лет тридцати двух-трех от роду, среднего роста, приятной наружности, с темно-серыми глазами, но с отсутствием всякой определенной идеи, всякой сосредоточенности в чертах лица. Мысль гуляла

вольной птицей по лицу, порхала в глазах, садилась на полуотворенные губы, пряталась в складках лба, потом совсем пропадала, и тогда во всем лице теплился ровный свет беспечности. С лица беспечность переходила в позы всего тела, даже в складки шлафрока.

2. Иногда взгляд его помрачался выражением будто усталости или скуки; но ни усталость, ни скука не могли ни на минуту согнать с лица мягкость, которая была господствующим и основным выражением не лица только, а всей души; а душа так открыто и ясно светилась в глазах, в улыбке, в каждом движении головы, руки. И поверхностно наблюдательный, холодный человек, взглянув мимоходом на Обломова, сказал бы: "Добряк должен быть, простота!" Человек поглубже и посимпатичнее, долго вглядываясь в лицо его, отошел бы в приятном раздумьи, с улыбкой.

3. Цвет лица у Ильи Ильича не был ни румяный, ни смуглый, ни положительно бледный, а безразличный, или казался таким, может быть, потому, что Обломов как-то обрюзг не по летам: от недостатка ли движения или воздуха, а может быть, того и другого. Вообще же тело его, судя по матовому, чересчур белому цвету шеи, маленьких пухлых рук, мягких плеч, казалось слишком изнеженным для мужчины.

Движения его, когда он был даже встревожен, сдерживались также мягкостью и не лишенною своего рода грации ленью. Если на лицо набегала из души туча заботы, взгляд туманился, на лбу появлялись складки, начиналась игра сомнений, печали, испуга; но редко тревога эта застывала в форме определенной идеи, еще реже превращалась в намерение. Вся тревога разрешалась вздохом и замирала в апатии или в дремоте.

4. Как шел домашний костюм Обломова к покойным чертам лица его и к изнеженному телу! На нем был халат из персидской материи, настоящий восточный халат, без малейшего намека на Европу, без кистей, без бархата, без талии, весьма поместительный, так что и Обломов мог дважды завернуться в него. Рукава, по неизменной азиатской моде, шли от пальцев к плечу все шире и шире. Хотя халат этот и утратил свою первоначальную свежесть и местами заменил свой первобытный, естественный лоск другим, благоприобретенным, но все еще сохранил яркость восточной краски и прочность ткани.

Халат имел в глазах Обломова тьму неоцененных достоинств: он мягок, гибок; тело не чувствует его на себе; он, как послушный раб, покоряется самомалейшему движению тела.

5. Обломов всегда ходил дома без галстука и без жилета, потому что любил простор и приволье. Туфли на нем были длинные, мягкие и широкие; когда он, не глядя, опускал ноги с постели на пол, то непременно попадал в них сразу.

Лежание у Ильи Илича не было ни необходимостью, как у больного или как у человека, который хочет спать, ни случайностью, как у того, кто устал, ни наслаждением, как у лентяя: это было его нормальным состоянием. Когда он был дома—а он был почти всегда дома,—он все лежал, и все постоянно в одной комнате, где мы его нашли, служившей ему спальней, кабинетом и приемной. У него было еще три комнаты, но он редко туда заглядывал, утром разве, и то не всякий день, когда человек мел кабинет его, чего всякий день не делалось. В тех комнатах мебель закрыта была чехлами, шторы спущены.

Комната, где лежал Илья Ильич, с первого взгляда казалась прекрасно убранною. Там стояло бюро красного дерева, два дивана, обитые шелковою материею,

красивые ширмы с вышитыми небывалыми в природе птицами и плодами. Были там шелковые занавесы, ковры, несколько картин, бронза, фарфор и множество красивых мелочей.

Но опытный глаз человека с чистым вкусом одним беглым взглядом на все, что тут было, прочел бы только желание кое-как соблюсти decorum* неизбежных приличий, лишь бы отделаться от них. Обломов хлопотал, конечно, только об этом, когда убирал свой кабинет. Утонченный вкус не удовольствовался бы этими тяжелыми, неграциозными стульями красного дерева, шаткими этажерками. Задок у одного дивана оселся вниз, наклеенное дерево местами отстало.

6.   Точно тот же характер носили на себе и картины и вазы, и мелочи. Сам хозяин, однако, смотрел на убранство своего кабинета так холодно и рассеянно, как будто спрашивал глазами: ''Кто сюда натащил и наставил все это?'' От такого холодгого воззрения Обломова на свою собственность, а может быть, и еще от более холодного воззрения на тот же предмет слуги его, Захара, вид кабинета, если осмотреть там все повнимательнее, поражал господствующею в нем запущенностью и небрежностью.

По стенам, около картин, лепилась в виде фестонов паутина, напитанная пылью; зеркала, вместо того, чтобы отражать предметы, могли бы служить скорее скрижалями† для записывания на них, по пыли, каких-нибудь заметок на память. Ковры были в пятнах. На диване лежало забытое полотенце; на столе редкое утро не стояла не убранная от вчерашнего ужина тарелка с солонкой и с обглоданной косточкой да не валялись хлебные крошки.

---

* Видимость.
† Скрижаль—каменная доска с написанным на ней священным текстом.

7.　Если б не эта тарелка, да не прислоненная к постели только что выкуренная трубка, или не сам хозяин, лежащий на ней, то можно было бы подумать, что тут никто не живет,—так все запылилось, полиняло и вообще лишено было живых следов человеческого присутствия. На этажерках, правда, лежали две-три развернутые книги, валялась газета, на бюро стояла и чернильница с перьями; но страницы, на которых развернуты были книги, покрылись пылью и пожелтели; видно что их бросили давно; нумер газеты был прошлогодний, а из чернильницы, если обмакнуть в нее перо, вырвалась бы разве только с жужжанием испуганная муха.

Словарь

§ 1

уе́здный (*Adj. from* уе́зд) county
сосредото́ченность (*f.*) concentration
порха́ть 1, -ну́ть 1 to flutter
полуотво́ренный half opened
скла́дка fold, wrinkle
те́плиться 2 (*Imprf.*) (only 3rd pers.) to gleam
беспе́чность (*f.*) unconcern

§ 2

помрача́ться 1, помрачи́ться 2 (only 3rd pers.) to becloud, to darken
мимохо́дом in passing
разду́мье doubt, hesitation

§ 3

румя́ный rosy cheeked
сму́глый swarthy
положи́тельно definitely, absolutely
обрю́згнуть 1 (*Prf.*) to be flabby, get flabby

ма́товый lusterless
пу́хлый plump
изне́женный delicate
трево́жить 2, встрево́жить 2 to alarm, to worry
застыва́ть 1, -сты́ть 1 to freeze, to jell

§ 4

кисть (*f.*) tassel, brush (painting)
ба́рхат velvet
та́лия waistline
первобы́тный original, primitive
лоск gloss
благоприобре́тенный acquired
про́чность (*f.*) durability
ткань (*f.*) fabric, cloth
тьма (here) a lot, much, darkness
ги́бкий supple, nimble

§ 5

приво́лье freedom
приёмная reception room
чехо́л cover (slipcover)

што́ра blind, curtain
ши́рма screen
фарфо́р porcelain, china ware
утончённый refined
уточня́ть 1, уточни́ть 2 to specify, make more exact
ша́ткий unsteady

§ 6

рассе́янно absent mindedly
воззре́ние look, attitude
запу́щенность (*f.*) neglect

лепи́ться 2 (*Imprf.*) (only 3rd pers.) to cling
паути́на cobweb
соло́нка salt shaker
обгло́данный gnawed (bare bone)
кро́шки (bread) crumbs

§ 7

линя́ть 1, по- (only 3rd pers.) to fade
обма́кивать 1, обмакну́ть 1 to dip
жужжа́ние drone, buzz

Ф. М. Достоевский

БРАТЬЯ КАРАМАЗОВЫ

(Отрывки из кн. 12. Судебная ошибка.)

1. Из речи защитника Фетюковича Господа присяжные заседатели, поберегитесь судебной ошибки! Чем, чем неправдоподобно все то, что я вам сейчас представил и изобразил? Найдите ошибку в моем изложении, найдите невозможность, абсурд? Но если есть хотя тень возможности, хотя тень правдоподобия в моих предположениях—удержитесь от приговора. А тут разве тень только? Клянусь всем священным, я вполне верю в мое, в представленное вам сейчас, толкование об убийстве. А главное, главное, меня смущает и выводит из себя все та же мысль, что изо всей массы фактов, нагроможденных обвинением на подсудимого, нет ни одного, хоть сколько-нибудь точного и неотразимого, а что гибнет несчастный единственно по совокупности этих фактов. Да, эта совокупность ужасна; эта кровь, эта с пальцев текущая кровь, белье в крови, эта темная ночь, оглашаемая воплем ''отцеубивец!'', и кричащий, падающий с проломленною головой, а затем эта масса изречений, показаний, жестов,

криков—о, это так влияет, так может подкупить убеждение, но ваше ли, господа присяжные заседатели, ваше ли убеждение подкупить может? Вспомните, вам дана необъятная власть, власть вязать и решить.

2. Господа присяжные, вот мы осудим его, и он скажет себе: ''Эти люди ничего не сделали для судьбы моей, для воспитания, для образования моего, чтобы сделать меня лучшим, чтобы сделать меня человеком. Эти люди не накормили и не напоили меня, и в темнице нагого не посетили, и вот они же сослали меня в каторгу. Я сквитался, я ничего им теперь не должен и никому не должен во веки веков. Они злы, и я буду зол. Они жестоки, и я буду жесток''. Вот что он скажет, господа присяжные! И клянусь: обвинением вашим вы только облегчите его, совесть его облегчите, он будет проклинать пролитую им кровь, а не сожалеть о ней. Вместе с тем вы погубите в нем возможного еще человека, ибо он останется зол и слеп на всю жизнь. Но хотите ли вы наказать его страшно, грозно, самым ужасным наказанием, какое только можно вообразить, но с тем чтобы спасти и возродить его душу навеки? Если так, то подавите его вашим милосердием! Вы увидите, вы услышите, как вздрогнет и ужаснется душа его: ''Мне ли снести эту милость, мне ли столько любви, я ли достоин ее'',—вот что он воскликнет! О, я знаю, я знаю это сердце, это дикое, но благородное сердце, господа присяжные. Оно преклонится пред вашим подвигом, оно жаждет великого акта любви, оно загорится и воскреснет навеки. Есть души, которые в ограниченности своей обвиняют весь свет. Но подавите эту душу милосердием, окажите ей любовь, и она проклянет свое дело, ибо в ней столько добрых зачатков. Душа расширится и узрит, как Бог милосерд и как люди прекрасны и справедливы. Его ужаснет, его подавит раскаяние и бесчисленный долг, предстоящий ему отселе.

И не скажет он тогда: ''Я сквитался'', а скажет: ''Я виноват перед всеми людьми и всех людей недостойнее''.

3. В слезах раскаяния и жгучего страдальческого умиления он воскликнет: ''Люди лучше, чем я, ибо захотели не погубить, а спасти меня!'' О, вам так легко это сделать, этот акт милосердия, ибо при отсутствии всяких чуть-чуть похожих на правду улик вам слишком тяжело будет произнести: ''Да, виновен''. Лучше отпустить десять виновных, чем наказать одного невинного—слышите ли, слышите ли вы этот величавый голос из прошлого столетия нашей славной истории? Мне ли, ничтожному, напоминать вам, что русский суд есть не кара только, но и спасение человека погибшего! Пусть у других народов буква и кара, у нас же дух и смысл, спасение и возрождение погибших. И если так, если действительно такова Россия и суд ее, то—вперед Россия, и не пугайте, о не пугайте нас вашими бешеными тройками, от которых омерзительно сторонятся все народы! Не бешенная тройка, а величавая русская колесница торжественно и спокойно прибудет к цели. В ваших руках судьба моего клиента, в ваших руках и судьба нашей правды русской. Вы спасете ее, вы отстоите ее, вы докажете, что есть кому ее соблюсти, что она в хороших руках!''

4. Так кончил Фетюкович, и разразившийся на этот раз восторг слушателей был неудержим, как буря. Было уже и немыслимо сдержать его: женщины плакали, плакали и многие из мужчин, даже два сановника пролили слезы. Председатель покорился и даже помедлил звонить в колокольчик. . .

И вот в такую то минуту и поднялся еще раз ''обменяться возражениями'' наш Ипполит Кириллович (прокурор).

5. Из речи прокурора . . . Нас упрекают, что мы насоздавали романов. А что же у защитника, как не роман на романе? Недоставало только стихов. Федор Павлович в ожидании любовницы разрывает конверт и бросает его на пол. Приводится даже, что он говорил при этом удивительном случае. Да разве это не поэма? И где доказательство, что он вынул деньги, кто слышал, что он говорил? Слабоумный идиот Смердяков, преображенный в какого-то байроновского героя, мстящего обществу за свою незаконнорожденность,—разве это не поэма в байроновском вкусе? А сын, вломившийся к отцу, убивший его, но в то же время и не убивший, это уж даже и не роман, не поэма, это сфинкс, задающий загадки, которые и сам, уж конечно, не разрешит. Коль убил, так убил, а как же это, коли убил, так не убил—кто поймет это? Затем возвещают нам, что наша трибуна есть трибуна истины и здравых понятий, и вот с этой трибуны ''здравых понятий'' раздается, с клятвою, аксиома, что называть убийство отца отцеубийством есть только один предрассудок! Но если отцеубийство есть предрассудок и если каждый ребенок будет допрашивать своего отца: ''Отец, зачем я должен любить тебя?''—то что станется с нами, что станется с основами общества, куда денется семья? Отцеубийство—это, видите ли, только ''жупел'' московской купчихи.

6. Самые драгоценные, самые священные заветы в назначении и в будущности русского суда представляются извращенно и легкомысленно, чтобы только добиться оправдания того, что нельзя оправдать. О, подавите его милосердием, восклицает защитник, а преступнику только того и надо, и завтра уже все увидят, как он будет подавлен! Да и не слишком ли скромен защитник, требуя лишь оправдания подсудимого? Отчего бы не потребовать учреждения

стипендии имени отцеубийцы, для увековечения его подвига в потомстве и в молодом поколении? Исправляются евангелие и религия: это, дескать, все мистика, а вот у нас лишь настоящее христианство, уже проверенное анализом рассудка и здравых понятий. И вот воздвигают пред нами лжеподобие Христа! **В ню же меру мерите, возмерится и вам,** восклицает защитник и в тот же миг выводит, что Христос заповедал мерить в ту меру, в которую и вам отмеряют,—и это с трибуны истины и здравых понятий! Мы заглядываем в Евангелие лишь накануне речей наших для того, чтобы блеснуть знакомством все-таки с довольно оригинальным сочинением, которое может пригодиться и послужить для некоторого эффекта, по мере надобности, все по размеру надобности! А Христос именно велит не так делать, беречься так делать, потому что злобный мир так делает, мы же должны прощать и ланиту свою подставлять, а не в ту же меру отмеривать, в которую мерят нам наши обидчики. Вот чему учил нас Бог наш, а не тому, что запрещать детям убивать отцов есть предрассудок. И не станем мы поправлять с кафедры истины и здравых понятий евангелие Бога нашего, которого защитник удостоивает назвать лишь ''Распятым Человеколюбцем'', в противоположность всей православной России, взывающей к нему: ''Ты бо еси Бог наш!...

7. Слово подсудимого

Затем представлено было слово самому подсудимому. Митя встал, но сказал немного. Он был страшно утомлен и телесно и духовно. Вид независимости и силы, с которым он появился утром в залу, почти исчез. Он как будто что-то пережил в этот день на всю свою жизнь, научившее и вразумившее его чему-то очень важному, чего он прежде не понимал. Голос его ослабел, он уже не кричал, как давеча. В словах его послышалось что-то новое, смирившееся, побежденное и приникшее.

"Что мне сказать, господа присяжные! Суд мой пришел, слышу десницу Божию на себе. Конец беспутному человеку! Но как Богу исповедуясь, и вам говорю: "В крови отца моего—нет, невиновен!" В последний раз повторяю: "Не я убил!" Беспутен был, но добро любил. Каждый миг стремился исправиться, а жил дикому зверю подобен. Спасибо прокурору, многое мне обо мне сказал, чего и не знал я, но неправда, что убил отца, ошибся прокурор! Спасибо и защитнику, плакал, его слушая, но неправда, что я убил отца, и предполагать не надо было! А докторам не верьте, я в полном уме, только душе моей тяжело. Коли пощадите, коль отпустите—помолюсь за вас. Лучшим стану, слово даю, перед Богом его даю. А коль осудите—сам сломаю над головой моей шпагу, а сломав, поцелую обломки! Но пощадите, не лишите меня Бога моего, знаю себя: возропщу! Тяжело душе моей, господа . . . пощадите!"

Он почти упал на свое место, голос его пресекся, последнюю фразу он едва выговорил. Затем суд приступил к постановке вопросов и начал спрашивать у сторон заключений.

Словарь

§ 1

присяжные заседатели Jury

изложение account, statement

приговор verdict

смущать 1, -тить 2 to perplex, to trouble

выводить из себя to make one to lose his temper

громоздить 2, на- (громожу, громоздишь) to pile up

подсудимый defendant, the accused

неотразимый irresistible

совокупность (f.) total

оглашать 1, огласить 2 to proclaim

вопль (m.) wail, scream

проламывать 1, проломить 2 (проломлю, -ломишь) to break

изречение saying, pronouncement

подкупать 1, -пить 2 to bribe (to influence)

необъятный immense

§ 2

темница prison

нагой naked

сквитаться 1 (Prf.) to get even (with)

во веки веков for ever

кля́сться 1, по- (кляну́сь, -нёшься) to swear, to curse
со́весть (*f.*) conscience
возрожда́ть 1, возроди́ть 2 to regenerate, to renew
милосе́рдие clemency, mercy
вздра́гивать 1, вздро́гнуть 1 to flinch
благоро́дный noble
преклоня́ться 1, -ни́ться 2 to bow, to bend, to worship
по́двиг exploit, feat
воскреса́ть 1, воскре́снуть 1 to revive, rise again
подавля́ть 1, -ви́ть 2 to suppress
зача́ток beginning
зреть 2, у- (зрю, зришь) to catch sight, to see

§ 3

раска́яние repentance
отсе́ле hence
жгу́чий burning
умиле́ние touching emotion
ули́ка evidence, proof
велича́вый majestic, dignified
ничто́жный insignificant
ка́ра punishment
бе́шенный mad, furious
омерзи́тельно disgusting
отста́ивать 1, -стоя́ть 2 to defend

§ 4

восто́рг delight, enthusiasm
неудержи́мо irresistibly
немы́слимо unthinkable
сано́вник dignitary, statesman

§ 5

упрека́ть 1, -ну́ть 1 to reproach

покоря́ться 1, -ри́ться 2 to submit
недостава́ть 1, -ста́ть 1 to lack, to be short of
преобража́ть 1, -зи́ть 2 to transform
мстить 2, ото- to revenge
незаконнорождённость (*f.*) illegitimacy
зага́дка riddle
возвеща́ть 1, возвести́ть 2 to announce
здра́вый sound, sane
предрассу́док prejudice

§ 6

‘‘жу́пел’’ bugaboo
заве́т testament
извращённо perverted
пото́мство descendants
поколе́ние generation
лжеподо́бие false resemblance
запове́довать 1, запове́дать 1 to command, to order
бере́чься (*Imprf.*) берегу́сь, -жёшься to beware
лани́та cheek

§ 7

утомлённый tired
да́веча lately, the other day
прини́кшее composed, pacified
десни́ца (right) hand
беспу́тный dissolute
ко́ли, коль = е́сли if, whether
щади́ть 2, по- (щажу́, щади́шь) to have mercy, to spare
обло́мок fragment, wreckage
возропта́ть 1 (*Prf.*) (возропщу́, -о́пщешь) to revolt, grumble
пресека́ться 1, -се́чься 1 to cut short, to crack

ГЛАВА XX | РУССКАЯ ЛИТЕРАТУРА

ТОЛСТОЙ, ЧЕХОВ и НАЧАЛО XX ВЕКА

ЧАСТЬ ПЕРВАЯ

1. Лев Николаевич Толстой 1828–1910

Один из самых замечательных представителей Золотого века русской литературы—это Лев Николаевич Толстой. Первые произведения Толстого, ''Детство'', ''Отрочество'', ''Юность'', ''Казаки'' и ''Севастопольские рассказы'', напечатанные в пятидесятых годах, сразу выдвинули его в числе талантливых молодых писателей этого времени. Но всю силу своего дарования Толстой проявил в 1864–1869 гг. в своем первом большом романе ''Война и мир''. Толстой писал свой роман в продолжение шести лет, много раз его переделывая и переписывая. Эта работа производилась от руки, при помощи жены Толстого, Софии Андреевны, так как в то время еще не существовало пишущих машин. Роман ''Война и мир'' был сразу признан в России крупным литературным событием, а впоследствии был переведен на многие иностранные языки и считается шедевром мировой литературы.

2. ''Война и мир''. Историческая тематика

''Война и мир'' развертывает историческую панораму Отечественной войны 1812 года. В ней подробно описаны вторжение Наполеона в Россию, его дальнейший поход, бой на Бородинском поле и вступление победителя в Москву. Изображены также пребывание Наполеона в Москве, пожар Москвы и постепенный закат звезды великого полководца. Наконец, читатель может проследить шаг за шагом

уход французской армии сперва из Москвы, а затем из пределов русского государства, под ударами партизан и в тисках зимней стужи и голода.

3. Отдельные герои "Войны и мира" как психологические образы

Рядом с этим грандиозным историческим полотном, Толстой нарисовал в этом романе и другую, более интимную картину: картину жизни русских дворянских семейств, которые так или иначе принимали участие в Отечественной войне, или были ее свидетелями. Но главный интерес или, вернее, пафос книги—это личная судьба отдельных действующих лиц, характеристика их физического и духовного облика. Толстой мастерски создавал образы своих героев, их внешность, типичные черты, манеру говорить, держать себя, и даже одеваться. Все это он описывал с величайшей подробностью; через телесную оболочку он проникал в самую душу человека, раскрывал его импульсы, психологические реакции и процессы мышления.

Читая "Войну и мир", мы испытываем чувство, что присутствуем при поведении и судьбе живых людей, которых мы или любим, или не любим, или даже презираем. Кто не привлечен мужеством, прямотой и в то же время почти наивностью Николая Ростова, гордостью и удальством Долохова, безумной храбростью маленького Пети; кто не чувствует симпатии к доброму и умному, неуклюжему Пьеру или к блестящему, тонкому и благородному князю Андрею. Кто не испытывает отвращения к циничному Анатолю Курагину и не улыбается чудаковатости старика Болконского. Наконец, каждый, дочитавший "Войну и мир", остается под очарованием Наташи Ростовой и не может забыть ее пленительного образа, ее то радостной, то печальной судьбы.

4. "Анна Каренина"

То же ощущение встречи с живыми людьми мы испытываем при чтении второго романа Толстого, "Анна Каренина". Быть может впечатление жизненности, реальности этого произведения еще сильнее, еще более волнующее; здесь мы не находимся в атмосфере определенной, ярко выраженной исторической эпохи. Мы видим перед собой лишь драму двух человеческих существ, связанных единым чувством, единой трагической и слепой страстью. Оба эти существа—Анна Каренина и Алексей Вронский—не столько виновники этой сокрушительной страсти, сколько ее жертвы. Красивая, обаятельная и честная по существу Анна, несчастна с мужем, бездушным и сухим лицемером. Каренин живет и заставляет жену жить только во имя внешнего, условного и лживого мира своей карьеры. Ему и в голову не приходит мысль, что она томится и жаждет чего-то иного. И только когда связь ее с Вронским превращается в публичный скандал, глаза его раскрываются, и он приходит в ужас; но не оттого, что он потерял Анну, а потому что ее необдуманное поведение разрушило его тщательно организованное, искусственное благополучие.

5. Характеристика Вронского

Совсем к другому типу людей принадлежит любовник Анны, Алексей Вронский. Молодой красавец, офицер блестящего гвардейского полка, занимающий исключительное положение в высшем свете, Вронский мало заботится о последствиях своего увлечения. Кто посмеет его осудить, когда даже мать его довольна тем, что у него такая изящная и высокопоставленная любовница. Лишь в конце концов, когда она боится за репутацию сына и его положение в свете и в полку, она отворачивается от бедной Анны, а вслед за ней и все другие дамы петербургского общества. Сам Вронский едва ли боится скандала. Но мало по малу его

связь начинает быть ему в тягость; в Анне слишком много страстности, трагичности, она нарушает его жизнь беззаботного холостяка. Когда Анна ему объявляет, что она от него беременна, его чувство охладевает. Особенно тяготится он, когда ему приходится выйти из полка и уехать с Анной за границу. Он скучает по России, жаждет вернуться и, очутившись опять дома, с головой уходит в общественную жизнь. Анна чувствует, что ей больше нет места в его жизни. Она тоскует по своему сыну от Каренина, которого она покинула и который остался с отцом. Она напрасно ищет встречи с ним, и только раз удается ей его навестить. Ревность к Вронскому, подозрительность, невозможность возбудить в нем прежнюю любовь, все это тяжело на ней отзывается. Она бьется, как птица в клетке, и не находя выхода, наконец впадает в отчаянье. Анна бросается под поезд, и после этого страшного самоубийства Вронский нигде не может обрести покоя.

6. Левин и семейная жизнь В романе ''Анна Каренина'' Толстой проводит параллель между этими несчастными влюбленными и счастливой молодой четой—Николаем Левиным и его женой Китти. В страницах, им посвященным, автор рисует картину семейного счастья, но счастья не условного, мнимого, а подлинного, и поэтому не всегда спокойного и ровного. У Левиных, как в каждой семье, бывают и радости и невзгоды, и трудности и достижения. Но жизнь их построена на крепких, нравственных устоях. Она течет не в шумном городе, а в деревне, ближе к народу и к природе. Толстой глубоко любил и народ и природу, и мы находим в ''Анне Карениной'', рядом с любовными сценами и описаниями городской жизни, яркое и высоко-художественное изображение жизни в деревне.

7. Религиозный кризис Толстого

После окончания "Анны Карениной" Лев Толстой пережил глубокий религиозный кризис. Искания правды Божьей и человеческой справедливости, которые проявлялись у него с ранней молодости, теперь до того усилились, что поглотили всю его жизнь, все его творческие силы. Разрешение мучивших его проблем Толстой нашел в евангельском учении несопротивления злу насилием, в отказе от земных богатств, в служении народу и в участии в трудовой жизни этого народа. Вследствие этого глубокого духовного переворота Толстой почти всецело отошел от прежней литературной деятельности, т.е. от романа. Он посвятил себя составлению нравоучительных произведений, в которых излагал свои идеи, или писанию повестей и рассказов, которые содержали религиозно-нравственную идею. Однако перу Толстого принадлежит еще одно произведение, в котором религиозный и этический подход к жизни сочетается с формой и трактовкой большого романа. Это "Воскресение", законченное в 1899 году. К этому периоду также относится повесть Толстого "Хаджи Мурат".

8. Уход и смерть

Религиозные и этические проблемы, однако, не переставали мучить великого писателя. В 1910 году, на 82 году жизни, Толстой не мог далее выносить напряженной атмосферы в своем доме, создавшейся из-за конфликта с его женой; последняя не разделяла учения Толстого и ему противилась. Вследствие этого трагического конфликта Толстой ушел из дому и решил закончить свою жизнь вдали от близких. Он сел в поезд дальнего следования, но по дороге заболел и умер на станции Остапово, в помещении станционного начальника (январь, 1910).

9. А. П. Чехов
1860–1904
Общие черты

Другой знаменитый писатель конца XIX века—Антон Павлович Чехов. Как и Толстой, он был необыкновенно плодовитым автором, хотя не создал ни одного романа. Зато Чехов написал много рассказов и повестей и целый ряд театральных пьес, которые до сих пор почти постоянно ставятся на русских и на иностранных сценах.

Чехов не писал широких исторических панорам и не стремился проанализировать, как Толстой и Достоевский, тончайшие психологические нити, связывающие судьбы своих героев. И герои эти как будто ничем особенным не отличаются. Он описывал серые русские будни, ежедневные события в жизни обыкновенных людей. Сам Чехов был близко знаком с этим бытом.

10. Биография

Антон Чехов был внуком крепостного, который откупил себя и служил управляющим у помещиков. Отец Чехова был торговцем, владельцем мелочной лавки в Таганроге, где родился будущий писатель. Он учился в местной гимназии, а затем переехал в Москву, чтобы поступить на медицинский факультет. В то время семья его разорилась, и ему пришлось зарабатывать не только на себя, но и на родителей. Чехов давал уроки и помещал в журналах юмористические рассказы под псевдонимом ''Антоша Чехонте''. Но вскоре он стал подписываться своим настоящим именем и пользовался значительным успехом. В первой половине 80-х годов он написал уже более ста рассказов, постоянно сочетая литературную деятельность с медицинскими занятиями. Получив докторский диплом, Антон Чехов стал работать врачом в окрестностях Москвы и продолжал писать. В то время он уже был известным автором и пользовался успехом особенно после его рассказа ''Унтер Пришибеев'' и его сборника ''Пестрые рассказы''. Одно время, прервав свою деятельность, он

уехал на Дальний Восток и после своего возвращения выпустил книгу о своем путешествии, под названием "Остров Сахалин". В 90-х годах он купил подмосковное имение "Мелихово", где поселился, чтобы опять-таки посвятить себя литературной работе.

11. Жизнь в Мелихове и на юге. Встреча с Московским Художественным театром

В Мелихове, где Чехов написал целый ряд замечательных произведений, ныне устроен музей, посвященный его памяти. Жизнь в имении была для него спокойной и счастливой. Чехов очень любил деревню. Кроме того, как врач, он отдавал много времени общественному делу. Но ему пришлось уехать из своей подмосковной: заболев туберкулезом, он не переносил северного климата, и врачи ему предписали поехать за границу, а затем поселиться на юге России, в крымском курорте—Ялте, где он купил себе дом и прожил несколько лет. Здоровье его, однако, не поправлялось. Чехов скучал по московским друзьям и по литературным и драматическим кругам. В то время он как раз сошелся с основателями Московского Художественного театра, К. С. Станиславским и В. И. Немировичем-Данченко. Они собирались поставить пьесу Чехова "Чайка", которая уже шла в Александринском театре в Петербурге, но не имела успеха. Ему необходимо было следить за новой постановкой и, несмотря на все трудности, "Чайка" имела на этот раз большой успех. (1898.) С этого момента имя Чехова связано с Московским Художественным театром, который поставил и все другие его пьесы: "Три сестры", "Вишневый сад", "Дядя Ваня". Новый молодой театр создал новый жанр режисерства и актерской игры, собрал группу молодых, талантливых артистов, художников и театральных работников. Чехов ездил в Москву, чтобы наблюдать за этими постановками, присутствовал при репетициях и

часто руководил ими. Однако артисты не всегда хотели слушаться автора, и у Чехова не раз были конфликты с актером-режиссером Станиславским. Однако их сотрудничество должно было отметить одну из самых блестящих страниц Московского Художественного театра. Чехов женился на артистке О. Л. Книппер и проживал по-прежнему в Крыму (Ялте), где много работал.

12. Знакомство с Л. Толстым и М. Горьким. Смерть Чехова В Ялте Чехов познакомился с Львом Николаевичем Толстым, который в то время также страдал болезнью легких и должен был лечиться на юге. Толстой очень ценил творчество Чехова и уважал его как человека. В Крыму Чехов также встретился с молодым писателем, Максимом Горьким, с которым и до знакомства он вел длинную переписку и с которым в Ялте очень подружился. Сохранились фотографии Чехова с Толстым и Горьким, снятые в этот период жизни трех русских писателей, встретившихся на рубеже двух столетий и столь непохожих друг на друга. Несмотря на все их различья, их объединяли общая любовь к литературе, желание достичь наивысшего мастерства и готовность признать молодые таланты и их достижения.

Стоя вдали от политической жизни, Чехов однако был очень чуток к общественной атмосфере того времени. Как врач, он хорошо знал условия, в которых живет народ, и его рассказы часто описывают народные страдания. Его пьесы отражают надвигающуюся бурю и мечту о лучшей, более счастливой жизни.

В 1904 году болезнь Чехова приняла угрожающую форму, и он уехал лечиться за границу в сопровождении свой жены, Ольги Книппер. Положение его было безнадежным, и Чехов скончался в том же году в немецком городе Баденвейлере. Вдова Чехова, заслуженная артистка, на много лет пережила мужа и умерла в Москве в 1958 году.

13. Основные черты творчества Чехова. Тематика его рассказов и пьес

Как мы уже видели, Чехов изобразил в своем творчестве не героев, а самых обыкновенных людей своего времени. Он показывал то их смешные черты, то безысходную, гнетущую тоску "лишних людей". Достаточно прочесть рассказ Чехова "Палата No. 6", чтобы проникнуться самыми мрачными чувствами. Но и в других, менее тягостных, юмористических рассказах Чехова мы видим целую галерею типов: неудачников, не осуществивших свои мечты и превратившихся или в каррикатуры или в меланхоликов. В театре Чехова мы также встречаем эти типы неудачников и неудачниц. Его действующие лица то ищут счастья, но не могут его найти, то, не умея бороться за это счастье, впадают в отчаянье или кончают жизнь самоубийством, или кое-как примиряются со своей судьбой и готовы прозябать в своих усадьбах до тех пор, пока жизнь сама их не гонит прочь.

Однако не одни эти печальные картины составляют тайну чеховского творчества. В нем создается "настроение"—это пресловутое русское слово, столь трудно переводимое на другие языки. "Настроение"—это не только атмосфера, в которой происходит данный описываемый Чеховым эпизод; и это не одно только случайное душевное состояние героя. Это—весь комплекс его переживаний и в то же время узел всех жизненных, психологических и общественных условий, в котором зародились его чувства. Но и это слово "настроение"—не исчерпывает всего, что дал нам Чехов. В его рассказах, и быть может особенно в его пьесах, он облекает самые обыденные происшествия в художественную форму, наполняет сердца самых обыденных людей мечтательностью, поэзией, внезапными порывами любви и жалости, которые вносят жизнь в его рассказы. Достаточно прочесть эти рассказы, чтобы навсегда их

запомнить, улыбнуться и вздохнуть при одном их названии: "Человек в футляре", "Унтер Пришибеев", "Ионыч", "Дама с собачкой", "Душенька", "Стрекоза", "Архиерей", "Пасхальная ночь" и т.д.

14. Начало XX века. Реалисты и символисты. "Серебряный век"

Когда Л. Н. Толстой и А. П. Чехов уже пользовались широкой славой, на литературном горизонте появились новые молодые таланты. Некоторые из этих писателей принадлежали к так называемой школе реализма. Другими словами, они изображали действительность в самых правдивых красках, показывая многие отрицательные или мрачные черты русской жизни: страдание и нищету народа, невозможность для многих получить образование, примитивность крестьянских нравов и жестокость власти. Они также описывали революционные настроения рабочих и политическую борьбу интеллигенции. Среди реалистов особенно выдвинулись Максим Горький, А. Куприн, Леонид Андреев и Иван Бунин. Каждый из них обладал большим талантом и силой творчества, которое оборвалось Октябрьской революцией 1917 года, но они возобновили его за рубежом. Максим Горький примкнул к новой власти и сделался корифеем советской литературы.

Наконец, во время последнего, дореволюционного периода в России появилась целая плеяда писателей, поэтов и драматургов, которые основали литературное движение в высшей степени интересное и богатое произведениями. Оно не было связано с другими литературными группами того времени, то есть с классической или реаалистической традицией. Это были "символисты" и "акмеисты", вокруг которых постоянно зарождались новые литературные школы и кружки. Среди символистов, необходимо в первую очередь назвать замечательного

поэта Александра Блока. Блок отметил один из самых значительных этапов развития современной русской поэзии. Будучи исключительно одаренным художником и мастером стиха, он в то же время отразил в своей поэзии самые драматические моменты, пережитые русской интеллигенцией накануне революции и в первые годы после Октября. Но он изобразил эти моменты как символист и показал, что за всей видимой действительностью и осязаемой материей существует жизнь иная, высшая, т.е. духовная. Значительна также роль других представителей, предреволюционной эпохи, поэтов Андрея Белого, Гумилева, Анны Ахматовой, Бальмонта, Валерия Брюсова и Вячеслава Иванова,—писателей Алексея Ремизова и Дмитрия Мережковского. Нужно также упомянуть религиозных мыслителей: Николая Бердяева, отца Сергия Булгакова и отца Павла Флоринского, стремившихся противостоять материалистической марксистской диалектике.

В виду значительности и ценности литературных и философских произведений, этот предреволюционный период был назван ''Серебряным веком'' русской литературы.

Вопросы

1. Когда были напечатаны первые произведения Толстого? Дайте их названия.
2. Когда был написан роман Толстого ''Война и мир''?
3. Какую эпоху русской истории Толстой изобразил в ''Войне и мире''?
4. Какая часть русского общества изображена в романе ''Война и мир''?
5. Дайте храктеристику главных героев ''Войны и мира''.
6. Перескажите сюжет романа Толстого ''Анна Каренина''.
7. Как изобразил Толстой героиню ромна, Анну?
8. Почему она покончила с собой?
9. Объясните, в чем заключается семейное счастье Левина и Китти?
10. Опишите кризис, который пережил Толстой в конце своей жизни и укажите в чем он выразился.

11. Дайте характеристику творчества Чехова.
12. Какие жанры разрабатывал этот писатель?
13. Существует ли сходство между его сочинениями и творчеством Толстого или Достоевского?
14. Назовите несколько пьес и рассказов Чехова.
15. Где родился Чехов и кто был его дед?
16. Расскажите кратко о жизни Чехова.
17. Какое отношение имеет Чехов к Московскому Художественному театру?
18. На ком женился Чехов и где он проживал в конце своей жизни?
19. Опишите основные черты творчества Чехова.
20. Известен ли Чехов как драматург только в России или также в других странах?
21. Что означает слово ''настроение'', применяемое к его пьесам?
22. Назовите писателей, которые стали известными в России в начале XX века.
23. К какой школе принадлежала группа писателей и поэтов, не принадлежавших к реалистам?
24. Чем отличались их произведения от произведений реалистов?
25. Назовите самых выдающихся поэтов этой школы.
26. Какие религиозные мыслители выдвинулись в то время в России?
27. Как называется этот период русской литературы?

Словарь

§ 1

дарова́ние gift, talent
от руки́ by hand

§ 2

развёртывать 1, **-ну́ть** 1 to unfold
вторже́ние invasion
пребыва́ние sojourn, stay
зака́т decline, sunset
тиски́ clutches
сту́жа cold, hard frost

§ 3

о́блик image
теле́сная corporal, body, (here) physical

оболо́чка cover, shell, wrap
мышле́ние thinking, philosophy
плоть (*f.*) flesh, body
испы́тывать 1, **испыта́ть** 1 to try, to experience
презира́ть 1, **презре́ть** 2 **презрю́, -и́шь**) to despise
удальство́ audacity
неуклю́жий clumsy
отвраще́ние aversion, disgust
очарова́ние charm
плени́тельный fascinating, captivating

§ 4

ощуще́ние sensation
определённый definite
существо́ being, creature

сокруши́тельный crushing
обая́тельный charming
по существу́ essentially, in fact
лицеме́рие hypocrisy
томи́ться 2 (*Imprf.*) to languish
жа́ждать 1 (*Imprf.*) to thirst, to
crave
связь (*f.*) bond, tie (here)
liaison
тща́тельно thoroughly, with
great care
благополу́чие well being, happi-
ness, prosperity

§ 5

изя́щный elegant, smart
быть в тя́гость to be a burden
наруша́ть 1, -ши́ть 2 to upset,
to break up
холостя́к bachelor
бере́менна pregnant
очути́ться 2 (*Prf.*) (only 2nd &
3rd pers.) to come, find oneself
с голово́й уходи́ть в . . . to
plunge
удава́ться, удаётся (уда́ться,
уда́стся) (only 3rd pers.) turn
out well
кле́тка cage, cell (anat.)
обрета́ть 1, обрести́ 1 to
acquire

§ 6

мни́мый imaginary
по́длинный real, genuine
невзго́да adversity

§ 7

справедли́вость (*f.*) justice
поглоща́ть 1, -ти́ть 2 to engulf,
to swallow, to absorb
(не) сопротивле́ние (non) resistance
нравоучи́тельный moralizing

§ 8

стра́нствие travel, wandering

§ 9

плодови́тый fruitful
стреми́ться 2 (*Imprf.*) to strive
for
отлича́ться 1, -чи́ться 2 to
differ from, distinguish oneself
быт mode of life
сосло́вие social class

§ 10

мелочна́я ла́вка small grocer's
shop
разоря́ться 1, -ри́ться 2 to
ruin oneself
помеща́ть 1, помести́ть 2 to
place (here: to publish)
сочета́ть 1 (*Imprf. & Prf.*) to
combine

§ 11

поправля́ться 1, -ви́ться 2 to
get well, recover
скуча́ть по . . . 1 (*Imprf.*) to
long for, to miss
следи́ть за . . . 2 (*Imprf.*) to
watch, follow
постано́вка staging, production

§ 12

разли́чие difference
чу́ткий sensitive
изво́зчик cab-driver
отража́ть 1, -зи́ть 2 to reflect
надвига́ющийся oncoming, ap-
proaching, imminent
мечта́ dream
в сопровожде́нии escorted by
заслу́женный honored, deserv-
ing

§ 13

безысхо́дный endless, undeni-
able, inconsolable

гнету́щий oppressive

обы́денность (*f.*) commonplaceness

неприхотли́вый unpretentious

тя́гостный burdensome, painful

прозяба́ть 1 (*Imprf.*) to vegetate

впасть в отча́яние to fall into despair

примиря́ться 1, -ри́ться 2 to reconcile oneself to

пережива́ние emotional experience

зарожда́ться 1, зароди́ться 2 (only 3rd pers.) to be conceived, be born

исче́рпывать 1, исче́рпать 1 to exhaust

облека́ть 1, обле́чь 1 to clothe, invest

происше́ствие event, incident

вре́зываться 1, вреза́ться 1 (*Imprf.*), вре́заться 1 (*Prf.*) to cut one's way in

§ 14

обо́йщик upholsterer

ску́дный scanty

пропита́ние subsistence

узлова́я ста́нция railway junction

подо́нки (*Pl.*) dregs, scum

задо́р fervour

примыка́ть 1, примкну́ть 1 to join, side with

одарённый gifted

вдохнове́ние inspiration

§ 15

обрыва́ть 1, оборва́ть 1 to tear off, break off

возобавля́ться 1, возобнови́ться 2 (only 3rd pers.) be renewed, resumed

накану́не on the eve

осяза́емый tangible

Л. Н. Толстой

ВОЙНА И МИР
(Т. 1, ч.2, гл.20)
(Отрывки)

(НА ПОЛЕ БИТВЫ)

1. Пехотные полки, застигнутые врасплох в лесу, выбегали из леса, и роты, смешавшись с друмими ротами, уходили беспорядочными толпами. Один солдат в испуге проговорил страшное на войне бессмысленное слово: ''отрезали!'', и слово, вместе с чувством страха, сообщилось всей массе. —Обошли! Отрезали! Пропали!—кричали голоса бегущих. Полковой командир, в ту самую минуту, как он услыхал стрельбу и крик сзади, понял, что случилось что-нибудь ужасное с его полком, и мысль, что он, примерный, много лет служивший, ни в чем не виноватый офицер, мог быть виновен перед начальством в оплошности или нерас-порядительности, так поразила его, что в ту же минуту, забыв и непокорного кавалериста-полковника и свою генеральскую важность, а главное—совершенно забыв про опасность и чувство самосохранения, он, ухватив-шись за луку седла и шпоря лошадь, поскакал к полку под градом обсыпавших, но счастливо миновавших его пуль. Он желал одного: узнать, в чём дело, и помочь и испра-вить во что бы то ни стало ошибку, ежели она была с его стороны, и не быть виновным ему, двадцать два года служившему, ни в чем не замеченному, примерному офицеру.

2. Счастливо проскакав между французами, он подскакал к полю за лесом, через который бежали наши и, не слушаясь команды, спускались под гору. Наступила та минута нравственного колебания, которая решает участь сражений: послушают

эти расстроенные толпы солдат голоса своего командира или, оглянувшись на него, побегут дальше. Несмотря на отчаянный крик прежде столь грозного для солдат полкового командира . . . солдаты всё бежали, разговаривали, стреляли в воздух и не слушали команды. Нравственное колебание, решающее участь сражений, очевидно, разрешалось в пользу страха.

3. Генерал закашлялся от крика и порохового дыма и остановился в отчаянии. Все казалось потеряно, но в эту минуту французы, наступавшие на наших, вдруг, без видимой причины, побежали назад, скрылись из опушки леса, и в лесу показались русские стрелки. Это была рота Тимохина, которая одна в лесу удержалась в порядке и, засев в канаву у леса, неожиданно атаковала французов. Тимохин с таким отчаянным криком бросился на французов и с такою безумною и пьяною решительностью, с одною шпажкой, набежал на неприятеля, что французы, не успев опомниться, побросали оружие и побежали. Долохов, бежавший рядом с Тимохиным, в упор убил одного француза и первый взял за воротник сдавшегося офицера. Бегущие возвратились, батальоны собрались, и французы, разделившие было на две части войска левого фланга, на мгновение были оттеснены. Резервные части успели соединиться, и беглецы остановились. Полковой командир стоял с майором Экономовым у моста, пропуская мимо себя отступающие роты, когда к нему подошел солдат, взял его за стремя и почти прислонился к нему. На солдате была синеватая, фабричного сукна шинель, ранца и кивера не было, голова была повязана и через плечо была надета французская зарядная сумка. Он в руках держал офицерскую шпагу. Солдат был бледен, голубые глаза его нагло смотрели в лицо полковому командиру, а рот улыбался. Несмотря на то, что полковой командир был занят отданием приказания

майору Экономову, он не мог не обратить внимания на этого солдата.

—Ваше превосходительство, вот два трофея,—сказал Долохов, указывая на французскую шпагу и сумку. —Мною взят в плен офицер. Я остановил роту.—Долохов тяжело дышал от усталости; он говорил с остановками. —Вся рота может свидетельствовать. Прошу запомнить, ваше превосходительство!

—Хорошо, хорошо,—сказал полковой командир и обратился к майору Экономову. Но Долохов не отошел; он развязал платок, дернул его и показал запекшуюся в волосах кровь.

—Рана штыком, я остался во фронте. Попомните, ваше превосходительство.

ВОЙНА И МИР
Т. 1, ч. 3, гл. 7, 8
(СМОТР В ОЛЬМЮЦЕ)

4. 12-го ноября кутузовская боевая армия, стоявшая лагерем около Ольмюца, готовилась к следующему дню на смотр двух императоров—русского и австрийского. Гвардия, только что подошедшая из России, ночевала в 15-ти верстах от Ольмюца и на другой день прямо на смотр, к 10-ти часам утра, вступила на ольмюцкое поле. . . .

На другой день свидания Бориса с Ростовым был смотр австрийских и русских войск, как свежих пришедших из России, так и тех, которые вернулись из похода с Кутузовым. Оба императора, русский с наследником цесаревичем и австрийский с эрцгерцогом, делали этот смотр союзной 80-ти-тысячной армии.

С раннего утра начали двигаться щегольски вычищенные и убранные войска, выстраиваясь на поле перед крепостью. . . . С раннего утра начались напряженные хлопоты и усилия, и в 10 часов все пришло в требуемый порядок. На огромном поле стали ряды. Армия вся

была вытянута в три линии. Спереди кавалерия, сзади артиллерия, еще сзади пехота.

Между каждым рядом войск была как бы улица. Резко отделялись одна от другой три части этой армии: боевая Кутузовская (в которой на правом фланге в передней линии стояли павлоградцы), пришедшие из России армейские и гвардейские полки и австрийское войско. Но все стояли под одну линию, под одним начальством и в одинаковом порядке.

Как ветер по листьям пронесся взволнованный шопот: "едут! едут!" Послышались испуганные голоса, и по всем войскам пробежала волна суеты последних приготовлений.

Впереди от Ольмюца показалась подвигавшаяся группа. И в это же время, хотя день был безветренный, легкая струя ветра пробежала по армии и чуть заколебала флюгера пик и распущенные знамена, затрепавшиеся о свои древки. Казалось, сама армия этим легким движением выражала свою радость при приближении государей. Послышался один голос: "Смирно!" Потом, как петухи на заре, повторились голоса в разных концах. И все затихло.

5.   В мертвой тишине слышался только топот лошадей. То была свита императоров.

Государи подъехали к флангу и раздались звуки трубачей первого кавалерийского полка, игравшие генерал-марш. Казалось, не трубачи это играли, а сама армия, радуясь приближению государя, естественно издавала эти звуки. Из-за этих звуков отчетливо послышался один молодой, ласковый голос императора Александра. Он сказал приветствие, и первый полк гаркнул: "Урра!" так оглушительно, продолжительно, радостно, что сами люди ужаснулись численности и силе той громады, которую они составляли.

Ростов, стоя в первых рядах Кутузовской армии, к которой к первой подъехал государь, испытывал то же чувство, какое испытывал каждый человек этой армии,—чувство самозабвения, гордого сознания могущества и страстного влечения к тому, кто был причиной этого торжества.

Он чувствовал, что от одного слова этого человека зависело то, чтобы вся громада эта (и он, связанный с ней,—ничтожная песчинка) пошла бы в огонь и в воду, на преступление, на смерть или на величайшее геройство, и потому-то он не мог не терпетать и не замирать при виде этого приближающегося слова.

—Урра! Урра! Урра!—гремело со всех сторон, и один за другим принимал государя звуками генерал-марша; потом ''урра! . . .'' генерал-марш и опять ''урра!'' и ''урра!!'', которые, все усиливаясь и прибывая, сливались в оглушительный гул.

6. Пока не подъезжал еще государь, каждый полк в своей безмолвности и неподвижности казался безжизненным телом; только сравнивался с ним государь, полк оживлялся и гремел, присоединяясь к реву всей той линии, которую уже проехал государь. При страшном, оглушительном звуке этих голосов, посреди масс войска, неподвижных, как бы окаменевших в своих четвероугольниках, небрежно, но симметрично и, главное, свободно двигались сотни всадников свиты и впереди их два человека—императоры. На них-то безраздельно было сосредоточено сдержанно-страстное внимание всей этой массы людей.

Красивый, молодой император Александр, в конногвардейском мундире, в треугольной шляпе, надетой с поля, своим приятным лицом и звучным, негромким голосом привлекал всю силу внимания.

Ростов стоял недалеко от трубачей и издалека своими

зоркими глазами узнал государя и следил за его приближением. Когда государь приблизился на расстояние 20-ти шагов и Николай ясно, до всех подробностей, рассмотрел прекрасное, молодое и счастливое лицо императора, он испытал чувство нежности и восторга, подобного которому он еще не испытывал. Все—всякая черта, всякое движение—казалось ему прелестно в государе.

Остановившись против Павлоградского полка, государь сказал что-то по-французски австрийскому императору и улыбнулся.

Увидав эту улыбку, Ростов сам невольно начал улыбаться и почувствовал еще сильнейший прилив любви к своему государю. Ему хотелось выказать чем-нибудь свою любовь к государю. Он знал, что это невозможно, и ему хотелось плакать. Государь вызвал полкового командира и сказал ему несколько слов.

"Боже мой! что бы со мной было, ежели бы ко мне обратился государь!—думал Ростов:—я бы умер от счастия".

Государь обратился и к офицерам:

—Всех, господа (каждое слово слышалось Ростову, как звук с неба), благодарю от всей души.

Как бы счастлив был Ростов, ежели бы мог теперь умереть за своего царя!

—Вы заслужили георгиевские знамена и будете их достойны.

"Только умереть, умереть за него!" думал Ростов.

7.   Государь еще сказал что-то, чего не расслышал Ростов, и солдаты, надсаживая свои груди, закричали: "урра!"

Ростов закричал тоже, пригнувшись к седлу, что было его сил, желая повредить себе этим криком, только чтобы выразить вполне свой восторг к государю.

Государь постоял несколько секунд против гусар, как будто он был в нерешимости.

"Как мог быть в нерешимости государь?"—подумал Ростов, а потом даже и эта нерешительность показалась Ростову величественною и обворожительною, как и все, что делал государь.

Нерешительность государя продолжалась одно мгновение. Нога государя, с узким, острым носком сапога, как носили в то время, дотронулась до паха энглизированной гнедой кобылы, на которой он ехал; рука государя в белой перчатке подобрала поводья и он тронулся, сопутствуемый беспорядочно-заколыхавшимся морем адъютантов. Дальше и дальше отъезжал он, останавливаясь у других полков, и, наконец, только белый плюмаж его виднелся Ростову из-за свиты, окружавшей императоров. . .

Когда государь объехал почти все полки, войска стали проходить мимо его церемониальным маршем, и Ростов . . . . проехал в замке своего эскадрона, т.е. один и совершенно на виду перед государем. . .

—Молодцы павлоградцы!—проговорил государь.

"Боже мой! Как бы я счастлив был, если б он велел мне сейчас броситься в огонь", подумал Ростов.

Когда смотр кончился, офицеры, вновь пришедшие и Кутузовские, стали сходиться группами и начались разговоры о наградах, об австрийцах и их мундирах, об их фронте, о Бонапарте и о том, как ему плохо придется теперь, особенно когда подойдет еще корпус Эссена, и Пруссия примет нашу сторону.

Но более всего во всех кружках говорили о государе Александре, передавали каждое его слово, движение и восторгались им.

Все только одного желали: под предводительством государя скорее итти против неприятеля. Под командою самого государя нельзя было не победить кого бы то ни было, так думали после смотра Ростов и большинство офицеров.

Все после смотра были уверены в победе больше, чем бы могли быть после двух выигранных сражений.

Словарь

§ 1

застигáть 1, **застúгнуть** 1 to catch, to surprise

врасплóх unaware

оплóшность (*f.*) inadvertence

нераспорядúтельность (*f.*) neglect of duty

ухвáтываться 1, **ухватúться** 2 (**ухвачýсь, áтишься**) to catch, grasp

непокóрный unruly

лукá pommel

седлó saddle

шпóра spur

град (here) volley

обсыпáть 1, **обсы́пать** 1 to strew, heap, shower

миновáть 1 (*Imprf. & Prf.*) to pass, to escape

§ 2

проскáкивать 1, **проскакáть** 1 to gallop by

колебáние vacillation, wavering

§ 3

отчáяние despair

опýшка outskirts cf a forest

канáва ditch

шпáга sword

упóр point blank

воротнúк collar

стрéмя stirrup

сукнó woolen cloth

рáнец knapsack

кúвер shako (military cap)

заря́дная сýмка cartridge bag

нáгло insolently

запéкшаяся кровь gore, congealed blood

§ 4

смотр review of troops

щегольскóй dandy

стоя́ть лáгерем to camp

суетá flurry

флю́гер (*Pl.* **флюгерá**) small flag on a lance

пúка lance

распýщенный unravelled, unfurled

затрепáть 1 (*Prf.*) to bedraggle, wear out

смúрно Attention!

§ 5

тóпот tramping

свúта suite

трубáч trumpeter

отчётливый distinct

гáркать 1, -**нуть** 1 to shout

оглушúтельный deafening

испы́тывать 1, **испытáть** 1 to experience, to test

самозабвéние self-oblivion

стрáстный ardent, fervent

влечéние attraction, inclination

громáда enormous bulk

песчúнка grain of sand

трепетáть 1 (*Imprf.*) to tremble

замирáть 1, **замерéть** 1 to stand still (enraptured)

гуд buzz

§ 6

безмóлвность, безмóлвие silence, hush

рёв roar, howl

всáдник rider, horseman

мундúр uniform

зóркий sharp-sighted, alert

§ 7

надсáживать 1, **надсадúть** 2 to strain

обворожи́тельный bewitching
дотра́гиваться 1, **дотро́нуться**
  to touch
гнедо́й bay horse
по́вод (*Pl.* **пово́дья**) rein

сопу́тствовать 1 (*Imprf.*) to
  accompany
колыха́ться 1, **колыхну́ться** 1
  to wave, flutter
награ́да reward

А. П. Чехов

СМЕРТЬ ЧИНОВНИКА

1.   В один прекрасный вечер не менее прекрасный экзекутор, Иван Дмитрич Червяков, сидел во втором ряду кресел и глядел
в бинокль на ''Корневильские колокола''. Он глядел
и чувствовал себя наверху блаженства. Но вдруг. . .
В рассказах часто встречается это ''но вдруг''. Авторы
правы: жизнь так полна внезапностей! Но вдруг его
лицо поморщилось, глаза подкатились, дыхание останo-
вилось . . . он отвел от глаз бинокль, нагнулся и . . .
апчхи!!! Чихнул, как видите. Чихать никому и нигде не
возбраняется. Чихают и мужики, и полицеймейстеры, и
иногда даже и тайные советники. Все чихают. Червяков
нисколько не сконфузился, утеря платочком и, как
вежливый человек, поглядел вокруг себя: не обеспокоил
ли он кого-нибудь своим чиханием? Но тут уж пришлось
сконфузиться. Он увидел, что старичок, сидевший
впереди него, в первом ряду кресел, старательно вытирал
свою лысину и шею перчаткой и бормотал что-то. В
старичке Червяков узнал статского генерала Бризжалова,
служащего по ведомству путей сообщения.

2.   ''Я его обрызгал!—подумал Червяков.—
Не мой начальник, чужой, но все-таки
неловко. Извиниться надо''.
Червяков кашлянул, подался туловищем вперед и
зашептал генералу на ухо:
—Извините, ваше-ство, я вас обрызгал . . . я нечаянно. . .

—Ничего, ничего. . .

—Ради Бога, извините. Я ведь . . . я не желал!

—Ах, сидите, пожалуйста! Дайте слушать!

Червяков сконфузился, глупо улыбнулся и начал глядеть на сцену. Глядел он, но уже блаженства больше не чувствовал. Его начало помучивать беспокойство. В антракте он подошел к Бризжалову, походил возле него и, поборовши робость, пробормотал:

—Я вас обрызгал, ваше-ство . . . Простите . . . Я ведь . . . не то чтобы. . .

—Ах, полноте . . . Я уже забыл, а вы все о том же!—сказал генерал и нетерпеливо шевельнул нижней губой.

''Забыл, а у самого ехидство в глазах,—подумал Червяков, подозрительно поглядывая на генерала.—И говорить не хочет. Надо бы ему объяснить, что я вовсе не желал . . . что это закон природы, а то подумает, что я плюнуть хотел. Теперь не подумает, так после подумает! . .''

3.   Придя домой, Червяков рассказал жене о своем невежестве. Жена, как показалось ему, слишком легкомысленно отнеслась к происшедшему, она только испугалась, а потом, когда узнала, что Бризжалов ''чужой'', успокоилась.

—А все-таки ты сходи извинись,—сказала она.—Подумает, что ты в публике себя держать не умеешь!

—То-то вот и есть! Я извинялся, да он как-то странно. . . Ни одного слова путного не сказал. Да и некогда было разговаривать.

На другой день Червяков надел новый виц-мундир, подстригся и пошел к Бризжалову объяснять. . . Войдя в приемную генерала, он увидел там много просителей, а между просителями и самого генерала, который уже начал прием прошений. Опросив несколько просителей, генерал поднял глаза и на Червякова.

—Вчера в ''Аркадии'', ежели припомните, ваше-ство,—начал докладывать экзекутор,—я чихнул-с и. . . нечаянно обрызгал. . . Изв. . .

—Какие пустяки . . . Бог знает что! Вам что угодно?—обратился генерал к следующему просителю.

''Говорить не хочет!—подумал Червяков, бледнея.—Сердится, значит. . . Нет, этого нельзя так оста-вить. . . Я ему объясню. . .''

4. Когда генерал кончил беседу с последним посетителем и направился во внутренние апартаменты, Червяков шагнул за ним и забормотал:

—Ваше-ство! Ежели я осмеливаюсь беспокоить ваше-ство, то именно из чувства, могу сказать, раскаяния! . . . Не нарочно, сами изволите знать-с!

Генерал состроил плаксивое лицо и махнул рукой.

—Да вы просто смеетесь, милостисдарь!—сказал он, скрываясь за дверью.

''Какие же тут насмешки?—подумал Червяков.—Вовсе тут нет никаких насмешек! Генерал, а не может понять! Когда так, не стану же я больше извиняться перед этим фанфароном! Чорт с ним! Напишу ему письмо, а ходить не стану! Ей-Богу, не стану!''

Так думал Червяков, идя домой. Письма генералу он не написал. Думал, думал и никак не выдумал этого письма. Пришлось на другой день идти самому объяснять.

—Я вчера приходил беспокоить ваше-ство—забормотал он, когда генерал поднял на него вопрошающие глаза,—не для того, чтобы смеяться, как вы изволили сказать. Я извинялся за то, что, чихая, брызнул-с . . . а смеяться я и не думал. Смею ли я смеяться? Ежели мы будем смеять-ся, так никакого тогда, значит, и уважения к персо-нам . . . не будет. . .

—Пошел вон!!—гаркнул вдруг посиневший и затряс-шийся генерал.

—Что-с?—спросил шопотом Червяков, млея от ужаса.

—Пошел вон!!—повторил генерал, затопав ногами.

В животе у Червякова что-то оторвалось. Ничего не видя, ничего не слыша, он попятился к двери, вышел на улицу и поплелся. . . Придя машинально домой, не снимая вицмундира, он лег на диван и . . . помер.

Словарь

§ 1

внеза́пность surprise

мо́рщиться 2, с- (**мо́рщусь, -щишься**) to frown

глаза́ подка́тывать to roll one's eyes

подка́тываться 1, **подкати́ться** 2 (only 3rd pers.) to roll up

чиха́ть 1, **чихну́ть** 1 (**чихну́, -ёшь**) to sneeze

возбраня́ется (only 3rd pers.) it is forbidden

лы́сина a bald (head)

ве́домство department

§ 2

поборо́ть 1 (**поборю́, побо́решь**) (*Prf.*) to overcome, conquer

ро́бость (*f.*) timidity

бормота́ть 1, про- (**бормочу́, бормо́чешь**) to mutter

шевели́ть 2, **шевельну́ть** 1 (**шевельну́, шевельнёшь**) to move, to stir

ехи́дство malice, spite

§ 3

легкомы́сленный light-hearted

пу́тный sensible

подстрига́ться 1, **подстри́чься** to have one's hair cut

пустя́к trifle, nonsense

§ 4

осме́ливаться 1, **осме́литься** 2 (**осме́люсь, осме́лишься**) to dare

вопроша́ющий enquiring

шо́пот whisper

А. П. Чехов

ХАМЕЛЕОН

1. Через базарную площадь идет полицейский надзиратель Очумелов в новой шинели и с узелком в руке. За ним шагает рыжий городовой с решетом, доверху наполненным конфискованным крыжовником. Кругом тишина. . . На площади ни души. . . Открытые двери лавок и кабаков

глядят на свет Божий уныло, как голодные пасти; около них нет даже нищих.

—Так ты кусаться, окаянная!—слышит вдруг Очумелов.—Ребята, не пущай ее! Нынче не велено кусаться! Держи! А . . . а!

Слышен собачий визг. Очумелов глядит в сторону и видит: из дровяного склада купца Пичугина, прыгая на трех ногах и оглядываясь, бежит собака. За ней гонится человек в ситцевой крахмальной рубахе и расстегнутой жилетке. Он бежит за ней и, подавшись туловищем вперед, падает на землю и хватает собаку за задние лапы. Слышен вторично собачий визг и крик: "Не пущай!" Из лавок высовываются сонные физиономии, и скоро около дровяного склада, словно из земли выросши, собирается толпа.

2.   —Никак, беспорядок, ваше благородие! . .—говорит городовой.

Очумелов делает полуоборот налево и шагает к сборищу. Около самых ворот склада, видит он, стоит вышеописанный человек в расстегнутой жилетке и, подняв вверх правую руку, показывает толпе окровавленный палец. На полупьяном лице его как бы написано: "Ужо я сорву с тебя, шельма!", да и самый палец имеет вид знамения победы.

В этом человеке Очумелов узнает золотых дел мастера Хрюкина. В центре толпы, растопырив передние ноги и дрожа всем телом, сидит на земле сам виновник скандала—белый борзой щенок с острой мордой и желтым пятном на спине. В слезящихся глазах его выражение тоски и ужаса.

—По какому это случаю тут?—спрашивает Очумелов, врезываясь в толпу.—Почему тут? Это ты зачем палец? . . Кто кричал?

—Иду я, ваше благородие, никого не трогаю. . .—начинает Хрюкин, кашляя в кулак.—Насчет дров с

Митрий Митричем,—и вдруг эта подлая ни с того ни с сего за палец. . . Вы меня извините, я человек, который работающий . . . Работа у меня мелкая. Пущай мне заплатят, потому—я этим пальцем, может, неделю не пошевельну. . . Этого, ваше благородие, и в законе нет, чтоб от твари терпеть. . . Ежели каждый будет кусаться, то лучше и не жить на свете. . .

3. —Гм!. . Хорошо. . .—говорит Очумелов строго, кашляя и шевеля бровями. —Хорошо. . . Чья собака? Я этого так не оставлю! Я покажу вам, как собак распускать! Пора обратить внимание на подобных господ, не желающих подчиняться постановлениям! Как оштрафуют его, мерзавца, так он узнает у меня, что значит собака и прочий бродячий скот! Я ему покажу кузькину мать!. . Елдырин,—обращается надзиратель к городовому,— узнай, чья это собака, и составляй протокол! А собаку истребить надо. Немедля! Она, наверное, бешеная. . . Чья это собака, спрашиваю?

—Это, кажись, генерала Жигалова!—говорит кто-то из толпы.

—Генерала Жигалова? Гм!. . Сними-ка, Елдырин, с меня пальто . . . Ужас, как жарко! Должно полагать, перед дождем. . . Одного я только не понимаю: как она могла тебя укусить?—обращается Очумелов к Хрюкину. —Нешто она достанет до пальца? Она маленькая, а ты ведь вон какой здоровила! Ты, должно быть, расковырял палец гвоздиком, а потом и пришла в твою голову идея, чтоб сорвать. Ты ведь . . . известный народ! Знаю вас, чертей!

4. —Он, ваше благородие, цигаркой ей в харю для смеха, а она, не будь дура, и тяпни. . . Вздорный человек, ваше благородие!

—Врешь, кривой! Не видал, так, стало быть, зачем

врать? Их благородие умный господин и понимают, ежели кто врет, а кто по совести, как перед Богом. . . А ежели я вру, так пущай мировой рассудит. У него в законе сказано. . . Нынче все равны. . . У меня у самого брат в жандармах . . . ежели хотите знать. . .

—Не рассуждать!

—Нет, это не генеральская . . . —глубокомысленно замечает городовой. —У генерала таких нет У него все больше лягавые. . .

—Ты это верно знаешь?

—Верно, ваше благородие. . .

—Я и сам знаю. У генерала собаки дорогие, породистые, а это черт знает что! Ни шерсти, ни вида . . . подлость одна только. . . И этакую собаку держать?! Где же у вас ум? Попадись этакая собака в Петербурге или Москве, то знаете, что было бы? Там не посмотрели бы в закон, а моментально—не дыши! Ты, Хрюкин, пострадал и дела этого так не оставляй . . . Нужно проучить! Пора. . .

—А может быть, и генеральская . . . —думает вслух городовой—На морде у ней не написано. . . Намедни во дворе у него такую видел. . .

—Вестимо, генеральская!—говорит голос из толпы.

—Гм! . . Надень-ка, брат Елдырин, на меня пальто. . . Что-то ветром подуло . . . Знобит. . . Ты отведешь ее к генералу и спросишь там. Скажешь, что я нашел и прислал. . . И скажи, чтобы ее не выпускали на улицу. . . Она, может быть, дорогая, а ежели каждый свинья будет ей в нос сигаркой тыкать, то долго ли испортить. Собака—нежная тварь. . . А ты, болван, опусти руку! Нечего свой дурацкий палец выставлять! Сам виноват! . .

—Повар генеральский идет, его спросим. . . Эй, Прохор! Поди-ка, милый, сюда! Погляди на собаку . . . Ваша?

—Выдумал! Этаких у нас отродясь не бывало!

—И спрашивать тут долго нечего,—говорит Очумелов.—Она бродячая!

5. Нечего тут долго разговаривать. . . Ежели сказал, что бродячая, стало быть и бродячая . . . Истребить, вот и все.

—Это не наша,—продолжает Прохор.—Это генералова брата, что намеднись приехал. Наш не охотник до борзых. Брат ихний охоч. . .

—Да разве братец ихний приехали? Владимир Иванович?—спрашивает Очумелов, и все его лицо заливается улыбкой умиления.—Ишь ты, Господи! А я и не знал! Погостить приехали?

—В гости . . .

—Ишь ты, Господи . . . Соскучились по братце . . . А я ведь и не знал! Так это ихняя собачка? Очень рад . . . Возьми ее. . . Собаченка ничего себе. . . Шустрая такая . . . Цап этого за палец! Ха-ха-ха . . . Ну, чего дрожишь? Ррр. . . Рр . . . Сердится шельма . . . цуцык этакий. . .

Прохор зовет собаку и идет с ней от дровяного склада . . . Толпа хохочет над Хрюкиным.

—Я еще доберусь до тебя!—грозит ему Очумелов и, запахиваясь в шинель, продолжает свой путь по базарной площади.

§ 1

надзира́тель police inspector
шине́ль overcoat
городово́й policeman
решето́ sieve
крыжо́вник gooseberry
каба́к pub, tavern
уны́ло sadly
пасть jaws (mouth of an animal)
визг squeal
дровяно́й склад wood-yard
си́тцевый calico, cotton
крахма́льный starched
жиле́тка waistcoat
ту́ловище torso

§ 2

ва́ше благоро́дие your honor
ше́льма rogue, rascal
растопы́ривать 1, **растопы́-рить** 2 to spread wide
борзо́й Russian wolfhound (grey-hound)
щено́к puppy
кула́к fist
по́длый mean, vile
тварь creature, being

§ 3

штрафова́ть 1, **о-** to fine
мерза́вец villain

бродя́чий vagrant

я ему́ покажу́ ку́зькину мать!
I'll give it to him!

бе́шеный mad, rabid

кажи́сь = ка́жется

расковы́ривать 1, расковы-
ря́ть 1 to pick open (a wound)

§ 4

цыга́рка home-made cigarette

ха́ря mug, face

вздо́рный absurd, foolish

ляга́вая (соба́ка) setter, pointer

поро́дистый pure-bred, pedi-
greed

шерсть (f.) hair, wool

наме́дни (coll.) the other day,
lately

зноби́ть (Imprs.) to shiver

болва́н fool, blockhead

по́вар cook

отродя́сь = о́троду never (as
long as one lives)

пуща́й (coll.) = пуска́й to let,
allow

вести́мо = коне́чно, изве́стно

мирово́й = мирово́й судья́
Justice of the Peace

§ 5

охо́чий (coll.), охо́тник lover
of something

умиле́ние tender emotion

шу́стрый (coll.) bright, smart

запа́хиваться 1, запахну́ться 1
to wrap oneself tighter in . . .

залива́ться 1, зали́ться 1
(зали́ться сме́хом) to laugh
merrily

истребля́ть 1, истреби́ть 2 to
destroy, exterminate

скуча́ть 1, соску́читься 2 (по
бра́тце) to miss (to miss one's
brother)

дрожа́ть 2 to tremble, to shake

цу́цик (соба́чка) a cute one
(little dog)

добира́ться 1, добра́ться 1 to
reach

ГЛАВА XXI ┃ РУССКАЯ ЛИТЕРАТУРА

СОВЕТСКИЕ ПИСАТЕЛИ

ЧАСТЬ ПЕРВАЯ

1. Первые годы революции. А. Блок, Н. Гумилев, Анна Ахматова. Отказ от коммунизма

После октябрьского переворота и захвата власти большевиками русской литературе суждено было пережить тяжелые испытания. Всеобщий хаос, разложение фронта и тыла, преследования, аресты и расстрелы, холод и голод, гражданские войны и т.д. нанесли удар культурному развитию страны. Однако русские писатели и поэты не прерывали своей деятельности и многие из них выказали замечательную стойкость. Одни из них не захотели признать советской власти, героически ей сопротивлялись; некоторым удалось уехать за границу, где создалась эмигрантская литература. Другие остались в России, не принимая коммунистической идеологии, но все же надеясь найти возможность при ней работать или ее преодолеть силой своего пера. Но были и такие, которые поспешили присоединиться к советской власти и служить ей, слепо повинуясь ее директивам.

Среди оставшихся в России литературных деятелей был поэт и писатель Александр Блок. Мы уже отметили исключительную силу и глубину поэзии Блока. В 1918 году он написал поэму ''Двенадцать'', в которой он изобразил в ярких реалистических красках сцены революции на улицах Петербурга в самый разгар военного коммунизма. Но Блок как символист видел за реальностью иной, метафизический смысл событий. Поэма ''Двенадцать'' вызвала и до сих пор вызывает горячие споры в русских литературных кругах, как внутри СССР, так и в эмиграции. В этой поэме Блок признает,

что старый мир кончается, что русскому народу грозит страшное будущее.

В конце поэмы является Христос, как бы ведущий русских людей к спасению, несмотря на тяжелые грехи. По существу Блок принимал русские судьбы, как нечто неизбежное и таинственное. Советскому правительству едва ли мог понравиться такой подход, но все же оно сделало попытку привлечь его на свою сторону. Напрасно: Блок не захотел стать советским корифеем. Он умер в 1921 году, истощенный голодом.

Другой выдающийся поэт, Николай Гумилев, также не пошел за большевиками. В 1921 году он был обличен в заговоре против власти, арестован и расстрелян. Жена Гумилева, талантливая поэтесса Анна Ахматова, осталась в живых, но была на много лет приговорена к молчанию, а затем стали лишь изредка появляться ее стихи на страницах советских журналов.

2. Максим Горький-корифей советской литературы. Биографический очерк

Одним из первых писателей, примкнувших к советской власти, впоследствии ставший ее корифеем, был Максим Горький. Его литературная деятельность началась много лет до революции.

Максим Горький—псевдоним Алексея Максимовича Пешкова. Он родился в шестидесятых годах прошлого века в Нижнем Новгороде, где отец его был обойщиком. Горький рано потерял родителей и был взят на воспитание дедом, владельцем красильной фабрики. Это был бессердечный, жестокий человек, который беспощадно бил внука, но его жена заступалась за мальчика. Алексей очень привязался к бабушке и много лет спустя создал ее художественный образ в своих воспоминаниях. Когда Алексею минул десятый год, дед его выставил на улицу, приговаривая: ''Тебе здесь не место, иди в люди . . .'' Мальчик начал скитаться по

городам и селам, зарабатывая на жизнь, где и как попало. Он испробовал всевозможные ремесла и наконец поступил судомоем на один из пароходов, плавающих по Волге. Он помогал повару, по фамилии Смуров, которого Горький также описал в своих воспоминаниях, так как этот человек сыграл немалую роль в ранние годы жизни будущего писателя. Смуров не только научил Алексея грамоте, но, располагая библиотекой хороших книг, он давал читать их мальчику. Горький увлекся чтением и вскоре сам стал пробовать писать, но ему пришлось еще много лет блуждать из одного места в другое, работая то садовником, то пекарем, то художником в иконописной мастерской. Свою работу в булочной он описал позднее в рассказе ''26 и одна'', который принадлежит к числу его наилучших произведений.

3. Начало литературного творчества Горького В 1884 году Горькому удалось поступить в университет, а в 1892 году начинается его литературная деятельность. Его первые законченные произведения, ''Макар Чудра'', ''Челкаш'' и другие, стали появляться сперва в провинциальных журналах, а затем и в столичной печати. В 1900 г., проживая в Ялте, Горький познакомился с Толстым, с которым вел долгие, искренние беседы. Толстой во многом расходился с Горьким, но признавал силу и оригинальность его таланта. Горький же преклонялся перед гениальным писателем, но не мог согласиться с его морально-религиозным учением. Образ Толстого и беседы которые они так часто вели в Ялте запечатлены Горьким в посвященных им великому писателю очерках.

4. Характер и тематика ранних произведений Горького

Горький был хорошо знаком с беднейшим населением провинциальных городов, портов и узловых станций, среди которого он работал столько лет. И это население он описал во многих рассказах, называя своих героев ''босяками''. В своей пьесе ''На дне'', Горький действительно изобразил то, что называется ''подонками общества''. Но он представил их в увлекательных и романтических персонажах. Даже самые несчастные у Горького не побеждены окончательно жизнью, как Чеховские персонажи. Горький дал незабываемый портрет портового грузчика и бродяги Челкаша. Он также описал быт петербургских заводских рабочих в романе ''Мать''. Этот роман, в котором мы находим картину забастовок и подготовки революции 1905–6 гг., принадлежит к числу крупных произведений Горького. В своем произведении ''Детство'' Горький дал высокохудожественный автобиографический очерк, впоследствии пополненный двумя другими частями трилогии—''В людях'' и ''Мои университеты''. Примкнув к русскому коммунистическому движению с самого начала, Горький принял большевистский режим и продолжал писать при нем. Вот почему его деятельность после 1917 года относится к советской литературе.

В период своего творческого расцвета Горький был мощным, богато одаренным народным писателем. Его произведения, переведенные на многие иностранные языки, были очень популярны. В некоторых из них мы находим настоящее вдохновение и пафос. Все они полны ярких красок и художественного чутья. Горький—создатель особенного реалистического жанра, который повлиял и до сих пор влияет на литературу в СССР.

5. Горький и Ленин

Уже в 1900 годах Горький принял активное участие в революционном движении, примкнув к ленинскому крылу русской социал-демократической партии. В 1905 году он впервые встретился с самим Лениным и стал издавать журнал ''Новая жизнь'', сочувствовавший большевикам. В 1906 году он ездил в Европу и Америку и посвятил последней памфлет ''Город Желтого Дьявола''. В то время он закончил свой первый длинный роман ''Мать'', за который его стали преследовать. Ему пришлось остаться за границей, на Капри, в Италии, до 1913 года. На коммунистическом съезде в Лондоне, на котором он присутствовал в 1910 году, Горький опять встретился с Лениным и очень с ним сблизился. Ленин оценил талант Горького и охотно дружил с ним, хотя и не соглашался с ним, в виду того, что у Горького был слишком мягкий, гуманистический подход к революции, и он был не способен выполнять ее требования. Эти расхождения еще усилились после Октябрьской революции. Хотя он и принял большевистскую власть, он все же не мог закрывать глаза на кровавые расправы, учиняемые большевиками. Он протестовал против них в своем журнале ''Новая жизнь'' и не раз, по свидетельству людей, запомнивших это страшное время, пытался спасать жертвы чекистов и действительно добился освобождения некоторых из них. Большевики закрыли ''Новую жизнь'', и Горький опять уехал за границу, где оставался до 1928 года.

6. Сталин и Горький. Его слава в СССР. Трагический конец его жизни

В то время Сталин уже был всесильным диктатором, и по усиленным настояниям последнего Горький вернулся в СССР. С того времени он сделался официальным представителем советской литературы. О нем говорили, что при сталинском режиме он перестал быть человеком и

превратился в "учреждение". И действительно, в эти годы Горький постоянно появлялся на конгрессах и собраниях, на которых проводилась партийная линия, подготовил образование Союза Советских Писателей и стал во главе его, а в своих публицистических писаниях восхвалял советские "достижения". Многие, ценившие его как художника, стали возмущаться, когда он не только оказывал всевозможные услуги советской пропаганде, но игнорировал факт, что для этих "достижений" применяется рабский труд. Тем не менее знавшие Горького в тридцатых годах утверждают, что он был как бы заложником советской власти и, раз попав в этот капкан, не мог выпутаться. Во всяком случае, если Горький-публицист и работал в пользу советов, Горький-романист не упоминал о них в своих художественных произведениях: его романы "Жизнь Клима Самгина" и "Дело Артамоновых", написанные в это время, не касаются советской действительности, а воскрешают далекое прошлое. Известно, что несмотря на мнимый почет, которым он был окружён, Горький в конце своей жизни впал в немилость. С тех пор он жил в стороне от Кремля и умер в опале в 1936 году. Существует мнение, что он был отравлен.

7. Другие "корифеи" советской литературы: Белый, Брюсов. Сергей Есенин и его судьба

Среди других литераторов, принявших Октябрьскую революцию, нужно еще назвать поэта Валерия Брюсова и Андрея Белого, одного из самых одаренных символистов. Присоединился к большевистской власти и Сергей Есенин. Это был талантливый поэт, которого иногда сравнивают с шотландским "бардом" Робертом Бэрнсом, вышедшим, как и Есенин, из народа. Есенин любил свою родную деревню; когда вспыхнула революция, он стал на ее сторону, веря, что она несёт крестьянству хлеб и волю. Есенин много писал в то время,

и его стихи сперва отражали революционную динамику и наивный энтузиазм. Но мало по малу он перестал верить в коммунизм, убедившись, что при Ленине народу не стало легче. Он больше не воспевал револцию, тосковал, много пил, и уезжал за границу, где женился на знаменитой американской танцовщице Исидоре Дункан. Последние годы своей жизни он провёл в странствиях и кутежах и в 1925 году покончил жизнь самоубийством.

8. Владимир Маяковский— футурист, пропагандист коммунизма

Владимир Маяковский, который был уже известен своей поэзией в годы, предшествовавшие революции, также с первых дней примкнул к ней. Он был вождем футуризма в России, автором нашумевшей поэмы ''Облако в штанах'' и решил превратить своё творчество в оружие коммунистической агитации. Маяковский высмеивал, или ''разоблачал'' старую культуру, предлагал ''выбросить Пушкина за борт'', громил ''пережитки буржуазного строя''. Этой агитации и восхвалению нового строя он посвятил свои поэмы: ''Владимир Ильич Ленин'', ''Левый марш'', ''Хорошо'', ''Во весь голос'', ''150 000 000'' и пьесу ''Мистерия-буфф'', которая была поставлена на советской сцене. Маяковский также сочинял короткие стихи и боевые лозунги для плакатов и листовок и проявлял в этом жанре, как и в больших произведениях, исключительное мастерство, динамическую силу и задор. Для достижения эффектов он прибегал к народному языку или находил свои собственные ударные рифмы и красочные выражения. Несмотря на некоторое перегружение этих эффектов и громких выкриков, поэзия Маяковского остаётся очень интересной и ценной во многих отношениях, одним из наилучших образцов советского поэтического творчества первых лет революции.

9. Маяковский критикует советскую власть. Его самоубийство

Маяковский написал две сатирические пьесы: ''Клоп'', в которой он высмеял ''пережитки'' буржуазных настроений у советских рабочих, и ''Баня'', где он нарисовал очень злую каррикатуру советской бюрократии. В виду ее критического отношения к власти, эта пьеса была снята с репертуара при жизни Маяковского и только недавно снова поставлена.

Маяковский ездил за границу, побывал в Париже и Нью-Йорке и написал полные враждебности стихи об Америке и Франции. Тем не менее Бруклинский мост произвёл на него огромное впечатление, и он посвятил американскому строительству восторженные строки.

Хотя Ленин ценил агитационную работу Маяковского и поощрял его деятельность, он отрицательно относился к футуризму. При Сталине положение поэта стало значительно труднее. Он возмущался против поставленных его творчеству преград, и в 1930 году покончил с собой.

10. ''Попутчики'', их характерные черты и тематика. Трагический конец Бабеля и Пильняка

Уже с самого начала революции в СССР существовала строгая цензура, но некоторым писателям удалось её избежать, в то же время не включаясь, как Маяковский и Брюсов, в агитационную работу. Эта группа приняла революцию, но держалась в стороне от неё. Представители этой группы называли себя ''попутчиками'', именно потому, что они шли в ногу с коммунистическим движением, в то же время не сливаясь с ним. ''Попутчики'' особенно выдвинулись во время НЭП'а (''Новой экономической политики''), когда суровые условия военного коммунизма до известной степени смягчились, и писатели могли пользоваться относительной свободой творчества. Среди этой группы был ряд

талантливых молодых авторов: Всеволод Иванов, Валентин Катаев, Константин Федин, Исаак Бабель, Борис Пильняк и др. Роман Пильняка ''Голый год'' и военные рассказы И. Бабеля ярко отразили период гражданских войн. Катаев написал юмористическое произведение ''Растратчики'', в котором он высмеял спекулянтов и нэпманов. Деятельность этой группы вскоре стала ''неблагонадёжной'' в глазах власти. Исаак Бабель и Борис Пильняк были арестованы и погибли в концлагерях. Другие писатели из ''попутчиков'' перекрасились в ''благонадёжных'' советских писателей.

11. **Михаил Зощенко и его юмор**

Среди ''попутчиков'', не пожелавших так быстро ''перекраситься'' и сохранивших, несмотря на все трудности, свободу творчества, нужно назвать Михаила Зощенко. Этот замечательный юморист создал в своих повестях и рассказах забавные каррикатуры советского быта. В продолжение многих лет Зощенко был одним из самых популярных писателей в СССР, тем более, что в его рассказах каждый советский обыватель узнавал свою собственную трудную жизнь. Но и Зощенко в конце концов поплатился за свой юмор. Его перестали печатать, и лишь незадолго до его смерти в 1958 году, несколько рассказов этого незабываемого юмориста были пропущены цензурой.

12. **''Партийная литература'' и ''социалистический реализм''. Осуждение ''формализма''**

Уже накануне революции Ленин писал, что когда произойдет эта революция, литература должна сделаться партийной. Так и случилось. Сперва под эгидой Ленина, а затем его преемника Сталина, советские писатели должны были так или иначе служить коммунистическим интересам. Вначале еще существовали

сравнительно самостоятельные группы писателей и поэтов: ''Леф'', ''Конструктивисты'', ''Напостовцы'', ''Перевал'' и др. В 1925 году эти разнообразные группы были постепенно ликвидированы, и Центральный Комитет Российской Коммунистической партии (большевиков) принял специальную резолюцию ''О политике партии в области художественной литературы''. Эта резолюция призывала советских авторов к порядку, напоминая им об их долге по окончании гражданских войн восхвалять ''строительство''. Одним из первых романов, посвященных этой теме—является ''Цемент'' Федора Гладкова, который сделался образцом этого жанра. Был создан ''Союз Советских Писателей''. Наконец, было положено обязательное для советских литераторов правило: писать в духе так называемого ''социалистического реализма''. Под этим лозунгом подразумевалось, что творчество должно изображать советскую действительность в положительном свете. Было дозволено описание классовой борьбы, искоренение ''буржуазных предрассудков'' и даже конфликтов, происходящих в коммунистисеской среде, но при условии, чтобы в произведении было указано неизбежное торжество коммунизма. С этого момента, особенно с укрепления власти Сталина и проведения первых пятилеток, советская литература посвящена основным темам: индустриализации, коллективизации, борьбе с ''вредителями'' и ''классовыми врагами'', борьбе против религии, постепенному воспитанию стойких большевиков и перевоспитанию слабых.

К тому времени все проявления свободного искусства были осуждены. Особенно пострадал так называемый ''формализм'' или ''эстетизм'', т.е. литературное творчество, которое не служило ''социалистическому реализму'' и его практическим целям. Как раз в это время в России выдвинулись два поэта, которые не считались с коммунистическими директивами. Это были Осип Мандельштам, поэт-акмеист, владевший замечательной техникой, и Борис Пастернак, открывший новую

эру русской поэзии и прозы, унаследованных от символистов. Оба поэта не смогли долго спастись от партийного надзора. Осип Мандельштам был арестован и сослан в концлагерь. Борис Пастернак избежал этой трагической участи, но был лишен возможности издавать свои произведения.

13. Литература первых пятилеток: восхваление строительства

Несмотря на эти строгие правила, предписанные и навязанные Союзом писателей, не все произведения, появившиеся после его создания можно подвести под одну мерку. Эти произведения отличаются одно от другого, поскольку их писали разные авторы с разной степенью дарования и умения так или иначе сохранить правдивость, художественный вкус и ощущение подлинной жизни. Среди писателей этого периода мы находим опять таки Валентина Катаева, который пишет роман об ускоренных темпах и социалистическом соревновании советского производства (''Время-вперед''). Появляется на литературной сцене и талантливый писатель Леонид Леонов со своим романом ''Соть'', который дает, как и последующие его произведения, интересное изображение индустриализации.

14. Михаил Шолохов. Эпопея казачества. Коллективизация

Необходимо также отметить творчество Михаила Шолохова, который завоевал себе известность своей эпопеей ''Тихий Дон''. В этой эпопее описывается жизнь донского казачества в годы гражданской войны. Во втором большом романе, ''Поднятая целина'', Шолохов изобразил коллективизацию в деревне, не скрывая её трагического характера, сопротивления крестьян и беспощадности мер, принятых против

них под лозунгом ''раскулачивания''. Шолохов проявил себя одним из самых интересных писателей этого времени, дерзнувшим говорить правду и не боявшимся раскрытия глубочайших конфликтов, не заканчивающихся обязательно торжеством коммунизма. Можно сказать, что и по сей день Шолохов остается смелым и чутким художником, поскольку это возможно в рамках ''социалистического реализма''. Не раз во время литературных съездов Шолохов упрекал советских романистов в безжизненности и шаблонном повторении всё тех же, давно всем надоевших официальных образцов. Популярность Шолохова до того велика среди рядовых читателей, а также среди советской интеллигенции, что, несмотря на его столь смелые выходки, ему удалось избежать чисток, которым подверглись его товарищи по перу. Но и сам Шолохов в то же время не отказывался от официальной линии советской литературы, поскольку власть от него требовала повиновения.

15. Исторический роман. Пробуждение националь ного чувства. Литература Второй мировой войны

Некоторые советские писатели, не желавшие следовать партийным директивам, отказались от современных тем и занялись историческим романом. Среди этих авторов заслуживает особого внимания Алексей Толстой, автор романа ''Петр Первый'', и Юрий Тынянов, написавший несколько биографий, чрезвычайно интересных и с исторической и с художественной точки зрения. В этих произведениях, как и в других романах этого жанра, коммунистическая идеология заметно отступила на второй план, и русское героическое и культурное прошлое мало по малу заняло первое место.

Русское национальное чувство с особенной яркостью проявилось в советской литературе после вторжения

Гитлера в пределы СССР. В этот период выдвинулся молодой поэт и прозаик Константин Симонов. Его стихотворения ''Письмо красноармейца к другу'' и ''Жди меня'', а также роман ''Дни и ночи'', посвященный осаде Сталинграда, пользовались в сороковых годах огромным успехом именно потому, что отражали национальный, патриотический пафос народа. Эту народность, сочетающуюся с глубоко человеческой и правдивой нотой, мы находим также в произведениях талантливого поэта А. Твардовского, особенно в его поэме ''Василии Теркине''.

16. Александр Фадеев. ''Молодая Гвардия''

К этому же периоду патриотического подъема принадлежит роман А. Фадеева—''Молодая гвардия''. Этот писатель уже выдвинулся своим произведением ''Разгром'', в котором он описал свое участие в гражданской войне на Дальнем Востоке. В романе ''Молодая гвардия'' мы видим группу советских юношей и девушек, которые во время германской оккупации Второй мировой войны образовали свой подпольный центр в шахтерском поселке Краснолонске. ''Молодая Гвардия'', как эта группа себя называла в те дни, отстояла свои позиции в продолжение шести месяцев. Члены маленького отряда связаны тесной дружбой и героически переживают ужасы войны. Они готовы жертвовать собой, и многие погибают от руки немцев. Фадеев очень удачно сплетает в своем романе военные подвиги и личные переживания своих героев: их надежды, горести, радости и юную любовь.

Роман Фадеева имел огромный успех, особенно среди молодежи. Он был адаптирован для сцены и экрана и долгое время не сходил с репертуара. Но советская цензура в конце концов выразила свое недовольство. Дело в том, что Фадеев изобразил советскую молодую гвардию, не осветив достаточно роль ее ''воспитателей''

коммунистов, т.е. ''сознательных'' партийных работников. Ему пришлось переделать и переиздать свое произведение. Несмотря на этот скорбный инцидент, автор
продолжал пользоваться большим почетом. Тем не
менее он впал в тяжелое душевное состояние, стал
много пить и в 1956 году кончил жизнь самоубийством.

17. Советская Окончание войны и возвращение
литература советской власти к проблемам
после смерти социалистического строительства
Сталина. неизбежно привели к ограничению
''Оттепель'' национально-патриотических настроений. Союз писателей снова
потребовал от советской литературы коммунистической
тематики строительства. Однако смерть Сталина и его
развенчание отразились и в области литературного
творчества. В 1956 году вышел роман известного советского писателя Ильи Эренбурга. Этот роман озаглавлен
''Оттепель''. И, действительно, книга Эренбурга
предвещала в некотором смысле весну на литературном
фронте СССР. В ''Оттепели'' рассказывается не о
массовом строительстве или борьбе, а о личной жизни
советского человека. Это, можно сказать, не только
бытовой, но и психологический роман, опять таки в
довольно узких рамках советской цензуры.

18. ''Не хлебом В 1957 году вышел нашумевший
единым'' роман Владимира Дудинцева ''Не
Дудинцева. хлебом единым''. В этом романе
Его осуждение. автор дерзнул открыто критиковать
Конец советскую бюрократию и встать на
''оттепели'' защиту свободного научного твор-
чества и технических изысканий.
Роман Дудинцева был принят публикой с восторгом.
Критика же на него обрушилась. Однако Дудинцев
избежал тяжелой кары, которая постигла бы его во дни
Сталина.

В связи с осуждением книги Дудинцева, "оттепель" советской литературы пришла к концу и на третьем съезде Союза советских писателей сам Хрущев произнес речь, дающую партийные директивы литераторам. Эти директивы были напечатаны, широко распространялись и были подтверждены и на следующих съездах Союза писателей.

19. Восстание против партийной литературы

Тем не менее мы знаем, что партийные указания целого ряда съездов не проводятся слепо в жизнь в СССР. Продолжается брожение умов, и то и дело появляются произведения, выражающие подлинные настроения и чувства подсоветских людей. Интересен в этом смысле роман Николаева "Битва в пути", рисующий трудности и горести советского семейного быта. Отметим также произведение Евгения Евтушенко "Станция Зима". Это поэма, рисующая искания, сомнения и беспокойство советской молодежи. Необходимо также обратить внимание на прекрасные стихи Николая Заболоцкого, который в одной из своих поэм изобразил душу советского человека символически—в виде птицы, бьющейся и томящейся в клетке. Н. Заболоцкий был арестован за "неблагонадежность", побывал в концлагерях и наконец вырвался на свободу. К сожалению, этот многообещающий и уже зрелый поэт скончался в 1958 году.

20. Борис Пастернак и "Доктор Живаго"

Восстание против "партийной линии" далеко не новое явление в советской литературе. Уже в первые десятилетия, как мы видели, против этой линии протестовал поэт и прозаик Борис Леонидович Пастернак.

Последний был осужден за формализм и лишен возможности печатать свои стихи и прозу. Ему были поручены переводы с иностранных языков, которые он блестяще выполнил, особенно перевод Шекспира. Однако Пастернак продолжал писать для себя и все эти годы, живя в своей тихой подмосковной даче Переделкино, работал над своими стихотворениями и над своим романом ''Доктор Живаго''. Всем известно, что этот роман не мог выйти в СССР, но появился в переводе, а затем и в оригинале за границей. На Пастернака за это обрушилась советская власть. В то время, как его громили в Москве, Пастарнак получил нобелевскую премию, но должен был от нее отказаться в связи с создавшейся в Советском Союзе угрожающей обстановкой. Он умер в мае 1960 года.

В своем романе ''Доктор Живаго'' Борис Пастернак описал события Первой мировой войны и начала революции. Он вполне откровенно обсуждает проблемы коммунизма, критически разбирает марксизм и выражает глубокое религиозное мировозрение. Он завоевал себе мировую славу как прекрасный писатель и поэт и смелый мыслитель.

Вопросы

1. Как отнеслись русские литературные круги к большевизму в момент его торжества в октябре 1917 года?
2. Назовите писателей, не пожелавших следовать за советской властью.
3. Как изобразил Александр Блок в своей поэме ''Двенадцать'' трагические дни революции?
4. Что вы знаете о судьбе поэта Гумилева?
5. Кто был одним из первых писателей, примкнувших к советской власти и ставший ее корифеем?
6. Расскажите о детстве и юности Горького.
7. Когда началась его литературная деятельность?
8. Опишите характер и тематику ранних произведений Горького.
9. Кто были ''босяки''?
10. Был ли Горький знаком с Толстым и что он написал о нем?

11. Опишите отношение Ленина к Горькому.
12. Расскажите о деятельности и сочинениях Горького при Сталине. Что такое социалический реализм?
13. Что вы знаете о Есенине?
14. Расскажите о деятельности и о творчестве Маяковского. Назовите его главные произведения.
15. Кто были ''попутчики''? Назовите некоторых из них.
16. Что писал Ленин накануне революции относительно литературы и сбылись ли его предсказания?
17. Каковы были директивы, данные ''Союзом советских писателей''?
18. Кто выдвинулся среди писателей во время индустриализации и коллективизации, т.е. во время пятилеток?
19. Опишите настроения советских писателей в годы вторжения Гитлера в Россию.
20. Как называется роман Фадеева и что в нем описано?
21. Почему Эренбург назвал свой роман ''Оттепель''?
22. Перескажите сюжет романа Дудинцева ''Не хлебом единым''.
23. Долго ли продолжалась ''оттепель'', т.е. смягчение партийных директив?
24. Расскажите о чем пишет Пастернак в своем романе ''Доктор Живаго''?
25. Почему Пастернак должен был отказаться от нобелевской премии?

Словарь

§ 1

испыта́ние test
разложе́ние disorganization
сто́йкость (f.) steadfastness
в са́мый разга́р at the very peak of
неизбе́жный inevitable
истоща́ть 1, -щи́ть 2 to exhaust
корифе́й outstanding/prominent person
облича́ть 1, -чи́ть to be caught in the act of doing something

§ 2

примыка́ть 1, -кну́ть 1 to join
обо́йщик paper-hanger, decorator

беспоща́дно mercilessly
заступа́ться 1, -пи́ться 2 intercede
скита́ться 1, (Imprf.) to wander, stroll
судомо́й dishwasher
блужда́ть 1 (Imprf.) to wander, roam
бу́лочная bakery

§ 3

преклоня́ться 1, -ни́ться 2 to bow down
запечатлева́ть 1, запечатле́ть 1 to impress

§ 5

расходи́ться 2 **разойти́сь** 1 to differ, disagree
расхожде́ние difference, disagreement
распра́ва violence, reprisal

§ 6

возмуща́ться 1, **-ти́ться** 2 to be outraged, filled with indignity
зало́жник hostage
воскреша́ть 1, **-си́ть** 2 to revive

§ 7

вспы́хивать 1, **вспы́хнуть** 1 to break out
кутёж carouse, spree

§ 8

предше́ствующий previous
разоблача́ть 1, **-чи́ть** 2 to unmask
нашуме́вший sensational

§ 9

поощря́ть 1, **-ри́ть** 2 to encourage
произвёл на него́ впечатле́ние had an effect on him

§ 10

попу́тчик fellow-traveller
слива́ться 1, **сли́ться** 1 (**солью́сь, сольёшься**) to merge, become one
благонадёжный loyal, trustworthy
перекра́шиваться 1, **перекра́ситься** 1 to change one's colors

§ 11

заба́вный amusing, entertaining
плати́ться 2, **по-** to pay

пропуска́ть 1, **пропусти́ть** 2 (**пропущу́, пропу́стишь**) to allow

§ 12

эги́да aegis
долг debt
восхваля́ть 1, **-ли́ть** 2 to praise
бы́ло поло́жено пра́вило a rule was laid down
подразумева́ться 1 (*Imprf.*) (only 3rd pers.) to be implied
в положи́тельном све́те in a favorable light
искорене́ние eradication
вреди́тель (*m.*) wrecker, saboteur
осужда́ть 1, **осуди́ть** 2 to rebuke, censure
насле́довать 1, **у-** to inherit
надзо́р supervision

§ 13

подвести́ под одну́ ме́рку to judge by the same standard
ощуще́ние sensation, experience
по́длинный real, authentic

§ 14

"раскула́чивание" purging of the well-to-do farmers
чу́ткий sensitive
упрека́ть 1, **упрекну́ть** 1 to reproach
надоеда́ть 1, **надое́сть** to annoy

§ 15

я́ркость (*f.*) brilliance, clarity, brightness
вторже́ние invasion
па́фос pathos

§ 16

сплета́ть 1, **сплести́** 1 to interlace, weave

ю́ный youthful
ско́рбный sorrowful

§ 17

развенча́ние uncrowning, dethronement
озагла́вливать 1, **озагла́вить** 1 to entitle
о́ттепель thaw
предвеща́ть (*Imprf.*) to foreshadow, herald
бытово́й рома́н novel of manners

§ 18

дерза́ть 1, **дерзну́ть** 1 to dare
обру́шиваться 1, **обру́шиться** 2 to pounce upon

постига́ть 1, **пости́гнуть** 1 to befall, overtake

§ 19

броже́ние умо́в intellectual unrest, discontent
томи́ться 2 (**томлю́сь, -ми́шься**) to languish

§ 20

громи́ть 2, -раз- to defeat, annihilate, destroy
угрожа́ющая обстано́вка threatening circumstances
открове́нный frank, outspoken
мировоззре́ние world-outlook

ЧАСТЬ ВТОРАЯ—ЧТЕНИЕ

А. Блок

ДВЕНАДЦАТЬ

12

. . . Вдаль идут державным шагом . . .
—Кто еще там? выходи!
Это—ветер с красным флагом
Разыгрался впереди . . .

Впереди—сугроб холодный,
—Кто в сугробе—выходи! . .
Только нищий пес голодный
Ковыляет позади . . .

—Отвяжись ты, шелудивый,
Я штыком пощекочу!
Старый мир, как пес паршивый,
Провались—поколочу!

. . . Скалит зубы—волк голодный —
Хвост поджал—не отстает—
Пес холодный—пес безродный . . .
—Эй, откликнись, кто идет?

—Кто там машет красным флагом?
—Приглядись-ка, эка тьма!
—Кто там ходит беглым шагом,
Хоронясь за все дома?

—Всё равно, тебя добуду,
Лучше сдайся мне живьем!
—Эй, товарищ, будет худо,
Выходи, стрелять начнем!

Трах-тах-тах!—И только эхо
Откликается в домах . . .
Только вьюга долгим смехом
Заливается в снегах . . .

Трах-тах-тах!
Трах-тах-тах . . .

346

. . . Так идут державным шагом —
Позади—голодный пес,
Вперели—с кровавым флагом,
И за вьюгой невидим,
И от пули невредим,
Нежной поступью надвьюжной,
Снежной россыпью жемчужной,
В белом венчике из роз—
Впереди—Исус Христос.
Январь 1918

Словарь

держа́вный powerful
сугро́б snow-drift
ковыля́ть 1 (*Imprf.*) to hobble
отвя́зываться 1, **отвяза́ться** 1
to get rid of, leave (me) alone
шелуди́вый mangy, scabby
штык bayonet
щекота́ть 1, **по-** to tickle
парши́вый mangy, scabby
прова́ливаться 1, **провали́ться**
2 to fall through, to come down
колоти́ть 2, **по-** to hit force-
fully
ска́лить 2, **оска́лить зу́бы** to
show one's teeth
э́ка what kind of, what

тьма darkness
хорони́ться 2, **с-** to hide
живьём (*Adv.*) alive
вью́га snow-storm, blizzard
залива́ться 1, **зали́ться** 1
(**залью́сь,-льёшься**) **зали́ть-
ся сме́хом** to pour, to laugh
merrily
невреди́м(ый) unharmed, safe
не́жный light, tender
по́ступь step, gait
надвью́жный (*Adj.*) over the
storm
ро́ссыпь (*f.*) spread
жемчу́жный pearly
ве́нчик garland, halo, nimbus

А. М. Горький

СТРАСТЬ К ЧТЕНИЮ
(Из повести "В людях")

1. В повести "В людях" А. М. Горький
рассказывает о своей тяжелой юности, о
том, что пришлось ему пережить, когда он
остался круглым сиротой.

Дед Алеши разорился. Через несколько дней после
смерти матери дед сказал Алеше: "Ну, Алексей, ты не

медаль, на шее у меня—не место тебе, а иди-ка ты в люди. . . .''

И десяти лет Горький пошел ''в люди'', чтобы самому зарабатывать хлеб. Сначала Алеша Пешков поступил на работу в магазин обуви, где должен был по приказанию хозяина помогать в лавке и исполнять обязанности прислуги: мыть полы, чистить обувь. Потом он пошел учеником к чертежнику, у которого тоже выполнял всю черную работу.

Единственной радостью Алеши было чтение книг.

В отрывке ''Страсть к чтению'' рассказывается о жизни Алеши у чертежника и о том, в каких условиях приходилось ему читать книги.

IX

2.　　И грустно и смешно вспоминать, сколько тяжелых унижений, обид и тревог принесла мне быстро вспыхнувшая страсть к чтению!

Книги, которые я брал у соседки-закройщицы, казались мне страшно дорогими, и, боясь, что старая хозяйка сожжет их в печи, я старался не думать о них, а стал брать маленькие разноцветные книжки в лавке, где по утрам покупал хлеб к чаю. . . .

Я читал эти пустые книжки и платил по копейке за прочтение каждой. . . .

Читал я в сарае, уходя колоть дрова, или на чердаке, что было одинаково неудобно, холодно. Иногда, если книга интересовала меня или надо было прочитать ее скорее, я вставал ночью и зажигал свечу, но старая хозяйка, заметив, что свечи по ночам умаляются, стала измерять их лучинкой и куда-то прятала мерки. Если утром в свече недоставало вершка или если я, найдя лучину, не обламывал ее на сгоревший кусок свечи, в кухне начинался яростный крик, и однажды Викторушка возмущенно провозгласил с полатей:

—Да перестаньте же лаяться, мамаша! Жить нельзя!

Конечно, он жгет свечи, потому что книжки читает, у лавочника берет, я знаю! Погляди-ка у него на чердаке. . .

Старуха сбегала на чердак, нашла какую-то книжку и разорвала ее в клочья.

3. Это, разумеется, огорчило меня, но желание читать еще более окрепло. . .

Я всячески исхитрялся читать, старуха несколько раз уничтожала книги, и вдруг я оказался в долгу у лавочника на огромную сумму в сорок семь копеек! Он тербовал денег и грозил, что станет отбирать у меня за долг хозяйские, когда я приду в лавку за покупками.

—Что тогда будет?—спрашивал он меня, издевясь.

Был он нестерпимо противен мне и, видимо, чувствуя это, мучил меня разными угрозами, с наслаждением особенным: когда я входил в лавку, его пятнистое лицо расплывалось, и он спрашивал ласково:

—Долг принес?

—Нет.

Это его пугало, он хмурился.

—Как же? Что же мне—к мировому подавать на тебя, а? Чтобы тебя описали да—в колонию?

Мне негде было взять денег—жалованье мое платили деду, я терялся, не зная—как быть? А лавочник, в ответ на мою просьбу подождать с уплатою долга, протянул ко мне масленую, пухлую, как оладья, руку и сказал:

—Поцелуй—подожду!

Но когда я схватил с прилавка гирю и замахнулся на него, он, приседая, крикнул:

—Что ты, что ты—я шучу!

4. Понимая, что он не шутит, я решил украсть деньги, чтобы разделаться с ним. По утрам, когда я чистил платье хозяина, в карманах его брюк звенели монеты, иногда они выскакивали из

кармана и катились по полу, однажды какая-то провалилась в щель под лестницу, в дровяник; я позабыл сказать об этом и вспомнил лишь через несколько дней, найдя двугривенный в дровах. Когда я отдал его хозяину, жена сказала ему:

—Вот видишь? Надо считать деньги, когда оставляешь в карманах.

Но хозяин сказал, улыбаясь мне:

—Он не украдет, я знаю!

Теперь, решив украсть, я вспомнил эти слова, его доверчивую улыбку и почувствовал, как мне трудно будет украсть. Несколько раз я вынимал из кармана серебро, считал его и не мог решиться взять. Дня три я мучился с этим, и вдруг все разрешилось очень быстро и просто; хозяин неожиданно спросил меня:

—Ты что, Пешков, скучный стал, нездоровится, что ли?

Я откровенно рассказал ему все мои печали, он нахмурился.

—Вот видишь, к чему они ведут, книжки-то! От них—так или эдак—непременно беда. . .

Дал полтинник и посоветовал строго:

—Смотри же, не проболтайся жене али матери—шум буде !

Словарь

§ 1

страсть (*f.*) passion

кру́глый сирота́ orphan (no father and mother)

пойти́ в лю́ди to make one's way in life

о́бувь (*f.*) foot wear

чертёжник draftsman

§ 2

униже́ние humiliation

трево́га alarm, anxiety

вспы́хивать 1, **вспы́хнуть** 1 to burst out

закро́йщик cutter (in dress-making)

черда́к garret, attic

умаля́ться 1, **-и́ться** 2 (only 3rd pers.) to diminish

лучи́на splinter

вершо́к measure of length

я́ростный furious

пола́ти sleeping platform

ла́яться 1 to swear, to bark

§ 3

огорча́ть 1, **огорчи́ть** 2 to
distress, grieve

клок, кло́чья (*Pl.*) piece

издева́ться 1 (*Imprf.*) to mock

нестерпи́мо unbearable

**его́ пятни́стое лицо́ расплы-
ва́лось** his spotty face broke
into a smile

хму́риться 2, **на-** to frown

пу́хлый plump

ола́дья fritter, pancake

ги́ря weight

§ 4

кати́ться 2, **по-** to roll

прова́ливаться 1- **ли́ться** 2 to
fall through

щель (*f.*) crack

двугри́венный 20 kopeks (silver
coin)

дове́рчивый trusting

полти́нник fifty kopecks

В. В. Маяковский
(1893–1930)

РАССКАЗ О КУЗНЕЦКСТРОЕ И О ЛЮДЯХ КУЗНЕЦКА

По небу
    тучи бегают,
дождями
    сумрак сжат.
Под старою
    телегою
рабочие лежат.
И слышит
    шопот гордый
вода
   и под
    и над:
‘‘Через четыре
    года
здесь
   будет
    город-сад!’’
Темно свинцовоночие,
и дождик
    толст, как жгут,
сидят
   в грязи
    рабочие,
сидят,
    лучину жгут.

Сливеют
    губы
    с холода.
Но губы
    шепчут в лад:
‘‘Через четыре
    года
здесь
   будет
    город-сад!’’

. . . .

‘‘Мы в сотню солнц
    мартенами
воспламеним
    Сибирь.
Здесь дом
   дадут
    хороший нам
и ситный
    без пайка,
аж за Байкал
    отброшенная
попятится тайга’’.

Словарь

сумрак dusk, twilight

свинцовоночие dark night

лучина splinter (used to furnish light)

сливеют губы the lips are becoming blue

мартен open-hearth furnace (steel)

воспламенять 1, -ить 2 to inflame

ситный white bread made of sifted flour

паёк ration

пятиться 2 (пячусь, пятишься), по- to move backwards

М. Шолохов

ТИХИЙ ДОН
(Отрывок из VIII ч., XVII гл.)

1.   Поздней ночью, когда зашел месяц, они покинули Сухой лог. Через два часа езды спустились с бугра к Чиру. . . .

Сплошные сады тянулись над речкой, неприветно чернея в тумане. Неподалеку от мостка Григорий остановился. Полночное безмолвие царило в хуторе. Григорий тронул коня каблуками, свернул в сторону. Ехать через мост он не захотел. Не верил он этой тишине и боялся ее. На краю хутора они переехали речку вброд и только что свернули в узкий переулок, как из канавы поднялся человек, за ним—еще трое.

—Стой! Кто едет?

Григорий вздрогнул от крика, как будто от удара, натянул поводья. Мгновенно овладев собою, он громко отозвался: "Свои!—и, круто поворачивая коня, успел шепнуть Аксинье:—Назад! За мной!"

2.   Четверо из заставы недавно расположившегося на ночевку продотряда молча и не спеша шли за ним. Один остановился прикурить, зажег спичку. Григорий с силой вытянул плетью коня Аксиньи. Тот рванулся и с места взял в карьер. Пригнувшись к

лошадиной шее, Григорий скакал следом. Томительные секунды длилась тишина, а потом громом ударил неровный раскатистый залп, вспышки огня пронизали темноту. Григорий услышал жгучий свист пуль и протяжный крик:

—В ружье-е-е! . .

Саженях в ста от речки Григорий догнал машисто уходившего серого коня,—поровнявшись крикнул:

—Пригнись, Ксюша! Пригнись ниже!

Аксинья натягивала поводья и, запрокидываясь, валилась набок. Григорий успел поддержать ее, иначе она бы упала.

—Тебя поранили?! Куда попало?! Говори же! . .—хрипло спросил Григорий.

Она молчала и все тяжелее наваливалась на его руку. На скаку прижимая ее к себе, Григорий задыхался, шептал:

—Ради Господа-Бога! Хоть слово! Да что же это ты?!

3. Но ни слова, ни стона не услышал он от безмолвной Аксиньи. Верстах в двух от хутора Григорий круто свернул с дороги, спустился к яру, спешился и принял на руки Аксинью, бережно положил ее на землю.

Он снял с нее теплую кофту, разорвал на груди легкую ситцевую блузку и рубашку, ощупью нашел рану. Пуля вошла Аксенье в левую лопатку, раздробила кость и наискось вышла под правой ключицей. Окровавленными трясущимися руками Григорий достал из переметных сум свою чистую исподнюю рубашку, индивидуальный пакет. Он приподнял Аксинью, подставил под спину ей колено, стал перевязывать рану, пытаясь унять хлеставшую из-под ключицы кровь. Клочья рубашки и бинт быстро чернели, промокали насквозь. Кровь текла также из полуоткрытого рта Аксиньи, клокотала и булькала в горле. И Григорий, мертвея от ужаса, понял, что все

кончено, что самое страшное, что только могло случиться
в его жизни,—уже случилось. . .

4.　По крутому склону яра, по тропинке, про-
битой в траве и усеянной овечьими орешками,
он осторожно спустился в яр, неся на руках
Аксинью. Безвольно опущенная голова ее лежала у него
на плече. Он слышал свистящее, захлебывающееся
дыхание Аксиньи и чувствовал, как теплая кровь поки-
дает ее тело и льется изо рта ему на грудь. Следом за ним
сошли в яр обе лошади. Фыркая и гремя удилами, они
стали жевать сочную траву.

Аксинья умерла на руках у Григория незадолго до
рассвета. Сознание к ней так и не вернулось. Он молча
поцеловал ее в холодные и соленые от крови губы,
бережно опустил на траву, встал. Неведомая сила
толкнула его в грудь, и он попятился, упал навзничь, но
тотчас же испуганно вскочил на ноги. И еще раз упал,
больно ударившись обнаженной головой о камень.
Потом, не поднимаясь с колен, вынул из ножен шашку,
начал рыть могилу. Земля была влажная и податливая.
Он очень спешил, но удушье давило ему горло, и чтобы
легче было дышать, он разорвал на себе рубашку.
Предутренняя свежесть холодила его влажную от пота
грудь, и ему стало не так трудно работать. Землю он
выгребал руками и шапкой, не отдыхая ни минуты, но
пока вырыл могилу глубиною в пояс—ушло много
времени.

5.　Хоронил он свою Аксинью при ярком
утреннем свете. Уже в могиле он крестом
сложил на груди ее мертвенно побелевшие
смуглые руки, головным платком прикрыл лицо, чтобы
земля не засыпала ее полуоткрытые, неподвижно устрем-
ленные в небо и уже начавшие тускнеть глаза. Он

попрощался с нею, твердо веря в то, что расстаются они ненадолго. . .

Ладонями старательно примял на могильном холмике влажную желтую глину и долго стоял на коленях возле могилы, склонив голову, тихо покачиваясь.

Теперь ему незачем было торопиться. Все было кончено.

В дымной мгле суховея вставало над яром солнце. Лучи его серебрили густую седину на непокрытой голове Григория, скользили по бледному и страшному в своей неподвижности лицу. Словно пробудившись от тяжкого сна, он поднял голову и увидел над собой черное небо и ослепительно сияющий черный диск солнца.

Словарь

§ 1

лог ravine
буго́р hillock, knoll
сплошно́й continuous
неприве́тно = **неприве́тливо** not friendly
ху́тор farm
каблу́к heel
перее́хать вброд to wade, ford
натяну́ть пово́дья to draw the reins (of a horse)
повора́чивать I, поверну́ть I to turn, swing around

§ 2

заста́ва out-post, sentry-post
продотря́д (**продово́льственный отря́д**) food supply detachment
рвану́ть с ме́ста to start with jerk (of horses)
карье́р full gallop
пригиба́ть I, пригну́ть (**пригну́, -нёшь**) to bend down
скака́ть I, по- to gallop

раска́тистый pealing, rolling (of noises)
залп volley of gunfire
са́жень (*f.*) former Russian measure equal to seven feet
хри́плый hoarse

§ 3

стон groan
яр steep bank
бе́режно carefully
ко́фта woman's jacket
лопа́тка shoulder-blade
раздробля́ть I, -би́ть (**раздроблю́, -би́шь**) to shatter
на́искось obliquely
ключи́ца collar bone
трясти́ (**трясу́, трясёшь**), **тряхну́ть** (**тряхну́, тряхнёшь**) to shake
переме́тная сума́ saddle-bag
унима́ть I, уня́ть I (**уйму́, уймёшь**) to stop (flow of blood from a wound)
хлеста́ть I (**хлещу́, хле́щешь**), **хлестну́ть I** to gush

клокота́ть (**клоко́чет**) (only 3rd pers.) (*Imprf.*) to bubble

бу́лькать 1, **бу́лькнуть** 1 to gurgle

§ 4

усе́ивать 1, **усе́ять** 1 to litter, dot

фы́ркать 1, **фы́ркнуть** 1 to snort, sniff

жева́ть (**жую́, жуёшь**)(*Imprf.*) to chew

пя́титься 2, **по-** to move backwards

упа́сть на́взничь to fall flat on one's back

обнажённый naked

рыть 1 (**ро́ю, ро́ешь**), **вы-** to dig

пода́тливый pliable

уду́шье asthma

предутренний prematinal, early morning

§ 5

сму́глый dark complexioned, swarthy

тускне́ть 1, **по-** to grow dim

ладо́нь (*f.*) palm of hand

пока́чиваться 1, **покачну́ться** 1 to rock slightly, sway

седина́ grey hair

скользи́ть 2, **скользну́ть** 1 to slip, slide

ослепи́тельный blinding

объего́риват 1, **объего́рить** 2 to deceive

В. Дудинцев

НЕ ХЛЕБОМ ЕДИНЫМ

(Отрывки из III ч. Допрс Лопаткина. Он обвиняется в разглашении государственной тайны.)

1.   Следователь капитан Абросимов ходил на работу пешком. Ему нравилась Москва, и он с удовольствием каждое утро совершал прогулку по Садовому кольцу. Вот и сегодня, выйдя из подъезда своего дома—громадного нового дома, в котором жили военные и их семьи,—и мельком взглянув на свои зеркально-чистые сапоги, он не спеша пошел по тротуару, поглядывая по сторонам и слегка подламываясь в талии. Это был высокий, тонкий молодой военный в коверкото-вом пальто мышиного цвета, с бронзовыми пуговицами, белолицый и одухотворенный, как молодой священник. Усы его вились, и он их так подстригал, чтобы они были

похожи на запущенные усики юноши. Его массивная
каштановая шевелюра выбивалась из-под синей фуражки.
Он был выше всех встречных на полголовы.

Когда он прошел два квартала, легкое, домашнее
выражение его лица сменилось служебной задумчивостью.
Дома, в обществе жены, он был одним человеком, а в
прокуратуре—другим. Он нахмурил свои темные вью-
щиеся брови, белый лоб стал как бы еще прозрачнее. И
взгляд темных карих глаз сурово устремился вдаль, уже
не чувствуя препятствий. ''Каков же он, этот Лопаткин?—думал следователь.—И что собой представляет эта
женщина?''

2.   Несколько дней назад он был вызван к
            начальнику, и тот вручил ему новое дело—
сколотые вместе листки с размашистой резолюцией на
верхнем: ''Тов. Абросимову. Принять к производству''.
Просмотрев бумаги, он сразу увидел, что дело это не
относится к числу тех определенных дел, по которым не
может быть двух решений. Когда речь идет об убийстве,
растрате или хищении, в этих случаях самый факт ясен,
требует немедленных мер; преступники, чувствуя свою
вину, заметают следы, скрываются, а следователь
должен их разоблачить. Дело Лопаткина было другим.
Начальник сказал, что по этому делу ничего не нужно
доказывать: разглашение государственной тайны налицо.
Есть субъект преступления, которому тайна вверена.
Есть объективная сторона—этот Лопаткин открыл доступ
к тайне лицу, не имеющему на то права. ''Хотя бы
одному лицу'',—говорит закон. . .

—Почему этого Лопаткина судят?—спросил он у
начальника.

—Важная государственная тайна. Особой важности,—
ответил тот.—Генерал звонил. Приказал, чтобы дело
передать, между прочим, лично тебе. . .

3. Эти слова приятно затронули самолюбие Абросимова. В приказах генерала уже несколько раз упоминалась его фамилия—всегда в связи с примерами находчивой, оперативной работы. ''Значит, действительно важная тайна,—подумал он.—Это уже легче''. . .

Он унес бумаги в свой кабинет и там, в тиши, стал их изучать. Просмотрев пять или шесть препроводительных секретных отношений с разноцветными и размашистыми подписями начальников, он еще раз почувствовал с удовлетворением, что на него возложено ответственное дело. Две подписи были ему знакомы—известный ученый и известный заместитель министра считали, что Лопаткина следует судить за разглашение важной государственной тайны. Абросимов был с ними согласен. Вот и докладная записка Максютенко и Урюпина. Внимательно прочитав ее, он подчеркнул красным карандашом слова: ''которую оформил в качестве соавтора''—и засмеялся: ''Все ясно!'' Дальше шли две характеристики Лопаткина, одна—подписанная директором института, а вторая на шести листах, присланная группой докторов и кандидатов наук. Первая характеристика вполне удовлетворила Абросимова. Из нее он увидел, что Лопаткин был облечен доверием государства и что доверие это он не оправдал. Во второй характеристике капитан сразу заметил досадное противоречие.

4. Ученым, должно быть, основательно досадил этот дотошный изобретатель, и они решили бросить свой камень хотя бы ему вдогонку— потребовали привлечь его к ответственности еще и за злостную клевету на советскую науку и советских ученых. Труболитейную машину Лопаткина они объявили ''фантазией безграмотного авантюриста, который единым росчерком пера хочет зачеркнуть все исследования советских и зарубежных ученых''. Лопаткина они

назвали лжеизобретателем, использовавшим доверие и
некомпетентность некоторых работников аппарата и
подсунувшим негодный проект под видом новой идеи.

5.   Дочитав эту характеристику, Абросимов с
         едкой улыбкой скользнул взглядом по
         длинному столбцу фамилий и росчерков на
последнем листе. Сами того не ведая, все эти Тепикины
и Фундаторы осложнили работу следователя, убедительно
доказав, что никакой государственной тайны нет. Абросимов сказал об этом начальнику, и тот распорядился:
письмо ученых в дело не подшивать, а передать секретарю
для наблюдательного производства как документ, не
имеющий прямого касательства к делу и вносящий
ненужную путаницу. Начальник рассудил так: если в
действиях Лопаткина и есть состав преступления, имену-
емый клеветой, в чем можно еще сомневаться, то во имя
ясности дела и быстроты расследования можно пренебречь этой мелочью. Ведь за нее и полагается всего лишь
денежный штраф—мера ничтожная по сравнению с
наказанием, которое ждет разгласившего государственную
тайну. И притом это—дело частного обвинения, пусть
подают отдельно в народный суд. . .

6.   Он шел теперь в прокуратуру, обдумывая
         вопросы, которые нужно было задать
         Лопаткину.
Дмитрий Алексеевич (Лопаткин) сидел в полутемном
пустом коридоре. . .
Раздались шаги. В конце коридора показался молодой
военный с бледным лицом и вьющимися усами. Он
пристально посмотрел на Дмитрия Алексеевича и, пока
неторопливо шел по коридору, не сводил с него темных
изучающих глаз.

—Лопаткин?—учтиво спросил он, отпирая ключом дверь в комнате номер семь, против которой сидел Дмитрий Алексеевич.—Ничего, сидите, я вас позову,— добавил он, видя, что Лопаткин встал.

Дверь была закрыта минут двадцать, потом следователь выглянул и так же учтиво пригласил Дмитрия Алексе- евича. Сам он сел за свой стол и начал перелистывать пухлое дело страниц на четыреста. ''Мое дело! О чем же это?''—растерянно подумал Дмитрий Алексеевич. Он не знал того, что Абросимов специально для этого эффекта положил на стол старое и запутанное хозяй- ственное дело о хищении фуража—уловка, придуманная следователями, наверно, еще лет двести назад.

—Ну хорошо. Давайте знакомиться,—сказал вдруг следователь, отодвинув папку и кладя перед собой бланк с надписью: ''Протокол допроса''.

7. —Расскажите-ка мне по порядку все, что касается вашего изобретения.

—Курить можно?—спросил Дмитрий Алексеевич и, не успев получить разрешения, с треском зажег спичку и глубоко затянулся папиросой. Сделав в молчании несколько затяжек, вздохнув несколько раз, . . . он начал рассказ. . .

Следователь слушал его минут сорок. За это время он нарисовал на листке бумаги женскую голову, затем пририсовал ей усы, очки и шляпу. Потом, перечеркнув свой рисунок, он поднял на Дмитрия Алексеевича внимательные глаза.

—Хорошо. Я понял вас. Теперь вот так же подробно начните с того времени, как вам дали секретное по- ручение. . .

У капитана Абросимова за несколько лет следственной работы выработалась своя особенная манера допрашивать. Он вел допрос осторожно, без нажима, как загоняют

голубей в голубятню. Дмитрий Алексеевич последовательно рассказал ему со всеми подробностями о своем
знакомстве с новыми заказчиками, начиная с того момента,
когда за ним приехала пепельно-серая ''Победа''. Затем
перешел к работе в проектной группе. Видя, что он не
упоминает имени Надежды Сергеевны, Абросимов
подумал: ''Не пройдет!''—и, мягко перебив его, поп-
росил перечислить всех сотрудников группы.   Дмитрий
Алексеевич назвал всех и опять ничего не сказал
о Надежде Сергеевне.

8.   —Вы забыли еще одну сотрудницу, Дроз-
                дову,—спокойно напомнил ему капитан.
          —Она не состоит в штате,—возразил
Дмитрий Алексеевич.
Наступила пауза. Следователь, скрипя пером, писал.
Потом он посмотрел на окно, закурил и сквозь дым,
словно издалека, взглянул на Дмитрия Алексеевича.
          —Говорите, не в штате?—Он словно бы очнулся.—А
какое она имеет к вам отношение? Почему она ходит к
вам? Она имеет допуск?
          —Она мой соавтор.
          —Ах, вот как! Она что—специалист по труболитейному
делу?
          —Нет, она учительница географии . . . Мы с нею давно
знакомы, и она постепенно вошла в курс. Сейчас она во
многом разбирается. Она мне подала идею отливки
центробежным способом двухслойных труб. . .
          —Вы были предупреждены о том, что работа ваша
секретна?
          —Был. Но я считаю, что авторы в силу своего поло-
жения не могут не знать того, над чем они работают.
          —Опять авторы. Значит, вы настаиваете на том, что
Дроздова является вашим соавтором?
          —Совершенно верно!—подтвердил Дмитрий Алек-
сеевич. . . .

9. Между тем капитан закончил протокол и, положив его перед собой, доставая новую папиросу, стал читать его вслух. Все было записано очень точно, и Дмитрий А. подписал протокол внизу каждой страницы.

—Можно идти?—спросил он.

—Подождите минутку в коридоре,—сказал следователь.

Он вышел вслед за Дмитрием Алексеевичем, запер кабинет и, стуча сапогами, ушел в дальний конец коридора. Через полчаса он вернулся, держа в руке белую бумажку.

—Зайдите,—сказал он, отпирая кабинет.

И когда Дмитрий Алексеевич сел на свое место у стола, следователь стоя сказал ему:

—Мы берем вас под стражу. Вот постановление, прочитайте!

Дмитрий Алексеевич взял постановление, стал его читать: ''Учитывая, что подследственный Лопаткин Д. А., находясь на свободе, может скрыться от суда или помешать раскрытию истины. . .''

—Понятно вам постановление?—сказал следователь,—Распишитесь. Дмитрий Алексеевич послушно расписался. . .

Словарь

§ 1

разглашéние divulging (of secrets)

мéльком in passing

подлáмываясь в тáлии swaying at the waist

коверкóтовый a mixture of wool and rayon

мышúный mousy grey color

одухотворённый inspired, spiritual

каштáновый chestnut, auburn

шевелюра hair

хмýрить 2, на- to frown

вьющийся curly

устремлáться 1, -мúться 2 to rush, be turned towards, directed towards

препятствие obstacle

§ 2

скóлотый stapled, pinned together

размáшистый written in a bold, sweeping hand

растрáта embezzlement

хище́ние theft
замета́ть 1, **замести́** 1 (следы) to cover up one's traces
разоблача́ть 1, **-чи́ть** 2 to expose, unmask
налицо́ at hand, evident

§ 3

самолю́бие pride, self-respect
нахо́дчивый resourceful
облека́ть 1, **обле́чь** 1 to invest with
дове́рие confidence
опра́вдывать 1, **-да́ть** 1 to justify, to acquit
доса́дный annoying

§ 4

досажда́ть 1, **досади́ть** to vex, annoy
дото́шный meticulous
вдого́нку in pursuit of
привле́чь к отве́тственности to call someone to account for something, to make someone responsible for something
зло́стный malicious
ро́счерк stroke of a pen
него́дный worthless
е́дкий caustic

§ 5

скользи́ть 2, **-ну́ть** 1 to slide
столбе́ц column
распоряжа́ться 1, **-ди́ться** 2 to dispose of
имену́емый termed, named
клевета́ slander
пренебрега́ть 1, **-бре́чь** to neglect, disregard

полага́ется is due
ничто́жный insignificant

§ 6

неторопли́во unhurriedly, slowly
перели́стывать 1, **-листа́ть** 1 to turn pages
пу́хлое де́ло a thick dossier
расте́рянно confused
запу́танный tangled
фура́ж forage
уло́вка trick

§ 7

затя́гивать 1, **-ну́ть** 1 to inhale
поруче́ние task
голубя́тня pigeon house
пе́пельно-се́рый ash-grey
"**Побе́да**" trade name of an automobile

§ 8

состоя́ть в шта́те to be a member of the staff
скрипе́ть 2, **по-**, **скри́пнуть** 1 to squeak
очну́ться 1 (*Prf.*) to regain consciousness
отли́вка casting
двухсло́йный two layers
предупрежда́ть 1, **-преди́ть** 2 to warn

§ 9

брать под стра́жу to arrest, take into custody
учи́тывать 1, **уче́сть** 1 to take into account
подсле́дственный under investigation

Б. Л. Пастернак

ДОКТОР ЖИВАГО
(Отрывки из I т., VII ч.)

1. В пути были уже три дня, но не далеко отъехали от Москвы. Дорожная картина была зимняя: рельсы путей, поля, леса, крыши деревень—все под снегом.

Семье Живаго посчастливилось попасть в левый угол верхних передних нар к тусклому продолговатому окошку под самым потолком, где они и разместились своим домашним кругом, не дробя компании.

Антонина Александровна в первый раз путешествовала в товарном вагоне. При погрузке в Москве Юрий Андреевич на руках поднял женщин на высоту вагонного пола, по краю которого ходила тяжелая выдвижная дверца. Дальше в пути женщины приноровились и взбирались в теплушку сами.

Вагоны на первых порах показались Антонине Александровне хлевами на колесах. Эти клетушки должны были, по ее мнению, развалиться при первом толчке или сотрясении. Но вот уже третий день их бросало вперед и назад и валило на бок при перемене движения и на поворотах, и третий день под полом часто-часто перестукивались колесные оси, как палочки заводного игрушечного барабанчика, а поездка протекала благополучно и опасения Антонины Александровны не оправдывались.

Вдоль станций с короткими платформами длинный эшелон, состоявший из двадцати трех вагонов (Живаго сидели в четырнадцатом), вытягивался только одной какой-нибудь частью, головой, хвостом или середкой.

Передние вагоны были воинские, в средних ехала вольная публика, в задних—мобилизованные на трудовую повинность. Пассажиров этого разряда было человек до пятидесяти, люди всех возрастов и самых разнообразных занятий.

2. Восемь вагонов, занятых этой публикой, представляли пестрое зрелище. Рядом с хорошо одетыми богачами, петербургскими биржевиками и адвокатами, можно было видеть отнесенных к эксплуататорскому классу лихачей-извозчиков, полотеров, банщиков, татар старьевщиков, беглых сумасшедших из распущенных желтых домов, мелочных торговцев и монахов.

Первые сидели вокруг до-красна раскаленных печурок без пиджаков на коротко спиленных чурках, поставленных стоймя, наперерыв друг другу что-то рассказывали и громко хохотали. Это были люди со связями. Они не унывали. За них дома хлопотали влиятельные родственники. В крайнем случае дальше в пути они могли откупиться.

Вторые, в сапогах и расстегнутых кафтанах, или в длинных распоясанных рубахах поверх портов и босиком, бородатые и без бород, стояли у раздвинутых дверей душных теплушек, держась за косяки и наложенные поперек пролетов перекладины, угрюмо смотрели на придорожные места и их жителей и ни с кем не разговаривали. У этих не было нужных знакомств. Им не на что было надеяться.

Не все эти люди помещались в отведенных им вагонах. Часть рассовали в середине состава вперемешку с вольной публикой. Люди этого рода имелись и в четырнадцатой теплушке.

3. Обыкновенно, когда поезд приближался к какой-нибудь станции, лежавшая наверху Антонина Александровна приподымалась в неудобной позе, к которой принуждал низкий, не позволявший разогнуться потолок, свешивала голову с полатей и через щелку приотодвинутой двери определяла по общему виду выроставшего вдали железнодорожного пункта, представляет ли он интерес с точки зрения

товарообмена и стоит ли спускаться с нар и выходить наружу.

Так было и сейчас. Замедлившийся ход поезда вывел ее из дремоты. Многочисленность переводных стрелок, на которых подскакивала теплушка с учащающимся стуком, говорила о значительности станции и продолжительности предстоящей остановки. . .

Тем временем проснулся доктор, первым соскочил вниз с полатей и помог жене спуститься на пол.

Между тем мимо растворенной вагонной дверцы, вслед за будками и фонарями уже плыли станционные деревья, отягченные целыми пластами снега, который они как хлеб-соль протягивали на выпрямленных ветвях навстречу поезду, и с поезда первыми на скором еще ходу соскакивали на нетронутый снег перрона матросы, и бегом, опережая всех, бежали за угол станционного строения, где обыкновенно, под защитой боковой стены, прятались торговки запрещенным съестным.

4. Черная форма моряков, развевающиеся ленты их безкозырек и их раструбом книзу расширяющиеся брюки придавали их шагу натиск и стремительность и заставляли расступаться перед ними, как перед разбежавшимися лыжниками, или несущимися во весь дух конькобежцами. За углом станции, прячась друг от друга и волнуясь, как на гадании, выстраивались гуськом крестьянки ближних деревень с огурцами, творогом, вареной говядиной и ржаными ватрушками, хранившими на холоде дух и тепло под стёгаными покрышками, под которыми их выносили. Бабы и девки в заправленных под полушубки платках вспыхивали, как маков цвет, от иных матросских шуток, и в то же время боялись их пуще огня, потому что из моряков, преимущественно, формировались всякого рода отряды по борьбе со спекуляцией и запрещенною свободною торговлей.

Смущение крестьянок продолжалось недолго. Поезд останавливался. Прибывали остальные пассажиры. Публика перемешивалась. Закипала торговля.

Антонина Александровна производила обход торговок, перекинув через плечо полотенце с таким видом, точно шла на станционные задворки умыться снегом. Ее уже несколько раз окликнули из рядов:—Эй, эй, городская, что просишь за ширинку?

5. Но Антонина Александровна, не останавливаясь, шла с мужем дальше. В конце ряда стояла женщина в черном платке с пунцовыми разводами. Она заметила полотенце с вышивкой. Ее дерзкие глаза разгорелись. Она поглядела по бокам, удостоверилась, что опасность не грозит ниоткуда, быстро подошла вплотную к Антонине Александровне и, откинув попонку со своего товара, прошептала горячей скороговоркой:

—Эвона что. Небось такого не видала? Не соблазнишься? Ну, долго не думай—отымут. Отдай полотенце за полоток.

Антонина Александровна не разобрала последнего слова. Ей подумалось, что речь идет о каком-то платке. Она переспросила:

Полотком крестьянка назвала пол зайца, разрубленного пополам и целиком зажаренного от головы до хвоста, которого она держала в руках. Она повторила:—Отдай, говорю, полотенце за полоток. Ты что глядишь? . . . Муж у меня охотник. Заяц это заяц. Мена состоялась. Каждой стороне казалось, что она в великом барыше, а противная в таком же большом накладе. Антонине Александровне было стыдно так нечестно объегоривать бедную крестьянку. Та же, довольная сделкой, поспешила скорее прочь от греха, и кликнув расторговавшуюся соседку, зашагала вместе с нею домой по протоптанной в снегу и вдаль уводившей стежке.

В это время в толпе произошел переполох. Где-то закричала старуха:

—Куда, кавалер? А деньги? Когда ты мне дал их, бессовестный? Ах ты, кишка ненасытная, ему кричат, а он идет, не оглядывается. Стой, говорю, стой, господин товарищ! Караул! Разбой! Ограбили! Вон он, вон он, держи его!

—Это какой же?

—Вон голомордый, идет, смеется.

—Это который драный локоть? . . .

—Ну да, ну да, Ай, батюшки, ограбили!

—Что тут попритчилось? . . .

—Торговал у бабки пироги да молоко, набил брюхо и фьют. Вот, плачет, убивается.

—Нельзя этого так оставить. Поймать надо.

—Поди поймай. Весь в ремнях и патронах. Он тебе поймает.

6. В четырнадцатой теплушке следовало несколько набранных в трудармию. Их стерег конвойный Воронюк. Из них по разным причинам выделялись трое. Это были: бывший кассир петроградской казенной винной лавки Прохор Харитонович Притульев, кастер, как его звали в теплушке; шестнадцатилетний Вася Брыкин, мальчик из скобяной лавки и седой революционер—кооператор Костоед-Амурский, перебывавший на всех каторгах старого времени и открывший новый ряд их в новое время.

Все эти завербованные люди друг другу чужие, нахватанные с бору да с сосенки и постепенно знакомившиеся друг с другом только в дороге. Из таких вагонных разговоров выяснилось, что кассир Притульев и торговый ученик Вася Брыкин—земляки, оба—вятские и, кроме того, уроженцы мест, которые поезд должен был миновать по прошествии некоторого времени.

Словарь

§ 1

посчастли́виться 2 (*Perf. & Imprf.*) (**ему́ посчастли́вится**) to have luck, he will have luck

на́ры (*Pl.*) plank bed

ту́склый dim, dull

погру́зка loading

принора́вливаться 1, **приноро́виться** 2 adjust, adapt one's self

взбира́ться 1, **взобра́ться** (**взберу́сь, -рёшься**) climb up

теплу́шка heated freight wagon

разва́ливаться 1, **развали́ться** 2 to fall to pieces

сотрясе́ние shaking

толчо́к bump, push

переступ́киваться 1 (*Imprf.*) to rumble

опасе́ние fear

трудова́я пови́нность labor conscription

§ 2

пёстрый motely

лиха́ч-изво́зчик smart cabman

полотёр floor polisher

ба́нщик bath house attendant

старьёвщик junkman

раскаля́ть 1, **-ли́ть** 2 to make burning hot

стоймя́ (*Adv.*) upright

наперерыв́ (*Adv.*) vying with each other

чу́рка chock

уныва́ть 1 (*Imprf.*) to feel dejected

поперёк across

пролёт span, flight

перекла́дина cross beam

отведённый assigned

кося́к post

рассо́вывать 1, **рассова́ть** 1 (**рассую́, -ёшь**) to shove about

вперемёжку alternately

§ 3

разгиба́ться 1, **разогну́ться** 1 to straighten one's self

све́шивать 1, **све́сить** 2 to let down

пола́ти (archaic) elevated sleeping place

щёлка chink

дремо́та drowsiness

учаща́ться 1, **участи́ться** 2 (**участится**) (only 3rd pers.) to become more frequent

растворя́ть 1, **-ри́ть** 2 to open (dissolve)

отягча́ть 1, **-чи́ть** 2 to aggravate

опережа́ть 1, **-ди́ть** 2 to pass, to leave behind

§ 4

развева́ться 1 (*Imprf.*) to fly, to flutter

бескозы́рка peakless cap

растру́бом bell shaped

на́тиск onslaught

нести́сь во весь дух to run at full speed

гада́ние fortune telling

выстра́иваться гусько́м to line up in single file

ржаны́е ватру́шки rye cheese cake

стёганные покры́шки quilted covers

вспы́хивать 1, **-нуть** 1 to blaze up, flush

мак poppy

пу́ще more

закипа́ть 1, **закипе́ть** 2 (only 3rd person) to be in full swing, to begin to boil
шири́нка cloth
смуще́ние confusion

§ 5

пунцо́вые разво́ды crimson designs
попо́нка cloth, cover
соблазня́ться 1, **-и́ться** 2 to be enticed
бары́ш (*coll.*) profit
накла́д loss
объего́ривать 1, **-рить** 2 (*coll.*) to deceive

сде́лка transaction
прота́птывать 1, **протопта́ть** 1 (**стежку**) to beat a path
переполо́х commotion
кишка́ ненасы́тная (slang) insatiable appetite, greedy
голомо́рдый (*coll.*) beardless snout

§ 6

конво́йный escort, guard
скобяна́я ла́вка hardware store
вербова́ть 1, **за-** to recruit
нахва́танные с бо́ру да со́сен-ки chosen haphazardly (by chance)

ГЛАВА XXII | РУССКАЯ ЛИТЕРАТУРА В ЭМИГРАЦИИ

ЧАСТЬ ПЕРВАЯ

1. Старшее поколение

Накануне революции 1917 года в России был, как мы видели, замечательный литературный расцвет. Это был так называемый "Серебряный век", многие представители которого не захотели принять коммунистическую власть и уехали в свободные страны. Выехал в Финляндию талантливый писатель и драматург Леонид Андреев и прожил там до смерти. Андреев разослал всем свободным странам свое знаменитое обращение S.O.S., объявляя, что Россия в страшной опасности и ее нужно спасать. Уехали или, вернее, бежали известные писатели: Иван Бунин, Димитрий Мережковский, Алексей Ремизов, Александр Куприн, Алексей Толстой; покинули Россию также поэты Константин Бальмонт, Зинаида Гиппиус, Владислав Ходасевич, Вячеслав Иванов и Марина Цветаева. Из этих беженцев литературного мира, только трое—Алексей Толстой, Куприн и Цветаева вернулись в Россию, но лишь первый из них сделался знатным советским писателем, приняв безоговорочно советскую власть. Александр Куприн скончался вскоре после возвращения в СССР. Марина Цветаева трагически погибла, покончив жизнь самоубийством. Все же другие писатели и поэты обосновались в разных странах Запада, где имели возможность продолжать свободную литературную деятельность. К ним присоединились другие известные авторы, которые до революции выдвинулись на философско-религиозном и социологическом поприще: Николай Бердяев, Николай Лосский,

Франк, отец Сергий Булгаков, Питирим Сорокин, Лев Карсавин и др. Эта группа была выслана советской властью и таким образом спаслась от судьбы ''религиозников'' и ''идеалистов'', которых большевики в дальнейшем подвергли жестоким репрессиям. Благодаря этой высылке, можно сказать, провиденциальной, уцелели лучшие духовные силы русской интеллигенции.

Все вышеназванные представители литературы, поэзии и религиозно-философской мысли составили так называемое ''старшее поколение'' эмигрантских авторов. Иначе говоря, это были люди уже зрелые, часть жизни которых протекла в России, где и началась их литературная деятельность накануне революции. Естественно, что их не только глубоко волновало живое воспоминание о только что пережитых ужасах революции. Мысли их постоянно обращались к покинутой ими родине, и они описывали ее в своих произведениях. Это особенно характерно для Ивана Алексеевича Бунина, который, будучи уже в эмиграции, написал два романа, а также множество рассказов.

2. И. А. Бунин

Как художник, описывающий типично русский дореволюционный быт, И. А. Бунин является во многих отношениях преемником Льва Толстого, особенно в смысле стиля и мастерства его прозы. Но Бунин не унаследовал религиозно-этического взгляда на жизнь, который был у Толстого. Наоборот, Бунин довольствовался изображением природы, людей и волнующих их страстей. Это изображение остается в чисто физическом и психологическом, но отнюдь не в метафизическом аспекте.

Как у всех эмигрантских писателей старшего поколения, так и у И. А. Бунина половина жизни и творчества протекла в России. Он родился в Воронеже в 1870 году, детство и юность провел в родовом имении. Часто в

своих рассказах и романах, в которых много автобио-
графического, он указывает на свое происхождение из
дворян землевладельцев. И действительно, чтобы понять
творчество Бунина, необходимо иметь в виду, что он
был из семьи не городских жителей, а помещиков с их
историческим прошлым и патриархальным бытом. Но
это были, как он сам отмечал, помещики ''исхудалые''
(обедневшие), типичные для конца прошлого века в
России. ''Исхудалыми'' называли владельцев имений,
которым освобождение крестьян и связанная с ним
экономическая реформа причинили значительный убыток.
Другими словами, молодой Бунин не знал благополучия и
зажиточности предков, их широкой беззаботной жизни;
он не рос в той роскоши, которая окружала прежних
барчат. Кроме того, в семье Буниных, как у многих
дворян того времени, были осложнения, связанные с
политической жизнью конца века. Брат Ивана Алексеевича принимал участие в революционном движении,
был арестован и на время сослан. Иван Бунин не участ-
вовал в политической жизни, учился в гимназии, а после
ее окончания почти постоянно проживал в деревне, где
много читал, изучал иностранные языки и литературу и
сам начал писать очень рано. Первые его стихи, вышед-
шие в 1889 г., получили уже высшую литературную
награду—пушкинскую премию. Бунин также в этот
ранний период отличился своими замечательными пере-
водами ''Гайаваты'' американского поэта Лонгфелло и
некоторых поэм Байрона.

В начале XX века Иван Алексеевич Бунин выдвинулся
как блестящий прозаик—автор целого ряда рассказов,
за которыми должны были последовать многие другие.
В 1909 году он был избран в число двенадцати почетных
членов Академии наук. В 1911–12 гг. вышли большие
повести Бунина: ''Деревня'' и ''Суходол''. В этих произведениях он дал очень мрачное изображение крестьян,
которое не совпадало с настроениями, господствовавшими
тогда в русских литературных кругах. Это навлекло на

Бунина критику, но он часто в дальнейшем подчеркивал, что в своих повестях он дал картину сложонй русской народной души и постарался ее правдиво описать вместо того, чтобы ее идеализировать.

В 1915 году Бунин написал короткий, но изумительный рассказ—''Господин из Сан-Франциско'', который справедливо считается одним из его шедевров. Как на это указывает название рассказа, он к русской жизни никакого отношения не имеет. Все эти годы Бунин много путешествовал вне пределов России; он посетил Европу, Африку и Ближний Восток. Он также изъездил всю Россию, долго жил в Петербурге, Москве и других русских городах, но охотнее всего проживал в деревне. Когда разразилась революция, Бунину с женой удалось выехать за границу. Он поселился во Франции. Бунин написал в эмиграции большое количество прекрасных рассказов и два романа: ''Митина любовь'' и ''Жизнь Арсеньева''. Оба эти произведения, как и большинство его рассказов, воскрешают дореволюционную русскую жизнь и содержат, как было уже сказано, много авто-биографических черт. Но творчество Бунина—не воспоминание о мертвом прошлом. Это как бы воскрешение давно минувших дней, пейзажей, людей и эпизодов, восстановленных с фотографической точностью и в то же время с необыкновенной художественной силой.

Талант Бунина был оценен не только русскими эми-грантами, но и иностранным читателем. В 1933 году из Стокгольма ему сообщили по телефону, что ему при-суждена нобелевская премия. Бунин был в то время материально очень стеснен, и премия ему принесла необходимую финансовую поддержку. Он продолжал жить на юге Франции, много писал и принимал у себя молодых писателей и поэтов, которые обращались к нему за советом. Представители второго и третьего поколения эмигрантской литературы смотрели на него как на мастера слова, преемника русской классической традиции. Стали считаться с ним и советские литераторы. Они его

звали обратно в СССР, обещая ему всевозможные
льготы. Бунин наотрез отказался вернуться и остался на
своем посту свободного писателя до своей смерти в 1953
году. После его кончины произведения Бунина стали
печататься в советской России, где имя его пользуется
большим уважением.

3. Алексей Реми-
зов, Дмитрий
Мережковский,
З. Гиппиус
Другой выдающийся русский
писатель старшего поколения в
изгнании, Алексей Ремизов, также жил всецело в русской традиции. Он создал совсем особый
мир: мир русских сказок, легенд, фольклора и старинной
русской речи. Ремизов умел смешивать действительность
с фантастикой, религиозные мотивы с ежедневным
бытом, поэзию с заклинаниями и даже с чертовщиной.
Его автобиографическое произведение ''Стриженые
глаза'', описывающее его эмигрантскую жизнь, овеяно
не то поэзией, не то шутовской атмосферой. Ремизов
любил сложнейшие формы древней русской речи,
но любил и всевозможные шутки и прибаутки. Он
был мастером своеобразного стиля, который некоторые
литературные критики сравнивают с языком знаменитого
русского писателя XVII века, протопопа Аввакума.
Ремизов, как и Бунин, провел много лет в изгнании в
Париже. Он жил в самых тяжелых условиях. Бедность,
слабое здоровье, плохое зренье—такова была тяжкая
судьба этого замечательного писателя, скончавшагося в
эмиграции. Сочинения Ремизова переведены на 24
языка, включая японский и китайский.

Димитрий Мережковский пользовался уже в дореволюционное время в России большой известностью; он был
автором исторических романов и религиозно-философ-
ских трудов. Он продолжал работать в этих двух
областях до своей кончины во время Второй мировой
войны. В те же годы скончалась и жена его, талантливая

поэтесса Зинаида Гиппиус. Последние стихи и воспоминания З. Гиппиус печатались во многих зарубежных журналах.

4. М. А. Алданов. Исторический роман

Романист Марк Алданов также принадлежит к старшему поколению писателей-эмигрантов. Но он едва начал свою литературную карьеру в России, когда революция заставила его выехать за границу. Он приобрел известность именно в годы эмиграции, проживая то во Франции, то в Соединенных Штатах. До конца своей жизни Алданов тоже много писал о русском прошлом, но он специализировался в области исторического романа; в своем романе "Истоки" Алданов изобразил эпоху Александра II не только с точки зрения исторической, но и политической. В "Истоках" читатель может проследить зарождение и развитие революционного движения в России шестидесятых и семидесятых годов, организацию терроризма и подготовку убийства Александра II. Автор описывает террористов Желябова и Перовскую, дает картину их подпольной работы и, наконец, самого убийства.

"Истоки" развертывают также широкую панораму политических и идеологических, а также артистических движений второй половины XIX века и в России, и в Западной Европе. Мы видим в романе и главных вдохновителей этих движений, от Карла Маркса до Вагнера. В другом произведении, "Пятая печать", Алданов переходит от прошлого к настоящему; он рисует картину из советской политической жизни: с ее драмами и конфликтами. Многие романы Алданова переведены на английский язык. "Пятая печать", вышедшая в переводе в Соединенных Штатах, обратила на себя особое внимание: ей была присуждена премия "The Book of the Month Club". Алданов скончался в Ницце осенью 1957 года, успев дописать свой последний роман—"Самоубийство".

5. Эмигрантская поэзия старшего поколения. Георгий Иванов

Среди выехавших из советской России представителей русской культуры были также и поэты. Константин Бальмонт, Вячеслав Иванов, Зинаида Гиппиус закончили свое существование за рубежом, где они продолжали традицию русского "Серебряного века". В эмиграции также прожил много лет и скончался в 1958 году поэт Георгий Иванов. Будучи сравнительно моложе других только что названных нами поэтов, Георгий Иванов не помнил расцвета "Серебряного века", а скорее хаос войны и революции. В его стихотворениях нет умиления при воспоминании прошлого, нет тоски по родине в романтическом смысле этого слова. Зато есть много грусти, горечи, холодного и даже иронического отношения к жизни. Есть даже некоторый цинизм в стихах и прозе Г. Иванова. Но он—меланхолик и циник как бы вопреки самому себе. Другими словами, он боится дать волю своим чувствам, показаться сентиментальным, "мягкотелым". По существу же у этого поэта много скрытого огня и вдохновения; он не только мастер стиха,—он один из самых талантливых представителей зарубежной литературы. Иванов отрывает читателя от ложного пафоса и сентиментального восприятия жизни. Смерть его в 1958 году явилась тяжелой потерей для русской литературы зарубежья.

6. Младшее поколение писателей-эмигрантов

После первых лет эмиграции на литературную сцену вышли представители младшего поколения русских писателей в изгнании. Это дети эмигрантов, которые покинули Россию в раннем возрасте или же родились за рубежом: в Германии, Чехословакии, Франции и т.д. Это младшее поколение едва ли помнило Россию, а во

многих случаях и вовсе ее не знало. Юные русские эмигранты научились русскому языку дома, а некоторые из них учились в русских школах, основанных за рубежом благодаря благотворительным и культурным беженским организациям. Однако многие прошли через иностранные школы, и все закончили высшее образование в германских, французских или чешских университетах. Несмотря на это, они не денационализировались, благодаря их семьям, которые свято хранили русскую культурную и религиозную традицию. Это до известной степени формировало и объединяло молодое поколение двадцатых и тридцатых годов. Кроме того, во всех крупных эмигрантских центрах, особенно в Париже, жили и работали, как мы видели, старшие русские писатели, поэты, философы, религиозные и научные деятели. Некоторые из них читали курсы в университетах и академиях. В Белграде, Праге и Париже стали выходить периодические издания, которые были как бы продолжением толстых русских литературных журналов, существовавших до революции. Стали также выходить за рубежом русские газеты с фельетонами и литературными отделами. Были созданы издательства русских книг и библиотеки, специально предназначенные для беженцев. Таким образом, ''младшее поколение'' русских писателей-эмигрантов жило в атмосфере в высшей степени благоприятной для их творчества. С другой стороны, экономические условия, в которых они жили, были чрезвычайно трудными. Они не могли просуществовать на литературный заработок, нанимались на фабрики, заводы, шахты, разъезжали по Парижу шоферами такси и грузовиков, служили в магазинах и ресторанах. О русском прошлом они ничего не знали или только смутно помнили нечто темное и страшное. Запомнились им зато годы беженства, переезды из одной страны в другую и нищенские пайки, и рваная одежда. Не удивительно, что эти молодые писатели не отражали в своих произведениях радостных сторон жизни. О

России они писали, как о стране навсегда потерянной, а о жизни за границей, как о постоянном кочевье. Они много говорили о разлуке, об оборвавшейся любви, о невозможном счастьи. Но в этой печали юных эмигрантов было нечто серьезное.

7. Литературные произведения новой эмиграции
После Второй мировой войны в свободную Европу хлынула третья волна русской эмиграции. Это бывшие советские военнопленные и насильственно вывезенные Гитлером русские, так называемые ''ост-арбейтеры'', т.е. ''восточные рабочие''. И те и другие были освобождены союзниками, не захотели вернуться на родину и были расселены по разным странам свободного мира. К ним присоединились и советекие люди, бежавшие из СССР в поисках политического убежища. Среди этой ''новой'' эмиграции так же, как и среди первых двух поколений, выдвинулись интересные и талантливые писатели. Они многим отличаются от тех, которые очутились за рубежом до них. Первым делом, они, разумеется, знают советскую действительность гораздо лучше ''старших'', потому что долго жили под советской властью. Многие родились уже после Октября, были беспризорными, лишились семьи или во время гражданских войн или в годы коллективизации. Они учились в советских школах и высших учебных заведениях. Пережили на русском фронте Вторую мировую войну. Они не помнят дореволюционной России, знают о ней только по книгам, да и то большей частью в освещении советской пропаганды. Зато они близки к русскому народу, из которого вышли, вместе с ним страдали и спасали и русскую культуру и сокровища русского духа. Встреча ''старой'' и ''новой'' эмиграции привела, с одной стороны, к сближению двух очень разных миров, пробудила взаимный интерес друг к другу. С другой стороны, эта встреча вызвала и до сих

пор вызывает ряд конфликтов, неизбежных для ''отцов'' и для ''детей'', раньше так мало знавших друг о друге. Но мало по малу ''новая'' эмиграция стала создавать свою литературу. Одним из первых обратил на себя внимание молодой писатель Сергей Максимов, автор большого романа—''Денис Бушуев'', изображающий жизнь молодого советского человека, который, как и сам автор, родился на Волге, был шкипером на пароходе, затем сделался писателем и почувствовал всю тяжесть коммунистической власти на политическом и на лите-ратурном фронте. Максивом также автор целого ряда рассказов из жизни в советских концлагерях и на фронте. Необходимо также отметить произведения С. Юрасова, Нарокова, Виктора Свена и др.

Вопрсы

1. Назовите писателей в России, которые отказались принять советскую власть.
2. Кто был выслан из России Лениным и почему эту высылку можно считать провиденциальной?
3. О чем написал Леонид Андреев в эмиграцим?
4. Чем отличаются эмигрантские писатели старшего поколения?
5. Расскажите о жизни Бунина.
6. На какие темы он писал?
7. Что вы знаете о Ремизове и о его произведениях?
8. Чем продолжал заниматься Мережковский в эмиграции?
9. Кто был Марк Алданов и о чем, главным образом, он писал?
10. Имел ли Алданов успех в Америке?
11. Дайте общую характеристику писателей младшего поколения.
12. Были ли поэты среди этих младших писателей?
13. Укажите характерные черты эмигрантской поэзии.
14. Назовите представителей ''новой'' школы молодых эмигрантских писателей.
15. Объясните, как они очутились за рубежом.
16. Чем эти молодые писатели отличаются от старших?

Словарь

§ 1

по́прище career, pursuits
зре́лый mature

§ 2

насле́довать 1 (*Imprf. & Prf.*), **унасле́довать 1** (*Prf.*) to inherit
дово́льствоваться 1, у- to be content with
отню́дь by no means, not at, all
благополу́чие и зажи́точность well-being and prosperity
ро́скошь (*f.*) luxury, splendor
барчо́нок (*Pl.* **барча́та**) a squire's or baron's son
осложне́ние complication
совпада́ть 1, совпа́сть 1 (only 3rd pers.) to coincide with
тя́га yearning for
разража́ться 1, -зи́ться 2 to burst, break out
воскреше́ние resurrection, revival
льго́та privilege, advantage
наотре́з flatly, point-blank

§ 3

всеце́ло entirely
заклина́ние invocation, incantation
чертовщи́на devilry
овева́ть 1, ове́ять 1 to envelope, cover
шутовско́й foolish
прибау́тка facetious saying

§ 4

исто́к source
зарожде́ние conception, origin
подпо́льный underground
вдохнови́тель (*m.*) one who inspires
повествова́ние narration

§ 5

грусть (*f.*) sadness
го́речь (*f.*) bitterness
вопреки́ in spite of, despite

§ 6

благотвори́тельный charitable
сму́тно vaguely, dimly
паёк ration
разлу́ка separation
обрыва́ться 1, оборва́ться 1 to end suddenly, to break off

§ 7

в по́исках in search of
убе́жище refuge
очути́ться 2 (*Prf.*) to find oneself
беспризо́рный neglected
сокро́вище treasure

ЧАСТЬ ВТОРАЯ—ЧТЕНИЕ

М. А. Алданов

ИСТОКИ

(Отрывки из II т. Церемония крестин новорожденного сына великого князя Владимира, в Царскосельском дворце в присутствии императора Александра II.)

1. . . . Царь шел в шестом разделе процессии, после двора Владимира Александровича и своего собственного двора. София Яков-левна,* давно не видевшая Александра II, чуть не ахнула при его появлении: так он осунулся в лице. ''Но еще красивее, чем прежде!'' На царе был кавалергардский мундир,—караульную службу несли в этот день кава-лергарды. Он играл свою роль хорошо, как всегда благосклонно и величественно отвечал на поклоны людей, стоявших в несколько рядов вдоль стен колоссальной залы; все низко кланялись при прохождении шестого раздела. Эта волна поклонов, медленно шедшая по рядам вместе с государем, всегда напоминала Софье Яковлевне волны, пробегавшие по колосьям нивы в ветренный день.

У императрицы был ее обычный в последние годы вид умирающей женщины; она, видимо, делала над собой усилие, чтобы не кашлять. За ними, вслед за министром двора и тремя дежурными офицерами свиты, шел наследник престола с женой. Он был одного роста с императором; но кроме гигантского роста в нем ничего величественного не было. Лицо его ничего не выражало. ''Ох, не то будет, когда он вступит на престол. Как жаль, что умер Николай Александрович!''† поду-мала София Яковлевна. Далее шли великие князья и княгини в полагавшемся им порядке. ''Зачем она надела свои сапфиры. На розовом платье хороши только

---

* Героиня романа ''Истоки''.

† Старший сын Александра II, скоропостижно скончался.

бриллианты и жемчуг''. . . . Несмотря на свои новые чувства, София Яковлевна, по долгой привычке, все замечала и заносила в память.*

2. Легкий веселый шопот вызвал новорожденный, которого в пятнадцатом разделе несла графиня Адлерберг; она держала ребенка на подушке еще с Запасного дворца и была, видимо, совершенно измучена, хотя подушку незаметно поддерживали шедшие рядом с ней генерал-адьютанты, князь Суворов и Толстой, нарочно для того приставленные. Ребенок горько заплакал, нарушая церемониал и традицию тишины, вызывая общие улыбки. ''Первая не-театральная нота в грандиозном спектакле'',—подумала София Яковлевна, всматриваясь в подходивший восемнадцатый отдел, в котором шли статс-дамы, гофмейстерины и фрейлины. Как и всех, ее интересовало, появится ли в процессии Долгорукая †.

Княжна шла в последних рядах. Она была очень бледна и не поднимала глаз. Никаких драгоценностей у нее не было, хотя всем было известно, что царь забрасывает ее подарками. Уже недалеко от входной двери она оглянулась на Эрберовы часы и тотчас снова опустила голову, не заметив, что ей почтительно кланялось несколько человек. Некоторые другие, напротив, демонстративно от нее отворачивались. Процессия медленно прошла по направлению к дворцовой церкви.

Перед выходом император Александр II в своих комнатах первого этажа прочел несколько верноподданнических адресов. Хотя со дня покушения Соловьева‡ прошло уже не мало времени, адреса по случаю спасения царя еще приходили каждый день с разных концов

---

* Муж Софии Яковлевны был высоким чиновником, но недавно вышел в отставку, и положение ее при дворе переменилось. Изменилось также и ее отношение к царскому режиму.
† Княжна Екатерина Долгорукая сделалась после смерти императрицы второй, морганатической женой Александра II.
‡ Это было первое, неудавшееся покушение на царя.

России. Как ни много их было, он читал их от первого слова до последнего. Теперь царь верил им меньше, чем прежде; все-же чувства, высказывавшиеся в адресах, вызывали у него удовлетворение и благодарность. В этот день министр двора представил шесть адресов: от двух дворянских собраний, от трех городских дум и от влади-кавказской еврейской общины. Царь написал на каждом несколько благодарственных слов. Затем он еще раз просмотрел обряд крещения: на листе великолепной бумаги великолепным почерком было написано все, что ему полагалось делать. Узнав от министра, что некоторые придворные чины по нездоровью сегодня не явились, он подумал и приказал взыскать с каждого по 25 рублей ''на молебн об их скорейшем выздоровлении''.

—Так делала матушка Екатерина, у которой мы нынче в гостях*. Ее апартаменты как раз над этими. Там, бывало, ''изволила забавляться в карты и танцовала контртанец, и играно было на скрипицах'',—сказал он с усмешкой, показывая руками на потолок—''Умная была дама, но во многом ошибалась. Польшу разделила, это было печальной ошибкой, за которую довелось расплачиваться мне. Так всегда бывает. Внуки платят по счетам дедов.''

Граф Адлерберг слабо улыбнулся, сочувственно на него поглядывая, и взял со стола бумаги.

—Пожалуй, время, ваше величество. Двадцать минут одиннадцатого.

Позднее знакомые говорили Софье Яковлевне, что без-выходное положение между императрицей и княжной сильно отражается на здоровьи царя, что на нем очень сказалось пребывание на фронте в пору турецкой войны.—''По доброте своей, государь плакал на виду у всех, провожая в бой каждую дивизию'',—объяснил кто-то Софье Яковлевне. Никто не говорил, что император страдал от всеобщей ненависти к княжне.

* Намек на императрицу Екатерину Великую, которая жила в Царском Селе.

3.   Александр II никогда не был мизантропом.
Но, как все правители, долго бывшие у
власти, он знал и, быть может, даже пре-
увеличивал человеческое раболепство. В этой зале собрались тысячи раззолоченных, знатных, чиновных, в
большинстве богатых людей; но проходя мимо них и
благожелательно отвечая на их низкие поклоны, царь
устало думал, что все они—или почти все—стремятся к
получению от него должностей, чинов, наград, денег.
По настоящему теперь его любила лишь одна женщина.

Никто не говорил и о том, что здоровье императора
могли подорвать шедшие глухие слухи, будто на него
готовятся новые покушения. Александр II часто думал об
этих неизвестных ему тайных людях, которые собирались
его убить. По полицейским донесениям, это были в
большинстве студенты или бывшие студенты. На фронте
полтора года тому назад он видел немало студентов,
работавших добровольцами в санитарных дружинах, и
они своим самоотверженным, тяжелым, грязным
трудом приводили его в восторг, о котором он говорил и
писал близким людям. Солдатское дело было ему
привычно—в той форме, в которой оно может быть
привычно царям. Он сам был всю жизнь офицером,
знал, понимал и любил жизнь офицерства. Но в походных
лазаретах на Балканах грязь и ужасный воздух вызывали
в нем такое отвращение, что он едва мог оставаться с
ранеными требовавшиеся десять или двадцать минут:
поспешно раздавал награды, поспешно говорил полага-
вшиеся слова и уезжал, причем в самом деле нередко
плакал: быть может, все—таки было бы лучше
пренебречь требованиями общества, предоставить славян
их судьбе и не объявлять войны туркам. Он знал также,
что студентами были до призыва очень многие новые
офицеры, уступавшие кадровым по выправке и знанию
дела, но не уступавшие им в храбрости и старавшиеся им
подражать в манерах. ''Кто же эти? Конечно, в семье не
без урода'',—старался себя утешить он, читая рапорты,

которые ему представлялись ежедневно. Иногда на его утверждение представлялись приговоры судов,—он то утверждал их, то не утверждал и чувствовал, что запутывается все больше. Когда он смягчал приговоры, казавшиеся ему слишком жестокими, против этого почтительно возражало Третье Отделение. Он знал цену людям Третьего Отделения, но они охраняли его и княжну. Царь склонялся то к либеральным, то к реакционным мерам, то шел на уступки, то брал их назад и совершенно не знал, что ему делать.

''Кажется, он и его отец и довели пышность до этих нигде невиданных высот''.—Софье Яковлевне не раз приходилось слушать технические споры старых дипломатов о том, кто лучше в своей роли: Николай или Александр? ''Какой это французский актер говорил о Николае:'' Его внешность подходит к профессии ''. . . Нет, он, верно, еще лучше! И в Европе сейчас такого нет. Вильгельм слишком бюргер, Франц-Иосиф недостаточно высок ростом, о Виктории говорить нечего'',—восторженно думала Софья Яковлевна, провожая царя влюбленным взглядом. Несчастная любовь к пышности не очень вязалась с переменой в ее чувствах, но она знала, что никогда ее в себе не преодолеет.—''И какая величественная благожелательность ко всем!'' Она не догадывалась, что царь держал на лице эту маску просто по долголетней привычке. В действительности, все ему надоело, тяготило его и утомляло. . .

4.   Мамонтов был утром в Царском Селе. Он проспал, проклинал себя за это и поспел к воротам дворца уже после того, как проехали придворные кареты, доставившие с вокзала приглашенных. Николай Сергеевич (Мамонтов) в дурном и все ухудшавшемся настроении духа постоял у ворот, погулял вдоль дворца, растянувшегося фасадом чуть не на пол-версты. В сады никого не пускали. Везде стояла

охрана,—этого прежде не бывало. Люди мрачного вида подозрительно оглядывали Мамонтова.

Он думал, что этот несимметричный дворец с золотыми кариатидами у окон, с фантастическими галлереями и садами, с янтарными комнатами и зеркальными залами—настоящее чудо русского искусства. ''Весь этот пейзаж не менее русский, чем московский Кремль, и уж, конечно, более русский, чем какая-нибудь Кострома: тут настоящая, уже цивилизованная, Россия, а не предисловие к России, длиннейшее, скучноватое, нам теперь непонятное. Что в том, что строителем дворца был итальянец? Во первых, Растрелли* дал только идею, планы ансамбля, некоторые чертежи, а все чудо создали тысячи никому неизвестных русских людей, не оставивших потомству и своего имени. А кроме того Растрелли, быть может, чувствовал Россию, русскую душу, русский пейзаж гораздо лучше, чем какой-нибудь московский боярин, отроду не выезжавший с Остоженки или с Лубянки.† Только у гениального человека, почувствовавшего все это, могла явиться мысль—построить на северных снегах южный дворец и сделать русским итальянское.''. . . .

Словарь

§ 1

осунýлся в лицé his face was drawn
благосклóнно favorably
кóлос (*Pl.* колóсья, -ьев) ear of corn, flowering of grain
нúва cornfield
в полагáвшемся порядке in the required order

§ 2

измýчивать 1, измýчить 2 to tire out, exhaust

вернопóдданнический loyal
покушéние attempt
молéбен public prayer service
скрипúца = **скрúпка** violin
отражáться 1, отразúться 2 to have an effect on

§ 3

раболéпство servility
раззолóченный decorated, gilded
благожелáтельно kindly, favorably

* Знаменитый итальянский архитектор живший при Екатерине Великой и построивший Царскосельский Дворец и целый ряд других зданий в Петербурге и его окрестностях.
† Кварталы старой Москвы.

самоотве́рженный selfless
восто́рг delight, enthusiasm
отвраще́ние aversion, disgust
пренебрега́ть 1, пренебре́чь 1
(пренебрегу́, -жёшь) to
ignore
предоставля́ть 1, предоста́ви-
тв 2 to afford, grant
уступа́вшие ка́дровым по
вы́правке inferior to regulars
(soldiers) in bearing
в семье́ не без уро́да there's a
black sheep in every family
запу́тываться 1, запу́таться 1
to entangle one's self
почти́тельно respectfully

возража́ть 1, возрази́ть 2 to
raise an objection
склоня́ться 1, склони́ться 2 to
lean, bend
пы́шность (f.) splendor
вне́шность подхо́дит профе́с-
сии appearance befits profession
тяготи́ть 2 (Imprf.) to oppress
утомля́ть 1, утоми́ть 2 to tire

§ 4

проклина́ть 1, прокля́сть 1
(прокляну́, -ёшь) to curse
кариати́да a female figure
(architecture)
янта́рный amber

Ви́ктор Свен

Ви́ктор Свен (Литературный псевдоним) родился в 1897 году. По окончании гимназии, во время первой мировой войны, ушел добровольцем на фронт; в 1919–1920 гг. был в Добровольческой армии, затем—концлагерь, откуда был забран в Красную армию. Первые очерки и рассказы были напечатаны в 1915 году в "Смоленском Вестнике"; с 1923 года—разъездной корреспондент, очеркист. За границей с 1942 года. Печатался в разных русских зарубежных изданиях. Часть рассказов вышла отдельным сборником.

СЕЛИГЕР
Власыч

1.   Озеро, конечно не Ладожское и не Байкал. . . Но я уже обжился на Сели-гере, я прямо-таки болел его берегами, поросшими древним лесом, его тихими заводями и множеством островов, среди которых были и такие маленькие, что просто назывались "пятачками".

Для меня оно еще было дорого и тем, что вклинивалось в когдатошнее княжество Тверское и княжество Новгородское, и еще потому, что в стародавние времена по Селигеру пролегал путь на Варяги.

Да и дачка моя крохотная уже была обжитой и привычной. Вроде родным домом она мне стала, а когда бобыль Яков, живущий на даче моего брата, перебрался со своим хитрым котом ко мне, я почувствовал себя совсем хозяином.

И вот раз приходит ко мне брат и упрекает, что барское я дело затеял, ни к чему это. Разговор шел о том, что к своей дачной избушке я пристроил пристроечку и там уже второй год жил хороший жеребенок. И я мечтал о том времени, когда можно будет выехать верхом. У какого-то старьевщика я уже купил седло, привел его в порядок, переменил подпруги, и стремена прямо-таки сияли.

Брат укоризненно смотрел на эту затею и пророчил: вот как узнает власть, что у меня растет конек, прикажет его обобществить, отберет мой корреспондентский билет, а меня самого припишет конюхом в какой-либо колхоз. Я хлопал стройного конька по упругой шее и шептал:

—Не верь моему брату. . . Он так со злобы говорит, потому что у него только одна нога и что он сам не догадался завести животное. . . Правда, кот у него был, но и тот перешел к нам на жительство. . . .

—Отберут твоего лошака,—каркал брат.—Вот как узнают, ей-Богу отберут. . .

—До сих пор не отобрали. . .

—Отберут . . . Не отобрали, потому что не знали . . . Скажут: в колхозах кони падают, а тут у него вон какой гладкий да веселый. . . А чем, спросят, кормишь? Да и вообще откуда коня достал и, между прочим, насчет социального происхождения начнут ковыряться. . . Об этом тоже стоит подумать. . .

Я вытащил корреспондентский билет и дал понюхать жеребенку.

—Нюхай,—говорю,—вот тебе охранная грамота. И не слушай брата: это он зря такие страсти выдумывает. . .

—Ой,—кипятился брат.—И там ты побывал, и там, многое видывал и . . . ничего-то ты, балда, не понял. . .

2. Так мы часто ссорились из-за конька, и раз говорю я брату: дескать, давай разыграем такую шутку, напишем сами на себя донос . . . не то чтобы в самом деле донос, а заявление, что вот, мол, в лесу, на законно построенной даче завели незаконного жеребенка. . . Брат и написал. Сели в лодку, подняли парус, хорошую прогулку сделали и заодно письмо бросили. Для сельсовета. По поводу конька.

И через несколько дней являются представители власти с милиционером, проверяют документы, приказывают открыть сарайчик. . . А представители власти были настоящие наши мужички, которых судьба толкнула в колхоз.

Тут жеребенок и сам на свет голову высунул и мягко заржал, вроде спрашивал, о чем такой разговор идет. Я выпустил жеребенка во дворик, и лица у мужичков посветлели.

—Эх, ты, Господи,—говорит один другому.—Смотри, Власыч, красота какая. Вот конь будет, Власыч. . . А?

А Власыч дрожащей рукой перебирает гривку коньку и слова сказать не может. Мне даже показалось, что Власыч забыл, для чего он здесь, и что жеребенок этот не ему принадлежит. Или, может быть, вспомнил, что и у него в хозяйстве когда-то такой был. . .

Равнодушен только сам участковый старший милиционер. Он важно допрашивал, как и от кого мы достали жеребенка, почему не зарегистрировали в сельсовете. И ехидной улыбкой отвечал на мои слова, что я хочу вырастить верхового коня. Это, говорит милиционер, кодексом не предусмотрено. По советскому закону все кони должны в колхозе быть. Амба!

—Позвольте, как амба?

—А это уж мы сами разберемся,—выносит решение милиционер—А пока что, Власыч, забирай жеребка и тяни в колхоз. . . А вы жалуйтесь. Если областные партийные и земельные органы решат вернуть, то что ж . . . тогда отдадим. . . А пока что в колхоз для выяснения. . .

Мы стали уговаривать и просить. И уже сами жалели, что затеяли такую шутку. Ничего не помогает. . . Вот тут Власыч и вмешивается:

3. Слышь, товарищ начальник . . . Ну чего мы заберем жеребка к колхоз? Вишь он какой ладный да складный. . . А у нас он до решения партийных областных организаций околеет. Сам знаешь, кормов-то нетути . . . своих-то коней под живот подтягиваем в стойлах. . .

Спасибо Власычу: помог. Начальник взял с меня ''сохранную расписку'', в которой я обязался до решения вышестоящих организаций не делать никакой порчи жеребенку, иначе отвечу перед советскими законами по всей суровости.

Похлопотал и поездил я достаточно, но все-таки удалось, уже перешагнув областные организации, дойти до наркомзема и получить бумажку на право содержания жеребенка. Закончилось все это не скоро, закончилось к тому времени, когда коньку уже шел четвертый год.

И в честь того самого, так помогшего мне представителя власти, зарегистрировал я в сельсовете своего конька под кличкой ''Власыч'' и налоги платил всегда за год вперед, а квитанцию берег пуще паспорта.

То ли пригодилась моя уланская служба, то ли статьями такими вышел мой конек, но только стал он настоящим строевым и под седлом ходил как следует. Когда я появляся на берегах, ребятишки выпученными глазами, как на чудо, смотрели на моего Власыча, а старики подсовывались поближе и качали головами:

—Вишь ты, какой он у тебя,—говорили—Скажи пожалуйста. . . Не спеши, дай хоть погладить конячку-то. . .

Вот так-то, передвигаясь да со стариками переговариваясь, узнавал я интересное. От них же я выведал, что в подвалах Николо—Рожковской церкви много осталось бумаг старых и книг брошенных.

Поехал я туда, пробрался в полузасыпанный подвал и увидел ворохи рукописных книг и отдельных листов. Другую книгу возьмешь в руки, а она сыплется порохном и гибнет. Но домой я кое-что привез. Долгими вечерами подклеивал, выравнивал, подбирал. С отдельных листов, с половинок, которые уже нельзя было спасти—переписывал в свою тетрадь.

В особенности интересны были дневники священников, служивших в Николо-Рожковской церкви. Из отдельных записей я узнал, что священники были обязаны вести записи в специальной ''погодовой книге'' обо всем, случившемся на Селигере, обо всем виденном и слышанном, о ремеслах, людях бывалых и жизни.

Мне удалось собрать и привести в порядок эти погодовые книги больше чем за сто лет. Некоторые сохранились полностью. У большинства истлели первые и последние страницы. О многих можно было судить только по отдельным сохранившимся листам.

4.   Я сейчас не могу быть точным. Но совершенно отчетливо представляю пометки на некоторых дневниках: ''Сею погодовую запись читал граф Толстой'' или: ''архимандрит Гермоген''. . . Иногда были и такие: ''Почему сее записано по речам лесника, когда надлежало бы о сем же и самому отцу протоиерею на месте непосредственно полюбопытствовать''.

Это были своеобразные летописи. Летописи, ведшиеся последовательно, без отбора событий. Рядом с длинными

страницами о нашествии Наполеона, после простой точки, начиналось повествование о необыкновенной, диковинной рыбе, выловленной монастырскими служками. О такой рыбе не могли ничего сказать старики, и потому рыбина была повешена ''на сухом древе на птиц поклевание''.

Это было давнее прошлое. В дневниках я узнал такое, о чем забыли даже нынешние седые старики. В дневниках были непонятные заметки, относящиеся к определенному месту или на Селигере, или вблизи от него. Такие заметки я выписывал, ездил туда и сюда, расспрашивал стариков, что-то высчитывал, сопоставлял.

5.   Таким образом полились очерки о жемчуге в северной части Селигера (Полоновский плес, речная жемчужница), о лечебном источнике, вылечивающем глазные болезни, о буром угле, до которого можно докопаться простой лопатой, о том, что на Селигер когда-то приезжали богатые и знатные люди, которым почему-то не помог воздух лучших курортов Европы. Ну и, конечно, много было написано об охоте, о местах нехоженых, пудовых щуках и полупудовых лещах. Потом об островах, к которым осенью, по пути домой, можно было пристать на часок и полную лодку нагрузить белыми грибами или, иначе, боровиками. . .

Вот, когда уже все такие очерки и письма пошли серией, примчался ко мне брат и еще издали завопил, схватившись за голову:

—Что ты наделал? . . И почему я тебя не утопил маленьким? . .

Ну, а потом мы сидели на ступеньках и я искренне сожалел о содеянном. Не славу, а зло я сделал Селигеру, так я признавался брату, и он, недавно сокрушавшийся, что не утопил меня, тихо говорил:

—Перестань, Виктор . . . Это должно было случиться . . . Может быть несколько позже, но добрались бы и сюда. . .

—Нет, нет,—протестовал я,—это я предал Селигер. . .
Я указал на него пальцем: вот он, смотрите, лежит у вас
под боком, а вы его не видите. . . Вот тут исторический
крест-камень, на котором древнеславянскими литерами
высечено о замирении с Литвой. . . Вот тут Хочин-
остров, с которого некогда Петр брал в свой первый
флот матросов. . . Вот разрушающийся дом-дворец—
именье графов Толстых, чьи потомки обретаются ныне в
Америке. . . Вот он—волок, через который перетяги-
вали лодки славяне, направлявшиеся к варягам. . .
И жемчуг в Полоновке . . . И таинственный ключ-
колодец с целебной водой. . .

Брат успокаивал меня, потому что жалел он и меня и
Селигер. . .

А потом хлынули комиссии и подкомиссии. С целым
вагоном сотрудников приехал знаменитый кремлевский
профессор-врач . . . фамилия такая короткая, не то
Цыкин, не то Цейтлин, никак сейчас не вспоминается. . .
Нет, вспомнил: профессор Лурье. . .

Приехали все эти медики и специалисты; меня нашли,
потому что у них было официальное поручение от
ТАСС'а . . . Я вроде проводником стал. . . Весь
Селигер облетали, всюду побывали, по всем местам
заповедным водил я их . . . Смотрели они на все, и глаза
открывали. Много бумаги исписали, целая лаборатория,
созданная в Неприе, какие-то анализы производила. . .

И уехали. А через месяц, уж к осени, в ''Известиях''
двойным подвалом появилась интересная статья врача-
профессора Лурье: ''Селигер станет климатологическим
курортом Советского Союза''.

А потом приехали из ''Туриста'', и я подписал договор
на книгу ''Валдай-Селигер-Волга''. . . .

Словарь

§ 1

очерк essay
обжива́ться 1, обжи́ться 1 to
make oneself at home

вкли́ниваться 1, вклини́ться 2
to wedge oneself into
пролега́л путь the road stretched
кро́хотный tiny, diminutive

бобы́ль (*m.*) lonely, solitary man

затева́ть 1, зате́ять 1 to undertake

пристро́ечка addition

подпру́га saddle girth

обобществля́ть 1, обобществи́ть 2 to socialize, collectivize

припи́сывать 1, приписа́ть 1 to register

ко́нюх stable man, groom

упру́гий elastic, resilient, supple

дога́дываться 1, догада́ться 1 to guess, suspect

ковыря́ться 1 (*Imprf.*) to investigate, rummage

охра́нная гра́мота charter of immunity

зря to no purpose

кипяти́ться 2, вс- to get excited

балда́ blockhead

§ 2

де́скать, дава́й . . . let us

заодно́ at the same time

сельсове́т (се́льский сове́т) village council

перебира́ть 1, перебра́ть 1 to finger (to run one's hands through)

гри́вка mane

уча́стковый divisional

ехи́дный malicious, spiteful

§ 3

околева́ть 1, околе́ть 1 to die (animals)

по́рча damage, spoiling

хлопота́ть 1, по- to bustle about

наркомзем (наро́дный комиссариа́т земледе́лия) people's commissariat of agriculture

квита́нция receipt

пу́ще more than, worse than

ула́нский (lancer) uhlan

строево́й (конь) army horse

вы́пученный bulging

выве́дывать 1, вы́ведать 1 to find out

полузасы́панный half buried

во́рох pile, heap

по́рох powder

быва́лый experienced

§ 4

погодовый yearly

поме́тка mark

лесни́к woodman

отбо́р selection

повествова́ние narration

дико́винный strange

поклева́ние pecking (of birds)

сопоставля́ть 1, сопоста́вить 2 to compare

§ 5

жемчуг pearl

бу́рый у́голь brown coal

дока́пываться 1, докопа́ться 1 to dig up

пудова́я щу́ка a forty pound pike, pike (fish)

лещ bream (fresh water fish)

ступе́нька step

соде́яное action

сокруша́ться 1, -ши́ться 2 to be distressed

замире́ние reconciliation

обрета́ться 1, обрести́сь 1 to abide, pass one's time

во́лок portage

ключ-коло́дец spring-well

целе́бный medicinal

хлы́нуть 1 (*Prf.*) to gush out

поруче́ние commission

запове́дный forbidden

Doinisii (1440-early XVIth Cent.) :
Odiguitria Virgin, originally at the Annunciation Cathedral of the Kremlin.

(Photo Courtesy *Sabena Revue*)

РУССКАЯ

ЛИТЕРАТУРА

ГЛАВА XXIII | РУССКИЙ ТЕАТР, БАЛЕТ, МУЗЫКА

1. Русский театр от XVIII века
До Петра Великого в России допускались лишь так называемые ''действа'', напоминающие западные средневековые мистерии. При Петре же в Россию был перенесен и светский театр. На русской сцене стали играть французские трагедии Корнеля и Расина, а также и комедии Мольера. Вскоре появились и русские драматурги—А. Сумароков, Озеров и др., которые повиновались ложноклассическому западному стилю. В истории русского театра сыграла роль императрица Екатерина Великая, написавшая несколько либретто для опер и ряд сатирических комедий. Она не была лишена остроумия и юмора и многое сделала, чтобы освободить русский репертуар от ложноклассического гнета.

При жизни императрицы Екатерины были поставлены пьесы русского сатирика-драматурга, которого можно назвать создателем оригинального русского театра. Это— Денис Фонвизин (которого мы упомянули в нашей главе о русской литературе до Пушкина). Пьеса Фонвизина ''Недоросль'', написанная в конце XVIII века, до сих пор часто ставится на русской сцене, вызывая смех и апплодисменты публики.

В 1783 году был создан первый императорский театр, открытый для широкой публики. Как в Петербурге, так и в Москве и в далеких от столиц районах, существовали и любительские театры, сыгравшие немалую роль в истории русского драматического искусства. На русской сцене к тому времени появились и талантливые актеры. Необходимо назвать Федора Волкова, который считается ''патриархом'' русских актеров. Наконец, в

XVIII-XIX веке был создан так называемый крепостной театр. Некоторые помещики, любители театрального искусства, организовали труппы из своих крепостных крестьян и даже посылали некоторых из них учиться в петербургской драматической и музыкальной школе. Некоторые крепостные сами стали писать музыкально-драматические произведения, как например, крестьянин М. Матинский, сочинивший комическую оперу ''Санкт-Петербургский гостиный двор'', которая имела огромный успех. Прославилась в крепостном театре и молодая актриса, Прасковья Ковалева. ''Параша'', как ее называли, была дочерью кузнеца в имении графа Шереметьева. Она не только стала ''звездой'', но вышла замуж за своего господина.

2. От Гоголя до Островского. Связь драматурга с актером

В 1836 году на сцене Александринского театра в Петербурге была поставлена впервые знаменитая пьеса Николая Гоголя ''Ревизор''.

Об этой пьесе и о ее судьбе уже говорилось в нашей главе о русской литературе XIX века. ''Ревизор'' является важнейшим этапом и в истории русского театра. Уже сама по себе постановка этого произведения явилась огромным событием. Но оно было тем более значительным, благодаря тому факту, что одну из главных ролей (городничего) исполнял замечательный актер, Михаил Щепкин. ''Гоголь и Щепкин,— пишет известный режиссер и историк русского театра Н. Н. Евреинов,—оказались на заре театра в России теми замечательными театральными деятелями, которые могли преуспеть лишь потому, что взаимно дополняли друг друга''. С этого момента на русской сцене укрепилась связь драматурга с актером.

Интересно отметить, что Михаил Щепкин был в юности крепостным актером. Он пользовался таким успехом среди публики, что зрители собрали 10.000 рублей,

чтобы выкупить его у помещика и таким образом дать ему свободу.

Во второй половине XIX века на русской сцене ставятся впервые пьесы Александра Островского, которые с этого момента не сходят с репертуара. Островский создал новый тип ''бытового'' театра, в котором были изображены представители мелкого дворянства и, особенно, богатого купечества. В пьесах Островского важны не одни только главные роли героев и героинь; важны также и роли второстепенные и даже самые скромные. Вот почему для этих произведений потребовались самые талантливые, опытные и преданные своему искусству актеры. В ''Александринке'', т.е. в петербургском Александринском театре, появились и стали знаменитыми многие актеры и актрисы, исполнявшие роли в пьесах Островского: Мочалов, Варламов, Каратыгин, Савина, Стрельская и др.

3. Московский Художествен-ный театр В октябре 1898 года начался новый этап театра в России. Открылся Московский Художественный театр, основанный В. Немировичем-Данченко и К. Станиславским. Этот театр, созданный на частные средства, явился протестом против старой манеры игры ''Александринки'', которая казалась слишком условной, отдаленной от реальной жизни. ''Мы протестовали,—пишет Станиславский,—и против ложного пафоса, декламации . . . и против дурных условий постановки, декораций, и против ничтожного репертуара'' (''Работа актера над собой''). Одним словом, по выражению Станиславского, он вообще протестовал'' против театра'', т.е. стремился воссоздать на сцене подлинную жизнь. О МХТ (Московский Художественный театр) говорили в шутку, что в его постановках должны даже— кусать живые комары, если действие происходит летом, в деревне! . . На сцене МХТ появились молодые

талантливые актеры: Качалов, Москвин и сам Станиславский. Молодая труппа завоевала русскую публику, тем более, что на сцене МХТ ставились пьесы знаменитого писателя-драматурга А. П. Чехова—''Чайка'', ''Вишневый сад'' и др. Методы постановок и актерской игры МХТ были переняты многими молодыми русскими труппами, студиями и театральными школами. Эти методы в дальнеишем также стали руководящими для театрального искусства Франции, Англии и Соединенных Штатов. В этих странах пьесы Чехова, а также ''Ревизор'' Гоголя, обыкновенно ставятся по принципам реализма МХТ.

4. Мейерхольд, Таиров. Другие течения русского театра Однако в самой России многие театральные деятели не были удовлетворены методами МХТ. Слишком большое, почти преувеличенное применение реализма не было приемлемо для молодых авторов, художников и режиссеров.

С одной стороны, под влиянием символизма, который увлек русскую интеллигенцию, с другой стороны, под знаком формализма и футуризма русский театр отказался от реализма. Он восстал против Станиславского, как некогда Станиславский восстал против ''Александринки''. В это время, накануне революции и в первые годы коммунистического режима, выдвинулись талантливые режиссеры. В первую очередь необходимо отметить деятельность высокоодаренного театрального деятеля Мейерхольда, который противопоставил ''натурализму'' МХТ свой собственный мир, мир поэзии, мистерии, символов. Мейерхольд работал в театре Комисаржевской и был затем приглашен режиссером в императорские театры. После революции он проработал 10 лет под эгидой советского правительства, но был в конце концов обличен во всевозможных ''уклонах'' от генеральной

линии коммунизма. Он был арестован и сослан в далекий концлагерь, где и погиб бесследно.

Необходимо отметить, что после ''развенчания Сталина'' искусство Мейерхольда было ''реабилитировано''. Но увы, слишком поздно!

К числу движений, восставших против натурализма МХТ, нужно также отнести работу талантливого режиссера Таирова, постановки которого отличались большой смелостью и блеском. Но и ему пришлось ''отказаться от ошибок и уклонов'' по отношению к официальной советской линии. Среди интересных театральных опытов ''против натурализма'' необходимо также назвать режиссеров Бахтангова, который пользовался большим успехом в двадцатых годах, и Н. Н. Евреинова. Последний был также драматургом и историком театра. После революции он уехал из России и поселился в Париже. Пьеса Евреинова, в его же постановке, ''Самое главное'' с успехом шла в Париже и в Нью—Йорке. В советской России работа новых театральных предприятий и так называемых экспериментальных студий и лабораторий была прекращена. Остался Московский Художественный театр, но и ему пришлось пережить не мало кризисов; особенно после смерти Станиславского МХТ сделался послушным орудием в руках советского правительства.

5. Русский балет в прошлом и настоящем

С самого начала введения в Россию западного театрального искусства балет занял важное место на петербургской и московской сцене. Пушкин описал в своей поэме ''Евгений Онегин'' балетный спектакль в столице. В первые годы развития балета в России он был представлен итальянскими и французскими танцорами и танцовщицами. Но из школы этих артистов вышли и русские ''звезды'', многие из которых прославились на весь мир: Павлова, Нижинский, Карсавина, Лифарь, Мясин и др. До революции русские

танцоры и танцовщицы были воспитаны в петербургском балетном училище, где ученики принимались с самых ранних лет. Это было закрытое, очень строгое училище, где будущие артисты получали, кроме балетной тренировки, общее образование. Революция не прервала этих традиций; они продолжали существовать, хотя и с некоторыми изменениями. Балетная школа была перенесена в Москву.

Многие танцоры выехали из России во время революции и примкнули к эмиграции. К их числу принадлежал балет Дягилева и образовавшиеся после его смерти заграничные балетные труппы.

6. Музыка. М. И. Глинка

Все историки русской музыки отмечают, что эта музыка началась с оперы Глинки ''Жизнь за царя'', поставленной в Петербурге, в Мариинском театре 27 ноября 1836 года. И действительно, опера эта не только прошла с огромным успехом, но была первым музыкальным произведением, которое было написано на русскую тему и вдохновилось русскими народными мотивами.

Михаил Иванович Глинка родился в 1804 году в имении своего отца и прожил все свое детство в деревне. Именно в эти годы он научился русской народной песне. В имении был крепостной хор и оркестр, и маленький Михаил сам рано стал учиться музыке. Уже в те годы он произнес слова, которые впоследствии стали знаменитыми: ''Музыка—душа моя!'' Тринадцати лет Михаил был помещен в петербургскую школу, где продолжал свои музыкальные занятия, а в 1828 году он уехал за раницу, в Италию и Германию. Здесь он изучил композицию и теорию музыки, а также технику оперного пения. Вернувшись в Россию, Глинка стал серьезно заниматься композицией. Он также интересовался литературой и познакомился с Пушкиным, Гоголем и Жуковским; последний, будучи выдающимся поэтом и переводчиком, был также

близок ко двору императора Николая I. Жуковский оценил композиторский талант Глинки и его понимание русской истории и фольклора и предложил ему написать оперу на тему ''Жизнь за царя''. Тема эта взята из эпизода Смутного времени, когда будущий царь, Михаил Романов, которому польские войска грозили смертью, был спасен крестьянином Иваном Сусаниным. Глинка увлекся этой идеей и весь ушел в сочинение своей оперы. И вот ''Жизнь за царя'', поставлена на сцене Мариинского театра в Петербурге, сразу же имела огромный успех. Правда, некоторые реакционные круги были возмущены тем, что на сцене императорского театра появляется мужик в белой рубахе и лаптях (Сусанин) вместо богато разодетых героев итальянской оперы. Но весь русский музыкальный и литературный мир признал в Глинке великого композитора. Вторую оперу Михаил Глинка написал на тему, взятую из поэмы Пушкина ''Руслан и Людмила''. Это дало ему возможность отразить в своем творчестве русскую эпическую поэзию. Кроме того, в опере ''Руслан и Людмила'' мы находим и экзотический элемент: восточные танцы и костюмы в балете, который является одной из самых красочных сцен этой оперы.

Кроме двух опер, Глинка написал ряд романсов. Один из них, сочиненный на стихотворение Пушкина ''Я помню чудное мгновение'', является одним из шедевров русской лирической музыки. Но во время своей жизни Глинка испытал много разочарований. Его вторая опера ''Руслан и Людмила'' не имела успеха, она была снята с репертуара, и огорченный композитор уехал за границу. Он вернулся в Россию, но почувствовал себя всеми забытым. В действительности это было не совсем так. Среди молодых русских музыкантов был А. Даргомыжский, который был большим почитателем Глинки и многому у него научился. Он продолжал традицию народной русской музыки в своей опере ''Русалка''. Бывал у Глинки также знаток музыки и

литературы, известный критик В. В. Стасов. Он признал в авторе ''Жизни за царя'' основоположника русского национального музыкального творчества и не сомневался в том, что за ним придут другие композиторы, которые разовьют начатое им дело. Глинке не суждено было увидеть или услышать своих преемников. В 1857 году он снова уехал за границу и умер в Берлине. Но плоды его творчества продолжали жить и живы по сей день. Его опера ''Руслан и Людмила'' стала очень популярной в России. Что же касается ''Жизни за царя'', то она буквально не сходила с репертуара до революции. После октябрьского переворота опера вновь появилась на русской сцене; она просто была переименована: вместо ''Жизни за царя'' она стала называться ''Иван Сусанин''.

7. ''Могучая кучка'' Предвидения Стасова оправдались. После смерти Михаила Глинки в России появилась группа молодых композиторов, которые увлеклись основными принципами творчества их предшественника. Они пошли дальше своего учителя. Дело в том, что несмотря на свой национальный, народный стиль, у Глинки было еще много итальянских приемов. Его преемниками оказались музыканты, которые энергично преследовали одну цель: освободить русскую оперу и симфоническую музыку от иностранных влияний, широко использовать русскую народную и религиозную традицию, т.е. фольклор и церковное песнопение.

Этих музыкантов было пять: М. Балакирев, Н. Римский-Корсаков, А. Бородин, М. Мусоргский и Ц. Кюи. Идеологом этого движения был вышеупомянутый В. Стасов, но и Балакирев многое сделал, чтобы окончательно определить и вдохновить новое движение. Эту группу стали называть ''Пятеро'' или ''Могучей кучкой''; это последнее выражение было придумано Стасовым,

который употребил ее в одной из своих статей. Стасов и
Ц. Кюи много писали о "Могучей кучке" в отделе
музыкальной критики печати того времени. Вскоре
молодые композиторы прославились, как в печати, так и
в концертных залах и на оперной сцене, в России и на
Западе. Имена "кучкистов" и их произведения хорошо
известны в музыкальном мире во всех частях света.
Достаточно напомнить оперу Мусоргского "Борис Годунов", оперы и балеты Римского-Корсакова "Садко"
"Золотой петушок", "Шехеразада" и др., оперу Бородина
"Князь Игорь" с его знаменитыми "половецкими
танцами". Все эти произведения постоянно исполняются
в театрах, на концертах, и передаются по радио и телеви-
дению.

8. П. И. Чайков-   Совсем особо от "Могучей кучки"
ский   стоит другой великий русский
                композитор, Петр Ильич Чайков-
ский. Он во многом расходился с группой "кучкистов"
Они считали, что Чайковский черпал свое вдохновение
на Западе, что он слишком "романтичен", не достаточно
связан с русским фольклором. Чайковский, со своей
стороны, чуждался "Могучей кучки", будучи по своему
характеру одиноким и самостоятельным художником.
Однако, как в наши дни отмечают историки музыки,
Чайковский сам глубоко связан с русской стихией, и его
музыка кажется нам все более и более национальной.
Как бы то ни было, творчество этого замечательного
композитора, как и творчество "Могучей кучки", ныне
принадлежит музыкальному наследию всех стран и
народов, и о распрях, волновавших представителей
разных течений XIX века, давно позабыто. Достаточно
здесь упомянуть главные произведения П. И. Чайковского, которые также постоянно исполняются наилуч-
шими оркестрами, певцами, оперными и балетными
труппами: оперы "Пиковая дама" и "Евгений

Онегин'' на темы из Пушкина; балеты ''Щелкунчик'',
''Спящая красавица'' и ''Лебединое озеро''; симфонии:
''Патетическая'' и др.

9. Русская музыка после Чайковского Смерть Чайковского в 1893 году и постепенное исчезновение ''Могучей кучки'' (последний из ''кучкистов''—Балакирев умер в 1910 году)—не пресекли развития русской музыки. Появились новые композиторы; одни продолжали дело ''кучкистов'', тогда как другие стали искать новых путей, не слишком оглядываясь на прошлое или совершенно с ним порывая. Среди нового поколения русских композиторов, которые придерживались установленной традиции, нужно назвать Глазунова, Гречанинова и Рахманинова (который был также известным пианистом и последние годы своей жизни, так же как и Гречанинов, прожил в Соединенных Штатах Америки.).

Совершенно новые пути избрали композиторы Игорь Стравинский и Сергей Прокофьев. Стравинский, автор 15 балетов, 3-х симфоний, нескольких опер и одной мессы (латинского обряда), выехал из России во время революции и поселился в Соединенных Штатах, сделавшись американским гражданином. Сергей Прокофьев, также выехал из России во время революции, но впоследствии вернулся в СССР, где умер в 1953 году. Прокофьев—автор симфоний, симфонических пьес ''Петя и волк'', опер ''Любовь к трем апельсинам'' и ''Война и мир'', и симфонической музыки для советских фильмов ''Александр Невский'' и ''Иван Грозный''.

Невозможно сравнивать этих двух оригинальных и динамических, но противоречащих друг другу композиторов; однако и Стравинский и Прокофьев явились смелыми и, можно сказать, бесстрашными новаторами, особенно в области ритма и диссонанса. Оба часто черпали свои темы из русского фольклора и народного эпоса.

Однако Прокофьев написал одно из своих последних произведений (балет) на тему "Ромео и Джулиэтта" из Шекспира. Что же касается Стравинского, то после русских народных тем, "Петрушка", "Весна священная", "Жар-птица", он в дальнейшем заменил этот жанр западными, классическими или библейскими темами: "Орфей", "Эгон", "Апполон", "Симфония псалмов", "Плач Иеремии" и др. Можно сказать, что Игорь Стравинский, глубоко русский по своей культурной и духовной традиции, отражает искусство всех культур и народов.

10. Советская музыка Как мы уже видели, композитор Сергей Прокофьев, после нескольких лет проведенных в эмиграции, вернулся в СССР, где написал целый ряд своих позднейших композиций. Ему было не всегда легко принаравливаться к режиму "генеральной линии" в искусстве, и последние годы его жизни были тяжелы и одиноки. В это время в Советском Союзе появились новые музыкальные силы. Самым выдающимся представителем советской музыки является Димитрий Шостакович. Этот в высшей степени одаренный композитор известен не только в СССР, но и в других странах. Шостакович—автор целого ряда симфоний, первая из которых была исполнена в 1925 году, когда автору едва минуло 19 лет. Особенно прославилась его пятая симфония, которая была исполнена в Нью-Йорке, как и IX симфония (в пятидесятых годах). Шостакович также автор оперы "Леди Макбет", которая доставила автору немало неприятностей, так как она была осуждена советскими критиками за отклонение от правил "социалистического реализма". Несмотря на этот инцидент, Шостакович считается в СССР одним из самых крупных композиторов. Рядом с ним нужно назвать другого талантливого композитора, Хачатуриана, автора

музыкальной драмы на тему "Маскарада" Лермонтова, а также концертов и целого ряда других произведений. К числу советских композиторов принадлежит и Глиер, скончавшийся в 1958 году.

В заключение можно сказать, что в Советском Союзе, как и в дореволюционной России, интерес к музыке очень велик. На оперных репертуарах и концертных программах постоянно фигурируют имена композиторов разных русских школ. Рядом с произведениями молодых советских композиторов мы встречаем произведения "Могучей кучки", Чайковского, Рахманинова. Одним из любимых композиторов в СССР остается автор "Ивана Сусанина" ("Жизнь за царя"), биография которого изображена в прекрасной советской кинокартине "Великий Глинка".

Вопросы

1. Как начался русский театр?
2. Что вы знаете о крепостном театре?
3. Как началась "связь автора-драматурга с актером"?
4. Дайте характеристику театра Островского.
5. В чем состояла деятельность Московского Художественного театра?
6. Кто был Мейерхольд? Какова была его судьба?
7. Кто был основоположником русской музыки?
8. Раскажите о "Могучей кучке" и назовите композиторов принадлежавших к этой группе.
9. Чем отличался от них Чайковский?
10. Что вы знаете о русском балете?
11. Назовите главных русских композиторов нашего времени в СССР и в эмиграции.

Словарь

§ 1

повинова́ться I to obey
остроу́мие wit
не́доросль (*m.*) ignoramus, half-educated person
люби́тельский amateurish

§ 2

заря́ dawn
взаи́мно mutually
второстепе́нный secondary
скро́мный modest
пре́данный devoted

§ 3

усло́вный conventional
ничто́жный insignificant
по́длинный authentic
кома́р mosquito

§ 4

прие́млемо acceptably
одарённый gifted
увы́ alas

§ 5

турне́ tour

§ 6

ла́пти footwear made of bark of tree
разочаро́ванный disillusioned
огорчённый distressed, upset
почита́тель (*m.*) admirer, fan
основополо́жник founder
суждено́ destined

§ 7

прие́м method, way

исполня́ть 1, **испо́лнить** 2 to play a part, to perform, to fulfil

§ 8

расходи́ться 2, **разойти́сь** 1 to differ, to disagree
черпа́ть 1, **черпну́ть** 1 to draw (here: inspiration)
чужда́ться (*Imprf.*) to shun, to avoid
ра́спря dispute

§ 9

пресека́ть 1, **-се́чь** 1 to cut short
огля́дываться 1, **-ну́ться** to look back
поколе́ние generation
жар-пти́ца (в ска́зках) Fire-Bird

§ 10

принора́вливаться 1, **приноро́виться** 2 to adapt oneself
осуждённый condemned

ГЛАВА XXIV ┃ РУССКОЕ ИСКУССТВО: АРХИТЕКТУРА, ЖИВОПИСЬ

ЧАСТЬ ПЕРВАЯ

1. Древнее искусство. Архитектура

С первых лет зарождения русской культуры, т.е. после крещения Руси, в Киеве, Новгороде и других городах, где эта культура стала развиваться, мы встречаем замечательные памятники искусства. В древний период и до начала XVIII в. это искусство носило религиозный характер. Первый памятник русского зодчества—Десятинная церковь, построенная в Киеве Владимиром Святым. Этот храм был разрушен, от него остались только развалины. Но по этим обломкам археологам удалось восстановить его первоначальный план. При Ярославе Мудром, в XI веке, в Киеве был воздвигнут великолепный храм Св. Софии, построенный по образцу знаменитого византийского памятника—храма Св. Софии в Константинополе. Киевский собор был также разрушен во время войн и монгольского нашествия; он был, однако, много раз перестроен, а старинные планы сохранились в русских исторических архивах. В дальнейшем своем развитии русская архитектура значительно отдалилась от византийских образцов. Самая замечательная эволюция в этой области—замена византийского купола так называемыми ''луковицами'', т.е. лукообразными, золочеными, серебряными или цветными куполами, которые стали типичным признаком русской церковной архитектуры и как бы частью русского пейзажа.

2. Новгородские и Владимиро-Суздальские памятники

В XII веке и в начале XIII века, до покорения Руси татарами, многие храмы, представляющие огромную художественную ценность, были воздвигнуты в Новгороде и Владимире. Новгородский собор Св. Софии и церковь Христа Спасителя (Нередица) знамениты не только своим архитектурным стилем, но и своими фресками. Исключительную археологическую и художественную ценность представляют также Успенский собор и храм Св. Димитрия (Владимир), Святопокровская церковь в Нерли (под Владимиром), а также памятники русской церковной архитектуры в Суздале и его окрестностях. Несмотря на антирелигиозную деятельность коммунистов и разгром многих храмов безбожниками, эти исторические храмы, к счастью, удалось спасти. Многие из них были отремонтированы под наблюдением опытных архитекторов и археологов. К сожалению, собор Св. Софии в Новгороде был разрушен во время Второй мировой войны, но его фрески были засняты и описаны задолго до катастрофы. Архитектурные стили Новгорода и Владимира определили дальнейшее развитие русского церковного зодчества.

3. Московский Кремль

После покорения Руси татарами многие русские города были опустошены, и их население бежало, спасаясь в глуши или уходя в лучше защищенные области. В это время стало развиваться Московское государство и его князья укрепили и украсили свою столицу. Так началась постройка московского Кремля, который стал центром этого города. Это была крепость, сперва построенная из дерева, а затем перестроенная в XIV веке из тесаного белого камня. Вот почему и до сих пор Москву часто называют ''белокаменной''. Кремль служил не только военным сооружением для защиты города, но и

дворцом для правителей. В нем помещались сперва московские великие князья, а затем русские цари. Только с перенесением русской столицы в Петербург в начале XVIII века русские императоры поселились в этом новом городе, где для них был выстроен Зимний дворец. Как известно, Ленин вновь перенес столицу России в Москву, и Кремль сделался резиденцией коммунистических вождей.

То, что мы обычно называем одним словом Кремль—состоит по существу из многих зданий—от старинных царских хором времен Ивана Грозного и Бориса Годунова до дворца, построенного в XIX веке, в котором находится знаменитый Георгиевский зал. В этом зале до сих пор устраиваются большие советские съезды, собрания и приемы. Другие здания Кремля, как Оружейная и Грановитая палаты, превращены в музеи и ежедневно открыты для публики и туристов. На территории Кремля было воздвигнуто также несколько соборов, храмов и небольших церквей. Все эти здания окружены высокой каменной стеной со сторожевыми башнями и старинными воротами, которые носят исторические имена. Самый знаменитый кремлевский храм—Успенский собор, в котором короновались русские цари и императоры. Этот собор был построен при Иване III итальянским зодчим Аристотелем Фиоравенти. В Москву Фиоравенти был выписан как опытный мастер, знаток своего дела; он тщательно изучил русскую церковную архитектуру и пригласил к себе на помощь многих русских мастеров. Успенский собор украшен, как и другие кремлевские храмы, замечательными фресками, которые принадлежат кисти лучших русских иконописцев. Как раз в это время русская церковная живопись достигла своего расцвета.

4. Русская икона

Начиная с крещения Руси, в нее стали проникать образцы византийского церковного искусства. Это— мозаика, фреска и, особенно, иконопись. Первое время, русские церкви были украшены изображениями Христа, Богоматери и святых, которые были или принесены из Византии, или скопированы с ее знаменитых икон и фресок. Таковы украшения собора Св. Софии в Новгороде и древнейшие иконы Владимирской Богоматери, Св. Георгия, Архистратига Михаила и т.д. Но мало по малу на Руси появились и свои иконописцы; придерживаясь строгого византийского ''канона'', который не допускал уклонений от установленных норм, русские иконописцы, однако, внесли много нового в свои произведения. В них меньше строгости, суровости, больше умиления и кротости. Краски отличаются то чрезвычайной яркостью и блеском, то нежными, как бы радужными, оттенками. Самый знаменитый русский иконописец—Андрей Рублев (конец XIV века), монах Спасского монастыря в Москве, где он по преимуществу работал. Икона Рублева, ''Святая Троица'', изображенная в виде трех ангелов, посетивших Авраама, как о них повествует Ветхий Завет, справедливо считается шедевром русской иконописи. Эта икона, долго висевшая в Троицко-Сергиевской лавре, теперь выставлена в московской Третьяковской галлерее.

5. Императорская Россия XVIII и XIX века

В результате реформ Петра Великого и его стремления перенять у Запада его технику и образование, древние формы русского искусства вскоре уступили место западным влияниям. Это особенно ясно определилось, когда Петр перенес столицу в Санкт-Петербург. Для постройки нового города он пригласил иностранных мастеров, и с этого момента русская архитектура стала развиваться по западным образцам. Первые

петербургские здания, построенные при Петре и которые до сих пор украшают Ленинград—это Петропавловский собор и Александро-Невская лавра. Эти здания были воздвигнуты итальянским зодчим Трессини, но впоследствии перестроены другими архитекторами. При Петре работал также французский архитектор Леблон. Зодчество особенно развилось при приемниках Петра, Елизавете и Екатерине Великой. Великолепные дворцы были построены в Петербурге и его окрестностях. Самые известные архитекторы этой эпохи—итальянец Растрелли (Зимний дворец в Петербурге, дворцы в Петергофе и Царском Селе и т.д.), итальянец Гваренги (Эрмитаж в Петербурге), француз Ферроне, шотландец Камерон и русские зодчие—Баженов, Воронихин, Захаров и др. Древний русский церковный стиль уступил западным стилям барокко и неоклассицизма.

В Ленинграде находятся храмы типично западного образца, которые поражают своей монументальностью и великолепием. Это Исакиевский и Казанский соборы, последний воздвигнутый Воронихиным. В XVIII и XIX вв. инстранными и русскими архитекторами было построено также множество дворцов и роскошных дач для вельмож и придворных, которые ныне превращены в музеи и охотно посещаются публикой. Воздвигнуты были также правительственные здания, как например, Адмиралтейство в Петербурге (архитектор—Захаров) с его знаменитой ''иглой'', воспетой Пушкиным:

> . . . и светла
>
> Адмиралтейская игла. . .

6. Живопись от Петра I до наших дней

Западное влияние отразилось с начала XVIII века и на русской живописи. Рядом с иконописцами, которые продолжали соблюдать древний церковный канон, в России появились художники, писавшие картины на светские темы: портретисты,

пейзажисты, декораторы и т.д. В первой половине XIX века особенно отличались портретисты К. Брюллов, изобразивший многих представителей русского двора и общества, и О. Кипренский, написавший известный портрет Пушкина. К этому периоду также принадлежит художник А. Иванов, долго проживший в Италии и написавший картину ''Явление Христа народу''. Эта картина, типично западного, итальянского стиля, ничем не напоминает икону, но наполнена глубочайшим религиозным чувством. ''Явление Христа народу'' находится в московской Третьяковской галлерее.

7. Двадцатый век

В 1900 году, в России появилась новая школа художников, работы которых отличаются большим разнообразием; картины этих художников посвящены не только портрету и пейзажу, но и русскому быту, крестьянскому, городскому, военному и религиозному. Среди портретистов необходимо назвать В. Серова, а среди пейзажистов И. Левитана. На религиозные темы писали М. Нестеров и В. Васнецов. Оба художника вернулись к русскому иконописному стилю, но его обновили, внесли в него и свою личную технику и вдохновение. Васнецов украсил фресками собор Св. Владимира в Киеве, и его изображения Христа и Богоматери были много раз скопированы в иконах для храмов и для частных лиц. Однако в начале XX века русские знатоки искусства и археологи заинтересовались оригинальной древней русской иконописью и отдали преимущество Андрею Рублеву и его школе над современной религиозной живописью.

Среди художников этого времени особенно выдвинулся И. Репин, портретист и изобразитель русских бытовых и исторических сцен. Кисти Репина принадлежит портрет Льва Толстого, исторические картины: ''Иван Грозный и сын его Иван'' ''Запорожцы'', пишущие грамоту

турецкому султану. Известна также его картина
''Бурлаки'' из быта мужиков, которые ''тянут лямку''
на берегах Волги. Работы Серова и других вышеупомянутых художников отличаются крайним реализмом.

В начале XX века появился также мистик и символист
Михаил Врубель, известный своими иллюстрациями
сочинений Лермонтова, особенно его поэмы ''Демон''.

8. ''Передвиж-   Уже в конце XIX века в России
   ники'' и ''Мир   началось среди художников дви-
   искусства''   жение в защиту самостоятельного
                        творчества, свободного от академи-
ческих, узкотрадиционных западных влияний. В виде
протеста против консервативного искусства группа
молодых художников образовала особую корпорацию,
которая отказалась выставлять свои произведения под
покровительством Академии искусств. Члены этого
общества решили устраивать свои собственные выставки
в разных городах и областях России, переезжая с места
на место. Из-за этих постоянных странствий, они
стали называть себя ''передвижниками''. Вскоре к
''передвижникам'' примкнули самые лучшие художественные русские силы с Репиным, Левитаном и Васнецо-
вым во главе. Однако и эта нашумевшая в свое время
школа, уступила в дальнейшем другому движению. Это
было течение, известное под именем ''Мир искусства''
(название художественного журнала, вокруг которого
сгруппировались противники передвижников). ''Мир
искусства'' выходил под редакцией знатока искусства,
мецената и талантливого театрального режиссера Сергея
Дягилева. Как известно, Дягилев стал накануне революции директором русского балета. Он впервые показал
за границей шедевры русского театра, балета, музыки и
живописи. К движению ''Мир искусства'' примкнули
художники Леонид Бакст, Александр Бенуа, и др.; они не
только писали картины или портреты, но также декорации

для балетов и опер, которые ставили Дягилев и его преемники.

После революции 1917 года в России восторжествовала школа "передвижников"; им подражают современные советские художники, представители "социалистического реализма". "Мир искусства" перестал выходить, но движение это продолжало жить и развиваться вне России. Почти все художники, принадлежавшие к этой группе выехали за границу и дали ряд прекрасных театральных постановок, как в Европе, так и в Соединенных Штатах.

Вопросы

1. Назовите первые памятники руской церковной архитектуры.
2. В чем русское зодчество отличалось от византийского образца?
3. Что осталось от древнейших памятников?
4. Как украшались храмы?
5. Опишите московский Кремль и его достопримечательности.
6. Чем отличается Успенский собор?
7. Что вы знаете о русской иконописи?
8. Назовите самую знаменитую русскую икону и художника, который ее написал.
9. Как отразились реформы Петра Великого на русской архитектуре?
10. Назовите главных архитекторов XVIII–XIX вв. и главные построенные ими здания.
11. Как развивалась русская живопись после Петра Великого?
12. Кто были "передвижники"?
13. Опишите движение "Мира искусства".

Словарь

§ 1

зо́дчество architecture
разва́лина ruin
обло́мок fragment
лу́ковица onion, bulb
пейза́ж landscape

§ 2

покоре́ние conquest

воздвига́ть 1, **воздви́гнуть** 1
to erect

засня́ть 1 to photograph

§ 3

глушь (*f.*) God forsaken place, remote corner
тёсанный hewn
сооруже́ние construction
хоро́мы mansion
оруже́йная armory
сторожево́й sentry
кисть (*f.*) paint-brush

§ 4

уклоне́ние deviation
суро́вость (*f.*) stern, grim
умиле́ние tender emotion
кро́тость (*f.*) gentleness
ра́дужный iridescent
отте́нок shade, tinge

§ 5

роско́шный luxurious

вельмо́жа nobleman
игла́ needle, spire

§ 6

соблюда́ть I, -сти́ (соблюду́, -дёшь) to observe, maintain

§ 7

вдохнове́ние inspiration
знато́к connoisseur, expert
бурла́к Volga boatman (old)
тяну́ть ля́мку to toil, to drudge

§ 8

стра́нствие travelling, wandering
нашуме́вший sensational
шедёвр masterpiece
восторжествова́ть I (*Prf.*) to triumph
подража́ть I (*Imprf.*) to imitate, to copy

ЧАСТЬ ВТОРАЯ—ЧТЕНИЕ

"В КРЕМЛЕ"
(Отрывки из "Краткого путеводителя по Москве", А. П. Ковалева, Москва, 1957)

1. . . . Московский кремль—это величайший памятник русской национальной культуры.

Кремлевские дворцы, соборы, музеи с их оригинальной древней архитектурой, неоценимыми собраниями редчайших произведений живописи, прикладного искусства, старинного оружия, предметов домашнего быта русских царей и т.п. представляют большой познавательный интерес.

Кремль гостеприимно открыт для посетителей, и ежедневно несколько тысяч их устремляется туда для осмотра этой интереснейшей достопримечательности Москвы. На самой высокой площадке кремлевского холма стоит Большой Кремлевский дворец. Это и есть то место, откуда начала расти и шириться Москва.

Дворец построен в 1838–1849 годах по проекту архитектора К. А. Тона. Своим стодвадцатиметровым по длине фасадом он обращен на Москву-реку; двусветные залы, расположенные на втором этаже, придают ему вид трехэтажного здания. Внутри дворца много обширных залов, носящих названия военных орденов. Художественная отделка и богатое убранство этих зал выдерживались в цветах орденских лент.

2. Крупнейший из залов—Георгиевский. Название связано с военным орденом Георгиевского креста. Зал дворца посвящен победам русского оружия. На мраморных плитах золотыми буквами высечены имена прославленных воинских частей и полководцев, генералов и офицеров, награжденных Георгиевским крестом.

В результате реконструкции в 1934 году двух залов—Александровского и Андреевского,—был сооружен по проекту архитектора Иванова-Шиц, современный зал

заседаний. Здесь происходят съезды коммунистической партии, сессии Верховных Советов СССР и РСФСР. Всесоюзные совещания руководителей партии и правительства с работниками промышленности, сельского хозяйства, литературы и науки.

С северной стороны к Большому дворцу примыкают терема и Грановитая палата. Последняя построена итальянскими архитекторами Марко Руффо и Пьетро Солярно в 1487–1491 годах по образцу гражданских построек Москвы и Новгорода. Фасад украшен мелким ''рустом''—гранеными камнями, почему она и получила название Грановитой. Это единственная парадная зала, сохранившаяся от старого Кремлевского дворца, построенного в XV веке. Палата предназначалась для торжественных приемов и долгое время служила тронным залом русских царей.

От парадной Грановитой палаты резко отличаются жилые части старого Кремлевского дворца, так называемые терема. После большого пожара они были заново построены в 1635 году уже не деревянными, а кирпичными, с богатыми резными каменными наличниками. Главные помещения находятся на втором этаже, все комнаты украшены художественной росписью. Терема являются интересным памятником русской архитектуры и быта XVII века.

3.   В Кремле находится один из самых замечательных музеев нашей страны—Оружейная палата. В ней собраны уникальные предметы огромной материальной, исторической и культурной ценности, которые в течение веков собирались в хранилищах великих князей московских и царского двора.

Еще в духовной грамоте Ивана Калиты—шестьсот лет назад—упоминаются некоторые драгоценности, составившие потом первоначальное ядро собраний Оружейной

палаты. В процессе образования централизованного Русского государства и усиления руководящей роли Москвы у московских великих князей сосредотóчивались неисчислимые богатства в виде драгоценных камней, изделий из золота и серебра, богато украшенного оружия и боевых доспехов, редчайших тканей и вышивок, дорогой утвари, парадной царской одежды и т.п.

Уже при Иване III в казне накопилось столько ценностей, что для хранения их не хватало места в подвалах кремлевских соборов, и тогда для этого было построено специальное здание, получившее потом название Казенного двора.

4. Разными путями собирались в казне многие и многие ценности. Успешные военные походы давали богатую и ценную добычу. Значительные богатства отошли в казну в результате реквизиции имущества опальных и казненных бояр в годы опричнины при Иване Грозном, много замечательных предметов утвари, вооружения и других ценностей поступило в виде посольских даров московскому государю от западноевропейских королей и восточных ханов, но главные сокровища—это произведения отечественных русских мастеров.

К Большому дворцу с восточной стороны примыкает Благовещенский собор,—домовая церковь Ивана III, сооруженная псковскими мастерами в 1484–1489 годах в стиле раннемосковского зодчества.

5. Во время одного из больших пожаров в Кремле, Благовещенский собор значительно пострадал, но в 1564 году при Иване Грозном он был восстановлен; галлереи собора были перекрыты сводами и тогда же возведены были новые главы. Так ранее скромная домовая церковь превратилась в девятиглавый живописный храм.

Иконы Благовещенского собора представляют собой редчайшие произведения живописи, принадлежащие таким знаменитым старинным русским художникам-иконописцам, как Андрей Рублев, Феофан Грек, Прохор с Городца. Порталы приделов украшены искусной резьбой по камню, пол главного придела выстлан плитками уральской яшмы.

Другой памятник русской культуры—Архангельский собор—построен в 1505–1509 годах архитектором Алевизом Новым. Архангельский собор был усыпальницей московских великих князей и царей. Вдоль стен в соборе установлены их гробницы, а на стенах—портреты Ивана Калиты, Ивана III, Василия III, Ивана Грозного, Федора Ивановича, Алексея Михайловича, Скопина-Шуйского и других. Белокаменным шатром отмечено место погребения царевича Дмитрия, убитого в Угличе. Гроб его был перевезен в Архангельский собор в 1606 году по приказу Василия Шуйского. Стенопись собора относится к 1666 году, а станковая живопись—к XV–XVIII векам.

Все стены и колонны покрыты старинной росписью, центральный иконостас украшен серебряным чеканным окладом изумительной работы, тронное место Ивана Грозного огорожено шатром с искуснейшей резьбой по дереву.

Для Москвы Успенский собор имел особое значение. Он был храмом-гробницей русских митрополитов и патриархов, игравших огромную роль в жизни государства, особенно в период его становления. В Успенском соборе совершался также обряд венчания русских царей на царство.

Словарь

§ 1

жи́вопись (*f.*) painting

прикладно́е иску́сство applied art

устремля́тся 1, **-ми́ться** 2 to rush

достопримеча́тельность (*f.*) sights

убра́нство decoration, ornament

§ 2

плита́ slab, tile

высека́ть 1, вы́сечь 1 to carve, hew

награждённый decorated (with medals)

гранёный faceted

пара́дная за́ла main hall

кирпи́чный brick

нали́чник door casing

ро́спись (*f.*) fresco

§ 3

гра́мота document

ядро́ nucleus

сосредото́чивать 1, -то́чить 2 to concentrate

изде́лие manufactured article

доспе́хи (*Pl.*) armor

у́тварь (*f.*) household utensils

вы́шивка embroidery

§ 4

казна́ treasury

добы́ча booty, prize

опа́льный disgraced, out of favor

сокро́вище treasure

§ 5

свод arch

резьба́ carving

я́шма jasper

усыпа́льница burial place, sepulchre

гробни́ца tomb, sepulchre

шатёр tent

станко́вая жи́вопись easel painting

иконоста́с iconostasis

чека́нный окла́д inlaid frame

изуми́тельный amazing, wonderful

становле́ние formation

ГЕОГРАФИЯ

СССР

Major Mineral Resources of the U.S.S.R.—Approximate Location

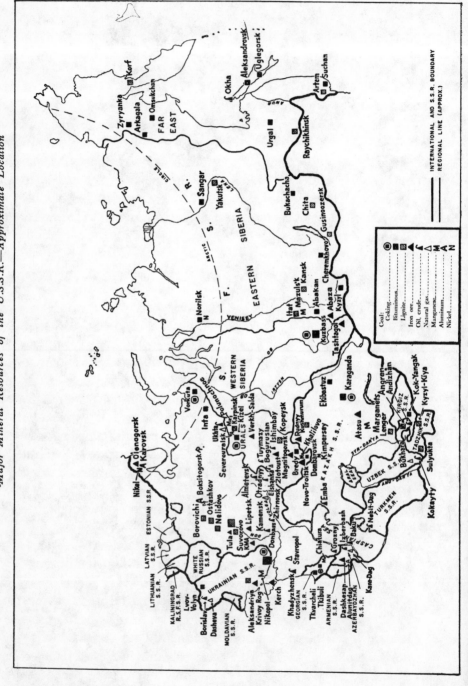

ГЛАВА XXV

ГЕОГРАФИЯ СССР

1. Территория

Союз Советских Социалистических Республик, или сокращённо СССР, расположен на огромной территории, занимающей всю восточную часть Европы и северную часть Азии. По размерам занимаемой территории СССР является самым крупным государством в мире, если не считать Британского Содружества Народов (Коммонвелс), земли которого разбросаны по разным материкам и не представляют собою единого целого.

2. Границы

СССР имеет огромную морскую границу, главным образом, на севере и на востоке страны, где ее омывают холодные воды Северного Ледовитого океана и северной части Тихого океана. На западе и на юге границы Советского Союза проходят большею частью по суше. Только на северо-западе и на юго-западе страны сухопутная граница прерывается: части Атлантического океана достигают здесь берегов СССР, образуя Балтийское море и Чёрное море.

3. Географическое положение

Благодаря географическому положению страны и огромным размерам территории, природные условия СССР очень разнообразны. СССР имеет в своих пределах и доступные для плавания только в течение 2-3 летних месяцев воды морей Полярного океана, и никогда не замерзающие берега Черного моря, и полюс холода, т.е. самое холодное место на

земно́м ша́ре (не считая Антарктиды), и райо́ны субтро́-
пиков.

4. Сосе́ди СССР   В тече́ние пе́рвых 20 лет существо-
вова́ния СССР грани́чил на за́паде
с Финля́ндией, Эсто́нией, Ла́твией, По́льшей и Румы́нией.
Но, начина́я с 1940 го́да, грани́цы Сове́тского Сою́за на
за́паде значи́тельно измени́лись. В результа́те оккупа́ции
Эсто́нии, Ла́твии и Литвы́, ча́сти Финля́ндии и Румы́нии
(Бессара́бия и Сев. Букови́на) еще до нача́ла войны́ с
Герма́нией, Сове́тский Сою́з значи́тельно увели́чил свою́
террито́рию на за́паде. По́сле оконча́ния войны́ и
присоедине́ния се́верной ча́сти Финля́ндии, часте́й
Восто́чной Пру́ссии и восто́чных часте́й Чехослова́кии
и Ве́нгрии Сове́тский Сою́з стал грани́чить с Норве́гией,
Финля́ндией, По́льшей, Чехослова́кией, Ве́нгрией и Ру-
мы́нией.

Во вре́мя войны́ бы́вшая Наро́дная Респу́блика
Танну-Тува была́ молчали́во включена́ в соста́в Сове́т-
ского Сою́за, а по́сле оконча́ния войны́ с Япо́нией СССР
захвати́л ю́жную часть Сахали́на и Кури́льские острова́.

5. Удалённость   Говоря́ о географи́ческом поло-
от мо́ря   же́нии СССР (или Росси́и до 1917
года), нельзя́ умолча́ть та́кже о
чрезвыча́йной удалённости э́той страны́ от гла́вных
торго́вых путе́й, сыгра́вших огро́мную роль в исто́рии
челове́чества. Морски́е пути́, по кото́рым шёл торго́вый
и культу́рный обме́н ме́жду стра́нами анти́чного ми́ра,
бы́ли гла́вным о́бразом сосредото́чены в Средиземномо́рье.
В сре́дние века́ э́ти морски́е пути́ свя́зывали побере́жье
Чёрного мо́ря с города́ми-госуда́рствами Ге́нуей и
Вене́цией, но тогда́ берега́ми Чёрного мо́ря владе́ли не
славя́не, а ра́зные при́шлые наро́ды. Оди́н из пе́рвых
сухопу́тных торго́вых путе́й, проло́женных из Евро́пы в

Кита́й, по кото́рому путеше́ствовал Ма́рко По́ло, проходи́л южне́е Росси́и.

Эпо́ха так называ́емых вели́ких откры́тий—откры́тие морско́го пути́ в И́ндию, откры́тие Аме́рики и после́довавшее за ни́ми ре́зкое увеличе́ние торго́вых свя́зей Евро́пы с А́зией—почти́ во́все не косну́лась Росси́и (остава́вшейся в це́нтре и на се́вере Еврази́йского контине́нта, вдали́ от откры́того и уже́ интенси́вно испо́льзуемого мирово́го океа́на). Поэ́тому поня́тно насто́йчивое стремле́ние ру́сских прави́телей проби́ться к берега́м незамерза́ющего мо́ря, поня́тно и дли́тельное отсу́тствие торго́вых и культу́рных свя́зей с наибо́лее развиты́ми стра́нами За́падной Евро́пы, что и вы́звало экономи́ческую и культу́рную отста́лость Росси́и.

6. Рельеф Рельеф за́падной полови́ны СССР представля́ет собо́ю почти́ исключи́тельно ни́зменность, т.е. террито́рию, находя́щуюся на у́ровне не бо́лее двухсо́т ме́тров, и́ли шестисо́т шести́десяти фу́тов, над у́ровнем мо́ря. Восто́чная же его́ полови́на почти́ сплошь состои́т из возвы́шенностей, го́рных хребто́в и́ли го́рных плато́ (плоского́рий), среди́ кото́рых ни́зменности встреча́ются то́лько в ви́де исключе́ния, и то то́лько вдоль речны́х доли́н.

Друго́й характе́рной осо́бенностью рельефа СССР явля́ется то, что са́мые высо́кие го́ры нахо́дятся на ю́ге страны́, причём ча́стью они́ явля́ются госуда́рственной грани́цей страны́, ча́стью же проника́ют вглубь сосе́дних стран.

7. Ни́зменности Ни́зменности СССР обы́чно де́лятся на три ча́сти. Са́мая больша́я из них, называ́емая Восто́чно-Европе́йской равни́ной, занима́ет всю европе́йскую часть СССР, простира́ясь от берего́в Се́верного Ледови́того океа́на на се́вере до

Чёрного и Азо́вского море́й и до предго́рий Кавка́за на ю́ге. На за́паде э́та огро́мная равни́на слива́ется с Европе́йской ни́зменностью, проходя́щей че́рез По́льшу, се́верную Герма́нию, Бе́льгию, Голла́ндию и се́верную Фра́нцию. На восто́ке она́ зака́нчивается Ура́льским хребто́м, кото́рый, как изве́стно, счита́ется грани́цей ме́жду Евро́пой и А́зией. К восто́ку от Ура́ла, сра́зу же начина́ется втора́я по разме́рам ни́зменность Сове́тского Сою́за, называ́емая За́падно-Сиби́рской ни́зменностью. Она́ занима́ет всю за́падную часть азиа́тской террито́рии СССР. Сиби́рью называ́ется обы́чно то простра́нство, кото́рое нахо́дится к восто́ку от Ура́ла и кото́рое простира́ется до Да́льнего Восто́ка, т.е. до террито́рии, охва́тывающей бассе́йн реки́ Аму́ра и всю полосу́ земли́ вдоль побере́жья Ти́хого океа́на.

И Восто́чно-Европе́йская и За́падно—Сиби́рская ни́зменности соединя́ются ме́жду собо́й к ю́гу от Ура́ла и образу́ют на террито́рии восто́чнее Каспи́йского мо́ря тре́тью ни́зменность Сове́тского Сою́за, изве́стную под и́менем Тура́нской ни́зменности. Ю́го-восто́чная часть Восто́чно-Европе́йской ни́зменности и се́веро-за́падная часть Тура́нской ни́зменности понижа́ются о́коло Каспи́йского мо́ря ни́же у́ровня океа́на. Пове́рхность Каспи́йского мо́ря нахо́дится на 28 ме́тров (о́коло 92 фу́тов) ни́же у́ровня океа́на и продолжа́ет понижа́ться.

8. Го́ры

Са́мые высо́кие го́ры Сове́тского Сою́за нахо́дятся на ю́ге страны́. Одна́ко и не́которые други́е го́ры, хоть и ме́нее значи́тельные, заслу́живают упомина́ния: в европе́йской ча́сти СССР э́то Хиби́ны, возвыша́ющиеся на 1.240 ме́тров (немно́го бо́лее 4.000 фу́тов) почти́ в це́нтре Ко́льского полуо́строва; Карпа́ты, занима́ющие значи́тельную часть За́падной Украи́ны и достига́ющие высоты́ почти́ в 6.800 фу́тов. Кры́мские го́ры на ю́ге достига́ют высоты́ свы́ше 5 ты́сяч фу́тов.

9. Кавка́з Гора́здо бо́лее значи́тельны Кавка́зские го́ры, находя́щиеся ме́жду Чёрным и Каспи́йским моря́ми и свои́ми шестью́ верши́нами превыша́ющие высоча́йшую верши́ну Альп— Монбла́н. Са́мая высо́кая часть Кавка́зского Гла́вного хребта́ нахо́дится почти́ в его́ це́нтре. Центра́льная часть Кавка́за отлича́ется изуми́тельной красото́й го́рных вершин, покры́тых ве́чным сне́гом, живопи́сностью свои́х уще́лий, мо́щностью ледников́, очарова́тельными го́рными озёрами, краси́выми речны́ми доли́нами и все́ми те́ми приро́дными осо́бенностями, кото́рые ежего́дно привлека́ют к себе́ деся́тки и со́тни ты́сяч челове́к, отдыха́ющих, тури́стов и альпини́стов, наслажда́ющихся ме́стными красо́тами.

10. Го́ры Сре́дней Азии Ещё бо́лее грандио́зны го́ры Сре́дней Азии. Здесь нахо́дятся са́мые значи́тельные подня́тия Сове́тского Сою́за, примыка́ющие непосре́дственно к высоча́йшим хребта́м земно́го ша́ра—Гимала́ям, Ку́эн-Лу́ню и Гиндуку́шу. Го́рная страна́ Пами́р вме́сте с прилега́ющими к нему́ Ала́йским и Заала́йским хребта́ми представля́ет собо́й средото́чие высоча́йших в Сове́тском Сою́зе верши́н (са́мая высо́кая из них—пик Ста́лина, о́коло 25 ты́сяч фу́тов) кру́пных ледников́ (са́мый кру́пный—ледни́к Фе́дченко длино́ю о́коло 50 миль) и высо́ких плоского́рий. Са́мая ни́зкая часть Пами́ра нахо́дится на высоте́ свы́ше 11 ты́сяч фу́тов над у́ровнем мо́ря.

Не ме́нее вели́чественны и го́ры Тянь-Ша́ня, уходя́щие свои́ми восто́чными отро́гами вглубь Кита́я. Здесь то́же име́ются верши́ны, достига́ющие 23 ты́сяч фу́тов. Отро́ги Тянь-Ша́ня покрыва́ют почти́ всю террито́рию Кирги́зской ССР и да́же проника́ют на террито́рию сосе́дних респу́блик.

11. Го́ры Сиби́ри　　Сле́дуя да́лее на восто́к вдоль ю́жной грани́цы СССР, мы встреча́ем це́лый ряд други́х хребто́в, возвы́шенностей и гор, но все они́ по свое́й высоте́ значи́тельно уступа́ют то́лько что упомя́нутым. То́лько Алта́й, находя́щийся на ю́ге за́падной Сиби́ри, представля́ет бо́лее значи́тельное подня́тие (его́ верши́на—гора́ Белу́ха име́ет высоту́ в 14500 фу́тов над у́ровнем мо́ря). Но и Алта́й то́лько части́чно нахо́дится на террито́рии Сове́тского Сою́за: бо́льшая часть его́ захо́дит в преде́лы Монго́льской Наро́дной Респу́блики.

12. Го́ры Восто́чной Сиби́ри　　Да́лее на восто́к начина́ется Восто́чная Сиби́рь, бо́льшая часть кото́рой представля́ет собо́й возвы́шенную страну́, покры́тую ря́дом го́рных хребто́в, плоского́рий и возвы́шенностей, почти́ нигде́ не превыша́ющих высоты́ в де́сять ты́сяч фу́тов над у́ровнем мо́ря. То́лько на са́мом кра́йнем се́веро-восто́ке, а и́менно на полуо́строве Камча́тка, встреча́ются отде́льные возвы́шенности, называ́емые здесь со́пками. Са́мая высо́кая из них—Ключе́вская со́пка, име́ет высоту́ свы́ше 15 ты́сяч фу́тов над у́ровнем мо́ря. Со́пки э́ти явля́ются еди́нственными на террито́рии Сове́тского Сою́за де́йствующими вулка́нами и явля́ются ча́стью так называ́емого тихоокеа́нского вулкани́ческого кольца́.

13. Ре́ки Сове́тского Сою́за. О́бщая характери́стика　　Речна́я сеть Сове́тского Сою́за си́льно развита́, но географи́ческое расположе́ние речны́х систе́м и направле́ние рек не одина́ково в Европе́йской и Азиа́тской частя́х страны́.

На за́паде СССР са́мые кру́пные ре́ки начина́ются в це́нтре, на сравни́тельно небольши́х возвы́шенностях, и

текут в разных направлениях к омывающим европейскую часть Советского Союза морям. Эта близость верховьев разных рек сыграла очень большую роль в историческом развитии страны, когда естественные водные пути были единственно возможными. Небольшие водоразделы между бассейнами текущих в разных направлениях рек сравнительно легко преодолевались путём волока лодок через эти водоразделы. Благодаря этому устанавливались торговые и культурные связи не только с ближайшими, но и с более отдалёнными соседями. Позднее эти же реки часто соединялись каналами для водной связи центральных районов с морскими берегами на севере, западе и юге.

14. Реки Сибири Совершенно иное положение занимают реки азиатской части СССР. Самые крупные из них текут с юга на север, впадая в моря Северного Ледовитого океана. Только Амур на Дальнем Востоке вливает свои воды в Охотское море, являющееся частью Тихого океана. Поэтому значение азиатских рек для транспорта гораздо меньше, чем европейских рек, хотя, с другой стороны, они более полноводны и глубоки. Поэтому Енисей, например, и особенно его приток, река Ангара, вытекающая из глубочайшего озера Байкала, обладают весьма крупными запасами потенциальной электрической энергии, во много раз превышающих таковые запасы рек европейской части СССР.

15. Реки Средней Азии Особенное значение имеют реки Советской Средней Азии, не имеющие стока в океаны. Они или впадают в озёра (такие крупные, например, как Каспийское или Аральское моря), или просто пропадают в песках находящихся здесь пустынь или полупустынь. Большая

часть из них для во́дного тра́нспорта соверше́нно непри-
го́дна, всле́дствие того́, что они́ о́чень ме́лки и явля́ются
бессто́чными река́ми. Запа́сы гидроэне́ргии в них то́же
ограни́чены, е́сли не говори́ть о тех река́х, кото́рые беру́т
своё нача́ло в го́рных райо́нах Пами́ро—Ала́я или Тянь-
Ша́ня. Но значе́ние их в том, что протека́я по лишённой
доста́точного коли́чества атмосфе́рных оса́дков ме́стности,
они́ даю́т соверше́нно необходи́мую здесь во́ду для оро-
ше́ния.

16. Во́лга Са́мое большо́е экономи́ческое
значе́ние име́ет, одна́ко, Во́лга.
Она́ явля́ется и гла́вным из всех вну́тренних во́дных
путе́й сообще́ния и ме́стом са́мого значи́тельного в
европе́йской ча́сти Сою́за гидрострои́тельства. Во́лга,
вме́сте с прилега́ющей к её у́стью ча́стью Каспи́йского
мо́ря, была́ до неда́внего вре́мени ме́стом са́мых кру́пных в
стране́ ры́бных про́мыслов. Впро́чем, после́днюю роль
она́ переста́ла игра́ть всле́дствие пониже́ния у́ровня
Каспи́йского мо́ря.

Уже́ с нача́ла 19 ве́ка Во́лга была́ соединена́ ря́дом
кана́лов с бассе́йном Балти́йского мо́ря, получи́в, таки́м
о́бразом, вы́ход в океа́н. Тогда́ же была́ устано́влена
связь её с Бе́лым мо́рем на се́вере страны́.

17. Днепр Втора́я по значе́нию река́ в европе́й-
ской ча́сти СССР—Днепр, соеди-
ня́ющий центра́льную часть европе́йской террито́рии
СССР с Чёрным мо́рем. Значе́ние Днепра́ ещё бо́лее,
уси́лилось по́сле постро́йки Днепро́вской плоти́ны,
сде́лавшей возмо́жной навига́цию по всей реке́.

18. Се́верная Большо́е значе́ние име́ет и Се́верная
Двина́ Двина́, впада́ющая в Бе́лое мо́ре.
Охва́тывая вме́сте со свои́ми
прито́ками грома́дную лесну́ю пло́щадь на се́вере, она́

собира́ет ру́бленный лес, сплавля́емый по ней и её прито́кам к у́стью. Лежа́щий здесь го́род Арха́нгельск явля́ется крупне́йшим в СССР по́ртом по вы́возу ле́са и лесоматериа́лов.

19. Ре́ки Кавка́за   Ре́ки Кавка́за не име́ют значе́ния для навига́ции, так как они о́чень бы́стры, име́ют круто́е паде́ние, поро́жисты и ме́лки, что типи́чно для всех го́рных рек. Пита́ясь ледника́ми и снега́ми гор, они облада́ют значи́тельными запа́сами гидроэне́ргии. В восто́чной ча́сти Кавка́за и осо́бенно Закавка́зья, где выпада́ет недоста́точное коли́чество оса́дков, ре́ки испо́льзуются, кро́ме того́, и для ороше́ния. В э́том отноше́нии осо́бенное значе́ние име́ет река́ Кура́ и её прито́ки, ороша́ющие значи́тельные простра́нства степе́й восто́чного Закавка́зья.

Вопро́сы

1. Где расположен Советский Союз?
2. Почему границы СССР разнообразны?
3. Много ли соседей у СССР?
4. Какую роль играло географическое положение России в процессе ее исторического развития?
5. Почему Россия не могла принимать большого участия в мировой торговле?
6. Можно ли назвать рельеф СССР однообразным?
7. Какой рельеф характерен для западной части Советского Союза?
8. Чем отличается поверхность восточной части СССР от рельефа ее западной части?
9. Где расположены самые высокие местности СССР?
10. Назовите крупнейшие горные системы Советского Союза.
11. Почему Кавказ является одним из наиболее охотно посещаемых районов СССР?
12. Имеются ли в Советском Союзе вулканы?
13. Чем объяснить наличие вулканов на востоке СССР?
14. Какое значение имеют реки?

15. Какую роль играли реки в истории России?
16. Почему реки западной части СССР текут радиально, а в Сибири большею частью только в одном направлении—с юга на север?
17. Какое главное значение рек Сибири?
18. Дайте характеристику рек Кавказа.
19. В чем главное значение рек Средней Азии?
20. Почему из всех рек европейской территории СССР Волга имеет наиболее крупное значение в экономическом отношении?
21. Какое значение имеет Днепр?
22. Почему кроме Волги и Днепра упомянута еще Северная Двина— в чем ее значение?

Словарь

§ 2

су́ша dry land
прерыва́ться 1, прерва́ться 1 (прервётся) (only 3rd pers.) to be interrupted, be broken
разнообра́зие variety

§ 3–5

досту́пный accessible
преде́л limit
земно́й шар the globe
устро́йство system
у́ровень (*f.*) level
пло́тность (*f.*) density
размеще́ние distribution
взаимоотноше́ние interrelation, mutual relation
удалённость (*f.*) remoteness
сосредото́ченный concentrated
каса́ться 1, косну́ться 1 to touch on
насто́йчивый persistent, pressing
дли́ться 2, про-, (продли́тся) (only 3rd pers.) to last, endure
стремле́ние aspiration
пробива́ть 1, -би́ть 1 to pierce
отста́лость (*f.*) backwardness

§ 6

ни́зменность (*f.*) plain, lowland
сплошь (*Adv.*) continuously, entirely
хребе́т mountain range

§ 7

слива́ться 1, сли́ться 1 (солью́сь, сольёшься) to combine, merge
простра́нство space, expanse
простира́ться 1, простере́ться 1 (прострётся) (only 3rd pers.) to stretch, extend
понижа́ть 1, -ни́зить 2 (пони́жу, пони́зишь) to reduce, lower
охва́тывать 1, -ти́ть 2 (охвачу́, охва́тишь) to include, envelope

§ 9

изуми́тельный astonishing
живопи́сность (*f.*) picturesqueness
ледни́к glacier
уще́лие ravine, gorge
очарова́тельный charming

долина valley
привлека́ть 1, привле́чь (привлеку́, -чёшь) to attract, draw to
броди́ть 2 (брожу́, бро́дишь) (*Imprf.*) to stroll, wander about

§ 10

примыка́ть 1, примкну́ть 1 to join
прилега́ть 1 (*Imprf.*) (only 3rd pers.) to adjoin
средото́чие concentration, center point
отро́г spur

§ 11

уступа́ть 1, уступи́ть 2 (уступлю́, усту́пишь) to yield, give in
подня́тие lift, upheaval

§ 12

плоского́рие plateau
превыша́ть 1, -вы́сить 2 (превы́шу, -сишь) to exceed

§ 13

сеть (*f.*) net (work)
водоразде́л watershed
преодолева́ть 1 (преодолева́ю, -ва́ешь) преодоле́ть 1 (преодоле́ю, -ле́ешь) to overcome

во́лок portage
облегча́ть 1, -чи́ть 2 to facilitate
товарооборо́т exchange of commodities, commodity circulation
прито́к tributary
запа́с reserves

§ 15

сток flow
бессто́чный without an outlet
непригодный unfit, unusable
ороше́ние irrigation
вну́тренние во́дные пути́ сообще́ния inner waterways

§ 17

уси́ливаться 1, уси́литься 2 (уси́люсь, уси́лишься) to intensify, to gain strength
плоти́на dam, dike

§ 18

у́стье mouth, outfall

§ 19

поро́жистый (*Adj.* from **порог**) rapids
пита́ться 1 (*Imprf.*) to be fed
круто́е паде́ние steep fall

ГЛАВА XXVI | КЛИМАТ СССР

1. Общая характеристика

Благодаря большому протяжению территории СССР с севера на юг и с востока на запад, климатические условия в стране чрезвычайно разнообразны. Основная часть территории, находящаяся вдали от незамерзающих морей, страдает континентальностью климата. Это значит, что количество атмосферных осадков здесь сравнительно невелико, и что температура воздуха в течение года обнаруживает большие колебания. Зима большей частью очень холодная, а лето хотя и короткое, но жаркое.

2. Осадки

Большая часть территории Советского Союза находится под влиянием ветров, дующих с запада, т.е. с Атлантического океана. Поэтому западная часть СССР получает больше влаги, приносимой этими ветрами. Чем дальше на восток, тем меньше осадков. Уменьшение это наблюдается не только в Европейской части СССР, но и за Уралом и к югу от него, в Казахстане и Средней Азии.

Наименьшее количество годовых осадков выпадает именно в этой части: к югу от Аральского моря (озера) оно составляет только 80 мм. (3–3.5 дюйма или инча)— это самое сухое место в Советском Союзе. Немного осадков выпадает на севере, в той части СССР, которая примыкает к Северному Ледовитому океану. Здесь малое количество осадков объясняется очень низкими температурами, при которых отсутствует испарение влаги, а также удаленностью от незамерзающего океана.

Самое влажное место в СССР с количеством атмосферных осадков, превышающих 40 дюймов в год,

находится в Закавказье, недалеко от города Батуми. Часто здесь выпадает до 100 дюймов осадков в год. Происходит это от особенностей рельефа, представляющего собою низменность, ограниченную с севера, востока и юга горными хребтами. Западные ветры, приносящие большое количество осадков, задерживаются этими горами и изливают всю приносимую ими влагу на этой небольшой территории.

Сравнительно много осадков выпадает и на советском Дальнем Востоке. Береговая полоса здесь, включающая Приморский край, южную часть острова Сахалин и полуострова Камчатки, а также Курильские острова, находится под влиянием ветров, дующих летом со стороны Тихого океана. Эти ветры, типа муссонов, меняют свое направление дважды в год: летом они дуют с моря на сушу, зимой—с суши на море. На Дальнем Востоке, поэтому, около 80% всех осадков выпадает за четыре летних месяца.

Количество осадков зависит, конечно, и от высоты местности над уровнем океана. Так, например, на Алтайских горах атмосферных осадков выпадает довольно много, несмотря на то, что они находятся весьма далеко от незамерзающего океана.

3. Температурные условия СССР Континентальность климата СССР сказывается также в том, что колебания годовых температур достигают больших размеров. И чем дальше на восток, тем амплитуда колебаний становится все больше и больше. Иными словами, чем дальше на восток, тем разница между самой высокой температурой лета и самой низкой зимней температурой становится все большей и большей. В СССР особенно сильно снижаются температуры января, в то время как в июле они изменяются незначительно. Так, например, на крайнем западе Советского Союза, на берегу Балтийского моря средняя июльская температура

составляет 64° по Фаренгейту. Примерно такая же температура наблюдается в Свердловске, в Томске и в Иркутске,—городах, находящихся в той же широтной зоне. В то же время зимние температуры в этих же городах резко отличаются одна от другой. Средняя январьская температура в Калининграде (на берегу Балтийского моря) составляет около 27°, в Свердловске она равняется 3°, в Томске—2° ниже нуля, и в Иркутске—5.6° ниже нуля.

Нетрудно понять поэтому, что самое холодное место в СССР находится в той части Азиатской территории Советского Союза, которая испытывает наименьшее влияние ветров, дующих с запада или с востока. Такое место, являющееся самым холодным местом на земном шаре, не считая Антарктиды, находится около города Верхоянска. Здесь средняя температура января составляет около 58° ниже нуля по Фаренгейту. Здесь же зарегистрирована была самая низкая температура в минус 69° по Цельсию (92° по Фаренгейту). Этот район является так называемым полюсом холода.

Самое жаркое место в СССР, т.е. место, где наблюдаются самые высокие летние температуры, находится, конечно, тоже там, где мало чувствуется влияние моря. Поэтому в Советском Союзе оно тоже находится в средней части страны, но уже не на севере, а на юге.

Средняя июльская температура 86° наблюдается к югу от Аральского моря в пределах южной части Туркменской ССР. Однако, самая высокая летняя температура в СССР отмечается несколько далее к востоку, где она поднимается иногда до 118.4°.

Отдельные части Советского Союза, однако, отличаются по своим климатическим условиям от наиболее характерного для СССР климатического типа. Так, например, в Мурманске, на берегу Баренцева моря средняя январская температура почти такая же, как в Москве—при большой разнице в температурах июля. Объясняется это влиянием теплого течения,

препятствующего замерзанию прилегающего к западной части Кольского полуострова Баренцева моря и повышающего температуру и в прибрежной части этого полуострова.

Южная часть Украинской ССР, особенно город Одесса и территория, лежащая к югу от Херсона, получает очень небольшое количество годовых осадков меньше 12 дюймов, хотя она находится на берегу Черного моря. Объясняется это тем, что господствующие в СССР западные ветры встречают на своем пути с океана в южную часть Украины препятствия в виде Карпат и других среднеевропейских возвышенностей. Поэтому север Украины получает гораздо больше атмосферных осадков, чем южная ее часть.

Еще больше отклонений от характерных черт климата СССР находим в горных районах, где, по образному выражению местных жителей, ''каждая долина имеет свой собственный климат''. Тут климат зависит и от высоты местности над уровнем моря и от высоты окружающих долину гор, и от направления горных хребтов, от крутизны склонов и т.д.

4. Почвенно-растительные зоны СССР В связи с географическим положением СССР и его климатическими особенностями находятся почвенно-растительные зоны страны. Занимая огромное пространство в направлении с севера на юг, территория Советского Союза имеет различные по климату условия для растительного покрова и для образования почвы. Начиная с островов в Северном Ледовитом океане и кончая субтропиками Закавказья и пустынями Средней Азии, территория СССР включает разные растительные зоны. Отсутствует только тропическая зона, так как самая южная точка страны лежит на 35° северной широты, т.е. гораздо севернее самого северного пункта тропиков.

В СССР различают пять основных зон: полярная, или арктическая, тундра, лесная зона, степь, пустыня. Кроме того, имеется небольшая субтропическая зона и горные зоны, обладающие разнообразной растительностью в зависимости от высоты над уровнем моря.

5. Полярная или Эта зона не занимает большой
арктическая территории Советского Союза, так
зона как она распространена преимущественно над водной поверхно-
стью Ледовитого океана. Но имеющиеся там острова и северная часть Таймырского полуострова, являющегося самой северной частью азиатского континента, входят в эту зону. Характерной чертой ее является то, что средняя температура самого жаркого месяца там не превышает 32°.

При этих условиях понятно, что большая часть земельного пространства этой зоны покрыта ледниками, и что только в немногих местах, свободных от льда и снега, возможна кое-какая, весьма примитивная растительная и животная жизнь.

6. Тундра Эта зона уже гораздо обширнее
первой и занимает около 8% всей территории СССР. Южная граница тундры делит Кольский полуостров почти пополам, спускается затем до полярного круга и идет далее на восток почти параллельно ему. Лишь к северу от Камчатки тундра встречается южнее полярного круга.

Благодаря более высокой летней температуре (средняя июльская здесь достигает 50° Ф.), растительность более сильно развита, чем в полярной зоне. Характерной особенностью тундры являются мхи, лишайники и низкорослые (''карликовые'') деревья и кустарники. В низменных местах почвы тундры обычно болотистые. Вечная мерзлота подтаивает в течение короткого лета на небольшую глубину, но влага остается на поверхности,

вследствие малого испарения при сравнительно низкой
температуре. Тундра является также главным районом
северного оленеводства.

7. Лесная зона   Переход от тундры к лесу не
                     представляет собою резко очерчен-
ной линии. Первые деревья в южной части тундры еще
не составляют леса, хотя и указывают уже на изменение
природных условий. Часто выделяют эту промежуточ-
ную зону в отдельную область, называя ее лесотундрой.

Площадь, покрытая лесом, занимает около 50% всей
территории СССР. Этому соответствует и распространение типичных для этой зоны подзолистых почв.
Бóльшую часть лесной зоны составляют хвойные леса,
простирающиеся от западных границ СССР с Финляндией
до Охотского моря на востоке. Эти леса известны под
названием тайги и состоят на 80% из хвойных пород—
ели, пихты, сибирского кедра и лиственницы. Местами
встречается и сосна. Среди тайги можно видеть и
лиственные деревья—березу, осину, ольху, попадаю-
щихся большею частью по окраинам тайги.

Южнее тайги в европейской части СССР расположены
смешанные леса, известные как европейские хвойно-
широколиственные. Они простираются от берегов
Балтийского моря до Урала, причем на западе к ним
примыкает полесье, состоящее из сосново—широко-
лиственных лесов. Еще дальше на юг идут широколиственные леса, состоящие в основном из дуба с большой
примесью клена, липы, ясеня, и, к западу от Днепра,
бука. Необходимо иметь в виду, что значительная часть
лесов в европейской части Советского Союза уничтожена,
и бывшая лесная площадь распахана.

Широколиственные леса встречаются и на Дальнем
Востоке. Здесь, под влиянием влажных ветров с Тихого
океана, опять появляется дуб, вовсе отсутствующий в
Сибири, клен, липа и целый ряд других лиственных

пород. Часть из них носит определенные черты более южных, в частности манчжурских и монгольских видов. Эта область смешанных лесов занимает все южное Приамурье и Приморье.

Особую часть лесной зоны составляет северо-тихоокеанская лесолуговая область, охватывающая Камчатку, северную часть Курильских островов и Командорские острова. Преобладают здесь высокотравные луга с березовыми лесами.

Подзолистые почвы лесной зоны образуются под лесами, когда вода вымывает из верхнего слоя почвы гидраты окиси алюминия, железа и других минералов. Этот процесс приводит к обеднению почвы и к сравнительно слабому земледельческому освоению лесной зоны. Фауна лесной зоны чрезвычайно богата. В этой зоне обитают крупные млекопитающие разных видов и большая часть пушных зверей.

8. Степная зона   Южная граница лесной зоны проходит в СССР от Карпат на Киев, затем на северо-восток до Оки, потом на восток до Урала. А за Уралом продолжает итти на восток почти до Оби, откуда, поворачивая на юг, доходит до Алтайских гор. К югу от этой зоны идет неширокая промежуточная полоса, которая называется лесостепью. Характерным для этой полосы являются степные, т.е. свободные от леса пространства на более высоких междуречьях, при наличии лесных площадей в более низко лежащих районах и по долинам рек. В этой промежуточной зоне попадаются не только подзолистые почвы, но и серые лесные почвы, еще далее к югу постепенно переходящие в чернозем. Последний является наиболее типичным видом почв степной зоны. Отличается он значительным накоплением органических веществ в форме гумусовых соединений, причем содержание гумуса доходит в наиболее тучных черноземах до 9–10%.

Толщина черноземного покрова различна, достигая в некоторых местах полутора метров. Благодаря этой богатой минеральными веществами почве, эта зона является наиболее освоенной в сельскохозяйственном отношении: распаханность здесь достигает местами (особенно на Украине) 80%.

Растительность степной зоны преимущественно ограничена травопольем разного состава. Зависит это главным образом от климатических условий—количества выпадающих осадков и температуры. В настоящее время степная зона вся распахана и используется для посева зерновых и некоторых технических сельскохозяйственных культур. Площадь черноземных степей составляет примерно 9% всей площади СССР.

9. Зона сухих степей и пустынь
В европейской части Советского Союза степи доходят на юге до Черного и Азовского морей и до предгорий Кавказа. На юго-востоке, около Сталинграда, степи уступают свое место сухим степям и полупустыням. Эта зона отличается от степной еще более бедным растительным покровом, каштановыми, а не черноземными, почвами и наличием солонцов. Уже в Причерноморье и Приазовье появляются каштановые почвы с гораздо меньшим содержанием гумуса, чем в черноземе. Далее за Каспием и эти почвы сменяются бурыми полупустынными почвами с все более сильным проявлением солонцеватости. Наконец, самая южная почвенная зона в Советском Союзе—пустыни, занимающие около 8% всей площади СССР, из которых около трети занято песками. Эти пустыни, носящие разные названия—Каракум, Кызылкум и другие, —занимают все пространство от Каспийского моря на западе до границы с Китаем на востоке. На юге они ограничены горами Средней Азии, на севере преходят в полупустыни и затем степи северного Казахстана. Флора

и фауна этой зоны очень бедна и приспособлена для жизни в этих безводных местах.

**10. Субтропиче-
ская область
СССР**

Субтропическая область влажных субтропиков в СССР—небольшая. Часть ее находится—в западном Закавказье, другая часть в восточном. Желтоземы и красноземы—типичны для тропиков и субтропиков. В этой зоне растут широколиственные леса с большим количеством лиан, самшита, рододендронов и других вечнозеленых кустарников. Эти области используются для культивирования различных субтропических деревьев и сельскохозяйственных культур. Это единственные в СССР районы, дающие чай, цитрусовые плоды, эвкалиптовое и тунговое масла, бамбук и пр.

**11. Горные
районы**

Растительность и почвы в горных районах подчинены закону вертикальной зональности. Если у подножья гор растительность подобна той, которая господствует в окружающей местности, то по мере подъема она сменяется той, которая типична для более холодной зоны—степной, лесной, тундровой—пока, наконец, не перейдет выше снеговой линии в зону ледников и вечного снега.

**12. Основные
стихии рус-
ской природы
(По В. Клю-
чевскому)**

Лес, степь и река—это, можно сказать, основные стихии русской природы по своему историческому значению. Каждая из них приняла живое участие в строении жизни и понятий русского человека. . .

Лес сыграл крупную роль в нашей истории. Он был многовековой обстановкой русской жизни: до второй

половины восемнадцатого века жизнь наибольшей части русского народа шла в лесной полосе нашей равнины. Даже теперь более или менее просторный горизонт, окаймлённый синеватой полосой леса, наиболее типичный пейзаж средней России. Лес служил надежным убежищем от внешних врагов, заменяя русскому человеку горы и замки. Он обстраивал его сосной и дубом, отапливая березой и осиной, кормил его пушным зверем и лесной пчелой. . .

Степь оказывала другие услуги. Доброе историческое значение южно-русской степи заключается преимущественно в ее близости к южным морям, особенно к Черному, которым днепровская Русь рано пришла в непосредственное соприкосновение с южноевропейским культурным миром. . .

Трудно сказать, насколько степь, широкая, раздольная, как называет ее русская песня, воспитала в древнерусском южанине чувство шири и дали и представление о просторном горизонте. Во всяком случае, не лесная Русь образовала это представление. Но степь заключала в себе и важные исторические неудобства: она была вечной угрозой для древней Руси и нередко становилась бичем для нее. Борьба со степным кочевником, половчином, злым татарином, длившаяся с восьмого почти до конца семнадцатого века,—самое тяжелое историческое воспоминание русского народа. . .

На реке русский человек оживал и жил с ней душа в душу. Он любил свою реку, никакой другой стихии своей страны не говорил в своих песнях таких ласковых слов,—и было за что. В продолжение значительной постной части года она кормила его. Для торговца она— готовая летняя и даже зимняя дорога. Река даже является воспитательницей чувства порядка и общественного духа в народе. В древней Руси расселение шло по рекам, и жилые места особенно сгущались по берегам судоходных рек. Они воспитывали дух предприимчивости, привычку к совместному действию, сближали

разбросанные части населения. Река приучала чувствовать себя членом общества, обращаться с чужими людьми, наблюдать их нравы, меняться товаром и опытом, знать обхождениие. Так разнообразна была историческая служба русской реки.

Вопросы

1. Дайте общую характеристику климата СССР.
2. Что значит континентальность климата?
3. Откуда СССР получает главную массу атмосферных осадков?
4. Где в СССР выпадает наибольшее количество осадков и почему?
5. Где суше всего в СССР?
6. Почему зимние температуры снижаются по мере движения на восток?
7. Где находится самое холодное место в СССР и почему?
8. Где находится самое жаркое место и почему?
9. Укажите на особенности климата в Мурманске.
10. Укажите на особенности климата в Одессе.
11. Что такое растительные зоны и много ли их в СССР?
12. Где находится полярная зона?
13. Что характерно для тундры?
14. Что такое лесотундра?
15. Каков состав лесов в СССР?
16. Почему подзолистые почвы малоплодородны?
17. Где находится степная зона СССР?
18. Что такое чернозем?
19. Чем объясняется наличие пустынь в СССР?
20. Почему в СССР отсутствует тропическая зона?
21. Почему субтропические районы СССР невелики по площади?
22. Какое экономическое значение субтропических районов СССР?

Словарь

§ 1

протяже́ние expanse
чрезвыча́йно exceedingly
оса́дки precipitations
обнару́живать 1, обнару́жить 2 to display
колеба́ние fluctuation

§ 2

вла́га moisture
испаре́ние evaporation
удале́нность (*f.*) remoteness
дюйм inch
хребе́т mountain range, spine

§ 3

испы́тывать 1, **испыта́ть** 1 to be subjected to, exposed to, to undergo

препя́тсвовать 1 (*Imprf.*) to obstruct

прибре́жный coastal

отклоне́ние deviation

черта́ distinguishing feature

о́бразное выраже́ние figure of speech

крутизна́ steepness

склон slope

§ 4

покро́в cover

облада́ть 1, (*Imprf.*) to possess

§ 5

распространя́ть 1, **-ни́ть** 2 to spread

преиму́щественно mainly

§ 6

обши́рный spacious

попола́м in half

мох moss

лиша́йник lichen

низкоро́слый low

ка́рликовый dwarf (*Adj.*)

подта́ивать 1, **подта́ять** 2 (only 3rd pers.) to thaw

§ 7

очёрченный delineated

промежу́точный intermediate

подзо́листый podzol (type of soil)

хво́йный coniferous

поро́да stock, breed, species

ель (*f.*) fir tree

пи́хта silver fir

кедр cedar

ли́ственница larch

берёза birch

оси́на aspen

широколи́ственный broad-leaved

ольха́ alder

попада́ться 1, **попа́сться** 1 to be found

полѐсье wooded district

при́месь (*f.*) a touch, admixture

клён maple

ли́па linden

я́сень (*m.*) ash tree

бук beech tree

распа́хивать 1, **распаха́ть** 1 (**распашу́**, **-а́шешь**) to till, plough up

преоблада́ть 1 (*Imprf.*) to predominate

гидра́т hydrate

о́кись (*f.*) oxide

распа́д disintegration, decay

освое́нность (*f.*) mastery, assimilation

обита́ть 1 (*Imprf.*) to habitate

§ 8

при нали́чии in the presence of

накопле́ние accumulation

вещество́ substance

гу́мус humus

ту́чный rich (soil), fat

толщина́ thickness

§ 9

кашта́новый chestnut (*Adj.*)

солонцева́тость (*f.*) brackishness, salt content

приспособля́ть 1, **приспосо́бить** 2 to adapt, fit, suit

§ 10

лиа́на liana (*bot.*)

самши́т box tree

ци́трусовые плоды́ citrus fruits

эвкалиптовое масло eucalyptus
  oil
тунговое масло tunge oil

§ 11
подчинять 1, подчинить 2 to
  subordinate, subject
подножие foot (of mountain)
подъём ascent

§ 12
стихия element
окаймлённый edged, fringed,
  bordered
пейзаж landscape
убежище shelter
надёжный safe, sure

замок castle
обстраивать 1, обстроить 2 to
  build
отапливать 1, отопить 2 to
  heat
непосредственный direct
соприкосновение contact, touch
бич scourge
постный lenten
общественный дух civic spirit,
  public consciousness
расселение settling
сгущаться 1, сгуститься 2
  (only 3rd pers.) to become dense
судоходный navigable
предприимчивость (*f.*) enterprise

ГЛАВА XXVII | НАСЕЛЕНИЕ СССР

1. Общее количество населения СССР

По количеству населения Советский Союз стоит на 3-м месте в мире после Китая и Индии.

Последняя перепись, произведенная в январе 1959 года, показала, что в СССР живет 208.8 миллионов человек, из которых женщин 55% и мужчин 45%.

Сравнивая итоги настоящей переписи с результатами предыдущей переписи, которая была произведена в 1939 году, можно видеть, что за 20 лет численность населения увеличилась только на 18 миллионов человек, т.е. прирост составлял только 900.000 человек в год. Это говорит о том, что потери за время войны 1941–1945 гг. были чрезвычайно велики. Нормальный прирост населения в СССР составлял и до войны и после нее около 1.7% в год, т.е. примерно 3.4–3.5 миллиона человек в год. Таким образом, за 18 лет население СССР должно было увеличиться по крайней мере на 60 миллионов человек и достигнуть в настоящее время 250–260 миллионов человек.

2. Плотность населения СССР

Средняя плотность населения СССР составляет около 9.5 человек на 1 квадратный километр (или около 25 человек на 1 кв. милю). Однако размещение этого населения по территории СССР чрезвычайно неравномерно. На размещение населения влияют и чисто географические факторы (рельеф, климат, растительность и пр.), и исторические причины.

В СССР наибольшей плотностью отличаются районы центральной части европейской территории, исторически тяготевшие к Москве, а также области правобережной Украины. Если в первом случае сосредоточение населения вызывалось политическими причинами, а также развитием промышленности в центральном районе, то густота преимущественно сельского населения в указанной части Украины объясняется исключительно благоприятными здесь природными, главным образом климатическими и почвенными, условиями. И в том и в другом случае плотность населения доходит до 100 и более человек на 1 кв. км.

Еще более густо заселены оазисы в среднеазиатских Республиках СССР, где концентрация населения достигает иногда плотности в несколько сот человек на 1 кв. км. (1.000 и более человек на 1 кв. милю).

С другой стороны, обширные площади севера европейской и особенно азиатской части СССР отличаются чрезвычайным безлюдьем. Плотность населения этих районов, занимающих свыше половины всей территории СССР, снижается до менее 1 человека на 1 кв. км. (или менее 2.5 чел. на 1 кв. милю). Местами же вообще или нет никакого населения, или встречаются только отдельные стойбища охотников и рыболовов. В советских атласах такие пространства часто называются ''почти незаселенные и незаселенные территории''. Подобные же места встречаются и в центральной части Казахской ССР и в пустынях других среднеазиатских республик—главным образом Узбекской и Туркменской—вследствие отсутствия там достаточного количества воды.

Малой плотностью населения отличаются и горные районы Советского Союза—Кавказа и особенно Тянь-Шаня и Памиро-Алтая. Трудные условия рельефа, исключающие возможность земледелия и крутые склоны, затрудняющие заселение, являются главными причинами этого.

3. Городское и сельское население

Процесс урбанизации, т.е. увеличения городского населения, стал идти особенно быстрым темпом с началом индустриализации СССР, т.е. с самого конца 20-х годов. До революции доля городского населения России составляла только 18%. Приблизительно такое же соотношение городского и сельского населения оставалось в СССР и в первые годы революции. По переписи 1926 года, произведенной в период НЭП'а, когда сельское хозяйство вновь расцвело и окрепло после периода гражданской войны и "Военного коммунизма", значительная часть сельского населения, хлынувшая было в город, вернулась обратно в деревню. Только во время первой пятилетки, с началом усиленной индустриализации, когда возникла острая потребность в рабочей силе в городах для постройки новых промышленных предприятий и для работы в них, население городов начинает быстро увеличиваться. К концу тридцатых годов процент городского населения СССР вырос до 33.

Дальнейший рост городов прерывается с началом второй мировой войны, с эвакуацией значительного количества населения из западных районов СССР на восток. Но после конца войны обратная волна частично восстановила нарушенное войной равновесие, а дальнейшая индустриализация 50 годов еще более усилила процесс урбанизации. Согласно опубликованным результатам переписи, произведенной 15 января 1959 года, городское население страны составляло уже 48%.

Необходимо отметить, что помимо роста населения в старых промышленных городах, в Советском Союзе за время индустриализации возник целый ряд новых, совершенно не существовавших прежде, населенных пунктов. Большая часть из них появилась первоначально в виде рабочих поселков при начале строительства какого-нибудь промышленного предприятия—электростанции, шахты, рудника, завода и пр. Эти рабочие поселки, увеличивающиеся по мере развертывания

строительства, очень скоро превращались в города с населением, занятым исключительно на производстве, и обраставшим постепенно целым рядом обслуживающих его предприятий и учреждений. К числу таких, возникших только во время и в связи с индустриализацией, городов относятся, например, Магнитогорск, Караганда, Комсомольск, насчитывающие теперь многие десятки, а то и сотни тысяч жителей. Этот процесс создания новых городов продолжается и в настоящее время. Братск, Волжск, Ангарск—являются примером городов, насчитывающих не более 10 лет своего существования. В настоящее время в СССР имеется 148 городов с населением свыше 100 тысяч жителей каждый; из них 25 городов насчитывает более 500 тысяч жителей.

4. Национальный состав населения СССР   СССР—страна многонациональная. Народы Советского Союза принадлежат к различным этническим группам, говорят на многих десятках разных языков, исповедуют различные религии.

По подсчету Академии наук СССР в стране насчитывается свыше ста различных языковых групп. Для примера укажем на Дагестанскую АССР, где десятки различных национальностей говорят на 26 различных языках. Самую большую национальную группу образуют славянские народы, составляющие свыше 75% всего населения Советского Союза. Около двух третей всех славян, живущих в СССР, и немного более половины всего населения составляют русские, или великороссы, живущие преимущественно на территории РСФСР, но широко распространенные и в других союзных республиках.

Вторую по численности группу славянских народов образуют украинцы, занимающие юго-западную часть СССР. Они тоже часто встречаются за пределами Украинской ССР, населяя соседние с Украиной части

Российской Федерации и другие союзные республики. Общая численность их около 40 миллионов человек, что составляет около 20% всего населения Советского Союза.

Белоруссы, стоящие на 3-м месте по численности славянских народов СССР, сосредоточены в основном на территории Белорусской ССР и в прилегающих к ней районах других союзных республик. Общая их численность около 8 миллионов человек, т.е. менее 4% всего населения Советского Союза.

Кроме этих трех главнейших представителей восточных славян на территории СССР проживают и гораздо менее многочисленные представители западных и южных славян. Среди первых более многочисленны поляки, оставшиеся еще, хотя и в небольшом количестве, в Советском Союзе. Они живут преимущественно в районах, пограничных с Польшей. На юге СССР можно встретить болгар, поселившихся в России еще во время турецкого владычества в Болгарии.

Вторую по количеству населения группу Советского Союза после славян составляют народы тюрко-татарской языковой группы. К этой весьма обширной группе принадлежат народы Средней Азии: казахи, узбеки, туркмены, киргизы, кара-калпаки,—затем азербайджанцы, татары, башкиры и некоторые из живущих в Поволжье и на северном Кавказе народностей. Таджики, живущие тоже в Средней Азии, не принадлежат к этой группе, а являются народом иранского происхождения.

Третья по количеству группа составляется из народов так называемой финно-угорской языковой группы. Кроме карелов и финнов к ней принадлежат эстонцы, коми, прежде называвшиеся зырянами, мордвины, мари, живущие преимущественно на Поволжье, а также ряд народностей Сибири.

Есть в СССР и представители монгольской или желтой расы. К ним относятся буряты и калмыки. Первые живут в Сибири к северу от Монгольской Народной

Республики, вторые давно уже поселились в низовьях Волги.

Во время Второй мировой войны калмыки, также как и крымские татары и ряд народов Северного Кавказа, подверглись репрессиям со стороны советского правительства и были сосланы куда-то на восток. Только после смерти Сталина они были возвращены на старое место жительства с восстановлением их территории, сначала как автономной области, а затем и как автономной республики. Сказанное выше, впрочем, не относится к крымским татарам и к немцам Поволжья, сосланным в то же время, но до сих пор не возвращенным на старое место жительства.

Особую часть населения Советского Союза составляют так называемые балтийские народы—латыши и литовцы. После 20-летнего существования в качестве независимых государств Латвии и Литвы, а также Эстонии, территории этих народов были оккупированы советскими войсками и насильственно присоединены к Советскому Союзу. Численность этих народов сравнительно невелика: эстонцев около 1, латышей около 1,5 и литовцев около 2,5 миллионов. Менее многочисленны народы Кавказа, не входящие ни в одну из вышеупомянутых групп. К ним принадлежат грузины, насчитывающие около 2.5 миллионов и армяне численностью свыше 2.5 миллионов человек.

Необходимо также упомянуть народности, живущие большею частью на крайнем севере Сибири и на Дальнем Востоке СССР. Это народности, которые относятся к так называемым палеазиатам, т.е. коренным обитателям Азии, к которым относятся также алеуты и эскимосы Северной Америки.

Некоторые народы живут на территории СССР чрезвычайно разбросано. К таким народам принадлежат, например, евреи, насчитывающие более 2 миллионов человек. Попытки советского правительства сосредоточить еврейское население в специально созданной для

них Еврейской автономной области Хабаровского края (на Дальнем Востоке) не увенчались успехом, и огромное большинство евреев продолжает жить в Европейской части СССР.

5. **Религиозная принадлеж- ность**   Многонациональное население Советского Союза естественно исповедует различные религии. Наиболее распространено христианство. Среди восточных славян—русских, украинцев и белоруссов—преобладает православие, но часть украинцев и белоруссов, главным образом тех, которые продолжительное время находились под властью Польши, принадлежит к Католической церкви, восточного обряда.

Римско-католическое исповедание является господствующим в Литве. Протестанство распространено преимущественно среди латышей и эстонцев. Из нехристианских религий наиболее крупную группу составляют мусульмане, принадлежащие почти исключительно к тюрко-татарской языковой группе. Наконец, есть и буддисты, к которым принадлежат калмыки, буряты и другие монгольские народы.

Во многих местах Советского Союза, благодаря сгущению разных народностей на сравнительно небольшой территории, как например, на Кавказе, религиозные верования представляют чрезвычайно пеструю картину. Там живут не только христианские народы (грузины, армяне и некоторые из народностей северного Кавказа), и мусульмане (азербайджанцы, кабардинцы, чеченцы и другие), но и евреи и исповедующие разные, еще более древние верования.

Среди народов Сибири еще сохранились следы шаманства, почитание родовых культов, вера в духов—покровителей и другие языческие верования. Они сохранились до настоящего времени, хотя все эти народы были формально крещены еще в 18 или 19 веках, и несмотря

на борьбу с этими верованиями и в дореволюционное время и антирелигиозную пропаганду в советский период.

Словарь

§ 1

пе́репись (*f.*) census
ито́г result
предыду́щий previous
чи́сленность (*f.*) number, quantity
приро́ст growth
поте́ря loss

§ 2

пло́тность (*f.*) density
размеще́ние distribution
неравноме́рно unevenly
тяготе́ть 1 (*Imprf.*) to gravitate, to be attracted
правобере́жный situated on the right bank
сосредото́чение (**сосредото́чить**) concentration
густота́ (**густе́ть**, **густо́й**) density
преиму́щественно mainly
безлю́дье deficiency of population
сто́йбище station, outpost
склон slope, side

§ 3

соотноше́ние relation
хлы́нуть 1 (*Prf.*) (only 3rd pers.) move rapidly, flow, gush out
равнове́сие balance
ша́хта pit, mine
рудни́к mine
по ме́ре развёртывания in proportion to the development, expansion

обраста́ть 1, **обрасти́** 1 to grow over
насчи́тывать 1, **насчита́ть** 1 to count, number
испове́дывать 1 (*Imprf.*) (**испове́дание**) to profess a faith, confess

§ 4

прилега́ющий adjoining, adjacent
подверга́ться 1, **подвергну́ться** 1 (**репре́ссиям**) to be subjected to (oppression)
восстановле́ние (**восстана́вливать** 1, **-нови́ть** 2) restoration
наси́льственно (**насилие, насильник, насиловать**) forcibly
вышеупомя́нутый above-mentioned
увенча́ться успе́хом to be crowned with success

§ 5

преоблада́ть 1 (*Imprf.*) to predominate
сгуще́ние ра́зных наро́дностей concentration of different nationalities
почита́ние родовы́х ку́льтов ancestor worship
покрови́тель (*m.*) protector
шама́нство shamanism

ГЛАВА XXVIII

ПРИРОДНЫЕ РЕСУРСЫ СССР

Под природными ресурсами понимают обыкновенно те природные богатства, которые могут быть использованы человеком в его хозяйственной деятельности. К ним относятся: полезные ископаемые, леса, кустарники, дикорастущие травы, животные, пушные звери, рыбы и птицы.

Благодаря обширности своей территории, СССР достаточно богат в отношении всех вышеупомянутых природных ресурсов. Однако при современном уровне хозяйственного развития наибольшее значение имеет группа минеральных ресурсов, используемых как сырье в различных отраслях народного хозяйства.

1. Полезные ископаемые Советского Союза

По количеству и разнообразию своего минерального сырья Советский Союз занимает, вероятно, одно из первых мест в мире. Нет, пожалуй, в настоящее время такого минерала, который не находился бы на территории СССР. Это, конечно, не значит, что запасы каждого из находящихся на территории страны полезных ископаемых достаточны для развития СССР, и что все они обладают необходимым качеством для их использования.

Минеральные ресурсы обыкновенно подразделяются на группы: топливные, или энергетические, полезные ископаемые, черные и цветные металлы, неметаллические, или нерудные полезные ископаемые.

2. Топливо   В эту группу входят: уголь, нефть, горючие сланцы, природный, или натуральный газ, торф.

Уголь. По запасам угля Советский Союз стоит в настоящее время на втором месте после США, хотя подсчеты геологических запасов угля, произведенные в СССР в течение последних лет, указывают на то, что их может быть еще больше. Наиболее богатые углем районы СССР находятся в восточной и западной Сибири; там расположены крупнейшие угольные бассейны: Кузнецкий, запасы которого составляют свыше 20% общесоюзных запасов, Иркутский и еще мало разведанный Тунгусский. Кроме этих угольных бассейнов, которые стали эксплуатироваться более или менее интенсивно только в последние два десятилетия, в Советском Союзе имеется ряд других угольных месторождений, которые более важны в добыче угля. Первое место по добыче угля до сих пор занимает Донецкий бассейн, обладающий различными сортами угля, в том числе и коксующимися. Благодаря этому, и в дореволюционное время и теперь Донецкий бассейн был и остался главным районом металлургической и вообще тяжелой промышленности. Важное значение получил во время Второй мировой войны воркутский район, находящийся в северо-восточном углу европейской территории СССР. Из других месторождений следует упомянуть о Караганде в Казахской ССР, уголь которого используется преимущественно в металлургии южного Урала и в Казахстане. Менее качественный бурый уголь (или лигнит) используется на электростанциях и в химической промышленности. Больше всего он применяется в подмосковном буроугольном бассейне, в челябинском районе и в некоторых других районах Сибири.

Нефть. Нефтяные запасы СССР также весьма значительны. До Второй мировой войны главными районами добычи нефти были месторождения бакинского нефтеносного района. Он был известен с конца 19 века, как центр

нефтяной добычи мирового значения. В связи с открытием новых крупных месторождений между Уралом и Волгой, центр добычи нефти начал перемещаться в этот новый район. В настоящее время этот район, известный под названием "Второе Баку", стал главным нефтедобывающим районом СССР. Он дает свыше 70% всей нефтедобычи СССР. Наиболее значительные месторождения этого района расположены в Татарской и Башкирской автономных республиках. Роль Баку резко снизилась, и в настоящее время добыча нефти там не составляет и 15% всей добычи Советского Союза. Остальные ресурсы нефти находятся ва Северном Кавказе и в Средней Азии, в западной части Украины и на Сахалине. Добыча нефти из всех этих месторождений, однако, незначительна.

Природный газ. В Советском Союзе природные газы являются новым видом топлива. Месторождения природного газа начали эксплуатироваться только после Второй мировой войны. Главнейшие из них находятся в Поволжье и на северном Кавказе. Известны также месторождения в старых нефтяных районах Кавказа (Баку), в Западной Украине, в районе "Второго Баку". Самое последнее открытие месторождений природного газа было сделано в районе Харькова. Из всех указанных мест в настоящее время уже проведены газопроводы в Москву и другие промышленные центры.

Горючие сланцы. Месторождения горючих сланцев были открыты в разных районах Советского Союза. Главным образом используются месторождения, которые находятся в Эстонской ССР и прилегающих к ней районах Ленинградской области. Остальные ресурсы, гораздо меньшего промышленного значения, находятся в среднем Поволжье, в Казахстане и некоторых других частях СССР.

Торф. Залежи этого малоценного топлива занимают огромную площадь в СССР—преимущественно в лесной низменной полосе европейской территории и в Западной

Сибири. Запасы торфа колоссальны. Используется торф, однако, только в промышленных районах центральной части европейской территории Советского Союза и в западных союзных республиках, где нет других видов топлива.

3. Черные металлы

Железная руда. Запасы железной руды в Советском Союзе весьма велики. Самые крупные месторождения находятся на Украине, около города Кривой Рог и на Урале. Уральские месторождения были известны еще в 17 веке, и Урал до конца 19 века был главным производителем чугуна и стали в России. После открытия криворожских месторождений центр металлургического производства переместился на юг. Запасы этих двух районов составляют более 50% всех известных железнорудных запасов СССР. В течение последних лет открыты значительные запасы железной руды в северном Казахстане, в Западной и в Восточной Сибири. На базе этих месторождений теперь создаются новые металлургические центры на востоке страны.

Марганцевая руда. По запасам и по добыче марганцевой руды СССР стоит на первом месте в мире. Крупнейшие запасы с рудами очень высокого качества находятся на Украине, около Никополя и в Грузии, откуда часть руды вывозилась за границу через черноморские порты. Имеются марганцевые руды также на Урале, в Казахстане и в Западной Сибири.

Хромовая руда. Запасы хромовых руд СССР сосредоточены большею частью в районе Урала. Эти месторождения принадлежат к крупнейшим в мире. Хром имеет огромное значение в производстве различных ферросплавов. Такое же значение имеют титановые руды, главные месторождения которых находятся на Урале.

4. Цветные металлы Из этой обширной группы металлов наиболее известны: медь, цинк, свинец, никель, алюминий, олово. Запасы этих металлов в СССР, за исключением олова, занимают одно из первых мест в мире.

Медь. В дореволюционное время самым богатым медью районом России считался Урал. Добывали медь и в Закавказье, в горах Армении. В настоящее время, однако, Урал должен уступить свое первенство в этом отношении Казахстану, где за последние десятилетия обнаружены крупнейшие месторождения СССР в районе озера Балхаш. Имеется медь и в других частях Казахстана и также в других районах азиатской части СССР.

Цинк и свинец. Эти руды находятся в разных местах СССР. Более важные запасы этих металлов сосредоточены в Средней Азии и Казахстане, на Северном Кавказе, в Забайкалье и на Дальнем Востоке.

Алюминий. Важнейшим сырьем для алюминия являются бокситы. Месторождения этих последних находятся на Урале, в Казахстане и в Сибири. Одно из первых бокситовых месторождений, послужившее базой для создания первых в Советском Союзе алюминиевых заводов на Волхове и на Днепре, находится недалеко от Ленинграда.

Никель. До Второй мировой войны главные места добычи никеля были на Урале и в Сибири. После оккупации северной части Финляндии Советский Союз приобрел крупные месторождения в районе Петсамо, который и стал одним из важнейших центров добычи этого металла. Вместе с никелем обычно добывается и кобальт, имеющий большое применение в современной промышленности. В Советском Союзе есть еще много разных других металлов, имеющих различное применение в промышленности. Среди наиболее важных из них находятся вольфрам, молибден, олово и другие.

Благородные металлы. Золото, серебро и платина в СССР входят в группу так называемых благородных

металлов. Месторождения платины сосредоточены только на Урале, а золото в СССР добывается в разных местах. Главные центры золотопромышленности находятся на реке Лене и ее притоках, и на реке Колыме. Этот район стал известен, потому что здесь советской властью широко применяется принудительный труд, и здесь были сосредоточены крупнейшие концентрационные лагеря. Золото добывается и на Урале, в Казахстане и в других местах.

Надо было бы упомянуть о месторождениях урановой руды,—самого ценного в настоящее время сырья для производства атомной энергии. Но ввиду того, что все связанное с ураном составляет в Советском Союзе государственную тайну, никаких данных о месторождениях и о добыче урановой руды в советской печати не публикуют.

5. Нерудные ископаемые

Эта группа полезных ископаемых включает в себя самые разнообразные минералы, используемые в разных отраслях промышленности, в строительстве, в сельском хозяйстве. Например, в химической промышленности используются разные соли, сера, фосфориты и др. Части этих ископаемых используются в металлургии и в строительстве, как например—разные глины, гипс, граниты и пр. Наконец, СССР богат и такими ценными ископаемыми, как слюда, асбест, драгоценные камни, алмазы (последние найдены недавно в Якутии).

6. Гидроресурсы СССР

К природным ресурсам относятся и запасы водной энергии рек СССР.

Распределение этих ресурсов по территории СССР неравномерно, что связано с рельефом, климатом, направлением рек и пр. Более 61% всех гидроресурсов находится в реках Сибири и Дальнего Востока и около 20%—в Средней Азии и Казахстане.

Несмотря на то, что в европейской части СССР имеется только около 13% всех гидроресурсов, большая часть гидростанций построена именно в европейской части на Волге, Днепре и других реках. Это вызывается потребностью в электроэнергии старых промышленных районов европейской территории Советского Союза. Только в самые последние годы начато использование азиатских рек СССР, где новые гидростанции строятся на Оби, Ангаре, Енисее.

7. Растительные богатства   Советский Союз обладает огромной площадью лесов. По исчислениям специалистов около 20% всех лесов земного шара сосредоточено на территории СССР. А в самом СССР около 50% всей его территории находится в лесной зоне. Леса СССР очень ценны, так как на 80% состоят из хвойных пород, дающих основную массу сырья для строительства и для целлюлозно-бумажной промышленности. Но расположение лесов чрезвычайно неравномерно—больше трех четвертей их находится в Сибири. Поэтому в СССР до сих пор в целом ряде районов востока и северо-востока леса не вырубаются, гниют и становятся негодными для использования. Правильное лесное хозяйство ведется только в районах, расположенных сравнительно недалеко от сплавных рек или других путей сообщения. Естественные луга и пастбища являются также важным природным богатством для развития животноводства. В СССР много лугов по берегам рек, используемых для выпаса скота. Кормовыми травами богаты и горные районы, в которых ведется полукочевое скотоводство. Летом скот выгоняется на горные пастбища, где остается до первого снега. Зимой скот пасется в долинах. Такие районы в Советском Союзе имеются на Кавказе и в Средней Азии, жители которых с незапамятных времен занимались такого рода хозяйством.

8. Богатство животного мира СССР

Из всего обширного животного мира, который имеется в СССР, наибольшее хозяйственное значение имеют пушные звери и рыбные богатства. От охоты на пушного зверя и от разведения его в специальных питомниках Советский Союз получает большое количество самого разнообразного меха. Разведение особо ценных видов пушного зверя—чернобурых лисиц, голубых песцов, соболей,—стало отраслью государственного хозяйства и приносит стране значительный доход. Кроме этого, продолжает, конечно, существовать и охотничий промысл, являющийся в целом ряде мест Сибири и Дальнего Востока основным занятием местного населения.

В рыбных промыслах Советского Союза в последние годы произошли значительные географические сдвиги. Если раньше главным районом рыболовства был Волго-Каспийский бассейн, то теперь, в связи с понижением уровня Каспия, этот район потерял значение главного поставщика рыбы. Морское рыболовство на севере и, особенно, в водах Тихого океана, на Дальнем Востоке и даже за пределами территориальных вод СССР получило гораздо большее развитие. Существенное значение имеет и морской промысл на морского зверя—тюленей, моржей, китов.

Вопросы

1. Что вы понимаете под природными ресурсами?
2. Какие группы полезных ископаемых вы знаете?
3. Богат ли СССР углем и где находятся крупнейшие месторождения?
4. Где еще добывается уголь?
5. Какое значение имеет район Баку?
6. Где добывается больше всего нефти в настоящее время?
7. Добывается ли природный газ в СССР?
8. Какие еще виды минерального топлива вы знаете?
9. Что такое черные металлы?
10. Где находятся самые важные месторождения железной руды?

11. Расскажите про марганцевую руду в СССР.
12. Какие имеются еще черные металлы и где они находятся?
13. Назовите важнейшие цветные металлы.
14. Назовите важнейшие месторождения меди.
15. Что содержится в полиметаллических рудах?
16. Из чего делается алюминий, и где находится сырье для его производства?
17. Где добывается никель?
18. Есть ли золото в СССР?
19. Какие вы знаете нерудные ископаемые?
20. Где построены самые большие гидростанции СССР?
22. Где находятся главные рыбные промыслы СССР?
23. Что такое пушнина и какие звери дают ее?

Словарь

де́ятельность (*f.*) activity
ископа́емые minerals
пушно́й зверь fur bearing animal
обши́рность (*f.*) spaciousness, vastness
сырьё raw material
о́трасль (*f.*) branch

§ 1

разнообра́зие diversity
облада́ть 1 (*Imprf.*) to possess, to own
то́пливный fuel
цветны́е мета́ллы non-ferrous metals
неру́дные ископа́емые non-metalic minerals

§ 2

подсчёт calculation
месторожде́ние deposit
добы́ча extraction, output
коксу́ющийся coking
бу́рый у́голь brown coal
снижа́ться 1, **сни́зиться** 2 (**сни́жусь, сни́зишься**) to go down

прилега́ющий bordering, adjoining
за́лежь (*f.*) deposit

§ 3

производи́тель (*m.*) producer
криворо́жский (*Adj. from* **Криво́й Рог**)
сосредото́чивать 1, **сосредото́чить** 2 to concentrate
хром chromium
ферроспла́в ferro-alloy
тита́новые ру́ды titanic ores

§ 4

медь (*f.*) copper
цинк zinc
свине́ц lead
ни́кель (*m.*) nickel
о́лово tin
пе́рвенство primacy, priority
обнару́живать 1, **обнару́жить** 2 to discover
приобрета́ть 1, **приобрести́** 1 (**приобрету́, приобретёшь**) to acquire, to gain
свя́занный connected

§ 5
céра sulphur
слюдá mica
алмáз diamond

§ 6
распределéние distribution
равномéрно evenly, uniformly

§ 7
вырубáться 1, вы́рубиться 2 to be cut down (only 3rd pers.)
сплавнáя рекá floatable river
естéственный луг natural meadow
пáстбище (*Pl.:* **-ща**) pasture

выгоня́ться 1, вы́гнаться 2 to be driven out (only 3rd pers.)
незапáмятные временá time immemorial

§ 8
чернобýрая лиси́ца silver fox
голубóй песéц blue fox
сóболь (*m.*) sable
дохóд profit, return
сдвиг shift, displacement
поставщи́к supplier
предéл limit, boundary
тюлéнь (*m.*) seal
морж walrus
кит whale

ГЛАВА XXIX

ПРОМЫШЛЕННОСТЬ, СЕЛЬСКОЕ ХОЗЯЙСТВО, ТРАНСПОРТ

ПРОМЫШЛЕННОСТЬ

1. Общие сведения

За последние три десятилетия в размещении промышленности СССР произошли большие изменения. Если раньше почти вся промышленность была сосредоточена в нескольких районах европейской территории страны, то теперь значительная часть промышленности передвинулась на восток. В настоящее время не только Урал, но и Казахстан и Западная Сибирь являются крупными промышленными районами Советского Союза.

2. Размещение главных отраслей тяжелой промышленности

Одна из наиболее важных отраслей тяжелой промышленности это добыча топлива. До последнего времени в Советском Союзе уголь играл главную роль как источник энергии, и угольная промышленность считалась одной из важнейших отраслей промышленности СССР. В размещении и этой отрасли произошли крупные сдвиги. Донецкий угольный бассейн, дававший до 80% всего угля еще в конце 20-х годов, дает в настоящее время не более 33% всего добываемого в Советском Союзе количества угля. Это произошло потому, что сильно увеличилась добыча угля в Кузнецком бассейне, в Караганде и на Урале.

В добыче нефти тоже произошли большие сдвиги. Баку, бывший самым крупным районом нефтедобычи

СССР вплоть до Второй мировой войны, дает теперь только около 15% всей нефти страны. Главным районом добычи нефти стали Татарская и Башкирская автономные республики, откуда нефть направляется по нефтепроводам на запад и на восток, вплоть до Восточной Сибири.

Новый вид топлива, совершенно не использовавшийся прежде,—природный газ, месторождения которого оказались очень удачно расположенными в разных частях европейской территории СССР. В настоящее время газ по газопроводам идет с Северного Кавказа, с Волги, с Карпат в Центральный промышленный район и в Ленинград. Кроме того, открыты недавно очень крупные газовые месторождения в районе Харькова, в Средней Азии и даже в низовьях реки Обь.

В связи с усиленной эксплуатацией этих видов топлива, добыча торфа не имеет большого значения. Однако до сих пор в топливном балансе ряда районов центра и северо-запада, где почти отсутствуют более ценные виды топлива, торф продолжает играть значительную роль.

3. Электрифика-
ция

Большое внимание было уделено использованию гидроэнергетических запасов Советского Союза. Кроме построенных еще до последней войны крупных гидростанций на Днепре, на Кавказе и на северо-западе европейской территории СССР, в настоящее время работает уже самая крупная электростанция на Волге, около города Куйбышева. Скоро будет окончена и Сталинградская гидроэлектростанция, ток которой будет частично передан по высоковольтной линии на Урал и в Центральный промышленный район. Еще более крупные гидростанции, которые будут самыми мощными в мире, строятся в настоящее время в Сибири: на Ангаре и на Енисее.

Однако советское правительство решило в настоящее

время воздержаться от строительства новых крупных гидростанций, так как постройка их требует гораздо более длительного времени и значительно более крупных капитальных затрат, чем строительство тепловых электростанций.

4. Черная металлургия В производстве черного металла наблюдаются такие же сдвиги на восток, как и в других отраслях тяжелой промышленности. Если до революции главным металлургическим районом России был юг европейской территории страны, а Урал давал только около одной пятой части всей производимой в России стали, то в настоящее время производство этих двух главных районов почти сравнялось. Кроме того, создана металлургия дальше на востоке—в Западной Сибири. Планируется строительство металлургических заводов и в Восточной Сибири.

Для местных потребностей построены сравнительно небольшие металлургические заводы в Закавказье, в Казахстане и в Средней Азии.

5. Машиностроение Машиностроение—отрасль обрабатывающей промышленности, которой в Советском Союзе придается особенно большое значение. Уже в самом начале индустриализации СССР большое внимание было обращено на создание целого ряда новых машиностроительных заводов, которые могли бы обеспечить страну самым разнообразным оборудованием. И тогда уже, кроме старых центров производства, которое было сосредоточено в центральном районе, в Ленинграде, в Харькове и в немногих других городах, возникли первые крупные машиностроительные предприятия на Волге и на Урале. На этот процесс сдвига машиностроительной промышленности на восток очень сильно повлияла война.

Много заводов из западных районов СССР было эваку-
ировано на Волгу, на Урал и даже в Сибирь. После окончания войны бо́льшая часть из вновь созданных на востоке
предприятий не была возвращена на старые места.

Таким образом, кроме восстановленных после войны
заводов на старом месте, появился целый ряд новых
заводов—дублеров в восточных районах страны. Именно
этим объясняется очень быстрый рост городского населения на Урале, в Западной Сибири и на Волге.

Тоже самое произошло и с другими отраслями тяжелой
промышленности-химической, строительных материалов.
Районы Советского Союза, находящиеся на Волге, на
Урале и в Сибири, становятся в настоящее время
важными производителями разнообразной продукции
этих отраслей промышленности.

6. Лесная и дере- Около 30% территории СССР
вообрабаты- покрыто лесами. Большая часть их
вающая промы- расположена в азиатской части
шленность Советского Союза. Однако до
настоящего времени самые круп-
ные лесные заготовки производились в европейской
части страны, где, особенно в более густо населенных
районах, леса оказались сильно истощенными. Поэтому
в лесозаготовках древесины в последние годы тоже
произошли некоторые сдвиги на восток и север.
Однако и до настоящего времени в очень многих районах
Сибири и Дальнего Востока леса перестаивают, гниют и
гибнут. Большой ущерб приносят также лесные пожары
в тайге.

7. Легкая и Отрасли промышленности, которые
пищевая про- занимаются переработкой сельско-
мышленность хозяйственного сырья, чаще всего
размещены в непосредственной
близости к местонахождению этого сырья. Таковы,

например, сахарная, маслобойная, кожевенная, консервная и многие другие отрасли промышленности. Но текстильная промышленность далеко не всегда находится в районах, где находится сырье. Хлопчатобумажная промышленность в России была концентрирована в центральных районах, в то время как хлопок растет далеко на юге. Советское правительство пыталось децентрализовать текстильную промышленность, создавая новые текстильные фабрики в Средней Азии, в Закавказье и в некоторых других местах. Но и до настоящего времени свыше 80% всех хлопчатобумажных тканей выпускается фабриками центрального района. На Урале, в Восточной Сибири, на Дальнем Востоке, на Северном Кавказе, на Украине, в Грузии, в Казахстане и в некоторых других Союзных республиках хлопчатобумажная промышленность практически отсутствует. Такое же положение существует в шерстяной промышленности.

Так ''осуществляется'' ленинский принцип необходимости приближения промышленности к ''источникам'' сырья и пунктам потребления.

1. Назовите главные виды топлива.
2. Какие изменения произошли в размещении угольной промышленности?
3. Почему Баку дает только 15% всей добычи нефти СССР?
4. Где построены самые крупные гидроэлектрические станции?
5. Почему советское правительство решило не строить больше крупных гидроэлектрических станций?
6. Назовите главные центры металлургического производства.
7. Как повлияла война на развитие новых центров производства машин?
8. Почему самые крупные заготовки леса производились в европейской части СССР, хотя большая часть лесов находится в Сибири?

Словарь

§ 1

размещéние distribution
сосредотóчивать 1, -тóчить 2
to concentrate

§ 2

óтрасль (*f.*) branch
истóчник source
сдвиг shift
добы́ча extraction (mining)
вплоть up to
месторождéние deposit
низóвье lower part of a river

§§ 3, 4, 5

мóщный powerful
воздéрживаться 1, -жáться 2
to refrain
затрáта expenditure
потрéбность (*f.*) need
обрабáтывающий manufacturing

обеспéчивать 1, -чить 2 to
provide, guarantee
оборýдование equipment
возникáть 1, -кнуть 1 spring
up, arise
восстанóвленный reconstructed,
restored

§§ 6, 7

истощённый depleted
древесúна wood
гнить 1, с- to decay
ущéрб damage
маслобóйный завóд oil factory
кожéвенный завóд tannery
хлопчатобумáжные ткáни
cotton fabrics
хлóпок cotton (plant)
консéрвный завóд canning factory
пытáться 1, по- to try
(шерсть) шерстянóй (*Adj.*)
woollen

СЕЛЬСКОЕ ХОЗЯЙСТВО

Сельское хозяйство—вторая основная отрасль народного хозяйства Советского Союза. В ней занято около 40% населения СССР.

Советский Союз обладает исключительно большим земельным фондом и имеет громадные возможности для сельскохозяйственного производства. Но пахотные земли составляют в настоящее время только около 11%, а все сельскохозяйственные эемли, находящиеся в эксплуатации, т.е. включающие и пастбища и сенокосы,— около 30%.

Земельные угодья расположены в различных природных зонах—от тундры на севере до субтропиков на юге. Наиболее освоены черноземные пространства

лесостепной и степной зон, на которые приходится более 60% всей посевной площади Советского Союза. В лесной зоне распахано менее 5%, а в зоне сухих степей около 25%. Еще менее освоены районы полупустынь и пустынь, где земледелие ведется с помощью искусственного орошения.

1. Зерновое хозяйство

Зерновое хозяйство является основой всего сельскохозяйственного производства. В географии зернового производства произошли тоже большие изменения. С 1954 года было начато использование целинных и залежных земель за Уралом, в северном Казахстане, в Западной и отчасти в Восточной Сибири. Это значительно увеличило посевную площадь под зерновыми культурами и в особенности под пшеницей. Несмотря на это и на то, что за последние 30 лет сельскохозяйственные работы были механизированы и посевные площади снабжены искусственными удобрениями, сбор зерна в стране далеко не полностью удовлетворяет все потребности страны в хлебе.

Запланированный в 1955 году сбор зерна на 1960 год в размере 180 миллионов тонн планируется по семилетнему плану только на 1965 год.

2. Технические культуры

Сдвиги в размещении технических культур гораздо менее значительны.

Сахарная свекла, которая издавна культивировалась на Украине и в прилегающих к ней районах Российской Федерации, стала сеяться в Прибалтике, Белоруссии, Закавказье, в Средней Азии (на поливных землях), в Западной Сибири и даже на Дальнем Востоке. Но во всех этих районах посевы сахарной свеклы очень невелики, и до настоящего времени старые районы дают свыше 88% всего производимого в СССР сахара.

Главная текстильная культура—хлопчатник разводилась с давних времен в Средней Азии и в Азербайджане. Посевные площади под хлопчатником в СССР выросли настолько, что текстильная промышленность не нуждается в привозе хлопка из заграницы. Но попытки советского правительства продвинуть хлопчатник в другие районы, в частности на Северный Кавказ и на Украину,— кончились неудачей. Урожайность хлопка в этих районах была в несколько раз меньшей, чем в Средней Азии. Поэтому в настоящее время хлопок там не разводится.

Другая текстильная культура—лен, издавна культивировалась в западных районах Советского Союза и к северу от Москвы. Сеют лен также около Урала и в Западной Сибири, но главными районами разведения льна остаются по прежнему северо-западные районы.

Конопля является третьей текстильной культурой, которую сеют в СССР. Местом ее посевов является средняя полоса европейской части СССР, т.е. район южнее занимаемого льном и севернее того, где разводится сахарная свекла.

Среди масличных культур первое место в Советском Союзе занимает подсолнечник. Подсолнечное масло является наиболее широко распространенным видом растительного масла, а семячки подсолнуха любимым лакомством народа. Подсолнечник разводится преимущественно в степной полосе СССР. Кроме европейской территории, его можно встретить теперь и на Урале, и в Сибири, и в Казахстане.

3. Животноводство Кормовые культуры занимают в настоящее время более 20% всей посевной площади Советского Союза. Сюда входят не только однолетние и многолетние травы, но и кукуруза, идущая на силос и используемая как заленая масса на корм скоту. Несмотря на то, что современная площадь под кормовыми культурами примерно

в 12 раз превышает посевную площадь под такими культурами в дореволюционное время, животноводство в Советском Союза развивается чрезвычайно медленно. Общее поголовье крупного рогатого скота, например, только в 1958 году достигло уровня 1928 года, который был последним годом перед коллективизацией сельского хозяйства в СССР. Количество овец и коз за то же время увеличилось только на 14%. Животноводство распространено почти повсюду в Советском Союзе, начиная с севера, где развито оленеводство, и до южных частей страны, где преобладает мясное и мясо-шёрстное животноводство, и даже верблюдоводство (в пустынях и полупустынях).

Сельское хозяйство Советского Союза продолжает оставаться отсталой отраслью народного хозяйства, несмотря на целый ряд мероприятий советского правительства, направленных на увеличение производства сельскохозяйственной продукции.

1. В какой природной зоне больше всего земель, удобных для сельского хозяйства?
2. Какие сдвиги произошли в размещении зерновых культур?
3. Где культивируются главные текстильные культуры?
4. Какая масличная культура имеет наибольшее распространение в СССР?
5. Что такое кормовая культура?
6. Как объяснить отставание СССР в животноводстве?

Словарь

па́хотная земля́ arable land
па́стбище pasture
сенокос meadowland
посевна́я пло́щадь acreage under crop
иску́сственное ороше́ние artificial irrigation

§ 1
зерново́е хозя́йство grain farming
за́лежный fallow
пшени́ца wheat
удобре́ние fertiliser
сбор harvest, yield

§ 2

свёкла beets (sugar)
се́ять 1, **по-** to sow
поливна́я земля́ irrigated land
в ча́стности in particular
неуда́ча failure
урожа́йность (*f.*) crop capacity
лён flax
конопля́ hemp
масли́чный (*Adj.*) oil-bearing
подсо́лнечник (подсолнух) sunflower

расти́тельное ма́сло vegetable oil
ла́комство delicacy

§ 3

ı ормовы́е культу́ры fodder crops
поголо́вье livestock
кру́пный рога́тый скот cattle
коза́ goat
отста́лый backward

ТРАНСПОРТ

1. Железнодорож- Главным видом транспорта в
ный транс- СССР, вследствие громадных раз-
порт меров страны и удаленности морей
от основных ее экономических
районов, являются железные дороги. Природные
условия на большей части территории СССР благоприятны для развития железнодорожного транспорта. Рельеф,
за исключением горных районов, не создает особых
трудностей для сооружения и эксплуатации железных
дорог. Но неблагоприятные климатические условия
вызывают иногда необходимость в дополнительных
затратах. Зимой приходится вести борьбу со снежными
заносами на большей части территории страны. В Средней
Азии и Казахстане надо преодолевать безводные пространства. На севере, особенно в Восточной Сибири,
приходится иметь дело с вечной мерзлотой.

Железнодорожная сеть в настоящее время составляет
около 125 тысяч км., т.е. около 80 тысяч миль. Для
такой огромной страны, как Советский Союз, этого
совершенно недостаточно, и по плотности железнодо-
рожных линий СССР продолжает отставать от целого
ряда стран. Но железные дороги продолжают оставаться
самым главным видом транспорта в СССР. Они перево-
зят более 80% всех грузов и пассажиров СССР.

Новое строительство железных дорог, как и строительство промышленных предприятий и освоение новых земель для нужд сельского хозяйства, ведется преимущественно в восточных районах.

В настоящее время заканчивается постройка так называемой Южной Сибирской магистрали, которая соединит Европейскую территорию СССР с Кузнецким угольным бассейном в Западной Сибири. Далее она должна соединиться с веткой железной дороги, уже построенной от Тайшета к реке Лене. По плану она должна быть проведена дальше, к северу от старой Сибирской магистрали, до Комсомольска на Амуре.

2. Речной транспорт СССР обладает самой большой в мире сетью внутренних водных путей сообщения. В настоящее время из них используется около 80 тысяч миль для судоходства и до 250 тысяч миль для лесосплава. Наибольшее значение в водном транспорте СССР имеет система реки Волги с ее главнейшими притоками. На нее приходится свыше 50% всего речного грузооборота. Очень большую роль в речном грузообороте играет также так называемая Мариинская водная система, соединяющая Волгу с Балтийским морем посредством каналов и разных рек между ними. Реки севера Европейской части СССР используются главным образом для сплава леса к портам Белого и Баренцова морей, откуда он экспортируется за границу.

Среди рек, текущих на юг, наибольшее значение имеет Днепр, ставший судоходным на всем своем протяжении после постройки плотины у города Запорожье. Кроме крупной гидростанции Днепрогэс, построенной там еще в начале 30-х годов, на Днепре построена еще одна, и строятся еще две.

Дон не имел крупного значения для судоходства до последнего времени. Но после постройки Волго-Донского

канала около Сталинграда нижнее течение Дона стало играть большую роль для грузов, идущих с Волги в Азовское и Черное моря.

Реки Кавказа почти вовсе не судоходны. Только там, где эти горные реки выходят на низменность, возможна навигация на небольшое расстояние.

Реки Сибири почти все текут на север и впадают в Северный Ледовитый океан. Поэтому нижнее течение этих рек замерзает на очень длительный период времени (до 8–9 месяцев). Вследствие этого пользование этими реками для плавания сильно ограничено. Только Амур может быть использован для судоходства в течение 5–6 месяцев в году.

Важное значение для судоходства имеют искусственные водные пути, т.е. каналы. Первые каналы начали строиться еще в конце 18 века. Наибольшее значение имело Волго-Балтийское соединение, известное под названием Мариинской системы. Она была построена в 1810 году.

Балтийское море было соединено и с Днепром. Каналы, построенные в середине 19 века, соединяли притоки Днепра—Припять и Березину—с Вислой, Неманом и Западной Двиной.

В последние десятилетия построены три канала: Беломорский, соединяющий Онежское озеро с Белым морем, канал имени Москвы, дающий прямую водную связь реки Москвы с Волгой, и наконец, упомянутый уже Волго-Донской канал.

3. Морской транспорт Доля морского транспорта в общем грузообороте СССР вместе с речным составляет менее 12%. Но перевезено грузов морским транспортом примерно в два с половиной раза меньше, чем речными судами. Объясняется это тем, что моря используются почти исключительно прибрежными районами страны. А в Советском Союзе эти районы экономически гораздо менее развиты, чем

центральные районы. Внешняя же торговля не играет большой роли в перевозках морского транспорта. Поэтому по размерам грузооборота морского транспорта СССР на первом месте стоит Каспийское море, где главным грузом является нефть Бакинского района. Кроме нефти по Каспийскому морю перевозится хлопок из Средней Азии и Закавказья. В обратном направлении главным грузом является лес, идущий с севера по Волге и далее по морю в южные безлесные районы.

Черное море на юге и Балтийское море на западе имеют значение как для внутренних, так и для внешних связей. Такое значение имеет Тихий океан.

Использование Северного морского пути возможно при широком участии ледоколов, разведочной авиации, и работе целого ряда метеорологических и радио станций, построенных в Арктике. Но и при этих условиях время плавания ограничено там тремя, максимум четырьмя, месяцами в году. Этим путем пользуются для вывоза леса и некоторых ископаемых из северных районов Сибири. Северный морской путь важен также для снабжения этих северных районов продуктами питания и оборудованием для имеющейся там промышленности. Но основное значение этого морского пути заключается в изучении природных условий в Арктике, что важно в стратегических целях в первую очередь.

4. Автомобильный транспорт Автомобильный транспорт в Советском Союзе играет еще меньшую роль, чем водный транспорт: доля его в общем грузообороте страны выражается примерно 5% (пятью процентами). Хотя СССР выпускает гораздо больше грузовых машин, чем пассажирских, грузовое движение совершается только на короткие расстояния (в среднем до 12 миль), т.е. оно обслуживает главным образом городское и пригородное сообщение.

Далеко недостаточно развита и сеть автомобильных

дорог. Дороги с твердым покрытием, т.е. проезжие в течение круглого года, имеются только в европейской части СССР, где они соединяют крупнейшие населенные и промышленные центры. Общая длина их составляет около 200 тысяч км., т.е. примерно в 15 раз меньше, чем в США. В Сибири только приступлено в настоящее время к строительству крупных автомобильных дорог, главным образом в районах недавно освоенных целинных земель.

5. Нефтепровод-ный транспорт Перевозка нефти нефтепроводами составляет около двух процентов общего грузооборота СССР. Нефть из Бакинского района шла нефтепроводом только в Батуми для экспорта ее за границу и частью для снабжения черноморских портов. Из Грозного нефтепроводы были построены к порту Туапсе, к Каспийскому порту Махачкала, и на Украину. В связи с развитием нового нефтеносного района между Уралом и Волгою, новые нефтепроводы строятся из этого района на запад и на восток. В связи с этим доля нефтепроводного транспорта должна значительно вырасти.

6. Воздушный транспорт Воздушный транспорт, не нуждающийся в постройке дорог, развит гораздо больше в СССР, чем автомобильный транспорт. Во многих частях страны, где нет никакого другого транспорта, воздушное сообщение является единственным видом транспорта. К таким районам относятся обширные территории севера, восточной и отчасти западной Сибири, Дальнего Востока, а также ряда горных районов Средней Азии и Кавказа. Но этим видом транспорта пользуются только пассажиры и почта. Самолетами перевозятся другие грузы только в

случае необходимости спешной доставки или такие ценные товары, как например меха.

7. Гужевой транспорт

На ряду со всеми указанными видами транспорта в Советском Союзе до сих пор широко применяется гужевой транспорт, т.е. перевозка грузов на лошадях (повсюду в СССР), на верблюдах (в районах сухих степей Казахстана и в Средней Азии), на оленях и даже собаках (на севере). И, вероятно, не скоро настанет время, когда СССР будет полностью удовлетворен современного вида транспортом.

Вопросы

1. Благоприятны ли природные условия Советского Союза для развития железнодорожного транспорта?
2. Какие новые железнодорожные линии намечены к постройке?
3. Назовите главные водные пути в СССР.
4. Почему реки Сибири и Кавказа не могут быть полностью использованы для речного транспорта?
5. Почему морской транспорт СССР играет сравнительно небольшую роль в общем транспорте страны?
6. Какое значение имеет Северный морской путь?
7. Расскажите о положении автомобильного транспорта в СССР?
8. Почему во многих частях страны воздушный транспорт более развит, чем автомобильный и железнодорожный?
9. Что такое гужевой транспорт?

Словарь

§ 1

соору́жение construction
дополни́тельный additional
зано́сы (*Pl.*) snow-drifts
ве́чная мерзлота́ permafrost
железнодоро́жная сеть network of railways
пло́тность (*f.*) density
груз cargo, load

освое́ние mastering
ве́тка branch

§ 2

судохо́дство navigation
лесоспла́в timber-rafting
грузооборо́т freight turnover
плоти́на dam

§ 3

до́ля share, lot
нефть (*f.*) petroleum
ледоко́л ice-breaker
разве́дочный reconnoitering, prospecting
ископа́емые minerals
снабже́ние supply
пита́ние food, nourishment

§ 4

приступа́ть I, **-и́ть** 2 to begin, assume
цели́нная земля́ virgin land

§ 5

нефтепрово́д oil pipe-line

§ 6

обши́рный vast
спе́шный urgent
доста́вка delivery

§ 7

гужево́й тра́нспорт horse-drawn transport
верблю́д . . . camel . . .
оле́нь (*m.*) deer